AF368565

RÉPONSE

au *Livre intitulé*

SENTIMENS

de quelques Theologiens de Hollande
fur l'Hiftoire Critique du Vieux
Teftament.

Par

LE PRIEUR DE BOLLEVILLE.

*Outre les Réponfes aux Theologiens de Hollande on trouvera dans cet
Ouvrage de nouvelles Preuves & de nouveaux Eclairciffemens
pour fervir de fupplément à cette*

HISTOIRE CRITIQUE.

A ROTTERDAM,
Chez REINIER LEERS,
M DC LXXXVI.

AVERTISSEMENT.

IL n'y a rien de plus ennuyeux que des Réponses trop particulieres; parce qu'on y tombe souvent dans des minuties: mais
quoi qu'on ait répondu dans cet Ouvrage à toutes les raisons
des prétendus Theologiens de Hollande, on a evité autant
qu'il a été possible ces sortes de minuties. On les auroit mè-
me évitées entierement, si l'Auteur des Sentimens, qui a,
à ce qu'on dit, plus de vanité que de veritable capacité, ne s'étoit pas vanté
qu'on ne pourroit jamais répondre exactement à son Livre. Il n'a pas été difficile de lui donner promptement cette satisfaction en examinant toutes ses
preuves en détail. Si on l'a quelquefois traité avec un peu de hauteur, il
doit s'en prendre à lui-même. Je n'ai eu autre dessein dans tout cet Ouvrage que d'être utile à l'Eglise, & de faire voir à tout le monde la vanité ridicule de nos nouveaux Sociniens, qui se sont cachés sous le nom de quelques
Theologiens de Hollande. Quand il leur plaira de publier de nouvelles
objections, on ne manquera point de leur répondre: & s'ils gardent les regles
de la bienseance & de la modestie, on les traitera sur le même pied. Au-
reste, comme cette Réponse n'est qu'une suite de l'Histoire Critique, j'ai crû
que je pouvois sans aucun scrupule l'envoyer au Libraire de Rotterdam, qui
a depuis peu donné au public une nouvelle Edition de cette Critique. J'ai
aussi suivi cette Edition dans mes citations, parce qu'elle est plus correcte
que les autres.

TABLE

TABLE

Des Sommaires ou des Matieres principales qui font contenuës dans chaque Chapitre de ce Livre.

Sentiment

Les

Soupçon

T A B L E.

* *

Conciliation

de

Fin de la Table.

REPONSE

RÉPONSE

au Livre intitulé, *Sentimens de quelques Theologiens de Hollande sur l'Histoire Critique du Vieux Testament.*

CHAPITRE I.

Où l'on marque les Auteurs de ce Livre, & les raisons qu'ils ont eües de le publier.

Avant que d'entrer dans une discussion exacte de cet Ouvrage, qui porte le nom de quelques Theologiens de Hollande, il est à propos d'en faire connoître les Auteurs, afin qu'en remarquant le caractere de leur esprit, on puisse mieux juger de leurs intentions. On prétend dans l'Avertissement nous donner *l'histoire des conversations libres de trois ou quatre amis.* En effet, on doit attribuer cette prétenduë histoire à un Triumvirat composé de trois Sociniens, deux desquels résident actuellement à Amsterdam, & le troisiéme est un Ministre de Charenton, qui n'ayant pas la liberté de publier ses pensées à Paris, a fait une liaison étroite avec Monsieur le Clerc Professeur en Ebreu à Amsterdam dans le parti de ceux qu'on nomme ordinairement Arminiens. C'est cet Arminien qui a eu le plus de part à l'Ouvrage & qui l'a publié pour se vanger d'une injure qu'il a crû avoir reçuë de Mr. Simon. Il y a quelque temps qu'il parut sous le nom d'Origene une Lettre Latine où étoit renfermé le projet d'une nouvelle Polyglotte, & où l'on exhortoit les habiles Critiques à donner par écrit leurs avis à l'Auteur de ce projet. Mr. le Clerc qui croit être savant dans ces matieres, ne manqua pas de faire une longue Lettre, qu'il adressa à un Libraire de Rotterdam, pour la faire tenir à celui qui demandoit des avis sur le dessein de sa nouvelle Polyglotte; & comme il s'imaginoit que Mr. Simon étoit l'Auteur de ce projet, il s'étend fort au long sur les loüanges de l'Histoire Critique du Vieux Testament, & souhaitte avec passion de voir l'Histoire

Les Auteurs du Livre intitulé Sentimens de quelques Theologiens de Hollande.

A

du

du Nouveau promise depuis si long-temps.   Mais il arriva que la personne à qui il avoit écrit en marquant un grand desir que sa Lettre fust renduë publique, l'avertit charitablement de ne point faire imprimer cette Lettre, à moins qu'il ne l'eust retouchée, & defendit en même temps au Libraire d'imprimer quoi que ce soit touchant le projet de la nouvelle Polyglotte, à moins qu'il ne vinst de sa part.

Voilà ce qui a échauffé la bile de nôtre Arminien; & au lieu de savoir gré à celui qui lui rendoit un si bon office, il resolut des l'heure même de s'en prendre à Mr. Simon, qu'il crût Auteur de la réponse qui lui avoit été faite, bien qu'elle fût écrite en Flamen.   On peut juger aprés cela de l'inconstance de cet homme, qui pour satisfaire à sa passion se déchaîne avec fureur contre un Livre qu'il venoit de louër si hautement.   Il n'y a pas d'apparence qu'un homme qui écrit en colere sur une matiere de Critique, puisse juger sainement des faits qu'il attaque.   Aussi ne paroit-il presque autre chose dans toute sa Réponse, que des emportemens ridicules, & des consequences mal-tirées des remarques que son cher ami de Paris lui a envoyées.   Comme il se pourroit peut-être plaindre qu'on lui impose, & qu'on lui attribuë une Lettre dont il ne fut jamais l'Auteur, je produirai ici les commencemens de cette Lettre écrite de sa main & dont on garde l'original, d'où l'on pourra connoitre si l'on a eu tort de lui conseiller de la supprimer.

O R I G E N I   A D A M A N T I O

Synopseωs Novorum Bibliorum Polyglottorum
Auctori S. P. D.

C R I T O B U L U S   H I E R A P O L I T A N U S.

Lettre de Mr. le Clerc à l'Auteur du projet de la nouvelle Polyglotte.

Historiam Criticam Librorum Veteris Testamenti avidissimè & cum summa voluptate jam dudum legi. Atque uti libenter me in eorum numero esse profiteor, quamvis cum Autore ubique non sentiam, qui eâ lectione multum se in Literarum Sacrarum cognitione profecisse agnoscunt; ita quosdam alios labores, quibus se insudare testatus est vir doctissimus RICARDUS SIMON, non sine impatientia hactenus expectavi. Sperabam me brevi postea lecturum similem Historiam Librorum Novi Testamenti, quam accuratè nosse non minùs, imò magis, nostrâ interest, quàm Historiam Scriptorum, quæ Hebræorum diligentia sæculorum oblivioni eripuit. Sed hactenus Auctoris forte negligentiâ, aut quod magis crediderim,
impor-

importunâ quorumdam superstitione, qui iis solent irasci quibus summas agere deberent gratias propter inolitos dudum errores detectos & veritatem in clara luce collocatam, factum est ut frustra expectaverimus, & jam ut unquam nostris satisfiat votis, & promissa olim Scripta legere aliquando liceat, penè vereamur. Hujus rei cùm in mentem venit, vix possum abstinere quin timidos istos nimiùm homines comparem cum pueris, qui cùm phantasmata noctu timeant, temerarios eos esse existimant qui soli in tenebris ambulare sustinent; vel cum Phreneticis, qui iis irascuntur qui negant se videre simulacra, quæ in ægrorum duntaxat cerebro & oriuntur & existunt. Nec certè digni sunt qui alio loco habeantur quàm ægrorum aut puerorum, qui terrentur sententiis quas nunquam expenderunt, nec fortè possunt præ ingenii imbecillitate expendere, quia sibi videntur consequentias quasdam malas ex iis posse elicere. Solent id genus homines prætermittere argumenta quibus nituntur sententiæ quæ ipsis non arrident, sed duntaxat disquirere, an quid fortè inde consequatur quod illico non videatur satis convenire cum receptis opinionibus; quod statim ac sibi deprehendisse visi sunt, vociferantur actum esse de Religione, si talia admittantur, & sanctissima fidei fundamenta, si novis illis quas vocant sententiis locus detur, brevi erutum iri, Christianosque in pristinam barbariem relapsos sine Deo ac spe instar brutorum mox futuros. Idem mihi facere videntur, ac qui conspectâ turre altissimâ non auderet ei succedere, ne fortè ruinâ ejus opprimeretur, licèt firmissimis niteretur fundamentis, quia fieri posset ut altissimum ædificium vehemente procellâ excuteretur. Sed qui res, ut par est, æstimant, primùm vident an quod affirmatur claro nitatur fundamento; quod si ita se habere deprehendant, facilè negligunt consequentias quæ inde possunt deduci, quia quamvis ex iis nunquam se possent extricare, clara ac evidentia, è quibus res deducitur, argumenta non amittunt evidentiam suam propter obscuras aliquot objectiones. Ita perspicuè probamus tum Scripturâ, tum ratione, præscientiam ac æternitatem Dei, nec minùs eas credimus, etsi argumentis quæ in contrariam afferuntur sententiam vix ac ne vix quidem respondere possumus, & consequentiæ quædam inde ducuntur, quæ pianè contrariæ rectæ rationi videntur. Nimirum ostendere difficultatem non est refutare; & ii demùm opinionem aliquam refutant, qui ostendunt ex falsis eam elici principiis. Eaque si in quæstionibus Metaphysicis locum habet cautio, multo magis in quæstionibus quæ facti dicuntur, adhiberi debet: nam si semel probavero factum evidentibus argumentis, nullis à sententia potero dimoveri consequentiis, licet periculosæ aliis videantur, & iis me expedire nequeam. Sunt certè quidam eventus historici, qui cùm certissimi

A 2

sint,

sint, iis tamen urgentur difficultatibus, ut vix eas solvere possimus. An ideo non credam Christum unquam fuisse, quia ex difficultatibus chronologicis, quæ circa ejus natales moventur, emergere non possumus? An credam Historiam Judæorum puras putas continere fabulas, quia in ea occurrunt passim nodi, præ quibus Gordius merus ludus erat? Quæram potiùs anxiè rationem aliquam, quâ difficultatibus illis eam obviam; aut ostendam ex sententia mea male ejusmodi deduci consequentias; & quamvis invenire non possim quæ clarè percepi, non rejiciam propter id quod non percipio.

Deberent itaque ii, qui hodiernum Textum Hebraicum tam acriter tuentur, potiùs quærere rationes, quas etiam facilè invenirent, quibus evincerent Textu illo variis mendis corrupto non nutare tamen Religionem, quàm negare ulla in eum irrepsisse menda, quod manifestò falsum est, ne cogantur fateri infirmis niti religionem principiis, quod tamen nequaquam inde potest deduci. At non expensis rationibus quæ ab aliis afferuntur, illico clamant rem esse periculosam, & in id tantùm insudant, ut reperiant argumenta, quibus imperitis persuadeant, non posse sine periculo talem admitti sententiam. Audivi etiam aliquando quosdam, quod mireris, laudantes dictum AL. MORI, *Critici & Ecclesiastæ celeberrimi, qui, ut ajunt, dicebat* LUD. CAPPELLI *sententiam de novitate punctorum veriorem quidem esse opinione Buxtorfii, sed hanc tutiorem; quasi posset esse quid tuti in mendacio, & imprudentissimè se non gererent, qui faterentur eversâ aliquâ opinione, quam parum certam esse agnoscunt, religionem ipsam eversum iri. Certè imprudentiâ suâ palàm religionem produnt, dum acerrimi ejus defensores videri volunt. Si illorum exemplum sequi vellemus, hìc sese bella daret occasio, quâ liceret omnia clamoribus miscere, & orbem Christianum in eos concitare, quasi in hypocritas & occultos Atheos, qui omni ope efficere conantur ut credatur religio falsis niti opinionibus, eo animo ut postea videant Christianismum sponte suâ ruentem. Sed oportet virum probum & veritatis amantem tragicos ineptorum Hierophantarum clamores mittere, & claram opponere veritatis lucem obscurissimis superstitionis tenebris, quæ tandem aliquando, iis invitis qui in luce ambulare non sustinent, discutientur.*

Tout ce grand apparat de mots & de pensées extravagantes venoit fort à propos de la Lettre d'Origene, qui demandoit qu'on lui fournist quelques pieces pour la perfection de son Ouvrage. Aussi Mr. le Clerc commence-t-il à s'appercevoir que la fecondité de son imagination l'avoit mené trop loin; & pour se renfermer entierement dans son sujet, voici comme il continuë sa Lettre.

Verùm

Verùm non animadvertebam me, dùm in importunos Hierophantas invehor, à literarum mearum scopo nimium recedere. Redibo jam ad Criticam Sacram, & fatebor mihi motam fuisse salivam à Viro Clarissimo, ubi agit de Bibliis Polyglottis, & novi Operis Polyglotti multo commodioris συϰϰϱϕℓαυ tradit. Sperabam etiam brevi Auctorem daturum operam ut tam utili labore Orbis Literatus quamprimum frueretur, & video jam summo cum gaudio te, ADAMANTI Doctissime, humeros tanto oneri supposuisse, & spondere brevi nos visuros Opus tot expetitum Doctorum votis. Non possum non seculo nostro gratulari, quod viris rei literariæ juvandæ & idoneis & cupidis nondum sit exhaustum, & tibi, Vir Eruditissime, non optare omnigenas à summo Numine gratias, qui tantum laborem, ut nostra sublevares studia, suscepisti; eas quibus jam te ornavit dotes novis cumulet donis, tempusque ac valetudinem & animum curis expeditum largiatur precor, ut tandem suscepto labore possis defungi, & veritatis luce invidi ac malevoli perculsi, tibi nobiscum æternas & agant & habeant gratias, &c.

Je demande à Mr. le Clerc, comment il pourra concilier les grandes loüanges qu'il donne dans sa Lettre à l'Auteur de l'Histoire Critique, avec le mépris qu'il semble en faire dans son nouveau Livre? Si cette Critique, comme il le prétend, n'est propre qu'à instruire des demi-savans, il faut qu'il reconnoisse franchement, qu'il est du nombre de ces demi-savans, qui ont beaucoup profité dans la connoissance des Saintes Ecritures en la lisant: ce sont les termes de sa Lettre; *Me in eorum numero esse profiteor . . . qui eâ lectione multum se in Literarum Sacrarum cognitione profecisse agnoscunt.* Je rapporterai ici la version Françoise de la réponse Flamende qui fut faite à sa Lettre, afin qu'on juge mieux du caractere de son esprit, & de ses emportemens contre une personne qui ne lui avoit pas donné occasion de se mettre si fort en colere. *Vanæ sunt sine viribus iræ.*

Inconstance de Mr. le Clerc.

MONSIEUR,

*J*E vous suis fort obligé de la longue Lettre qu'il vous a plû de m'écrire, & je ne doute point que si vous eussiez eu plus de temps vous l'auriez fait plus courte. Quand on aura des caracteres de toutes les Langues necessaires, on publiera un Specimen de quelques Chapitres de l'Ouvrage, d'où vous pourrez mieux juger que du Synopsis, qui fait neanmoins as-

Réponse à la longue Lettre de Mr. le Clerc.

fez

ſez connoître qu'on n'a rien oublié de ce que vous avez remarqué. Si vous avez des avis à donner, & quelques nouvelles leçons tirées de MSS. ou de Livres peu connus, vous me ferez plaiſir de les recueillir; car pour celles qui ſe trouvent communément, on ne croit pas en oublier. Au reſte, je ne vous conſeille pas de faire imprimer vôtre Lettre, que vous ne l'ayez retouchée. Je ne ſai ce qui vous a pû donner occaſion de croire que je n'avois point le St. Matthieu en Ebreu, car celui dont je dis n'avoir qu'un fragment, eſt un ancien Manuſcrit; & vous pouvez croire qu'un homme qui a fait une dépenſe conſiderable pour copier un aſſez bon nombre de MSS. n'épargnera pas un Livre de rien. Je vous dis cela, Monſieur, afin que vous oſtiez cette imperfection de vôtre Lettre, & quelques autres, en cas que vous continuïez de la vouloir donner au public. Je vous ſuis cependant infiniment obligé, & ſi vous avez quelque nouvelle piece ou recueil de nouvelles varietés, on ne manquera point de s'en ſervir, & de vous en laiſſer tout l'honneur. Je ſuis, Monſieur, avec reconnoiſſance,

Vôtre tres-humble & tres-obeïſſant Serviteur,

ADAMANTIUS.

Il n'y avoit pas, ce me ſemble, lieu de s'offenſer ſi fort de cette Lettre, & encore moins de s'en prendre à Mr. Simon, qui ne pouvoit pas être ſelon les apparences l'Auteur d'une Lettre écrite en Flamen. Mais Mr. le Clerc fut confirmé dans ſa penſée par M. N. dont il produit ici les ſentimens contre l'inſpiration des Livres Sacrés. M. N. qui a traduit en Latin pour Elzevir la Critique du Vieux Teſtament, n'a pû ſouffrir que dans la Préface qui eſt à la tête de la nouvelle Edition de Hollande, on ait dit de lui, que *n'entendant pas aſſez la matiere, il eſt tombé dans des erreurs groſſieres, & qui ſautent aux yeux de ceux qui ont quelque connoiſſance de la Critique de l'Ecriture Sainte.* Je ne puis pas aſſûrer ſi cela eſt vrai ou non, parce que je n'ai jamais lû cette Traduction Latine, qui ne ſe trouve gueres en France: mais ceux qui l'ont lûë m'ont témoigné, qu'outre les fautes indiquées dans cette Préface, il y en avoit d'autres d'une plus grande importance, & en tres-grand nombre.

C'eſt ce M. N. qui a donné la derniere main à l'Ouvrage de Mr. le Clerc pour le François. On ne doit pas s'étonner après cela, ſi l'on trouve pluſieurs injures contre Mr. Simon dans un Livre compoſé

posé par trois Sociniens, qui se sont imaginés avoir été offensés les premiers.   Le Ministre même de Charenton avoit témoigné son ressentiment par avance dans un fameux Libelle imprimé en Hollande, dont il a fourni une partie des memoires.   Mais il n'est pas besoin que je m'explique davantage là-dessus.   Ce que j'ai rapporté suffit pour faire connoître l'esprit de ceux qui ont publié le Livre que j'entreprens de refuter.

CHAPITRE II.
Critique de la premiere Lettre.

LA methode dont on s'est servi pour composer cet Ouvrage est une preuve évidente du peu de jugement de ceux qui en sont les Auteurs.   On ne s'avise gueres de faire la Critique d'une Critique sur des matieres difficiles en forme de conversations libres, où l'on ne peut pas toûjours être exact, & où la plus-part du temps est employée en discours & en digressions inutiles.   Il semble que l'Auteur de l'Avertissement se soit apperçû de ce defaut ; car il remarque que l'on trouvera dans le Livre *quelques digressions qu'il étoit impossible d'eviter en faisant l'histoire des conversations libres de trois ou quatre amis.*   Il étoit facile de les éviter, si l'on avoit fait un Ouvrage continué, où l'on ne se fust appliqué qu'à suivre son sujet sans le perdre de veüe.   Mais Mr. le Clerc, qui se défioit apparemment de la force de son esprit, a voulu prendre haleine de temps en temps ; & afin de grossir son Livre, il a supposé des entretiens, où l'on s'arréte le plus souvent à la bagatelle.   Il ne seroit pas juste de le suivre dans tous ses égaremens & dans tous *les pas de Clerc* qu'il fait.   C'est pourquoi, sans avoir égard à tout ce qu'il dit en l'air, & dont il n'apporte aucunes preuves, je m'attacherai seulement aux faits qu'il examine, & où il prétend que Mr. Simon s'est trompé.

Défaut de jugement dans l'Ouvrage de Mr. le Clerc.

Le premier qu'il propose consiste en un passage de St. Jerôme, qu'il suppose avoir été mal traduit. Ce savant homme ayant été consulté par Sunia & Fretela sur quelques points de Critique, leur fait cette réponse : *Quæritis à me rem magni operis & majoris invidiæ, in qua scribentis non ingenium, sed eruditio comprobetur.*   Mr. Simon explique la pensée de ce Pere comme s'il avoit répondu, que pour satis-

Examen d'un passage de St. Jérôme dans son Epitre à Sunia & Fretela.

satisfaire aux difficultés qu'on lui proposoit, il avoit plus besoin d'érudition que d'esprit. En effet, si l'on examine tout le corps de la Lettre de St. Jerôme, on n'y trouvera qu'un recueil de diverses leçons pris de differens Exemplaires Grecs, Ebreux & Latins. Il me semble que cela ne demande guere autre chose que de l'érudition. Et c'est ce qui lui fait dire, *non ingenium, sed eruditio.* Mais nôtre Auteur, qui n'a cherché qu'à contredire, & à trouver un passage qu'il pust appliquer à l'Ouvrage de Mr. Simon, a crû qu'à force de mediter il trouveroit un nouveau sens aux paroles de Saint Jerôme, bien qu'il ne paroisse pas avoir jamais lû ses Ouvrages. Voici la traduction qu'il nous en donne. *C'est un Ouvrage d'un grand travail, mais qui peut encore attirer à l'Auteur une plus grande haine, & lui acquerir la réputation d'être savant, plutost que d'avoir des sentimens fort droits.* Pour autoriser sa belle version il ajoûte, que les paroles suivantes de la Lettre font voir que c'est là ce que St. Jerôme vouloit dire, & que pour répondre à des questions de Critique, il faut avoir également de l'esprit & de l'érudition.

Il ne s'agit pas ici de savoir en general, si pour répondre à des questions de Critique il faut avoir également de l'esprit & de l'érudition: mais de savoir, si pour résoudre les difficultés proposées par Sunia & Fretela, St. Jerôme avoit plus besoin d'érudition que d'esprit. Il marque assez par ces premieres paroles, *rem magni operis,* que l'Ouvrage qu'il entreprenoit étoit pénible & d'un grand travail; & c'est par rapport à ces mots qu'on doit expliquer ces autres qui suivent, *in qua scribentis non ingenium, sed eruditio comprobetur:* faisant connoître par là, qu'il ne pouvoit les satisfaire qu'en consultant plusieurs Livres, & en conferant un grand nombre de diverses leçons & de differentes interpretations. Mais nôtre Auteur pour appuyer son sentiment ajoûte, qu'il ne faut que lire les paroles suivantes, pour être convaincu du veritable sens de St. Jerôme, *Ut dum cupio de cæteris judicare, judicandum omnibus me præbeam.* Il faut estre bien fin pour y trouver le sens qu'on a rapporté ci-dessus. Ce Pere explique lui-même sa pensée par ces autres mots qui sont immediatement après. *Et in opere Psalterii juxta distinctionem schedulæ vestræ, ubicunque inter Latinos Græcosque contentio est, quid magis Hebræis conveniat significem.* On l'avoit prié de juger des differentes leçons qui paroissoient dans les Pseautiers Grecs & Latins, pour savoir celles qui avoient le plus de conformité avec le Texte Ebreu,

cc

ce qui demandoit une grande érudition: & c'eſt ce qu'il appelle *rem magni operis --- in qua non ingenium , ſed eruditio comprobetur.*

Le P. Simon , ajoûte-t-on , auroit fort mal reüſſi , s'il ne s'étoit ſervi que de ſon érudition pour faire ſon Ouvrage ; on y verroit une infinité de citations des Rabbins & des Peres , pour prouver des faits que ni les Peres ni les Rabbins n'ont pas pû mieux ſavoir que nous. Mais bien loin de voir une infinité de citations , pluſieurs ſe ſont plaints qu'il ne citoit pas aſſez. Auſſi ne voit-on pas que ſon Livre en ſoit fort rempli. S'il fait quelquefois venir les Peres & les Rabbins à ſon ſecours , c'eſt pour prouver qu'il n'avance rien de lui-même. Quand il s'agit de faits , on doit conſulter ceux qui s'y ſont appliqués ; car ce n'eſt pas aſſez dans ces ſortes de matieres de conſulter ſa raiſon. Ce qui paroîtra manifeſtement dans la ſuite de ce diſcours par l'exemple même de nôtre Auteur , qui a oſé parler en maître ſur des faits qu'il n'a pas étudiés. Il blâme les Peres & les Rabbins ſans les avoir jamais lûs. Il ſe contente de nous donner des mots à la maniere des anciens Sophiſtes , ſans produire aucunes raiſons ſolides. Il ſuppoſe que Mr. Simon n'entend pas les Langues ſi parfaitement qu'on dit , *puis qu'il n'a pû ſe tirer d'un paſſage Latin.* S'il agiſſoit de bonne foi & en veritable Critique , il devoit examiner les paſſages qu'on a produits , & ceux principalement qui n'avoient point encore été traduits. Mais au lieu de cela il fait une pitoyable Critique de deux ou trois paſſages d'Auteurs que nous avons en Latin , & il eſt même ſi peu juſte dans ces endroits-là , qu'il tombe dans des fautes pueriles , comme il paroîtra par la ſuite de ce diſcours.

Il a raiſon de ſe plaindre de l'érudition de Mr. Simon , laquelle a ſervi à faire voir l'entêtement où ſont les Proteſtans & les Sociniens , qui ſous prétexte de ne cultiver que leur raiſon s'oppoſent ridiculement à toute l'Antiquité. Comment les Freres Polonois peuvent-ils donner leur jugement ſur des matieres dont ils n'ont aucune connoiſſance faute d'érudition ? Il fait beau voir Mr. le Clerc décider hardiment de la capacité des Peres dans un Livre qu'il a donné au public ſous le nom de *Liberii de Sancto Amore Epiſtolæ Theologicæ.* La Critique en fait de Theologie demande une érudition vaſte & étenduë , qui ne s'acquiert pas en cultivant ſeulement ſa raiſon : car on ne peut pas juger de ce qu'on n'entend point , & il eſt impoſſible d'entendre les faits qu'on n'a pas étudiés avec application.

B

Mr.

Mr. le Clerc expofe aprés cela le plan de l'Hiftoire Critique, &
il y trouve à redire qu'on n'y ait rien dit du deffein des Auteurs des
Livres Sacrés, & de l'occafion qui a fait naître leurs Ouvrages. Il
rapporte là-deffus un long paffage de St. Jerôme, mais fort inutilement, felon la maxime qu'il venoit d'avancer, parce qu'on ne
doit pas apporter des autorités pour prouver des chofes dont tout
le monde convient, & que la feule raifon nous peut découvrir facilement.   Pour faire voir plus en particulier ce prétendu défaut
de la Critique, il dit, par exemple, qu'en lifant le Pentateuque &
les autres Livres Hiftoriques, on reconnoit que ceux qui nous les
ont donnés *ont eu deffein premiérement, de nous apprendre que le monde*
n'eft pas éternel : en fecond lieu, que les hommes étant devenus pecheurs,
ils fe font attiré par leur faute tous les maux qu'ils fouffrent : en troifieme
lieu, quelle a été l'origine de tous les peuples de l'Univers, mais particulie-
rement des Ifraëlites & des Chaldéens : en quatrieme lieu, comment entre
toutes les nations Dieu en a voulu choifir une à qui il s'eft fait connoître par-
ticulierement : en cinquieme lieu, quelles loix Dieu a données à cette na-
tion, & quelles merveilles il a faites en fa faveur : enfin la bonté que Dieu
lui a toûjours témoignée, en la faifant inftruire par fes Prophetes, & lui par-
donnant divers pechés atroces, & en la comblant de mille bienfaits. Voilà ce qu'on peut appeller une fine & judicieufe Critique.   Mais je
ne fai dans quelle partie de fon Hiftoire Mr. Simon euft pû placer
tout ce beau difcours.   Il ne s'eft propofé dans la premiere Partie,
que de traiter des differentes révolutions du Texte Ebreu ; & s'il
y a quelques petites digreffions, il en avertit, & tâche toûjours de
ne s'éloigner de fon but que le moins qu'il lui eft poffible.   Il traite
dans la feconde Partie des Verfions ; & dans la troifieme, de ceux
qui ont fait des Notes ou Commentaires fur l'Ecriture.   Ce que
Mr. le Clerc rapporte ici comme un fupplément qu'on doit ajoûter
à la Critique de Mr. Simon, feroit une imperfection tres-grande
s'il y étoit joint, puis que cela ne peut appartenir qu'à un Commentaire ou explication des Livres Sacrés. Auffi voyons-nous que ceux
qui font des Commentaires fur l'Ecriture, mettent à la tête des Livres, ou même de chaque Chapitre, des fommaires, qui contiennent à peu pres la même chofe que nôtre Auteur affûre manquer à
la Critique.

On peut concevoir par là, dit nôtre Auteur, *qu'il ne faut pas*
s'attendre à voir une Hiftoire complete de l'origine de toutes les na-
tions,

Faute de
jugement.

La me-
thode
qu'on a
obfervée
dans
l'Hiftoire
Critique
eft exac-
te.

tions, & du commencement du monde, comme le P. Simon l'a remarqué en passant en quelques endroits de son Ouvrage. Il est vrai que le P. Simon a fait cette remarque, non pas en passant, mais exprés & à dessein; parce que cela appartenoit à l'histoire de son Texte. Il s'agissoit de montrer, que le Texte Ebreu de la Bible n'étoit pas defectueux & imparfait, comme il paroit l'être en quelques endroits, & qu'on devoit rejetter ces prétendus défauts sur les Auteurs mêmes des Livres Sacrés, qui ne nous avoient donné que des histoires abregées & qui paroissoient défectueuses, bien qu'en effet elles ne le fussent pas. Je voudrois bien savoir à quel propos Mr. Simon eust dit dans sa Critique, que le monde n'est pas éternel; que les hommes etant devenus pecheurs, se sont attirés par leurs fautes les maux qu'ils souffrent; que Dieu a fait de grandes merveilles en faveur des Juifs, qu'il leur a toûjours témoigné beaucoup de bonté, en le faisant instruire par ses Prophetes, en lui pardonnant des pechés atroces, & en le comblant de mille benedictions. Je ne doute pas que si Mr. le Clerc avoit entrepris de faire une Critique semblable à celle de Mr. Simon, il n'y eust ajoûté bien d'autres choses qui eussent été hors de son sujet.

Mais il auroit fait un corps monstrueux, & auroit fourré dans une Histoire ce qui doit être placé dans des Remarques ou dans des Commentaires. Je ne suis pas surpris aprés cela, que Mr. le Clerc, qui sait si peu ce que c'est que l'unité & l'ordre d'un Ouvrage, ait remarqué *une extreme confusion* dans les matieres de l'Histoire Critique. Il y en auroit bien davantage, si on y ajoûtoit tout ce qu'il prétend y manquer. J'avois crû que lors qu'il a fait cette remarque sur la Critique, il avoit dessein d'en retrancher ce qui y pouvoit causer de la confusion: mais au contraire il nous donne des regles pour augmenter cette confusion, & il fait voir evidemment qu'il n'a jamais sceu ce que c'est que de garder *l'unité d'un sujet.*

Nos Theologiens, ajoûte-t-il un peu aprés, *tomberent d'accord que l'Histoire Critique des Livres Sacrés demandoit qu'on entrast dans cet examen;* & comme s'il n'en avoit pas assez dit là-dessus, il appuye sa pensée sur l'exemple de Mr. le Fevre & de Mr. Dacier, qui nous ont fait entendre des Odes d'Horace, que l'on n'avoit point entenduës pendant plusieurs siecles faute d'en savoir l'oc- *Fautes contre le jugement.* casion: & parce que ce Livre de Mr. Dacier est une piece rare, &

que

que peu de gens pourroient lire , parce qu'il eft écrit en François ,
Mr. le Clerc explique au long quel a été le deffein d'Horace dans la
III. Ode de fon III. Livre , & aprés cela comme s'il n'en avoit pas
encore dit affez , il nous renvoye aux Notes Françoifes de Mr. Dacier.   Tout ce difcours vient fort à propos de la Critique de Mr.
Simon.   Mais je ne veux pas lui faire un procés pour fi peu de chofe , puis qu'il a paffé fa déclaration dés le commencement de fon
Ouvrage , que bien qu'il traitaft de matieres de Critique , il écrivoit neanmoins fans jugement.

C'eft ce qui paroit encore davantage dans la fuite de fon difcours , où il attaque les faifeurs de Commentaires, qui n'ont point
entendu l'Epiftre de St. Paul aux Romains , pour ne s'être pas
attachés à en découvrir l'occafion : & c'eft ce qu'il fait ici fort au
long , en nous parlant de la Juftification & de la Prédeftination , &
des Controverfes de nôtre temps.   Si. Mr. Simon avoit fuivi cette
methode , il nous auroit donné un petit Commentaire fur tous les
Livres de l'Ecriture en particulier, afin qu'on les puft entendre
plus facilement ; mais il fe feroit alors éloigné de fon fujet, qui ne
renferme , comme il l'a marqué dans fa Préface, que l'Hiftoire
Critique du Texte de la Bible , des Verfions , & de ceux qui ont
fait des Commentaires.

Mr. le Clerc ne s'en tient pas encore là , il paffe à l'Apocalypfe ;
& parce qu'il y a une grande Controverfe entre les Proteftans & les
Catholiques touchant l'accompliffement des Propheties de ce Livre , il tâche de penetrer le deffein de St. Jean.   Mais je ne croi pas
que fi Mr. Simon nous donne fon Hiftoire Critique fur le Nouveau
Teftament , il s'avife de faire un Commentaire fur l'Apocalypfe :
il aimera mieux laiffer ce foin-là à Mr. le Clerc , qui voit clair dans
les Propheties les plus obfcures.

CHAPITRE III.

Critique de la II. Lettre.

LE deffein de cette Lettre eft de faire voir , que Mr. Simon s'eft
emporté injuftement contre les Proteftans dans fon Hiftoire
Critique.   C'eft pourquoi Mr. le Clerc débite ici de longues leçons de Morale, s'érigeant en Prédicateur réformé, ou plùtoft
en

en Frere Polonois : car il s'adresse également aux Catholiques-Romains & aux prétendus Réformés.   Mais afin qu'il ne manquast rien à l'embellissement de son discours, il commence par un preambule fort éloquent. *Je vous avoüe*, dit-il à son ami, *qu'en vous écrivant il me semble que je verse dans le sein d'un ami éclairé & plein de zele pour la verité, des pensées qui ne seroient pas au goust de tout le monde.* Il y a assûrément quelque chose de grand & d'elevé dans ces pensées qu'on verse dans le sein de son ami, & qui ne sont pas au goust de tout le monde.   Mais j'avoüe franchement la foiblesse de mon esprit, qui se contente d'admirer ces grandeurs & ces élevations, parce qu'il ne les comprend point.   Je ne voi pas aussi où tend ce rare preambule, qui n'a aucune liaison avec le corps de la Lettre.   Mais passons là-dessus ; il suffit que nôtre Auteur ait fait profession dés le commencement de son Livre d'être sans jugement.

Galima-
tias de
Mr. le
Clerc.

   Le P. Simon traite, dit-on, en divers endroits de sa Critique les Protestans *d'ignorans*, *d'entêtés*, *de Freres illuminés:* il leur reproche à tout moment *leur préoccupation*, *leur malice* à détourner le veritable sens de l'Ecriture pour l'accommoder à leurs préjugés, leur faux zele, *l'illusion & l'entêtement* qui paroit dans leurs Ecrits.   Mais si tout cela est vrai, de quoi se plaint Mr. le Clerc ? Il confirme lui-même à la fin de cette Lettre par plusieurs exemples tout ce qu'on a dit de l'ignorance & de l'illusion des Docteurs de Geneve, qu'il tourne en ridicules. Aussi ne se plaint-il pas tant des choses que des expressions.   *Il y a*, ajoûte-t-il, *une certaine maniere de dire les choses honnétement dont personne ne se peut plaindre, & de témoigner qu'on est dans un sentiment contraire, sans mépriser pour cela & sans traiter insolemment ceux à qui l'on a affaire.* Il fait à peu pres la même chose que ceux dont il est parlé dans l'Ecriture, *qui prædicant non furandum, & furantur.*   N'insulte-t-il pas lui-même aux plus anciens Peres de l'Eglise dans la Préface des Lettres Latines qu'il a publiées sous le nom de *Liberius?* Il leur reproche avec insolence leur entêtement & leur ignorance.   Voici la maniere honnête & modeste dont il s'exprime en parlant de ces anciens Peres. *Ii qui primis sæculis de Religione Libros ediderunt plerique è scholis Philosophorum exeuntes, Scripturam parum triverant ; sed audacter, ut solet id hominum genus, omnia ex ingenio definiebant.*   Et un peu plus bas. *Vide Græcorum Homilias, ac Latinorum Sermones, magnam ubique ingenii ostentationem invenies ; sed simul incredibilem veri genii Christianismi & genuini sensûs Scripturæ*

On a eu
raison de
traiter
dans la
Critique
ceux de
Geneve
comme
on les y a
traitez.

Mr. le
Clerc a-t-
il insulte
malheureuse-
ment con-
tre les
anciens
Peres.

B 3

ignoran-

ignorantiam. C'eſt là cet air modeſte qui paroit dans les Ecrits de Mr. le Clerc, qui accuſe Mr. Simon de n'avoir pas ſuivi les regles de l'Evangile, & il excuſe en quelque façon les emportemens des Proteſtans contre ceux de l'Egliſe Romaine, qui les avoient ſelon lui pouſſés à bout par leurs violences; au lieu que Mr. Simon n'avoit aucun ſujet d'être irrité contre eux. Mais je demande à nôtre Auteur, quel ſujet il a eu d'être ſi fort emporté contre les Peres? La ſeule difference que je trouve là-deſſus entre lui & Mr. Simon, c'eſt que Mr. le Clerc condamne les Peres ſans avoir jamais lû leurs Ouvrages; au lieu que Mr. Simon a fait le procés aux Proteſtans avec connoiſſance de cauſe.

On demande aprés cela à Mr. Simon, s'il voudroit *qu'on le traitaſt d'ignorant & de viſionnaire, parce que l'on croiroit voir dans ſon Ouvrage des preuves aſſez ſenſibles de peu d'application à l'étude de la Religion Chretienne, & d'une grande eſtime pour les Rabbins.* Il ne s'agit pas ici de faire le déclamateur; il faut apporter des preuves de ce qu'on avance; autrement on ne nous croira pas ſur *nôtre* ſimple parole. Voyons en particulier qui de Mr. le Clerc, ou de Mr. Simon, s'eſt le plus appliqué à l'étude de la Religion.

Quelles ſont les veritables preuves de la Religion Chretienne.

Tout le monde ſait que la Religion conſiſte en des faits, qu'il faut avoir étudiés pour en pouvoir décider. Mr. Simon nous aſſûre qu'on doit chercher la veritable connoiſſance de ces faits dans les Auteurs qui en ont traité, & que pour cela il eſt abſolument neceſſaire d'aſſocier l'Ecriture qui eſt la regle de droit, à la Tradition qui eſt la regle de fait; & afin qu'on ne l'accuſe pas d'établir une Tradition chimerique & ſans fondement, il appelle Tradition une conformité de créance dans toutes les Egliſes du monde & dans tous les ſiecles. Voilà de quelle maniere il s'eſt appliqué à l'étude de la Religion, en liſant l'Ecriture, les Peres, les Conciles, l'Hiſtoire Eccleſiaſtique, & en un mot conſultant tous les Actes qui contiennent les matieres de la Religion. Mr. le Clerc au contraire ſuivant l'exemple de ſes chers Freres Unitaires, ne veut point d'autre regle que l'Ecriture, qu'il reconnoit lui-même être obſcure, & qui par conſequent ne peut pas ſeule ſervir de regle. Tous les Actes ſelon lui qui ont été écrits depuis les Apôtres ſur la Religion, ſont autant de pieces inutiles qui ne peuvent ſervir qu'à alterer l'ancienne créance. Mais il me ſemble que pour en juger il faudroit auparavant les avoir examinés. Les Catholiques ont cet

avan-

avantage par deſſus les Proteſtans & les Unitaires, qu'ils reconnoiſſent auſſi-bien qu'eux l'Ecriture pour principe de leur Religion; mais ils ne croyent pas que cela ſuffiſe. On ne peut pas vuider un procés, ſi l'on n'a examiné avec ſoin toutes les pieces qui
appartiennent à ce procés.   Comment donc pourra-t on terminer
les Controverſes qui ſont entre les Catholiques & ceux qui ſe ſont
ſeparés d'avec eux, ſi l'on ne fait une recherche exacte de ce qui peut
ſervir à l'eclairciſſement de ces Controverſes ? Mais ce n'eſt pas de
quoi les Freres Polonois ſe mettent en peine. Il ſuffit de ſavoir aſſez de Grec & d'Ebreu, pour pouvoir conſulter les Concordances
de la Bible & les Dictionnaires. On joint à cela quelques Traductions Latines de l'Ecriture & un petit nombre de Commentaires.
S'il ſe rencontre quelque difficulté, on a recours auſſi-toſt à la
Concordance, on explique les mots obſcurs par d'autres qui paroiſſent plus clairs, & qui favoriſent en même temps le ſens que
nous cherchons. S'il arrive que ces mêmes mots obſcurs ſoient
auſſi expliqués par d'autres plus clairs, & qui ne s'accordent pas
avec nos préjugés, comme cela arrive ſouvent, on les laiſſe à part,
& on prend ſeulement ceux qui ſont favorables. En effet, à quoi
bon ſe fatiguer à lire tant de volumes de Peres, d'Hiſtoires & de
Conciles, qui ne peuvent ſervir qu'à nous gâter l'eſprit ? Mr. le
Clerc a bien plûtoſt fait; il s'érige avec une douzaine de Livres
en Theologien qui décide de tout ce qu'il y a eu de ſavans hommes dans l'Egliſe Orientale & Occidentale depuis les Apôtres
juſqu'à ces derniers ſiecles. Cela s'appelle ſelon lui n'être ni
ignorant, ni viſionnaire, mais s'appliquer avec un grand ſoin à
l'etude de la Religion.

Il accuſe de plus Mr. Simon, d'avoir une trop grande eſtime
pour les Rabbins. Ce n'eſt pourtant pas ce qui paroiſt dans ſon
Hiſtoire Critique, où il les condamne tres-ſouvent. Il y fait même voir, que les Proteſtans ſont tombés dans de grandes erreurs
pour les avoir ſuivis, en ne s'attachant pas aſſez à l'Antiquité.
L'idée qu'il nous a donnée de la veritable maniere de traduire les
Livres Sacrés, eſt une preuve évidente qu'il ne s'en rapporte pas
entierement à l'autorité des Rabbins. Mais auſſi ne croit-il pas
qu'il les faille tous rejetter, puis que pluſieurs d'entre eux ſe ſont
beaucoup appliqués à l'étude de l'Ecriture. Il juge qu'il faut
prendre dans eux tout ce qui peut être utile, & rejetter leurs rê-
veries :

veries : mais on a befoin pour cela d'une érudition affez grande,
& qui ne fe rencontre dans aucun des Freres Unitaires. C'eft pourquoi Mr. le Clerc a raifon de condamner generalement les Rabbins.   Il en fera quite pour crier fortement contre eux, & pour dire comme il a dit des Peres, que ce font des ignorans.   Ce fera le
moyen de faire une Bibliotheque à peu de frais : mais je crains
qu'on ne dife aprés cela de Mr. le Clerc, qu'il eft un Theologien *à
jufte prix.*

Mr. Simon a eu auffi grand tort felon Mr. le Clerc, de reprocher aux Proteftans leurs préjugés.   *Il eft bon,* dit-il, *de faire remarquer aux Catholiques-Romains, qu'ils font ici ce que faifoient ceux de
qui Juvenal a dit,*

Clodius accufat machos, Catilina Cethegum.

Comme nôtre Auteur n'aime pas tout ce qui s'appelle érudition
tirée des Peres & des Rabbins, gens entêtés s'il en fût au monde,
il tient regiftre de certaines fentences des Poëtes, qu'il fait entrer
de temps en temps dans fon difcours pour y fervir d'ornement.   Il
oppofe les Livres de Mr. Nicole & de quelques autres favans hommes de l'Eglife Romaine, qui ont employé tout leur efprit & toute
*Des pré-
jugés en
matiere
de Reli-
gion.*leur éloquence pour prouver qu'on peut condamner les Proteftans
par de fimples préjugés, fans defcendre dans l'examen des raifons
qu'ils ont euës de fe feparer de l'Eglife Romaine.   Il devoit prendre
garde qu'on n'a jamais condamné les préjugés legitimes.   Il a
été permis de tout temps de fe fervir de ces fortes de préjugés, &
les premiers Peres les ont mis en ufage contre les anciens Heretiques. Mais on n'examine pas, dit-on, les raifons qui ont obligé les
Proteftans de fe feparer de l'Eglife Romaine.   Auffi cela n'eft-il
plus neceffaire, puis qu'on fuppofe qu'elles ont été fuffifamment
examinées; & felon toutes les regles du Droit, *Res judicata non am-
plius cadit in judicium.*   Quand les Novateurs nous auront fait voir
que nous nous appuyons fur de faux préjugés, alors leur caufe fera
bonne. Il ne faut donc pas condamner les préjugés en general, mais
feulement les faux préjugés

On fait, continuë Mr. le Clerc, *qu'on fait profeffion dans l'Eglife Romaine d'obeïr aveuglément à fes ordres, & de s'y confier, fans favoir pourquoi, & feulement parce qu'on s'eft mis une certaine opinion dans la tête,*
fans

sans l'avoir jamais examinée, qui sert en-suite de principe pour juger de ce qu'on lit, ou de ce qu'on entend. Les Protestans & les Sociniens qui font ces sortes d'objections aux Catholiques, donnent des preuves évidentes de leur ignorance en fait de Religion. La créance de l'Eglise étant Catholique ou universelle est fondée sur le commun consentement de toutes les Eglises du monde, & non pas sur le caprice de quelques Freres illuminés, qui font tous les jours de nouveaux Systémes de Religion ; & c'est ce qu'ils appellent aller de foi en foi & de lumiere en lumiere. Ils raisonnent sur des faits de la même maniere que sur des matieres spéculatives & métaphysiques. Aussi voyons-nous que ceux qui se picquent parmi eux d'avoir de l'esprit, font en moins d'un an le tour de toutes les Religions ; au lieu que les principes des Catholiques étant fixes & arrêtés, ne font point sujets à ces sortes de changemens. Qu'on parcoure les Eglises du monde qui reglent leur foi sur l'Ecriture & sur une veritable Tradition, on les trouvera toutes opposées aux nouvelles Sectes.

Je ne comprens pas bien la force du raisonnement de Mr. le Clerc, quand il objecte à Mr. Simon, qu'il n'a pû examiner l'opinion de la Societé dans laquelle il est né, sans être en danger de se tromper. *L'Ecriture selon lui, dit-il, est si obscure, que sans la Tradition elle ne serviroit presque de rien. Ce n'est donc pas par l'Ecriture qu'il a examiné l'Eglise. Est-ce donc par le bon sens? Mais l'Eglise Romaine n'a point de marques si claires de son infaillibilité, qu'il ne faille avoir que du bon sens pour les reconnoître.* D'où il conclut, que Mr. Simon avec toute son érudition & sa capacité croit aussi-bien que les autres par un simple préjugé de son enfance, que son Eglise est Catholique. Cet argument est fort défectueux ; car d'une seule partie qu'on énonce on conclut le tout. L'Ecriture est à la verité obscure si on la separe de la Tradition : mais étant toutes deux jointes ensemble, on a un principe certain sur lequel on peut examiner la créance de la Societé où l'on est né. Je suppose aussi que la raison doit être jointe à ces deux choses, parce qu'on ne peut rien examiner sans le secours de la raison & du bon sens. Il n'y a maintenant qu'à appliquer ce principe aux differentes Societés qui font dans le monde, pour bien juger de la verité de leur créance. Toutes les Societés qui le reçoivent ont une créance uniforme sur les principaux points de la Religion ; au lieu que les Lutheriens, les Calvinistes, les

C

Armi-

Ignorance des Protestans & des Sociniens.

Faux raisonnement de Mr. le Clerc contre la créance des Catholiques.

Arminiens, les Sociniens qui conviennent de principe, different tous entre eux de créance. Ce qui eſt une preuve évidente de la fauſſeté de leur principe; & par conſequent leur foi n'eſt appuyée que ſur de faux préjugés.

Il n'eſt pas vrai que ceux dont Mr. Simon a tiré le plus de lumiere pour compoſer ſa Critique, ſoient Proteſtans, puis qu'il y a eu ſans doute de plus habiles gens pour les Langues & pour la Critique dans l'Egliſe Romaine que parmi les Proteſtans. Si l'on s'eſt quelquefois appuyé ſur les remarques de Beze, de Scaliger, de Buxtorf, de Bochard, de Cappel, de Walton, & de quelques autres, il ne s'enſuit pas qu'ils ayent plus étudié l'Ecriture que les Catholiques: mais c'eſt qu'on faiſoit alors la Critique de leurs Ouvrages, ou qu'on ſe ſervoit de leur autorité dans des faits qu'ils avoient traités; & encore le plus ſouvent ne s'agit-il en ces endroits-là que de la Grammaire, qui eſt preſque la ſeule choſe où les Proteſtans ayent excellé. Je ne voi pas auſſi pourquoi Mr. le Clerc oppoſe aux Docteurs Catholiques Cappel & Bochard, & qu'il demande s'il y a eu beaucoup de gens dans l'Egliſe Romaine qu'on leur puiſſe comparer. Car pour ce qui eſt de Cappel, ſes Ouvrages font voir qu'il avoit plus profité dans la lecture des Anciens, & principalement dans les Ecrits de St. Jerôme, que dans les Livres des Proteſtans, dont il abandonna la methode pour ſuivre celle des Catholiques, qui ont tous fait ſon Panegyrique dans le temps que ceux de ſa Secte vouloient le priver de ſa Charge. Ne l'accuſerent-ils pas d'être convenu avec le P. Morin pour ruiner le Texte Ebreu, & pour autoriſer la Vulgate? A l'égard de Bochard, c'eſt un pur Grammairien, un grand faiſeur d'étymologies, & dont toute l'érudition conſiſte à ſe ſervir de quelques Dictionnaires. Les Proteſtans n'ont perſonne qu'ils puiſſent comparer à Maſius & à Luc de Bruges pour ce qui regarde les matieres de la Critique.

Il eſt même aiſé de prouver, que ce que nous avons aujourd'hui de grand & de conſiderable ſur l'Ecriture & ſur les Langues Orientales vient des Docteurs Catholiques. La Langue Grecque & la Langue Latine & les belles Lettres étoient cultivées en Italie avant que le nom de Proteſtant fuſt au monde. Les premieres Bibles Grecques & Hebraïques parmi les Chrêtiens doivent leur naiſſance à l'Eſpagne & à l'Italie. Le Cardinal Ximenés eſt l'Auteur de la premiere Bible Polyglotte qui ait paru, dont Luther & les autres

tres

Les Catholiques ſont plus habiles dans les Langues Orientales & dans la Critique, que les Proteſtans.

tres Proteſtans ſe ſervirent en-ſuite dans les commencemens de
leurs prétenduës Réformations.   Le Comte de la Mirandole en I-
talie, & Reuclin en Allemagne, ont été les premiers qui ont eu
la connoiſſance de la Langue Hebraïque, & qui en ont écrit.   Les
premiers même qui l'ont ſeuë parmi les Proteſtans ont été des
Moines, qui l'avoient appriſe dans leurs Cloîtres avant leur apo-
ſtaſie.   Les Bibles Polyglottes, qui ſont les Ouvrages les plus utiles pour apprendre l'Ecriture Sainte, ont toutes été faites par des
Catholiques. Il n'y en a pas une dont les Proteſtans puiſſent ſe vanter d'avoir été les Auteurs.   Celle qui a été imprimée en Angleterre eſt un vol manifeſte, & il y a de l'inſolence à mettre ſon nom à la
tête d'un Ouvrage dont on n'eſt point l'Auteur.   Walton n'a fait
autre choſe que de reimprimer la grande Bible de Mr. le Jay : ce
qu'il y a ajoûté eſt ſi peu conſiderable, qu'il ne merite point le nom
d'addition ; outre qu'une partie de ces additions a été priſe des Livres qui avoient été donnés au public par des Catholiques.   Les
Anglois devoient imprimer leur Polyglotte avec ce titre, *Seconde
Edition de la Bible Polyglotte de Paris avec quelques additions* ; & s'ils ne
vouloient pas qu'on les accuſaſt d'être plagiaires, il étoit de leur
devoir de corriger avec ſoin les fautes qui ſont en tres-grand nombre dans l'Edition de Paris ; & c'eſt ce qu'ils n'ont point fait.   Ce
qu'il y a même de meilleur dans le ſecond Volume de leur Polyglotte conſiſte dans les Scholies de Rome & de Nobilius ſur la
Verſion des Septante.   C'eſt à l'Italie que nous devons les premieres Editions de cette ancienne Verſion Grecque, & ces excellentes
Scholies tirées des meilleurs Auteurs Grecs.   Pour ce qui eſt des Bibles Latines, c'eſt auſſi à l'Italie, & à quelques Docteurs Catholiques des Païs-Bas, à qui nous ſommes redevables d'une Critique
exacte ſur ces Bibles par la recherche qu'on a faite d'un nombre
prodigieux de Manuſcrits.

Peut-on nous dire aprés cela, que ceux qui ont le plus étudié
l'Ecriture ſont les Proteſtants, & que Mr. Simon s'eſt emporté contre eux dans ſon Ouvrage, de peur qu'on ne viſt qu'ils ont dit une
bonne partie de ce qu'il y a de meilleur dans ſa Critique ? A quoi
bon tout ce diſcours inutile, & qu'on n'accompagne d'aucunes
preuves ? On a rendu juſtice également aux Proteſtans & aux Catholiques dans l'Hiſtoire Critique.   On y a remarqué les perfec-
tions & les défauts des uns & des autres, & Mr. Simon n'a pas mê-

*On a ren-
du juſtice
dans la
Critique
à tout le
monde.*

me pû éviter la cenſure de quelques-uns des ſiens, pour avoir parlé ſelon eux avec trop de liberté des Peres, & d'avoir même fait
de trop grands éloges de quelques Proteſtans. Bien loin de détourner les autres de les lire, il en recommande la lecture, ſans oublier
même Mr. Voſſius.

En quel ſens on dit dans la Criti-que qu'on n'a copié perſonne.
Quand Mr. Simon a aſſûré qu'il n'avoit copié aucun des Auteurs
qui ont écrit avant lui ſur une partie de cette matiere, il a voulu
noter par là la plus-part des faiſeurs de Livres, ſur tout parmi les
Proteſtans, qui ne font que copier les autres ſans conſulter les O-
riginaux.   C'eſt en ce ſens-là que Mr. Simon peut ſe vanter de n'a-
voir copié perſonne, puis qu'il n'a rien cité ſoit des Peres, ſoit des
Rabbins, ou des autres Ecrivains même peu connus, qu'il n'ait lû
dans la ſource; & c'eſt pour cette raiſon qu'il a ajoûté à la fin de ſon
Livre un Catalogue des Livres MSS. & imprimés, en marquant
les Bibliotheques où ils ſe trouvoient, le lieu & l'année de leurs E-
ditions.   *Si l'on découvroit,* dit Mr. le Clerc, *qu'il a copié une bonne
partie de ſon Ouvrage dans des Auteurs Proteſtans, on auroit ſujet de ſe
mocquer de cette vanterie.*   C'eſt ce qu'il devoit faire, & ne pas ſe
contenter de le dire.   On ne nie pas qu'on n'ait traité pluſieurs matieres qui avoient déja été traitées par d'autres, & même on le ſuppoſe; mais on ne trouvera pas qu'on ait tranſcrit leurs Livres. Bien
loin de cela, on ne les a produits que pour en faire l'hiſtoire & la
Critique, & l'on ſupplée à leurs manquemens par le ſecours de pluſieurs Livres qu'ils n'ont point eus.

Mr. Si-mon n'eſt point l'Auteur de la Préface qui eſt à la reſte de la nouvelle Edition de la Critique.
Mr. le Clerc eſt ſi accoutumé à parler de faits dont il n'a aucune
connoiſſance, qu'il oſe ſur de ſimples conjectures qui n'ont nulle
apparence de verité attribuer à Mr. Simon la Préface de la nouvelle Edition de la Critique.   Il l'accuſe d'avoir oublié dans cette Préface ce que la modeſtie la plus commune inſpire à tout le monde,
tant on y trouve d'aigreur contre les Proteſtans.   S'il avoit conſulté là-deſſus Mr. Allix qui eſt de ſes amis, il lui auroit ſans doute fait connoître, qu'il n'y a gueres d'apparence que Mr. Simon ait
eu part aux Editions de ſa Critique qui ont été faites en Hollande,
parce qu'il a toûjours eſperé qu'on la reimprimeroit à Paris en la re-
touchant en quelques endroits.   En effet, avant que Mr. Elzevir
l'euſt imprimée ſur une méchante copie MS. un Marchand de Paris
qui avoit la veritable copie de la premiere Edition parla à un Libraire de Hollande pour la publier.   Mr. Simon en ayant été aver-
ti

ti par un de ses amis, en écrivit à Mr. Fremont d'Ablancourt, pour empêcher cette nouvelle Edition de Hollande; & comme le Marchand étoit Huguenot & ami de Mr. Allix, on obtint facilement par son moyen qu'il retirast son exemplaire des mains du Libraire.

Comme donc Mr. Simon n'est pas l'Auteur de cette Préface, il seroit inutile d'examiner les raisons que Mr. le Clerc apporte pour prouver qu'elle ne peut être d'un Protestant, & qu'on y a énoncé des faussetés visibles. Je m'arrêterai seulement à ce qu'il dit, qu'aucun Protestant en parlant de Luther n'a pû s'exprimer de cette maniere, *le bienheureux Martin Luther, à qui Dieu fasse paix.* Mais ne voit-on pas manifestement que cette expression est une pure raillerie d'un Huguenot qui se mocque des Lutheriens & de leur Docteur Martin, qu'ils nomment ordinairement dans leurs Ecrits B. *Martinus.* Je ne sai pas à la verité si cet abregé marque *Bienheureux Martin,* ou *Beste Martin.* Quoi qu'il en soit, il est certain qu'on a affecté en cet endroit de railler les Lutheriens. Mr. le Clerc est encore moins heureux dans l'explication qu'il donne de ces paroles, *à qui Dieu fasse paix. A force de dire des Messes,* dit-il, *pour les morts, & de demander à Dieu qu'il fasse paix à ceux dont les parens donnent de l'argent, cette expression est devenuë si familiere, qu'on s'en sert même en raillant.* Il se trompe fort, car dans la Messe on ne souhaitte la paix qu'aux vivans, *Pax vobiscum.* Je m'étonne qu'un homme qui se dit Maître en Israël ignore que cette expression vient des Juifs: mais ce n'est pas de quoi il s'agit ici. A l'égard de ce qu'il ajoûte, que c'est se mocquer du Lecteur, de faire dire à un Réformé, *que sans la Tradition on ne peut répondre aux Sociniens;* il n'a pas pris garde que son Réformé ne parle dans cette Préface que d'une Tradition bien autorisée, & semblable à celle qui est reconnuë par les Juifs Caraïtes.Raisons de Mr. le Clerc peu vraisemblables.

Il est constant que les Calvinistes reçoivent cette sorte de Tradition, & qu'ils s'en servent même dans leurs disputes contre les Sociniens. S'il y avoit quelque chose qui pust faire croire que cette Préface ne fust pas d'un Protestant, c'est que les Protestans mêmes y sont tournés presque par tout en ridicules: mais ceux qui savent la maniere dont les Arminiens traitent aujourd'hui les purs Calvinistes, ne seront point surpris du procedé de l'Auteur de la Préface, qui apparemment est un zelé Arminien. Nôtre Auteur même,Les Calvinistes reçoivent quelque Tradition.

C 3

qui

qui s'eſt jetté dans la Societé des Arminiens de Hollande, encherit pas deſſus la Préface, rapportant en détail le galimatias des Doc-teurs de Geneve, qu'on s'étoit contenté de marquer en general dans cette Préface, ſans entrer en un détail qui expoſoit ces Doc-teurs à la riſée de tout le monde.　J'avouë que pour les excuſer il dit que l'Auteur de la Préface a avancé mal-à-propos, que *ceux de Geneve avoient entrepris l'impreſſion d'une nouvelle Bible*, puis que ce *n'etoit qu'un Marchand-Libraire ſeul qui avoit engagé un ſeul Miniſtre*, &c. C'eſt de quoi il ne paroit pas bien informé, puis que l'entre-priſe ne venoit point de la part du Libraire, mais d'une autre per-ſonne qui avoit un fonds conſiderable à employer à cela; & de plus ce deſſein fut communiqué à tous les Miniſtres de Geneve. Ce qui paroit évidemment par le projet de cette nouvelle Bible qui fut en-voyé dans ce temps-là à Paris, & dont je produirai ici la copie telle qu'on l'a euë de Mr. Claude.

Monſieur Duilliers étant dans une ferme réſolution de faire faire une Edition in folio *qui puiſſe entrer en un Volume de la Bible de l'uſage ordi-naire traduite à Geneve, avec l'aſſortiment des Notes & illuſtrations qui eſt en celle d'Elzevier, & de ne rien épargner pour la rendre autant accomplie qu'il ſe pourra, ſoit pour le contenu, ſoit pour la beauté de l'impreſſion, qui ſe fera chez lui au païs de Vaux ſous l'approbation des Superieurs; ſes amis & des Theologiens de Geneve, auſquels il en a communiqué, jugeant tres à-propos de ne pas negliger une occaſion ſi favorable pour mettre en meilleur é-tat ce ſaint Ouvrage, l'ont obligé à differer d'y mettre la main, tant qu'on ait pris les meſures qu'il faut pour y reüſſir plus aiſément. Et à ce ſujet ils eſtiment, tout bien conſideré, pour répondre au but qu'il ſe propoſe, & à la penſée de ceux ſous l'autorité de qui il l'entreprend, que l'on eſt obligé d'y proceder de cette maniere.*

I. Attendu qu'il eſt ſi fort neceſſaire de mettre le Texte en un état de bienſeance, pour remedier au mépris de la lecture ſacrée & à ſon obſcurité en quelques lieux, & pour ſatisfaire aux intentions du dernier Synode Na-tional; le Texte ſera exactement reveu à Geneve par trois ou quatre Theo-logiens, pour ôter les mots ſurannés, rudes & moins intelligibles avec le plus de dexterité & de pureté qu'il ſe pourra, remedier aux trajections, defauts d'articles, de prépoſitions, & qui choquent évidemment, avec cette ſobrieté neanmoins, qu'il n'y ait rien qui affecte trop la délicateſſe du ſie-cle, & que l'on ſe tienne au ſens de la Traduction.

Pour cet effet ils la confereront ayant l'Original devant les yeux, & la reviſion

revision suivie par Mr. Desmarests, & le travail de Mr. Diodati, avec ce qu'il y a d'Editions modernes de ceux du P. R. & d'autres, sur tout avec l'Edition du N. Testament de Paris revû en 1668. Ils en communiqueront avec Messieurs de Paris pour avoir leurs sentimens, & en profiter le plus qu'il se pourra; comme aussi avec Messieurs du Bosc, Drelincourt, & autres des plus éclairés. Dans les occurrences le Dictionnaire de Mr. Richelet, s'il est tel qu'il le promet dans son projet, pourra être consulté utilement.

II. Comme les argumens generaux de Mr. Diodati sont sans contredit les plus exacts pour penetrer dans l'intention des Auteurs Sacrés, on les employera, en prenant garde d'adoucir ce qu'il y a au stile de rude & de moins François, & en partageant ses longues periodes. On y inserera ce qu'il y aura encore de considerable en ceux de Geneve, de Desmarests, des Anglois, du Synopsis Criticorum, & quant aux particuliers, on employera ceux-là même de Diodati comme mieux liés & plus reguliers, selon qu'on le trouvera necessaire, aprés avoir retouché ce qu'il faut aux expressions.

III. Pour les Annotations, dans le dessein que l'on a de les rendre utiles à l'instruction du peuple, aussi-bien qu'à celle des Savans, ils employeront celles qui sont en la Bible d'Elzevier, avec ce discernement neanmoins, d'en retrancher çà & là ce qu'il y auroit d'entierement inutile, d'ôter exactement les expressions qui ne sont pas Françoises, ou qui sont moins convenables, d'éclaircir ce qu'il y aura d'obscur & d'embarassé, & d'ajoûter les remarques de quelque importance qu'on pourra rencontrer, nommément celles de Mr. Diodati, dont elle a omis un tres-grand nombre de bien considerables. Pour cela on consultera aussi celles des huit Theologiens Anglois de 1651. & les meilleurs Auteurs, pour profiter de ce qu'ils auront de plus essentiel dans les bornes que l'on donne à ce travail avec toute la brieveté, solidité & netteté possibles.

Pour faire l'extrait & l'arrangement de ces remarques, on employe l'un des quatre Theologiens susd. qui a une grande connoissance de la Theologie & des Langues Orientales, & qui se charge de travailler exprés & avec assiduité pour cela. Mais il doit communiquer son travail aux trois autres, pour ne rien produire que par leurs avis & approbation.

IV. Les passages paralleles seront rapportés exactement, & même en plus grand nombre & d'une maniere plus complete qu'en l'Edition d'Elzevier; & pour donner plus de facilité au Lecteur, ils ne seront pas confondus parmi les Notes, comme en celle-ci, mais marqués dans la marge à côté du Texte.

Cette

Cette maniere de proceder a été approuvée par un grand nombre de Pasteurs de Geneve à qui elle a été communiquée, & l'on pourra envoyer aux Freres de dehors un échantillon du travail des Notes pour en avoir leur sentiment.　On recevra en tres-bonne part les avis qu'il plaira à des personnes intelligentes de donner pour le bien d'un Ouvrage si important pour l'édification publique, & on ne manquera pas d'en profiter, pour rendre la piece aussi parfaite qu'il sera possible.

On peut juger par ce projet, quelle raison Mr. le Clerc a euë de dire, que *cette Bible ne devoit point paroître sous le nom des Théologiens de Geneve, mais sous le nom de celui qui y travailloit.*　Mr. Duilliers qui donnoit son argent tant à l'Imprimeur, qu'aux Ministres qui travailloient à cet Ouvrage, nous assûre qu'il avoit communiqué son dessein aux Superieurs de Geneve & aux Theologiens, & qu'il ne faisoit rien qu'avec leur approbation.　Il avoit été arrêté de plus, que *pour remedier au mépris de la lecture sacrée,* le Texte seroit reveu par trois ou quatre Theologiens.　Par ce Texte ils n'entendent pas le Texte Ebreu de la Bible, mais la Version de Geneve, se contentant d'avoir *l'Original devant les yeux.*　Il est bien vrai que Mr. Turretin travailloit seul aux Notes, parce qu'il étoit estimé avoir *une grande connoissance de la Theologie & des Langues Orientales;* mais il étoit obligé *de communiquer son travail à trois autres Theologiens,* & on ne peut pas douter que ces Theologiens n'eussent reveu la feuille qui fut envoyée à Paris, & qui est un chef-d'œuvre des Docteurs de Geneve en matiere de galimatias.　S'il n'y eust pas eu dans ce temps-là dispute entre les Ministres de Charenton & ceux de Geneve, l'Ouvrage auroit été publié & approuvé.　Il y eut plusieurs Lettres écrites de part & d'autre sur ce sujet, & il est constant que ceux de Geneve se plaignirent hautement de quelques Ministres de Charenton, qui dans ce même temps envoyerent à ceux de Geneve un autre projet, & qui ressembloit fort à celui de Mr. Simon. C'est de ce projet-là dont les Ministres de Geneve se plaignirent, comme si leurs Freres de Paris avoient adopté les sentimens des Papistes. Mais il faut avoüer de bonne foi, que ceux de Paris parurent en cela gens de bon sens, & que sans avoir égard à la Religion de celui qui leur donnoit une idée si juste d'une Traduction de la Bible, & qui pouvoit être également utile aux Catholiques & aux Protestans, ils s'y conformerent entierement.

Enfin Mr. le Clerc, aprés nous avoir donné un extrait fidele

des

Dispute entre les Ministres de Charenton & de Geneve.

des remarques peu judicieuses & même ridicules qui étoient
dans la fueille que ceux de Geneve envoyerent à Paris, ajoûte que si
l'on vouloit examiner avec un peu de soin les Commentaires de la
plus-part des Docteurs Catholiques-Romains, on y trouveroit
bien des choses plus singulieres que celles qu'il vient de citer. *Combien de Moines*, dit-il, *ont écrit sur l'Ecriture, & combien y en a-t-il
que le P. Simon pust louër selon les regles de sa Critique?* Il nous renvoye
à divers Livres du Vieux Testament qu'on a traduits depuis peu en
François avec des Notes spirituelles & literales, d'où il conclut
qu'on *ne sauroit rien reprocher à quelques Ecrivains Protestans, qu'on ne
puisse reprocher avec plus de raison aux Auteurs de ces Ouvrages. Tout
est bon*, ajoûte-t-il, *pour vû que quelque Pere l'ait dit, & l'on trouve
à tous momens*, Comme dit fort bien St. Bernard & St. Augustin.

J'avouë qu'on trouve dans les Commentaires de quelques Moines & même de quelques autres Auteurs Catholiques, des choses
aussi singulieres que celles qui étoient dans la feuille envoyée de
Geneve à Paris: mais ces gens-là ne font pas profession d'être savans dans les Langues Orientales, comme Mr. Turretin, qu'on
a prétendu avoir été choisi, parce qu'il a *une grande connoissance de
la Theologie & des Langues Orientales.* En effet, il faut avoir un grand
fond de Theologie & de Langues pour faire un compilé de galimatias. Si le plus habile Theologien de Geneve a été capable de tomber en de si grandes impertinences, on peut juger quelle peut être
la capacité des autres.   Ceux qui ont donné depuis peu au public
quelques Livres du Vieux Testament en François avec des Notes
spirituelles & literales, auroient pû en choisir de meilleures &
même plus literales dans les Ouvrages des Peres; mais leur dessein a été d'instruire leurs Lecteurs de ce qui regardoit principalement la Morale. On ne peut pas dire la même chose des Notes faites par des Protestans, qui n'ont pour but que de faire connoître à
leurs Lecteurs le sens propre de l'Ecriture, qu'ils considerent comme la regle de leur foi; au lieu que les Catholiques étant soumis à
la doctrine des Peres, peuvent inserer dans des remarques les témoignages de ces mêmes Peres.   Je souhaitterois seulement qu'on
s'en acquitast avec plus de retenuë & avec plus de choix; afin d'instruire mieux les Lecteurs.

Au reste, on ne demeure pas tout-à-fait d'acord que ceux qui
ont le plus contribué à l'éclaircissement de l'Ecriture ont été Pro-
D
testans.

Galima-
tias de
Mr. Tur-
retin sa-
vant
dans les
Langues
Orienta-
les.

teſtans. Il eſt vrai qu'ils ont cultivé l'étude de la Critique; mais il y en a peu qui ſe ſoient élevés au deſſus de la Grammaire. C'eſt aufſi un tres-mauvais raiſonnement de Mr. le Clerc, de conclure que ce ſeroit un manque de jugement aux Docteurs Catholiques de s'employer à l'étude de la Critique, puis qu'ils s'appuyent ſur la Tradition; comme ſi l'on ſeparoit cette Tradition d'avec l'Ecriture, & ſi l'on ne reconnoiſſoit pas dans l'Egliſe Romaine cette même Ecriture comme le principal fondement de la Religion Chrêtienne. *C'eſt auſſi,* ajoûte nôtre Auteur, *ce que j'ai ouï dire à de tres-habiles Catholiques en leur parlant du P. Simon; ils ne pouvoient aſſez s'étonner, que perſuadé de la verité de la Tradition comme il eſt, il ſe donnaſt tant de peine à étudier des Langues, qui n'ont ſervi, comme ils diſoient, aux Proteſtans qu'à les faire tomber dans l'erreur.* Mais ce qu'on a rapporté ci-deſſus eſt une preuve évidente que les Docteurs Catholiques ne ſe ſont pas moins appliqués à l'étude des Langues que les Proteſtans; qu'au contraire ils l'emportent de beaucoup par deſſus eux. Si les Proteſtans ſont tombés dans l'erreur, ce n'eſt pas pour avoir été ſavans dans les Langues, puis que les premiers Novateurs n'en ont eu qu'une connoiſſance tres-mediocre, & qu'il ſe trouve même aujourd'hui tres-peu de perſonnes parmi eux qui les entendent.

Faux raiſonnement de Mr. le Clerc touchant les Traditions des Catholiques.

CHAPITRE IV.

Critique de la III. Lettre.

JE ne m'étonne pas que Mr. le Clerc qui mépriſe tout ce qu'on appelle érudition, tombe ſouvent dans des fautes groſſieres lors qu'il s'agit de cette érudition: mais il y a lieu d'être ſurpris, qu'un homme qui fait profeſſion de bien raiſonner ne raiſonne preſque jamais avec juſteſſe. Il prétend que Mr. Simon traitant dans ſon Ouvrage ce qui regarde la Critique des Livres Sacrés de la même maniere que les Proteſtans, il n'y devoit rien faire entrer qui regardaſt la Tradition, puis qu'elle n'avoit aucun rapport à ſon deſſein. Mais on ne peut pas dire que Mr. Simon ait traité de la Critique des Livres Sacrés d'une autre maniere que de celle dont tous le Critiques du monde ſe ſont ſervis. Cette methode ne regarde ni la Religion Catholique, ni la Proteſtante, puis qu'elle a

Pourquoi il a été neceſſaire de parler de la Tradition dans l'Hiſtoire Critique.

été

été en ufage avant qu'on fçuft ce que c'étoit que Catholicité &
Réformation.   A quel propos donc fait-on venir ici les noms de
Catholiques & de Proteftans dans un fujet de pure Critique? Mais,
dit-on, l'on a fait entrer dans cet Ouvrage la Tradition comme
par force, & fans qu'il fuft befoin d'en parler. De plus, fi Mr. Simon n'avoit pas ajoûté cela à fon Ouvrage, il étoit à craindre qu'on
ne le prift pour un Heretique : comme fi la Critique regardoit la
Religion en elle-même. Cependant il étoit impoffible qu'aprés
avoir montré felon les regles de la Critique qu'on avoit fuivies ex-
aĉtement, que le Texte de la Bible étoit tres-obfcur, on ne pré-
vinft une objeĉtion qui naiffoit naturellement du principe qui éta-
bliffoit l'obfcurité des Livres Sacrés. On avoit raifon de demander à Mr. Simon, & même aux Proteftans qui fuivent les regles de
Critique, d'où ils tireront les principes de leur Religion, fi les
Aĉtes fur quoi on doit fe fonder pour cela font fi obfcurs qu'on ne
les puiffe pas entendre. Les Proteftans & les Sociniens répondent,
que nonobftant cette obfcurité il fe trouve affez de paffages clairs
dans l'Ecriture pour appuyer les articles fondamentaux de la Religion. Les Catholiques au contraire difent, que quelque obfcurité qu'il y ait dans l'Ecriture, on n'en peut tirer aucune confequen-
ce contre la verité de la Religion, qui eft auffi appuyée fur la Tradition : d'où l'on conclura, que les réflexions qu'on a faites dans
l'Hiftoire Critique fur la Tradition font de la même neceffité que
celles que quelques Critiques Proteftans ont faites fur les points
fondamentaux de la foi, qu'ils croyent trouver toûjours clairement
dans l'Ecriture, quelque changement qu'il y foit arrivé. Quoi
qu'en general les queftions de pure Critique ne regardent point la
creance, elles ne laiffent pas d'y avoir ici quelque rapport, parce
que les Livres fur lefquels on exerce la Critique contiennent les
Aĉtes fur lefquels cette créance eft appuyée.

Mr. le Clerc ajoûte au même endroit un autre raifonnement qui
eft tout-à-fait faux, & qui eft une marque évidente du peu d'é-
tenduë de fon efprit. Il n'envifage jamais les chofes que d'un côté ; & cependant il en tire des confequences comme s'il les avoit re-
gardées felon toutes les veües qu'elles peuvent avoir. C'eft fur ce
pied-là qu'il raifonne, quand il dit qu'il y a des endroits dans le Livre de Mr. Simon , *où il fe fert pour détruire l'autorité des Traditions
Judaïques des mêmes raifonnemens dont les Proteftans fe fervent contre les*

D 2   *Traditions*

Traditions Romaines. Cela eſt vrai; mais il faudroit faire voir afin que la choſe fuſt égale, que Mr. Simon a traité dans ces endroits-là de points qui regardaſſent le fond de la Religion. On produit ces paroles tirées du Livre I. de ſon Hiſtoire Critique, Chap. X. où il dit, *Il arrive ſouvent que les hommes étant les dépoſitaires des Traditions, y mêlent ce qu'ils ont inventé, & il eſt alors difficile de diſtinguer les veritables Traditions d'avec les fauſſes.* Ces paroles ſont en effet de Mr. Simon; mais il les applique à une matiere de Critique contre quelques Proteſtans, qui ayant renoncé à la Tradition ne laiſſoient pas de s'en ſervir pour préferer le Texte Ebreu des Juifs à celui des Samaritains. Ils prétendoient que les Juifs étant toûjours demeurés dans la Religion de leurs Peres, avoient auſſi gardé le veritable Texte; au lieu que les Samaritains étoient des Schiſmatiques. Mr. Simon prétend que cette preuve priſe de la Tradition doit être de nulle conſideration dans le fait de Critique dont il s'agit, puis qu'un Livre ſe peut auſſi-bien conſerver dans une Societé Schiſmatique, que chez les Orthodoxes. Les hommes de plus étant les dépoſitaires de la Tradition peuvent l'alterer. Mais il n'en eſt pas de même de la Tradition que Mr. Simon autoriſe dans ſa Critique pour ce qui regarde la créance; car il appuye cette Tradition ſur le conſentement univerſel de toutes les Egliſes du monde, & il reprend même quelques Theologiens du ſecond ordre, qui ont ſouvent en bouche ces paroles, *Cela eſt de Tradition Apoſtolique,* ſans examiner à fonds ce qu'ils nomment Tradition Apoſtolique.

Differentes Traditions.

Nouveau Paralogiſme de Mr. le Clerc.

Voici un troiſiéme Paralogiſme de Mr. le Clerc dans la même page de ſon Livre. Mr. Simon avoit dit dans ſa Préface, que *ſi on ne joint la Tradition avec l'Ecriture, on ne peut preſque rien aſſûrer de certain de la Religion.* D'où nôtre Auteur conclut, que puis qu'on ne peut preſque rien prouver de certain par l'Ecriture, *le P. Simon auroit bien mieux fait de ſe repoſer, que de faire un gros Livre ſur l'Ecriture, qui ne nous y peut preſque rien faire découvrir d'aſſûré, tant elle eſt obſcure.* Auſſi Mr. Simon n'a-t-il pas prétendu nous donner un Ouvrage qui ôtaſt toutes les obſcurités de l'Ecriture, puis que cela étoit impoſſible; mais il la repreſente telle qu'elle eſt en elle-même, & il a en-ſuite apporté pluſieurs regles de Critique pour entendre autant qu'il ſeroit poſſible des Livres ſi obſcurs. Mais aprés tout il a été obligé d'avouër, que quelque lumiere qu'on y puſt

apporter

apporter par le moyen de la Critique, on ne pouvoit presque rien tirer de certain de ces Livres, si l'on ne joignoit la Tradition à l'Ecriture. Son travail n'est donc pas inutile, puis qu'il montre également aux Catholiques & aux Protestans la maniere dont on doit expliquer l'Ecriture; & il convaint en même temps les Protestans de l'entêtement où ils sont, qu'on n'a point besoin de la Tradition pour établir la Religion Chrêtienne.

Mr. Simon devoit prévoir, dit-on, *qu'on lui répondroit, que l'Ecriture est claire dans les choses essentielles.* Aussi a-t-il prévû cette objection, puis qu'il l'a réfutée, en monstrant que d'un principe qu'on suppose clair & évident on ne peut pas tirer des conclusions entierement opposées. De plus, c'est une pure petition de principe, de dire que l'Ecriture est claire dans les choses essentielles, puis qu'il s'agit de savoir ce qui est essentiel, & ce qui ne l'est pas. Les Protestans & les Sociniens ne sont jamais convenus du nombre des points fondamentaux. Les Calvinistes ont crû que les Lutheriens les avoient trop multipliés. Les Arminiens après cela se sont separés des Calvinistes, prétendant à leur tour que les Calvinistes les avoient aussi trop multipliés. Enfin les Sociniens ont encore été plus loin: car s'étant persuadés que l'Ecriture n'est pas si claire que les Protestans soit Lutheriens, Calvinistes ou Arminiens, s'étoient imaginés, ils se sont retranchés tout-d'un-coup à un tres-petit nombre de points fondamentaux, & dont même ils ne sont pas trop d'accord entre eux. Mr. le Clerc qui est encore plus éclairé que tous ces gens-là, réduit enfin presque à rien ces points fondamentaux de la Religion Chrêtienne. *La seule raison*, dit-il, *nous apprend que la Religion ne peut consister qu'en deux choses: l'une est de nous dire où se trouve le souverain bonheur auquel nous aspirons naturellement; & l'autre, de nous monstrer les moyens d'y parvenir. On ne peut rien concevoir dans la Religion qui ne se rapporte à ces deux chefs.* Sur ce pied-là il a eu raison de reprocher à Mr. Simon, qu'il ne vivoit dans la Societé de l'Eglise Romaine que par les préjugés de son enfance. Mr. le Clerc est exempt de tous ces préjugés, établissant un principe qui appuye également le Judaïsme, le Christianisme, le Mahommetisme, & même le Deïsme; car on trouvera dans toutes ces Societés & dans le Deïsme les points qu'il nomme fondamentaux. Je ne voi pas même selon son principe, pourquoi il préfere les Livres du Nouveau Testament à l'Alcoran de Mahommet, où il trouvera les

D 3　　　　　　　deux

deux chofes en quoi felon lui la Religion confifte. C'eft en vain qu'il tâche de prouver que l'Ecriture contient ces deux chofes fans avoir recours à la Tradition, puis qu'il n'a pas même befoin de l'Ecriture pour cela.

Il ajoûte neanmoins un peu aprés, *Qu'on ne peut pas nier que tout ce que Jefus Chrift & fes Difciples nous apprennent dans le Nouveau Tefta-ment, ne tende uniquement qu'à nous obliger à croire en Dieu & en Jefus Chrift, & à obeir à l'Ecriture.* Mais pourquoi parler ici de Jefus Chrift & de l'Ecriture, puis qu'il peut auffi bien trouver les points fondamentaux de fa Religion dans les Livres de Platon, & même dans l'Alcoran, que dans l'Ecriture? Sa raifon qui eft fi pene-trante, & qui lui a fait découvrir les deux chofes dont il parle, lui monftre-t-elle fans le fecours de la Tradition, qu'il faille neceffai-rement croire à l'Ecriture? Il demande *fi l'Ecriture du Nouveau Tefta-ment ne nous oblige pas de croire en Dieu d'une maniere fi claire, qu'il ne faut qu'avoir le fens commun pour le croire.* Mais l'Alcoran l'ordonne d'une maniere auffi claire; & ainfi ce point fondamental n'eft pas moins effentiel au Mahommetifme qu'au Chriftianifme, & on dira la même chofe de ces autres paroles qu'il ajoûte au même endroit. *Tout ce que Dieu nous commandé dans le Nouveau Tefament, auffi-bien que dans le Vieux, fe rapporte aux devoirs que nous devons rendre à la Di-vinité, à ceux qui nous regardent nous-mêmes, & enfin à ceux aufquels nous fommes obligés envers nôtre prochain.* L'Alcoran prefcrit auffi fort clairement ces mêmes maximes aux Sectateurs de Mahommet. De nous dire aprés cela, que c'eft Dieu qui nous a parlé dans l'E-criture par le miniftere de Jefus Chrift & des Apôtres, c'eft avan-cer une chofe dont Mr. le Clerc doutera toûjours tant qu'il ne fui-vra que fa raifon, & ainfi ce point n'aura pas toute l'évidence qu'il juge neceffaire pour établir un point fondamental. Ce n'eft pas affez de dire, qu'il ne faut pas être Theologien *pour voir tout cela dans le Nouveau Tefament.* Un Juif qui rejette les Livres du Nouveau Teftament, ne laiffera pas d'admettre les deux chofes que nôtre Auteur croit être feules effentielles à la Religion; & Mr. le Clerc ne pourra jamais le perfuader de la verité des Evangiles, s'il n'a recours à la même Tradition que Mr. Simon a établie dans fon Hif-toire Critique.

Cela étant ainfi, dit Mr. le Clerc, *on voudroit bien que le P. Simon montraft qu'il y a des dogmes fans lefquels on ne peut pas parvenir au falut,*

qui

qui ne foient pas compris dans le nombre de ceux dont on vient de parler. Il y a de l'apparence que Mr. Simon répondra, que tout le raisonnement de Mr. le Clerc ne confifte que dans une regle de fouftraction, favoir *qui de tout ôte tout, refte rien,* puis que fes principes détruifent entierement le Chriftianifme, & qu'ils ne contiennent rien qui nous oblige neceffairement à reconnoître un Jefus Chrift. Cela eft fi vrai, qu'un de fes meilleurs amis, & qui fuit fes mêmes principes, propofa il y a fort peu de temps à un Theologien de Paris plufieurs difficultés touchant le Meffie, en lui marquant entre autres chofes, que les anciens Peres avoient fuivi là-deffus trop facilement les préjugés des Juifs, qui ont reconnu, difoit-il, un Meffie felon la maniere ordinaire des Prédicateurs, qui débitent plûtoft des allegories que des verités folides ; & qu'il ne paroiffoit pas que les Propheties allaffent au delà de Zorobabel. Je demande à Mr. le Clerc ce qu'il répondra à un homme qui lui oppofera les raifons de fon ami, pour lui faire voir que fans le fecours de la Tradition touchant le Meffie, qui eft conftante chez les Juifs tant Rabbaniftes que Caraïtes, & mêmes les Samaritains, il eft mal-aifé de prouver la verité du Meffie.

Ceux qui ne reconnoiffent point d'autre principe de leur Religion que ce que nôtre Auteur avance dans fon Livre, courent grand rifque de n'être Chrêtiens que de nom. Le peuple felon lui a la liberté *de ne faire profeffion de croire que ce qu'il fait clairement, & de vivre conformément à fes lumieres.* C'eft là ce qu'on peut appeller une liberté de confcience dans toutes les formes, & je ne m'étonne plus qu'un des bons amis de Mr. le Clerc ait eu deffein depuis peu de faire un voyage à Conftantinople, pour voir fi les Mahommetans avoient des points fondamentaux dans leur Religion qui pûffent empêcher les Sociniens de fe joindre avec eux. C'eft fans doute fur ce beau principe que Mr. le Clerc confeille au peuple *d'abandonner la Societé de ceux qui le tyrannifent, pour fe ranger avec ceux qui lui donnent la liberté de vivre felon fa confcience :* puis il ajoûte, que cette conduite ne peut être défagreable à Dieu, qui veut que chacun agiffe felon qu'il eft pleinement perfuadé en fon efprit.

Mr. le Clerc revient encore une fois à la charge, & défie Mr. Simon, *de faire voir que par les changemens qui font arrivés dans le Nouveau Teftament, & par toutes les autres difficultés qu'on peut ramaffer contre la clarté de l'Ecriture Sainte, on n'en puiffe pas tirer avec la derniere cviden-*

ce un seul dogme, sans lequel on ne puisse pas croire en Dieu, ou lui obeïr.
Mais il faut que les Proteſtans & les Sociniens ſe ſentent bien preſſés
par les preuves de Mr. Simon, puis que pour lui répondre ils ne
retiennent de tout le Symbole que ces premiers mots, *Credo in*
Deum, & qu'ils regardent tout le reſte des articles de la créance des
Chrêtiens comme des choſes, *in quibus*, ſelon le témoignage de St.
Auguſtin, *ſalvâ fide quâ Chriſtiani ſumus, ignoratur quid verum ſit.*
On n'auroit jamais crû que les Sociniens ſe fuſſent aviſés d'appuyer
leur Symbole de deux mots ſur le témoignage de St. Auguſtin:
mais dans une converſation auſſi libre qu'eſt celle que Mr. le Clerc
nous rapporte ici, on n'eſt pas toûjours obligé de parler avec juſteſſe.

Mr. Simon avoit dit dans ſa Réponſe à Mr. de Veil, que les Proteſtans reconnoiſſent auſſi-bien que les Catholiques la neceſſité
du Baptême des enfans; que Calvin l'a même voulu prouver par
l'Ecriture, mais qu'il n'a fait en cela que confirmer les Anabaptiſtes
dans leur opiniâtreté. Mr. le Clerc qui ne croit pas auſſi que le
Baptême des enfans ſe puiſſe démonſtrer évidemment par l'Ecriture, n'accuſe pas pour cela les Proteſtans qui ont prétendu l'y trouver; mais il nous dit qu'il n'en reconnoiſſent pas la neceſſité comme
font les Catholiques Romains. Il ne s'agit pas de ſavoir s'ils en
reconnoiſſent la neceſſité de la même maniere que les Catholiques,
qui le croyent abſolument neceſſaire *neceſſitate medii*, comme on
parle dans l'Ecole; il ſuffit qu'ils le croyent de neceſſité de précep-
te, *neceſſitate præcepti*, & qu'ils aſſûrent que c'eſt un article de nôtre créance qu'on peut prouver par l'autorité de l'Ecriture. C'eſt
là le ſentiment de Calvin ſur lequel roule la Réponſe de Mr. Simon
à Mr. de Veil. Je ſai que les Sociniens ont bien d'autres idées là-
deſſus: mais Mr. de Veil à qui on répondoit n'eſt pas encore épu-
ré juſqu'à ce point-là.

On peut bien ſavoir, dit-on, *que l'Egliſe Chrêtienne croit aujourd'hui u-*
ne choſe; mais il ne s'enſuit pas de là qu'elle l'a toûjours crûë, puis qu'elle a pû
tomber dans l'erreur. Cette objection eſt hors de propos, puis que la
Tradition que Mr. Simon appuye dans ſa Critique eſt fondée ſur un
conſentement perpetuel des Egliſes depuis les Apôtres juſqu'à nôtre temps. Le Concile même de Trente ne parle point d'autre Tradition que de celle-là. C'eſt donc mal raiſonner que de rejetter la
Tradition en elle-même, parce que les Egliſes peuvent croire une

choſe

Le Sym-
bole de
M. le
Clerc ne
conſiſte
qu'en
deux
mots.

De la ne-
ceſſité du
Baptême
des en-
fans.

De la
Tradi-
tion dont
on a parlé
dans la
Critique.

chose aujourd'hui qu'elles n'ont pas toûjours crûë.   Cela prouvera
seulement que cette chose-là ne sera pas établie sur une veritable
Tradition , & non pas qu'on doive rejetter en general la Tradition.
Si l'Ecriture , dit-on , *n'est pas claire dans les choses controversées* , *les Pe-*
res le sont encore moins.   Mais outre que plusieurs témoignages sur
un même fait doivent être preferés à un seul ; ce qui ne pourra pas
être décidé clairement par l'autorité de l'Ecriture & des Peres ne sera pas mis au nombre des articles de nôtre créance , puis que pour
faire une veritable Tradition il faut avoir le consentement perpetuel de toutes les Eglises , au moins des principales : & c'est la methode dont on s'est toûjours servi pour refuter les Heretiques qui
apportoient de la nouveauté dans l'Eglise.

On oppose à ce principe quelques exemples , d'où l'on prétend
prouver que la Tradition n'est pas moins obscure que l'Ecriture. Le
premier est tiré des Peres qui ont vécu avant le Concile de Nicée ,
qu'on dit *avoir parlé avec tant d'obscurité sur cet article* , *qu'on ne peut pas*
deviner certainement quel a été leur sentiment là-dessus.   Ce qu'on prouve par les dogmes Theologiques du Pere Petau , & par les Disser- *Discus-*
tations de Mr. Huët sur Origene.   Mais sans qu'il soit besoin d'exa- *sion de*
miner si le P. Petau & Mr. Huët ont eu raison , il me semble qu'on *quelques*
raisonnera mieux sur cette matiere en remontant jusqu'à la source, *ticuliers*
je veux dire jusqu'au Concile de Nicée.   Or il est certain que les *la Tra-*
Evêques condamnerent tous , à la réserve de deux ou au moins de *dition.*
tres-peu , le sentiment d'Arius comme nouveau.   C'est ce qui pa-
.roit manifestement par ce qui nous reste des Actes de ce Concile
dans les Peres & dans les Historiens.   Eusebe même de Cesarée ,
qui nous a rapporté dans une de ses Epistres le Formulaire de foi
qui fut arrêté à Nicée , tombe d'accord que la créance du Concile *Decision*
étoit la foi de leurs Ancêtres.   Voici les premiers mots de cette Ex- *du Con-*
position de foi dans l'Epistre d'Eusebe.   Ἡ ὑφ' ἡμῶν ἐκτεθεῖσα πίϛις, κα- *cile de*
θὼς παρελάβομεν παρὰ τῶν πρὸ ἡμῶν Ἐπισκόπων ᷉ ἐν τῇ πρώῃ κατηχήσει... D'où *conforme*
on peut juger que dés les premiers siecles de l'Eglise on ne regloit *dition.*
pas moins les points de la foi par la créance generalement reçûë que
par l'Ecriture.

Mais on nous dit que les expressions des Peres sont tellement
embarrassées , qu'on n'en peut rien tirer de clair en faveur de la Trinité.   Ce n'est pas là cependant le sentiment d'Eusebe & des autres *Eusebe*
Evêques dans le Concile de Nicée , qui n'eurent aucune difficulté

E

là-

là-deſſus.   En effet Arius avoit plûtoſt pris ſes ſentimens dans les
Livres d'Ariſtote qu'on liſoit alors à Alexandrie, que dans l'Ecriture & dans les Peres.   J'avouë neanmoins que les Peres s'expliquent
quelquefois ſur cette matiere d'une maniere qui n'eſt pas aſſez nette ; mais qu'en peut-on conclure autre choſe, ſinon qu'ils ont é-
crit dans des temps où l'on ne s'étoit pas encore beaucoup appliqué
à l'explication de ce myſtere ? De plus ils avoient affaire à des Juifs,
ou à des Payens, ou à d'anciens Heretiques qui ne leur permettoient pas toûjours de faire toutes les réflexions neceſſaires ſur une
choſe qui n'étoit point en controverſe.   Si les expreſſions des Peres
avant le Concile de Nicée détruiſent la Tradition de l'Egliſe ſur le
myſtere de la Trinité, il faudra conclure par la même raiſon, que
les Peres qui ont vécu aprés le Concile de Nicée, & qui l'ont reçû
comme la regle de leur foi, la ruïnent auſſi, puis qu'ils ſe ſervent dans
leurs Livres d'expreſſions qui paroiſſent oppoſées à la déciſion de
ce Concile.   St. Athanaſe même le grand défenſeur de la foi ortho-
doxe s'eſt expliqué ſelon Mr. le Clerc d'une maniere à faire croire
qu'il y a trois Dieux dans la Trinité : ce qui prouve évidemment
qu'on ne doit pas inſiſter avec tant de rigueur ſur les expreſſions des
anciens Peres, mais qu'il les faut interpreter ſelon leur penſée plutoſt que ſelon les mots, comme les Evêques aſſemblés à Nicée ont
interpreté les ſentimens de leurs prédeceſſeurs ſans avoir égard à
quelques expreſſions qui paroiſſoient dures.

    Le ſecond exemple qu'on produit pour faire voir que la Tradi-
tion eſt obſcure, eſt pris des Controverſes de la Grace ; & l'on ſe
Deciſion de l'Egli-ſe tou-chant la Grace conforme à la Tra-dition. fonde pour cela ſur ce que toute l'Egliſe Grecque & les Peres qui
ont vécu avant St. Auguſtin ont parlé de la Grace & de la Prédeſti-
nation autrement que St. Auguſtin : ce que Mr. le Clerc prouve par
l'autorité de Janſenius, *qui remarque qu'Origene dans ſon Commentaire*
ſur l'Epiſtre aux Romains, & St. Auguſtin même dans les Ecrits qu'il a compo-
ſés avant ſon Epiſcopat, ont ſoutenu clairement les ſentimens de ceux qu'on
appelle Semi-Pelagiens.   Tout ce raiſonnement n'eſt qu'un pur Paralogiſme & une preuve évidente du peu d'application de Monſieur
le Clerc à la Theologie des anciens Peres.   La créance de l'Egliſe
a toûjours été la même ſur les matieres de la Grace & du Franc-Arbitre.   S'il y a quelque difference là-deſſus entre l'Egliſe Grecque
& St. Auguſtin, elle ne regarde point la doctrine de l'Egliſe, qui
n'a jamais rien déterminé ſur ces ſentimens particuliers, que Mr. le
Clerc

Clerc confond peu judicieusement avec la créance commune de l'Eglise. Les Peres tant Grecs que Latins conviennent tous dans le point qui est opposé à l'heresie de Pélage, que l'Eglise a condamnée dans ses Conciles conformément à la Tradition. Si St. Augustin dans ses disputes contre les Pélagiens a poussé plus loin ses principes, on n'en peut tirer aucune consequence contre la créance generale de toutes les Eglises du monde avec lesquelles il est d'accord; mais on dira seulement que St. Augustin s'est eloigné des autres Peres sur cette matiere en de certains points qui ne font rien contre la Tradition universelle de l'Eglise, qui a toûjours été contraire aux erreurs de Pélage. Au reste il étoit fort inutile de produire ici le témoignage de Jansenius, qu'on sait avoir pris parti sur cette affaire.

Mr. le Clerc ajoûte un troisiéme exemple pris des paroles mêmes de Mr. Simon, qui a reconnu en divers endroits de ses Ouvrages, que toute l'Antiquité a crû jusqu'au temps de St. Jerôme, que la Version Grecque attribuée aux Septante avoit été faite par des Prophetes. *S'il y eut jamais*, dit-on, *de Tradition universelle, ç'a été assurément celle-là; & neanmoins Mr. Simon a jugé que nonobstant tous ces préjugés on doit préferer le sentiment de St. Jerôme à celui des autres Peres, parce qu'il a examiné ce fait avec plus d'application.* Mais à quel propos tant de redites inutiles, puis que Mr. Simon n'a étendu sa Tradition qu'aux articles de nôtre créance, & non pas à tous les faits de la Religion qui regardent la Critique ou l'Histoire? Mr. le Clerc n'a pas même compris la pensée de Mr. Simon, à qui il objecte *que c'est se mocquer que de dire que la seule Tradition ne peut pas servir pour les faits, puis qu'il n'y a que ce seul moyen de s'en assurer.* C'est ce que Mr. Simon n'a jamais avancé; mais seulement que la Tradition ne regarde pas generalement tous les faits de la Religion, parce qu'il y en a plusieurs qui appartiennent à l'Histoire & à la Critique, comme est celui de l'inspiration des Septante. Mr. le Clerc appuye même ici sans y penser le principe de la Tradition, puis qu'il demeure d'accord avec Mr. Simon, qu'on ne peut s'assûrer des faits que par le moyen de cette Tradition.

Ce n'est point, ajoûte Mr. le Clerc, *un point de Critique de savoir si les Septante ont été Prophetes ou non, puis que les Prophetes se faisoient reconnoître par d'autres marques que par celles de la Critique.* Voici encore un Paralogisme évident. Il est vrai que dans le Vieux Testament quand une personne s'érigeoit en Prophete, on jugeoit de sa

Nouveau Paralogisme de Mr le Clerc touchant la Tradition.

Autre Paralogisme de Mr. le Clerc.

E 2　　　　　Pro-

Prophetie par d'autres marques que par celle de la Critique : mais ce n'eſt pas de quoi il s'agit en ce lieu.   Toute la diſpute ſe réduit à ſavoir, s'il y a eu veritablement LXXII. Interpretes, comme les Peres l'ont crû, & ſi ſuppoſé que ces LXXII. Interpretes ayent été en effet, ils ont été inſpirés pour faire leur Traduction. Afin de juger de ces deux faits on ne ſuit point d'autres regles que celle de l'Hiſtoire & de la Critique : car on examine avec application qui ſont les Auteurs de cette Hiſtoire des 72. Interpretes ; on remonte juſqu'à la ſource, & on reconnoit qu'elle n'a autre fondement qu'un Livre qui approche fort du Roman.   De plus quand on ſuppoſeroit même ces 72. Interpretes, on juge par les ſeules regles de la Critique avec St. Jerôme, qu'ils n'ont point été inſpirés ; parce qu'il ne faut pas être inſpiré pour être ſimple Interprete, & qu'on trouve les mêmes défauts dans leur Verſion que dans toutes les autres Traductions. Il n'y a rien en tout cela qui ne regarde l'Hiſtoire ou la Critique, ou plûtôt les deux enſemble ; & ainſi on n'en peut rien conclure contre la Tradition univerſelle de l'Egliſe dans les points de la foi.   Si le raiſonnement de Mr. le Clerc prouvoit quelque choſe, il prouveroit en même temps que le ſentiment commun des premiers Peres touchant les Sybilles ſeroit un point de Religion qui ne ſeroit point ſoumis aux loix de la Critique.

Autre Paraloliſme de Mr. le Clerc. Il ne raiſonne pas mieux dans la ſuite de ce diſcours, quand il conclut de ſon principe, que ſi l'on s'attachoit à la Tradition des premiers ſiecles, on ſoutiendroit avec Mr. Voſſius que les Septante ont été des Prophetes : mais que ſi l'on ſuivoit celle qui a été depuis dans l'Egliſe Latine, on ſoutiendroit avec Mr. Simon qu'on s'eſt trompé pendant quatre ſiecles.   Qu'on ſe ſoit trompé ou non ſur ce fait-là auſſi-bien que ſur celui qui regarde les Sybilles, que cela fait-il, puis que ce ne ſont point des faits qui appartiennent à la créance ? C'eſt en vain, dit-on, qu'on nous vante une Tradition conſtante, ſi les témoignages des Peres ſont ſi contraires les uns aux autres, & n'a-t-on pas raiſon de croire ce que le P. Simon aſſûre en quelque endroit, *que la plus-part de ceux qui citent les Peres ne les ont point entendus ?* Cette diverſité de ſentimens qui ſe rencontre dans les Peres ne regarde pas, comme on l'a déja dit, la créance univerſelle de l'Egliſe, puis qu'il eſt conſtant que dés les premiers ſiecles, lors qu'il a été queſtion de condamner les hereſies naiſſantes, on a conſulté tout d'une voix ce que les Anciens avoient crû pour ſervir

Regle de la foi ſelon les anciens Peres.

de

de regle de foi.   Quand Mr. Simon a dit que ceux qui citent les Peres ne les ont point entendus, il ne parloit pas generalement, mais
seulement d'un point de Critique fort disputé.   Il s'agissoit d'expliquer plusieurs passages des Peres, qu'on produit ordinairement
pour montrer par l'autorité de ces mêmes Peres, que le Texte de
la Bible avoit été corrompu par les Juifs.   Il a fait voir manifestement que Mr. Vossius & les autres qui se servoient de ces autorités
ne les avoient point entenduës.   Ce qui n'a aucun rapport avec l'u-
niformité de la Tradition touchant la créance de l'Eglise.   Mais
Mr. le Clerc n'auroit rien à dire, s'il ne détournoit les pensées &
les raisonnemens de Mr. Simon.

Il ne paroit pas aussi avoir compris les preuves de Mr. Simon à
l'égard de la Tradition, quand il nous vient dire que *dans une question
de fait comme celle-ci il suffit d'avoir des preuves historiques qui nous mon-
strent clairement les changemens qui y sont arrivés; & l'on nous fait mal-à-
propos*, ajoûte-t-il, *des objections métaphysiques, pour prouver qu'elle a dû
être égale & perpetuelle. Quand nous ne saurions jamais répondre à ces objections, les faits dont il s'agit n'en seroient pas moins clairs.*   Il n'est pas vrai
qu'on lui ait fait des objections métaphysiques pour établir la Tradition, puis qu'on ne l'a appuyée que sur le consentement universel
des Eglises, qui tient lieu de preuves historiques.   A l'égard des
preuves historiques qu'il prétend avoir rapportées pour prouver les
changemens survenus à la Tradition, elles ont été réfutées ci-dessus.

On aura bien plus de raison de lui objecter qu'il raisonne lui-même en Métaphysicien sur des choses de fait, quand il dit ici qu'il
se peut faire que Dieu ait voulu conserver la Religion parmi les
Chrétiens sans Tradition, quand même on supposeroit que la Tradition a servi à conserver la Religion parmi les Juifs.   Il ajoûte en
ce même endroit plusieurs autres raisons métaphysiques qui ne sa-
tisfont nullement aux preuves de fait qu'on avoit apportées dans la
Critique.   Ce n'est pas répondre que de dire, *Ne se peut-il pas faire? Qui peut empêcher? Dieu n'a-t-il pas pû?* On ne répond pas par
des conjectures à des faits établis; il faut les résoudre par de veritables preuves de fait.   Mr. le Clerc ajoûte, qu'aprés la Loi écrite
les Juifs ont consulté les Interpretes de la Loi; mais il nous dit que
*ce n'étoit que sur quelque point qui regardoit le Gouvernement politique, ou
la Loi ceremonielle en des cas obscurs.*   La consultation s'étendoit en
general à tous les points de la Loi qui avoient besoin d'être consul-

tés,

tés, & une partie des ceremonies étoit de l'effence de la Loi des Juifs. C'eft deviner que de dire comme fait Mr. le Clerc, *que les efprits de ce temps-là n'étoient pas trompeurs & malins comme ceux du nôtre; qu'on agiffoit fans fupercherie; & que comme la Loi dans les points capitaux étoit affez claire pour des gens de bonne foi, l'Evangile feroit affez clair pour les Chrêtiens, s'ils en vouloient ufer de même.* Quelque bonne foi & quelque fincerité qu'on ait, les Livres du Nouveau Teftament n'en deviendront pas plus clairs. St. Pierre n'a pas agi de mauvaife foi quand il a trouvé de l'obfcurité dans les Epiftres de St. Paul.

Enfin Mr. le Clerc aprés avoir fi fort chicané fur les Traditions eft obligé de les reconnoître. *Mais la queftion*, dit-il, *eft de les reconnoître, & de ne pas prendre des fictions de l'efprit humain pour des Traditions Apoftoliques. On n'accufe pas les Traditions, mais feulement les hommes qui en ayant été les dépofitaires nous peuvent tromper.* Auffi Mr. Simon a-t-il diftingué dans fon Ouvrage les veritables Traditions Apoftoliques d'avec celles qu'on voudroit faire paffer pour Apoftoliques. Il a fait les mêmes remarques que Mr. le Clerc, fans ruiner pour cela la Tradition en elle-même.

*Preuves de la Tradition.*Une des preuves que Mr. Simon a apportées dans fa Réponfe à Mr. de Veil pour montrer la neceffité de la Tradition, eft tirée de l'exemple de Jefus Chrift & de fes Difciples, qui fe font fervis de plufieurs paffages de l'Ecriture lefquels ne prouveroient rien, fi l'on n'avoit recours à quelque Tradition qui autorifaft leurs explications. Mr. le Clerc avouë qu'on peut demeurer d'accord de cela à l'égard de plufieurs paffages du Vieux Teftament cités dans le Nouveau. Cependant pour éluder la force de cet argument il ajoûte, *Peut-être Jefus Chrift & fes Apôtres s'appuyoient-ils fur quelque Tradition qu'ils favoient être veritable; peut-être auffi en quelques occafions apportoient-ils feulement des argumens que l'on appelle ad hominem.* Je ne fai fi tous ces *peut-être* fatisferont fes Lecteurs. Quoi qu'il en foit, il ne peut nier que Jefus Chrift n'ait expliqué fouvent l'Ecriture felon les Traditions receuës. Il ajoûte feulement que Jefus Chrift & fes Apôtres pouvoient les connoître affûrément, parce qu'ils étoient Prophetes. *Mais à quoi*, dit-il, *connoîtrons-nous, nous qui n'avons pas le don de Prophetie, fi l'Eglife Romaine dit vrai ou non lors qu'elle nous propofe quelque Tradition?* C'eft en vain qu'on fait ici venir la Prophetie de Jefus Chrift & de fes Apôtres qui étoit conteftée

teftée alors : car il eft certain que dans leurs difputes contre les Juifs ils fe font fervis de principes autorifés par l'ufage.

Mr. Simon avoit dit au même endroit pour appuyer la Tradi-tion, que la réfurrection des corps ne peut fe démontrer par le Vieux Teftament.   On repond à cela, *que Nôtre Seigneur a prétendu la démontrer non par la Tradition, qui ne pouvoit point avoir de lieu contre les Saducéens qui ne la reconnoiffoient pas ; mais par le fens grammatical de cette expreffion, Je fuis le Dieu d'Abraham, &c.* Mais il fuffit de lire ces paroles, *Je fuis le Dieu d'Abraham, d'Ifaac & de Jacob: & Dieu n'eft point le Dieu des morts,* pour juger qu'elles ne font point concluantes, à moins qu'on ne fuppofe une explication reçûë & autorifée par l'ufage ou la Tradition.   A ce qu'on dit, que les Saducéens ne la recevoient point, je répons que bien qu'ils ne la reçûffent pas, cela ne pouvoit empêcher Nôtre Seigneur de citer le paffage du Pentateuque qu'ils approuvoient, & d'y donner le fens qui étoit reçû, leur faifant voir en même temps qu'ils étoient Novateurs, lors qu'ils expliquoient les paroles de l'Ecriture d'une maniere contraire à toute la Tradition.

Ce qui femble, ajoûte Mr. le Clerc, *avoir trompé le P. Simon, c'eft qu'on parloit du temps de Jefus Chrift, ou même du temps des Maccabées, de la réfurrection & du fiecle à venir beaucoup plus clairement que ne font les Prophetes.* Je l'avouë : mais cela feul confirme la penfée de Mr. Simon.   Car ces expreffions plus claires de la réfurrection & du fiecle à venir qui fe trouvent dans le fecond Livre des Maccabées font une preuve évidente que les Juifs avoient une Tradition tou-chant la réfurrection, dont il n'eft fait aucune mention dans les an-ciens Livres de l'Ecriture.   Les Proteftans & les Sociniens qui ne reçoivent point les Maccabées, ne pourront pas la prouver foli-dement par le V. Teftament.   C'eft inutilement qu'on a recours à je ne fai quels Ecrits Prophetiques qu'on prétend avoir été perdus. Cela s'appelle plûtôt deviner que raifonner.   Il ne faut qu'un peu de bon fens pour juger que la créance de la réfurrection parmi les Juifs étoit appuyée fur leurs Traditions avant le temps des Macca-bées, qui ont parlé conformément à ces mêmes Traditions.

Auffi Mr. le Clerc fe fent-il obligé d'avouër qu'il y avoit quel-ques Traditions chez les Juifs : mais ils pouvoient felon lui être af-fûrés de la verité de ces Traditions par des gens qu'ils favoient être remplis du St. Efprit ; *au lieu que nous ne voyons aujourd'hui aucun Pro-phete*

phete qui nous puiſſe aſſûrer que les Traditions de l'Egliſe Romaine ſont veritablement deſcenduës des Apôtres. Il continuë à ſon ordinaire de deviner & d'avoir recours à la Prophetie ſans aucun fondement, comme s'il étoit neceſſaire d'introduire des Prophetes pour autoriſer des Traditions reçûës. Mais quand on n'a rien à répondre de ſolide, il eſt aiſé de faire des fictions. Comme on agit de meilleure foi dans l'Egliſe Romaine, on n'y a point beſoin d'inventer de nouveaux Prophetes, pour être aſſûré qu'une Tradition eſt veritablement Apoſtolique. On ſe ſert ſeulement avec les anciens Peres de preuves hiſtoriques qui puiſſent démontrer la verité & l'antiquité des Traditions.

On demande à Mr. Simon, comment il pourra faire voir par la Critique que l'Egliſe eſt la dépoſitaire des Traditions, & qu'on ſoit obligé de chercher dans la Tradition ce que l'Ecriture ne nous apprend pas. Il eſt conſtant que l'Egliſe eſt appellée par Saint Paul *la colomne & le ſoutien de la Verité.* Ce qui eſt une preuve évidente qu'elle a comme en dépoſt les verités de la Religion Chrêtienne. Mais cela, dit-on, ne peut pas s'étendre au delà de ce qui eſt marqué dans l'Ecriture. Si cela eſt, il faut qu'on nous prouve que toutes les verités de la Religion ont été miſes par écrit dés ces premiers temps-là ; ce qui ne ſera pas aiſé. Au contraire nous voyons pluſieurs Egliſes établies avant qu'il y euſt aucune Ecriture, & elles étoient les dépoſitaires des Traditions Apoſtoliques, dont une partie a été ſeulement écrite dans la ſuite ſelon les occaſions, & non pas exprés pour être la regle unique de nôtre foi. Quand même ces Traditions n'auroient pas été publiées dans les Livres du Nouveau Teſtament, l'Egliſe les auroit toûjours conſervées, & nous aurions recours alors aux témoignages des principales Egliſes du monde pour autoriſer toutes ces Traditions. Mr. le Clerc ne ſemble pas avoir compris ce principe, quand il objecte que quelques Eccleſiaſtiques aſſemblés par l'autorité du Pape ne peuvent pas être infaillibles, n'y ayant aucunes preuves de leur infaillibilité, ſi ce n'eſt qu'ils le diſent eux-mêmes. Cette infaillibilité ne vient pas de l'autorité ſeule du Pape, mais du témoignage de toutes les Egliſes du monde ; & c'eſt proprement ce qui établit une créance catholique ou univerſelle.

Je ne voi pas à quel propos Mr. le Clerc nous dit ici, que s'il étoit Chinois ou Japonnois, on pourroit lui vanter hardiment la pieté

extraor-

extraordinaire des Evêques & des Docteurs qui ont vécu il y a douze cens ans parmi les Chrêtiens ; qu'on lui pourroit dire qu'ils ont eu un jugement solide & un savoir si profond, que nous ne sommes que des bêtes en comparaison de ces Messieurs-là. *Le bon sens*, ajoûte-t-il, *est de nôtre siecle aussi-bien que du leur.* S'agit-il ici de bon sens, de savoir & de pieté ? Les Peres ne peuvent-ils pas être des témoins fidéles de la créance de leur temps, quand même ils n'auroient pas toutes les bonnes qualités que Mr. le Clerc leur conteste mal-à-propos ? Tertüllien & St. Augustin, dit-on, n'ont pas toûjours raisonné le plus solidement du monde : comme si la Tradition de la créance étoit appuyée sur le raisonnement des Peres. *Il paroit assez*, continuë Mr. le Clerc, *par le Livre du P. Simon, qu'il y a eu dans ces derniers siecles des gens peut-être aussi capables d'interpreter l'Ecriture qu'eux.* Quand cela seroit vrai, qu'en peut-on conclure autre chose, sinon que les Peres ne se sont pas toûjours appliqués au sens literal de l'Ecriture ? Cela empêche-t-il qu'on ne trouve la Religion dans leurs Ecrits, & même beaucoup mieux que dans les Ouvrages des nouveaux Interpretes ?

Mr. Simon avoit apporté l'exemple des premiers Peres, principalement de St. Irenée, qui a eu recours dans ses disputes contre les Heretiques à la créance reçûë dans les principales Eglises qui avoient été fondées par les Apôtres. On répond à cela, que ce Saint n'a pas toûjours reüssi dans ses disputes contre les Heretiques, & qu'il a cité bien souvent des Traditions chimeriques, dont on rapporte quelques-unes. Mais il faudroit qu'on nous prouvast auparavant, que ces Traditions fussent en même temps appuyées sur la créance des principales Eglises : car c'est de celles-là dont il est ici question.

A l'égard des intrigues des Evêques dans les Conciles, elles regardent plûtost les differens personnels que le fonds de la créance. Chacun y apportoit ce qui étoit crû dans son Eglise, & s'il se rencontroit quelques difficultés, on recherchoit avec soin quels avoient été les sentimens des Anciens. *Les Conciles Ariens*, dit Mr. le Clerc, *défendoient le sentiment d'Arius, comme les Orthodoxes soutenoient celui de Saint Athanase.* Nous voyons cependant que dans le Concile de Nicée Arius fut condamné comme Novateur à la pluralité des voix ; & si dans la suite il se forma quelques partis pour défendre la cause d'Arius, les Orthodoxes insisterent toûjours sur

De quelle maniere on a agi dans les Conciles.

F

les

les Actes du Concile de Nicée, où la foi des Apôtres & de leurs Successeurs avoit été déclarée, & le sentiment d'Arius rejetté.

On ne voit pas quelle raison Mr. le Clerc a euë d'opposer ici le sentiment de quelques Auteurs, qui ont crû que le Nestorianisme n'étoit qu'une heresie de nom ; d'où on infere que le Concile d'Ephese a condamné comme Heretiques des sentimens qui étoient les mêmes que ceux des Orthodoxes. Cette opinion est fort singuliere, & partant on n'a pas raison d'en tirer aucunes consequences. De plus, il peut arriver que l'on condamne un homme pour ne pas vouloir se servir des termes reçûs & approuvés par l'usage ; car il arrive souvent que des mots on passe insensiblement aux choses, & qu'ainsi ce qui n'étoit dans les commencemens qu'une question de nom, devient dans la suite une nouveauté réelle.

On ne nie pas que l'Abregé de la Religion Chrêtienne, lequel a été dés le commencement du Christianisme dans les Eglises, ne s'y soit conservé par le moyen de l'Ecriture : mais on nie qu'il s'y soit conservé par l'Ecriture seule, puis qu'il étoit dans les Eglises avant qu'il y eust aucune Ecriture. Et on ne peut pas prouver que cette Ecriture renferme generalement toute la doctrine des Apôtres.

Les paroles de Mr. Simon dans sa Réponse à Mr. Vossius ne détruisent point ce qu'il a dit dans sa Critique, comme le prétend Mr. le Clerc, qui confond mal-à-propos cette expression Latine, *absque Scriptis*, avec celle-ci, *sans l'Ecriture*. La premiere est bien plus generale & plus étenduë que la seconde. Mr. Simon avouë dans sa Réponse à Mr. Vossius, qu'il étoit difficile dans les choses éloignées des sens de conserver une Tradition pendant plusieurs siecles sans aucuns Ecrits, *unius Traditionis ope absque Scriptis*. Ce qui n'est point opposé à ces autres paroles de Mr. Simon dans sa Critique, que la Tradition ne laisseroit pas de se conserver dans l'Eglise, quand même il n'y auroit point d'Ecriture. En effet, quand il n'y auroit point d'Ecriture Sainte, il ne laisseroit pas d'y avoir d'autres Ecrits & d'autres témoignages, savoir le consentement des principales Eglises du monde, les Ecrits des Peres & des Conciles, & en un mot plusieurs Actes qui seroient des preuves historiques de l'ancienne créance. D'où il est aisé de juger, que tout ce que Mr. le Clerc ajoûte au même endroit touchant l'économie des Peres, dont il prétend que Mr. Simon s'est servi, est une chose hors d'œu-

vre;

vre; & il devoit étudier dans les anciens Auteurs ce qu'ils ont appellé économie, avant que d'en parler si librement & en homme qui ne sait ce qu'il dit.

Enfin Mr. le Clerc aprés s'être beaucoup fatigué, conclut qu'on peut dire en un sens fort general, que dés le commencement du Christianisme il pourroit s'être conservé une idée des dogmes fondamentaux de la Religion Chrétienne, qui à proprement parler n'est pas appuyée sur quelques passages particuliers de l'Ecriture Sainte, mais sur le résultat qui s'en forme dans l'esprit lors qu'on l'a lûë, lequel a toûjours été reçû par tous les Chrétiens. Comment cela peut-il être, puis qu'avant que les Apôtres eussent rien mis par écrit, ces dogmes fondamentaux étoient établis dans plusieurs Eglises indépendemment de l'Ecriture? Ce résultat de la maniere qu'on le suppose auroit été different selon les manieres differentes dont chacun auroit envisagé l'Ecriture. La maxime même de Vincent de Lerins, dont Mr. le Clerc se sert pour expliquer son principe, lui est entierement contraire. Ce Pere pour établir la catholicité d'un dogme n'a pas recours à ce prétendu résultat de l'Ecriture, mais à ces trois choses, *universitatem*, *antiquitatem*, *consensionem*. Cela est veritablement catholique selon lui, qui est en tous lieux, qui a toûjours été, & qui a été crû de tous, *quod ubique*, *quod semper*, *quod ab omnibus creditum est*. Il appelle une doctrine qui est *en tous lieux*, celle que professe toute l'Eglise qui est répanduë dans le monde, *quam ista per orbem terrarum confitetur Ecclesia*. Il nomme cette même doctrine *ancienne*, lors qu'elle est conforme aux sentimens des anciens Peres. Et elle est enfin *de tous*, si nous suivons les définitions de tous les Evêques & Docteurs depuis le commencement, *Si in ipsa vetustate omnium*, *vel certè omnium Sacerdotum pariter & Magistrorum definitiones sententiasque sequamur*: ce qu'on doit entendre des principaux Docteurs & des principales Eglises de tout le monde. Mr. le Clerc qui rapporte ici les paroles de ce grand homme n'y trouvera pas son compte, puis qu'il n'y est point fait mention de l'Ecriture, mais seulement de la Tradition; & ce Pere a crû que la foi du Concile de Nicée avoit toutes les conditions qu'il a marquées: ce qui est fort éloigné de la pensée de nôtre Auteur.

Vincent de Lerins opposé à Mr. le Clerc.

F 2

CHA-

CHAPITRE V.

Critique de la IV. Lettre.

APrés toutes ces réflexions generales sur plusieurs endroits de la Critique, Mr. le Clerc passe à l'examen de quelques Chapitres en particulier; & si nous l'en croyons, son dessein n'est pas de s'attacher aux minuties qui ne font rien au fonds des choses, mais seulement d'examiner *ce qui est de quelque consequence, qui peut servir ou nuire à l'intelligence de l'Ecriture Sainte, ou qui est essentiel à cet Ouvrage.* Cependant il ne s'attache presque à autre chose dans cette Lettre qu'à des minuties & qui ne regardent point le fonds de l'Histoire Critique. On y remarque d'abord, que Mr. Simon y repete diverses choses qu'il a dites dans sa Préface, & qu'il doit encore traiter dans le Chapitre suivant. *Ces repetitions,* dit-on, *étoient peu necessaires, & donnent de l'ennui au Lecteur.* Mais on ne peut appeller ces répétitions inutiles, puis qu'elles font absolument necessaires pour garder quelque ordre dans le discours. Il est vrai qu'on a parlé des Ecrivains publics des Ebreux dans la Préface, dans le premier & dans le second Chapitre de la Critique; mais ç'a été pour des raisons toutes differentes. Premierement on traite dans la Préface de l'utilité des principes qui font répandus dans tout l'Ouvrage; & comme ces Ecrivains publics y tiennent lieu de principe, il étoit à propos d'en faire voir l'utilité. En second lieu, le premier Chapitre est intitulé *Dessein de tout l'Ouvrage,* & l'on y comprend en general tout ce qui est contenu en particulier dans le Livre; de-sorte que l'on a dû traiter dans ce premier Chapitre des Ecrivains publics & des autres matieres qui font expliquées en détail dans le corps de l'Histoire, qui ne commence à proprement parler qu'au second Chapitre. Bien loin que cette répétition apporte de la confusion, on ne peut rien voir de plus exact ni de plus methodique: car on découvre d'abord tout le plan de l'Ouvrage qui est recueilli dans le premier Chapitre, & la Préface nous en monstre les utilités.

Mr. le Clerc attribuë en-suite faussement à Mr. Simon les Notes qu'on a ajoûtées à la seconde Edition de la Critique en Hollande, & d'une supposition fausse il conclut que Mr. Simon s'est retracté

sou-

souvent dans ses Notes qui ne s'accordent pas toûjours avec le Tex- *les Notes qu'on a ajoutées à la dernie-re Edition de la Critique.*
te. Il n'y a rien de plus ridicule que de juger du stile & des pensées
d'un homme par de petites Notes, où l'on est obligé de parler à peu
pres de la même maniere que dans le corps du Livre, & de se servir
des mêmes expressions. *On y voit*, dit-on, *les mêmes études:* mais
cela étoit absolument necessaire, puis que c'est la même matiere de
Critique.

Il n'y a rien aussi qui approche plus de la minutie que ce qu'on
remarque un peu aprés touchant Moïse & ses Scribes. Mr. Simon a-
voit dit que tout le Pentateuque est veritablement de Moïse, parce que quand bien Moïse ne l'auroit pas écrit tout entier, ceux qui
ont recueilli les Actes vivoient de son temps, & ne l'ont fait que par
son ordre.

On pourra, dit-on, attribuer par la même raison *à Louïs XIV.* *Autre minutie de Mr. le Clerc.*
tous les Registres du Conseil qui auront été écrits pendant sa vie & sous son
autorité. Comme s'il y avoit quelque ressemblance entre deux faits
si differens. Jeremie n'est-il pas l'Auteur de sa Prophetie, bien que
Baruc l'ait mise par écrit? St. Paul avoit aussi un Scribe nommé Ter-
tius, à qui quelques Auteurs ont attribué l'obscurité de l'Epître
aux Romains.

Comme Mr. le Clerc ne peut ni lire ni entendre les Rabbins,
quand il trouve dans l'Histoire Critique quelque raisonnement appuyé sur leur autorité, il a recours à une figure qui lui est fort ordinaire, & qu'il a prise des anciens Sophistes, qui crioient fortement
& avec mépris contre leurs adversaires. C'est pourquoi il accuse *On ne s'est point servi des témoi-gnages des Rab-bins & des Peres sans rai-son.*
Mr. Simon d'avoir imité ici les Rabbins, qui débitent souvent des
Histoires anciennes sur la foi de quelques anciens Rabbins qui n'en
savoient pas plus qu'eux. *Aussi Mr.* Simon, dit-on, *nous cite des*
Auteurs anciens & modernes, pour prouver des faits historiques dont ils a-
voient à peu pres autant de connoissance que nous. J'admire la délicatesse de nôtre Auteur, qui a lui-même l'esprit si peu juste & si peu
exact, qu'il s'imágine qu'à force de discourir sur des faits dont il
n'a aucune connoissance on le croira sur sa simple parole. Il s'agit
ici de l'autorité de Josephe, d'Eusebe, de Theodoret & du Juif
Abravanel, dont on a rapporté les témoignages touchant l'inspiration des Ecrivains publics qui ont été dans la République des E-
breux. Mr. le Clerc rejette leur autorité, parce qu'ils n'ont pas eu
plus de secours que nous pour juger d'une chose si éloignée de leur

F 3

temps,

Du té-moignage de Jo-sephe. temps, & dont ils ne peuvent avoir que des conjectures. Mais le témoignage de Josephe ne peut pas passer pour une simple conjecture, puis-qu'il parle de ce fait comme d'une chose constante chez les Ebreux, qu'il suppose avoir eu dés le commencement de leur République des Ecrivains inspirés de Dieu, de la même maniere que les Pheniciens, les Babyloniens & les Egyptiens avoient des Scribes publics qui étoient chargés de mettre par écrit ce qui se passoit de plus important dans leurs Etats. Il n'est point ici question de débiter les fables des Rabbins; mais d'un usage reçû dans une République, & dont on ne peut pas donner de preuves plus authentiques que le témoignage de Josephe, qui a été sans doute savant dans les usages & dans les loix de son païs.

Du té-moignage d'Eusebe. Eusebe peut aussi être aprés Josephe un témoin fidéle de cet ancien usage des Juifs. C'est en vain qu'on nous dit qu'il n'a pas pû en savoir là-dessus plus que nous. Il faut être ignorant dans l'Antiquité pour faire de ces sortes de raisonnemens. Les Livres d'Eusebe, & principalement celui qui est intitulé *De la Préparation Evangelique*, contiennent plusieurs Actes tres-anciens, qui nous apprennent quantité de faits dont nous n'aurions aucune connoissance s'il n'avoit recueilli ces anciens mémoires. *De Theodoret.* A l'égard de Theodoret, on ne s'est pas servi de son autorité seule pour prouver des faits qu'il ne pouvoit pas mieux savoir que nous; mais des raisons qu'il produit; & comme elles sont tirées de l'Ecriture même, c'est en vain que Mr. le Clerc accuse ici Mr. Simon, d'avoir produit l'autorité d'un homme qui n'a débité que de simples conjectures. Ce Pere s'est appliqué avec un grand soin à l'étude des Livres Sacrés, & ce qu'il a avancé touchant les anciens Scribes des Juifs ne paroît pas tant fondé sur son raisonnement que sur le témoignage de ces mêmes Livres. Si nôtre Auteur avoit été capable de consulter *De R. Abrava-nel.* la Préface de Don Isaac Abravanel sur Josué, il auroit veu que ce Rabbin ne débite pas des Histoires sur la foi de quelques autres Rabbins, mais qu'il recherche avec beaucoup d'application qui ont été les Auteurs de plusieurs Livres de l'Ecriture. Ses raisonnemens sont appuyés sur l'Ecriture même, & non pas sur le simple témoignage de ses Peres. En un mot il raisonne en Critique, & non pas en Rabbin. Mais Mr. le Clerc qui n'a pas assez de capacité pour examiner cette matiere, & qui cependant en a voulu parler sur des notions generales, a jugé que c'étoit assez de dire en general,

neral, que les Rabbins *nous débitent souvent des Histoires qui ne se trouvent point en l'Ecriture Sainte, sur la foi de quelques autres Rabbins qui
n'en pouvoient pas plus savoir qu'eux.* On ne s'est donc pas appuyé
sur le simple témoignage des Peres & des Rabbins qu'on a produits, mais sur les raisons que ces Auteurs apportent.

Cependant Mr. le Clerc ne laisse pas de nous assûrer, que Mr.
Simon ne les a crûs qu'en qualité de témoins des faits qu'il a voulu
établir; qu'autrement il ne se seroit pas contenté de les citer en peu
de mots. Mais tout ce raisonnement est une preuve évidente de la
mauvaise foi, ou plûtôt de l'ignorance de Mr. le Clerc, qui raisonne en l'air sur des faits qu'il n'a point étudiés. Mr. Simon nous
a renvoyés aux Livres de ces Auteurs, qu'il s'est contenté souvent
d'indiquer, afin qu'on pust les consulter; & il avertit même dans
sa Préface, que pour ne pas faire un gros Livre il s'est *le plus souvent contenté de rapporter en abregé & selon le sens seulement les témoignages des Auteurs* dont il s'est servi. Il s'étoit réservé de les donner au
long & dans toute leur étenduë dans une Edition Latine de son
Ouvrage laquelle il devoit publier aprés l'Edition Françoise.

Mr. le Clerc fait de plus connoître dans toute la suite de cette
Lettre, que faute d'avoir une érudition solide il n'est capable que
de s'attacher à des minuties & à des faits qui ne regardent point le
fonds de l'Histoire Critique. C'est sur ce pied-là qu'il objecte à
Mr. Simon de renverser par une Note dans la nouvelle Edition de la
Critique ce qu'il a dit dans le corps de son Livre touchant le sentiment des Peres, qui ont reconnu qu'Esdras étoit l'Auteur du Recueil de la Bible que nous avons présentement. Mais outre qu'il
n'est pas vrai que Mr. Simon soit l'Auteur de ces Notes, on ne pouvoit parler avec plus de moderation de ce Recueil fait par Esdras,
qu'on en a parlé dans toute la Critique, où on n'assûre presque rien
là-dessus. On s'est contenté de traiter ce fait & la plus part des
autres à la maniere d'un Historien, qui rapporte les sentimens des
Auteurs en y joignant quelques remarques critiques pour discerner
ce qui est certain d'avec ce qui est incertain.

Mr. Simon ne se contredit pas seulement dans ses Notes, selon
Mr. le Clerc, il y a, dit-il, une contradiction assez remarquable
dans son premier Chapitre, où il dit parlant des changemens arrivés dans le N. Testament, que les Peres étoient persuadés que ces
erreurs qui s'étoient glissées dans la Bible par le moyen des Copistes

On oppose
fausse-
ment à
Mr. Si-
mon de
s'être
contredit
dans la
Critique.

tes n'avòient nul rapport à la foi ni aux bonnes mœurs ; *& lors qu'il faut combatre les Heretiques , il ſoutient tout le contraire.* Il n'y a point de petit Dialecticien qui ne juge d'abord qu'il ne peut y avoir de veritable contradiction dans ces paroles de Mr. Simon , puis qu'elles ont deux égards fort differens. En effet, la premiere propoſition regarde le ſentiment des Peres & de tous les Catholiques , qui ſont perſuadés que les diverſes leçons & les autres changemens ſurvenus à l'Ecriture ne peuvent nuire à la créance de l'Egliſe, qui n'eſt pas ſeulement fondée ſur le Texte de l'Ecriture , mais auſſi ſur les Traditions. La ſeconde propoſition regarde les Proteſtans , qui ne reconnoiſſant point d'autre principe de leur Religion que l'Ecriture , ne peuvent pas toûjours dire raiſonnablement que les diverſes leçons n'alterent en rien leur créance, qui n'eſt appuyée que ſur les leçons du Texte. C'eſt ce que Mr. Simon diſtingue dans tout ſon Ouvrage , & prétend monſtrer par là que la Religion des Proteſtans ne peut pas être fort ſeure.

Voici encore une autre recherche de Mr. le Clerc , & qui eſt digne d'un homme qui fait profeſſion dans le commencement de ſa Lettre de ne s'attacher point aux minuties. Il prétend que Mr. Simon a rapporté de mauvaiſe foi la penſée de l'Auteur Anglois qui a fait imprimer à Oxfort en 1675. le Nouveau Teſtament Grec avec toutes les varietés qu'il a pû recouvrer. On avoit remarqué dans la Critique, qu'il n'avoit pas eu raiſon de dire dans ſa Préface , que toutes les varietés des Exemplaires Grecs étoient de nulle conſideration, puis qu'il ne les avoit pas produites toutes. Mr. le Clerc, qui ſe jette ordinairement ſur les endroits où il y a lieu de faire paroître ſa rare érudition, obſerve que cet Auteur Anglois n'a pas dit *toutes les varietés* , mais *la plus-part des varietés* ; & il le prouve par cette expreſſion qui eſt dans la Préface , *vix unus occurrat locus.* Mr. Simon qui n'y a pas regardé de ſi pres , a crû que *vix unus* ſignifioit en cet endroit-là *ne unus.* Quoi qu'il en ſoit , cela ne meritoit pas qu'on s'échauffaſt ſi fort, n'y ayant pas grande difference entre ces deux expreſſions, *à peine y a-t-il un endroit, &, il n'y a aucun endroit.* Ce n'eſt pas là-deſſus, qu'on devoit s'arrêter , mais ſur ce que Mr. Simon a dit que l'Auteur Anglois ne pouvoit pas juger exactement de toutes les varietés de leçons qui ſont dans les Exemplaires Grecs du N. Teſtament, puis qu'il ne les avoit pas rapportées toutes. On l'a même accuſé de negligence , & d'en

avoir

avoir oublié de tres-confiderables. C'eſt en cela que Mr. le Clerc le devoit juſtifier, s'il vouloit prendre ſon parti: mais il eſt ſi fort accoutumé à nous donner des paroles ſans aucun raiſonnement ſolide, qu'il ſe contente d'ajoûter cette réflexion digne d'un Critique comme lui. *Mais parler de Beze comme d'un habile Critique, en tranſcrire pluſieurs remarques ſentoit un peu trop l'Heretique, pour ne pas ajoûter quelque trait qui fiſt connoître à tout le monde, que le Reverend Pere Simon n'eſt rien moins que cela.* Si nôtre Auteur n'avoit pas déclaré dés l'entrée de ſon Livre qu'il n'étoit qu'un Faiſeur d'Entretiens libres, on pourroit l'accuſer de dire bien des choſes qui ſont tout-à-fait hors de propos. Mais il ſeroit inutile de redreſſer un homme qui fait une profeſſion ouverte de n'avoir point de jugement. Au reſte il n'eſt pas vrai qu'on ait parlé de Beze comme d'un habile Critique. Mr. Simon eſt ſi éloigné de cette penſée, qu'il eſt prét de faire voir à tout le monde, que Beze bien loin d'être ſavant Critique, n'a pas même connu la qualité des meilleurs Exemplaires dont il s'eſt ſervi dans ſes Remarques ſur le Nouveau Teſtament. Si l'on a tranſcrit quelques-unes de ſes Remarques, ce n'a été que pour prouver par l'exemple d'un Calviniſte zélé l'entêtement où ſont encore aujourd'hui pluſieurs Proteſtans, & ſur tout ceux de Geneve, qui ne peuvent ſouffrir qu'on faſſe de ſi grands recueils des diverſes leçons de l'Ecriture. Bien loin que cela ſente *un peu trop l'Heretique*, il n'y a rien qui puiſſe prouver davantage le faux zele des Heretiques; & Mr. Simon a prétendu monſtrer par là, que ceux de Geneve ont eu tort de s'éloigner ſi ſouvent de l'ancien Interprete Latin contre le ſentiment même de Beze.

Jugement des Notes de Beze ſur le N. Teſtam.

Il ſeroit à ſouhaiter que Mr. le Clerc n'euſt pas voulu faire paroître ſon érudition dans la Langue Grecque, en tâchant de réformer un paſſage de Joſephe cité par Mr. Simon. Car ſi on n'a pas trop bonne opinion de ſon jugement, au moins ne l'auroit-on pas crû ſi ignorant dans cette Langue. Comme il a témoigné qu'il ne s'arrêteroit qu'à des choſes importantes, il dit d'abord qu'on a eu tort de citer Joſephe dans le premier Chapitre de la Critique ſans en rapporter les paroles, mettant ſeulement en marge, *Joſ. contre App.* ſans citer même ni le Livre, ni le Chapitre. Voilà une Critique fort recherchée & digne de Mr. le Clerc. Comme ce premier Chapitre ne contient en general que le plan du Livre, on ne devoit auſſi indiquer les preuves qu'en general. C'eſt pourquoi dans le

Mr. le Clerc s'arrête aux minuties.

G

ſecond

second Chapitre, où l'on traite cette même affaire en particulier, on trouve les paroles de Joſephe, & le Livre eſt auſſi cité. Mais nôtre Auteur n'eſt pas encore content ; il ſe plaint de ce qu'en marquant le premier Livre de Joſephe contre Apion on n'a pas eu le ſoin de marquer le Chapitre du Livre, & il fait en même temps le procés à quelques autres Savans, *qui ſemblent avoir eu peur que le Lecteur ne vouluſt verifier leurs citations.* Mais qui lui a dit que l'Exemplaire de Joſephe dont Mr. Simon s'eſt ſervi avoit les Chapitres marqués dans les Livres contre Apion ? L'Edition Grecque & Latine de Geneve qui eſt la plus commune ne les marque point. Cet homme eſt ſi bon Critique, qu'il croit que les Livres ont toûjours été comme ils ſont imprimés dans les nouvelles Editions. On a grand tort qu'on n'a pas ajoûté les verſets à tous les Livres, comme on a fait aux Bibles. Cela ſeroit d'un merveilleux ſecours pour les amis de Mr. le Clerc, qui ſavent faire un ſi bon uſage des Concordances & des Dictionnaires. Mais il faudroit auſſi que nous euſſions des Concordances ſur la plus-part des Livres. Aprés cela il ne leur manqueroit rien pour paroître ſavans en toutes ſortes de matieres.

Mr. le Clerc nous dit aſſez naïvement, qu'il a *voulu parcourir ce Livre contre Apion pour chercher ces paroles de Joſephe,* & qu'il n'a pas été obligé d'en lire beaucoup pour trouver cet endroit. On diroit à l'entendre, que ce premier Livre de Joſephe ſeroit un gros Volume qu'il auroit fallu lire. Mais ſans qu'il ſoit beſoin de ſuivre les minuties d'un homme qui nous dit tant de choſes inutiles, venons au fait dont il s'agit. Le principal de ſa remarque conſiſte à nous faire voir, que Mr. Simon n'a pas traduit fidélement un paſſage de Joſephe : c'eſt pourquoi il en donne une traduction nouvelle, où il corrompt entierement le ſens des paroles de cet Hiſtorien, comme il paroîtra par la ſuite de ce diſcours.

Il réprend auſſi Mr. Simon d'avoir traduit ces mots τὰ ἀνωτά- τω, *choſes futures* ; au lieu qu'il falloit traduire *les choſes paſſées.* Mais il faut avoir entierement perdu le ſens, pour ne pas voir que dans ce paſſage de Joſephe le Correcteur d'Imprimerie qui ne comprenoit pas que les Prophetes connuſſent le paſſé, au lieu *des choſes paſſées* a mis *les choſes futures.* Il s'agit en cet endroit d'Annales. Or qui eſt-ce qui a jamais ouï dire qu'on écrive des Annales des choſes futures ? Voici les paroles de Joſephe comme elles ſont rapportées

dans

dans la Critique. *Parmi les Juifs il n'étoit pas permis à chacun d'écrire des Annales ; mais cela étoit réservé aux seuls Prophetes qui connoissoient les choses futures & éloignées d'eux par inspiration divine.* Il est aisé de juger qu'on n'a mis en cet endroit le mot *futures* pour *passées*, que parce que le nom de *Prophetes* est auparavant. Mr. Simon qui a rapporté ce même passage de Josephe en Grec & en Latin dans sa derniere Réponse à Mr. Vossius, l'a traduit *remota à suis temporibus & vetustissima*: ce qu'on ne peut entendre que du passé; bien que Mr. le Clerc qui sait autant le Latin que le Grec, nous dise que τὰ ἀνωτάτω ne signifie pas seulement temps éloigné, mais un temps passé ; comme si *remota* en cet endroit pouvoit signifier autre chose que le passé, & que ce ne fust pas la veritable signification de ce mot prise même de Ciceron. Mais j'ai honte de m'arrêter à ces sortes de minuties, aussi-bien qu'à la remarque qui est au même endroit, où l'on prétend que Mr. Simon a corrompu les mots Grecs, lisant ἀνωτάτα, au lieu de ἀνωτάτω. De quelque maniere qu'on lise, le sens est toûjours le même, & l'on n'a point eu dessein de changer la leçon reçuë.

Il y a bien plus sujet d'accuser Mr. le Clerc d'avoir corrompu le sens de ces paroles de Josephe, Τὰ ϑ καὶ ἑαυτὺς ὡς ἐγίνετο σαφῶς συγγραφόντων, qu'il traduit, *& ont aussi écrit les choses qui les regardoient eux-mêmes.* Il n'y a qu'à jetter les yeux sur toute la suite du discours de Josephe dans ce Livre, pour juger qu'il ne s'agit point en cet endroit de Prophetes qui écrivissent leurs vies, mais ce qui se passoit de leur temps ; & c'est ce que signifient proprement en cet endroit ces mots τὰ καθ' ἑαυτὺς, que le même Josephe explique plus nettement un peu plus bas au même endroit, où il dit que *les Prophetes qui ont été aprés Moïse ont écrit les choses qui se sont passées de leur temps*, οἱ μὴ Μωυσῆν προφῆται τὰ καθ' αὐτὺς πραχθέντα συνέγραψαν. Comme les Livres de Josephe sont entre les mains de tout le monde, il seroit inutile de s'étendre au long sur une chose qu'on peut lire. Josephe en cet endroit-là prétend prouver la verité de l'Histoire de ceux de sa nation, parce qu'elle a été écrite par des Prophetes, qui ont écrit premierement les choses passées que Dieu leur a révélées, & de plus les choses qui sont arrivées de leur temps, comme elles se sont passées. Il a recours à la révelation pour autoriser ce qui est rapporté dans le Livre de la Genese & tous les faits dont Moïse n'a pû être témoin. Il n'y a rien dans les paroles de Josephe qui puisse

G 2

favori-

favorifer la nouvelle interpretation de nôtre Auteur , fi ce n'eſt que quand il veut produire quelque choſe de lui-même , il s'égare & fait fouvent *des pas de Clerc*. Cependant comme s'il avoit tout-à-fait bien rencontré , il accuſe Mr. Simon d'accommoder adroitement *les paſſages des Anciens à ſon ſujet :* comme fi Mr. Simon n'avoit pas ici fuivi le veritable fens des paroles de Joſephe, & même la Verſion des meilleurs Interpretes.   Mais pourquoi diſputer d'un fait qui eſt expoſé aux yeux de tout le monde ?

Je laiſſe maintenant à penfer à Mr. le Clerc , s'il a eu raiſon de s'emporter fi fort contre Mr. Arnauld d'Andilly,qu'il accuſe d'avoir été un fauſſaire dans la Verſion qu'il nous a donnée des Livres de Joſephe. Il n'y a rien de plus ridicule & qui convienne même mieux à nôtre Faiſeur d'Entretiens , que tous ces petits contes qu'il nous fait ici d'un fameux chicaneur nommé *Ouï dire* , *qui tenoit école de Té-moignerie.*   Il y a bien de l'apparence qu'il a été élevé lui-même dans l'école de ce fameux chicaneur *Ouï dire :* car outre qu'il chi-cane dans tout ſon Livre fur des minuties, il ne paroit pas en bien des endroits parler comme Auteur , mais comme un fimple rappor-teur de ce que fes amis lui ont fourni ; & ainfi il ne doit pas trouver mauvais qu'on le mette au nombre de ces faux témoins dont il dit que tout le monde eſt rempli.   Il ajoûte en ce même endroit fort judicieuſement , que ce n'eſt pas d'aujourd'hui que le métier de faux témoin eſt en uſage parmi les Auteurs : & comme fi cela avoit befoin d'être prouvé hiſtoriquement , il remonte juſqu'aux plus anciens Ecrivains du Paganiſme , afin de pouvoir appliquer à fon diſcours ces mots d'un Poëte ,

> - - - *& quicquid Græcia mendax*
> *Audet in hiſtoria.*

C'eſt ainfi que Mr. le Clerc donne de temps en temps des preu-ves d'une érudition finguliere. Si on étoit d'humeur à faire des di-greſſions comme lui , on le renvoyeroit au Traducteur Calviniſte de l'Hiſtoire de Joſephe, que Genebrard dans la Préface de la nouvelle Verſion Françoiſe qu'il a faite de cet Auteur traite d'in-figne fauſſaire. *Ne t'étonne pas , ami Lecteur ,* dit Genebrard au commencement de fa Préface, *fi aprés un certain Heretique nommé Bourgoing j'ai voulu revoir & renouveller en François l'Hiſtoire de Joſe-*
phe,

Emporte-
ment ri-
dicule de
Mr. le
Clerc.

Gene-
brard.

phe, *d'autant qu'outre une infinité de bêtifes & erreurs de cet homme qui ne favoit ni Grec ni Hebreu, & qui entendoit bien peu le Latin de Sigif-mond Gelenius, il a mêlé du poifon à la maniere des autres Heretiques.*

Mr. le Clerc s'attache en-fuite à Jofephe qu'il décrie de toute fa force, & il s'appuye même pour cela fur les paroles de Mr. Simon, qui a accufé Jofephe d'avoir ajoûté des gloffes à l'Ecriture, d'en avoir retranché ce qu'il lui a plû, & d'avoir accommodé le Texte de la Bible à fes imaginations, ou pluftoft à quelques Traditions de fon temps. *On fut étonné*, ajoûte nòtre Auteur, *que dans la mê-me page où Mr. Simon lui reproche fon peu d'exactitude, il le traite d'Au-teur judicieux & éclairé.* Je ne fuis pas furpris de l'étonnement de Mr. le Clerc, dont l'efprit & le jugement me paroiffent fort bornés. Jofephe a pû être un homme exact & judicieux dans ce qui regar-de l'Hiftoire & les Coutumes de ceux de fa nation, bien qu'il euft l'efprit rempli de plufieurs Traditions des Pharifiens pour l'expli-cation des Livres Sacrés. Il a pû fuivre leurs allegories fans faire tort pour cela au fonds de fon Hiftoire; & c'eft ce que Mr. Simon a tres-bien diftingué dans cet Ecrivain qui a eu l'approbation de tous les anciens & nouveaux Critiques. S'il s'eft auffi quelquefois mé-nagé à l'égard des Payens, on ne peut pas l'accufer d'avoir manqué en cela de jugement. Il confultoit alors fa raifon, & agiffoit en Politique. Je ne doute pas auffi qu'il n'ait eu pour faire fon Hiftoire d'autres Actes que l'Ecriture, bien qu'il ne s'y arrête gueres. En un mot, quelque chofe qu'on puiffe dire contre Jofephe, on n'en pourra jamais conclure qu'il ait ignoré les ufages & les loix des Juifs: & tout ce que Mr. le Clerc produit ici pour le décrier ne prouve pas que fon autorité n'eft point fuffifante pour établir les Ecrivains publics de Mr. Simon, puis que Jofephe parle de ces Ecrivains comme d'une chofe qui étoit hors de controverfe, & qu'il les compare aux Ecrivains des autres Etats de l'Orient.

Juge-ment de l'Hiftoire du Jofe-phe.

CHAPITRE VI.

Critique de la V. Lettre.

S I l'on jugeoit de l'Hiftoire Critique de Mr. Simon par les Som-maires du Livre de Mr. le Clerc, il n'y auroit rien dans cette Hiftoire que des fauffetés manifeftes: mais comme les preuves qui

font

font dans le Livre ne répondent point à ce qui eſt énoncé dans les Sommaires, cela fait qu'on regarde ces Sommaires comme des pieces inutiles & qui ne ſervent le plus ſouvent qu'à faire voir l'en-têtement de nôtre Auteur. Bien qu'il n'aime point à répeter les mê- *Redites* mes choſes, il ne laiſſe pas de reprocher encore une fois à Mr. Si- *inutiles.* mon au commencement de cette Lettre, le peu d'ordre & les répeti-tions frequentes qui ſe trouvent dans ſa Critique.   Mais on a dêja montré que ces répetitions ne ſont point des défauts de méthode ni de jugement; qu'au contraire elles ont été neceſſaires pour parler avec plus d'ordre.   En fait de jugement on ne s'en doit pas rappor-ter tout-à-fait à nôtre Faiſeur d'Entretiens qui n'en fait gueres pa-roître dans tout ſon Ouvrage.   Pour ne pas m'arrêter à des remar-ques inutiles, j'entre tout-d'un-coup dans le fort de ſes objeſtions. Il prétend trouver trois fautes conſiderables dans la page 19. de la Critique, dont la premiere conſiſte en ce qu'on y a avancé que Dieu a continué de gouverner en qualité de Chef la République des Ebreux dans les temps mêmes qu'elle a été ſoumiſe à des Rois. Mr. le Clerc étant rempli de ce qu'il avoit lû dans le Livre de Spen-cerus *de Urim & Thummim*, aſſûre que lors qu'il y eut des Rois en Iſ-raël, ils furent les maîtres abſolus, & que Dieu ceſſa de faire la *Dieu n'a* fonſtion de Chef; que c'eſt pour cette raiſon qu'il dit à Samuel *point ceſſé* lors qu'Iſraël voulut avoir un Roi, *Ce n'eſt pas toi qu'ils ont rejetté,* *d'être le* *mais moi, afin que je ne regne point ſur eux.*   Il ſeroit hors de propos *Chef* d'examiner ici quand les Urim & Thummim ont ceſſé parmi les E- *d'Iſraël,* breux, & ſi cet Oracle a continué juſqu'au temps de la Captivité, *lors que* comme pluſieurs Interpretes de l'Ecriture tant Juifs que Chrétiens *ce peuple* en demeurent d'accord.   Ce n'eſt point de quoi il eſt queſtion pré- *a été ſou-* ſentement; mais de ſavoir en general, ſi Dieu n'a pas été auſſi-bien *mis à des* le Chef des Iſraëlites ſous leurs Rois que ſous leurs Juges.   C'eſt ce *Rois.* qu'on ne peut nier, ſi l'on conſidere que les Ebreux ont toûjours été *1 Sam.* le peuple choiſi & bien-aimé de Dieu, λαὸς περιούσιος καὶ ἐξαίρετος, ſoit *8: 7.* que la forme de leur Etat ait été Ariſtocratique ou Monarchique. Si Mr. le Clerc étoit un tant ſoit peu exercé dans le ſtile de l'Ecriture, il ſauroit qu'on ne doit pas toûjours prendre pour de pures nega-tions ce qui y eſt énoncé negativement: c'eſt de quoi on peut don-ner une infinité d'exemples.   Et ainſi ces mots *afin que je ne regne* *Ἵνα μὴ* *point ſur eux,* n'excluent point Dieu; mais on les doit interpreter avec *βασιλεύ-* Joſephe de cette maniere, *afin que je ne regne point ſeul ſur eux,* & non *σι μοι.*
pas

pas absolument, *afin que je ne regne point sur eux.* Les Israëlites vou-
lurent seulement changer la forme de leur Gouvernement, & avoir
des Rois à la tête de leurs armées à l'exemple de leurs voisins, sans
exclure pour cela Dieu de la qualité de Chef de leur Etat. En effet
Dieu ne pouvoit pas condamner absolument l'election d'un Roi
chez les Ebreux, puis qu'il leur avoit prescrit lui-même la maniere de l'élire. *Non poteris alterius gentis hominem Regem facere qui non sit* Deut.
frater tuus. Et une preuve même qu'il ne cessoit pas d'être leur Chef 17: 15.
par cette élection, c'est qu'il s'en rend le maitre. *Vous prendrez,* Ibid.
leur dit-il, *pour Roi celui que le Seigneur vôtre Dieu choisira d'entre vos*
freres. Tout cela fut observé dans l'élection de Saül qui fut oint 1 Reg.
par Samuel. *Ecce unxit te Dominus,* dit Samuel à Saül, *super hæ-* 10: 1.
reditatem suam in perpetuum. En un mot Dieu n'a pas cessé d'être le
Chef des Israëlites en leur donnant des Rois. Ils auroient pû, dit
Grotius, se faire un Roi dans un autre temps, sans être coupables: Grotius.
alio tempore Regem sibi facere sine culpa potuissent. Je passe sous silence
le long discours de Mr. le Clerc touchant le pouvoir de Dieu sur
les Israëlites avant l'établissement des Rois, d'où il prétend prouver que Dieu pendant tout ce temps-là fit la fonction de Roi. Tout
cela est hors de propos, puis qu'il s'agit de prouver qu'aprés ces
temps-là Dieu n'a plus été leur Chef: & c'est ce qu'on ne prouvera
jamais. Nous trouvons même que les Prophetes donnent à Dieu
le nom de Roi, המלך. Mais à quoi bon disputer d'un fait qui ne peut
être contesté que par des personnes qui n'ont fait aucune réflexion
sur le choix que Dieu avoit fait des Israëlites pour être son peuple
par préference à toutes les nations du monde, & dont il a voulu
toûjours être le Chef & le Protecteur?

Mr. le Clerc trouve une autre faute considerable dans la page 15.
de la Critique, où il est dit, *que Dieu donna lui-même des loix par le mi-*
nistere de Moïse & des autres Prophetes qui lui succederent. Il n'y a point
eu, dit-on, de Prophete qui ait succedé à Moïse en qualité de Lé- *Des Pro-*
gislateur, & qui ait donné de nouvelles loix à Israël. Tout ce que *phetes ou*
les Prophetes ont dit de nouveau consiste dans des predictions qui *Juges*
n'ont aucune liaison avec la Loi. Il est fâcheux d'avoir à répondre à *succes-*
des gens qui n'entendent pas même les termes des Auteurs qu'ils at- *seurs de*
taquent: & c'est ce qui arrive souvent à nôtre Auteur. Lors qu'il *Moïse.*
est parlé des Prophetes qui succederent à Moïse dans le ministere, a-t-on voulu marquer les Prophetes qui ont prédit l'avenir? Ces
Prophe-

Prophetes ont-ils été fuccefſeurs de Moïſe? Comme donc Moïſe outre ſa qualité de Légiſlateur étoit encore revêtu de celle de Prophete, de même Joſue & les autres Juges qui lui ont fuccedé dans le Gouvernement ayant auſſi été la plus-part des perſonnes inſpirées, on a eu raiſon de leur donner le nom de Prophetes. Grotius qui entendoit bien mieux le ſtile des Ecrivains Sacrés que nôtre Faiſeur d'Entretiens, n'a pas ignoré le nom ni la qualité de ces Prophetes fuccefſeurs de Moïſe. Voici ce qu'il en dit dans ſes Remarques ſur le Deuteronome. *Tales autem διχασαι cùm à Deo dati eſſent, ac ob id donis inſtructi Propheticis, unde & Prophetas eos vocare ſolet Joſephus, tutò ſanè conſuli poterant.* C'eſt de ces Prophetes dont on a parlé dans la Critique, comme il eſt aiſé de juger, & non pas de ceux que nous appellons ordinairement Prophetes. Mais Mr. le Clerc dont les idées ſont fort limitées, n'a pas crû qu'il y euſt parmi les Ebreux d'autres Prophetes que ceux dont il voyoit les noms dans les titres de la Bible.

Au reſte on avouë que les Juifs n'ont point eu d'autre Légiſlateur que Moïſe; & comme cela eſt d'une notorieté publique, lors qu'on a dit que les Prophetes fuccefſeurs de Moïſe ont donné des loix, on n'a pas prétendu qu'ils ayent été tous de nouveaux Légiſlateurs, mais ſeulement qu'ils ont jugé des differens qui ſont ſurvenus de leur temps. Il n'y a point de loi, quelque exacte qu'elle ſoit, qui prévienne toutes les difficultés qui peuvent naître. Ainſi la Loi de Moïſe qui étoit la regle de droit ne pouvoit pas ſeule ſatisfaire aux differens qui ſe formoient tous les jours ſelon les differens faits. Il étoit abſolument neceſſaire que ces Juges fuccefſeurs de Moïſe, & qui avoient la même autorité que lui en cette qualité, prononçaſſent ſur ces faits: & c'eſt en ce ſens-là qu'on a dit qu'ils donnoient leurs loix. A ce qu'on a dit, que Samuel & David ont creé de nouveaux Officiers pour ſervir au Tabernacle, & que Salomon a fait quelque changement dans ce même Tabernacle en bâtiſſant le Temple, Mr. le Clerc répond que ce ne ſont que des ordonnances peu conſiderables qu'ils ont faites plûtoſt en qualité de Juges ou de Rois, qu'en qualité de Prophetes. Mais de quelque maniere qu'il appelle ces ordonnances, on ne peut nier que ce ne fuſſent de veritables loix; & la diſtinction qu'on fait ici entre la qualité de Juge & celle de Prophete eſt hors de propos, puis que par les Prophetes ſucceſſeurs de Moïſe on n'a entendu autre choſe que ces Juges ou Rois,

auſ-

aufquels on a donné le nom de Prophetes, parce qu'ils ont été en effet infpirés lors qu'ils ont fait les nouvelles loix ou ordonnances
dont il eft queftion.

Il y a une troifiéme remarque dans la Critique que Mr. le Clerc
met au nombre des fautes confiderables : c'eft que Mr. Simon parlant des Ecrivains Sacrés parle des Prophetes fucceffeurs de Moïfe
d'une maniere à nous faire croire que leurs principales fonctions é-
toient de tenir les Regiftres des Ebreux. *N'eft-ce pas donner*, dit
nôtre Auteur, *une grande idée des Prophetes, que de nous dire qu'ils é-
toient commis fur les Regiftres de la même maniere que les Prêtres des Perfes
& des Egyptiens.* Et comme fi Mr. Simon ne s'étoit pas affez bien expliqué en cet endroit, Mr. le Clerc tâche de le redreffer, en lui marquant les termes dont il devoit fe fervir pour parler avec plus de
jufteffe. Mais il eft étonnant qu'un homme qui n'a prefque aucune connoiffance de la matiere dont il traite fe mêle de réformer
les autres. Il confond mal-à-propos les Prophetes qui ont prédit
l'avenir avec les Prophetes dont il eft ici queftion. On ne pouvoit
pas mieux ce femble faire connoître les Auteurs des Livres Sacrés
parmi les Ebreux, qu'en exprimant leur nom & leurs qualités. On
a donc eu raifon de remarquer que ces Ecrivains s'appelloient Prophetes chez les Ebreux; c'eft le nom que Jofephe leur donne avec
tous les Juifs de fon temps. On n'a pas dit que les principales fonctions des Prophetes confiftoient à tenir les Regiftres des Ebreux;
mais ceux qui étoient commis pour écrire les Annales chez les E-
breux étoient nommés Prophetes, & l'étoient en effet; au lieu que
les Scribes publics parmi les Egyptiens n'avoient que le fimple nom
de Prophetes. Il a de plus été neceffaire pour mieux faire connoître
ces Scribes ou Prophetes des Ebreux, d'avoir recours avec le même
Jofephe aux ufages des anciens Etats du Levant, où il y avoit des
perfonnes commifes pour mettre par écrit les affaires les plus importantes qui fe paffoient dans ces Etats. C'eft ce qu'on ne peut
nier, à moins de rejetter toute l'ancienne Hiftoire; & on en trouve
des preuves non feulement dans les Livres de Jofephe contre Apion,
mais auffi dans la Préparation Evangelique d'Eufebe. Ce principe
établit merveilleufement contre les Libertins la verité des Hiftoires
contenuës dans l'Ecriture. Cependant fi nous nous en rapportons à
Mr. le Clerc, on a eu tort de comparer les Scribes ou Prophetes
des Ebreux aux Prêtres des Perfes & des Egyptiens. Je trouve au

H

con-

Le nom de Pro-
phete eft le verita-
ble nom des Ecri-
vains Sa-
crés chez les E-
breux.

Ufage des Etats d'Orient.

contraire qu'il n'y a rien de plus à propos que cette comparaison pour montrer aux Philosophes & aux Deïstes la verité des Actes contenus dans les Livres Sacrés : parce que l'on fait voir par là que ces Actes n'étoient pas recueillis par des personnes interessées & qui fussent gagnées pour écrire des choses fausses ; mais par des hommes extraordinaires qui avoient reçû cette commission de l'Etat pour n'écrire en faveur de personne. Cela n'empêche pas qu'on n'ait remarqué au même endroit, que les Ecrivains des Ebreux avoient cet avantage par dessus ceux des autres nations, qu'ils étoient outre cela inspirés de Dieu : la premiere qualité ne détruit pas la seconde, & il faut être malicieux pour avoir cette pensée. La République des Ebreux étoit un Etat composé d'hommes aussi-bien que tous les autres Etats de l'Orient, & elle avoit par consequent tout ce qui pouvoit contribuer au bon ordre.

Comme Mr. le Clerc manque de bonnes raisons pour attaquer ce principe établi dans la Critique, il a recours à des disputes de mots. Il prétend que, de ce qu'il y avoit en Egypte des Ecrivains publics, *on n'en peut conclure tout au plus autre chose, si ce n'est qu'il se peut faire que Moïse en ait aussi établi en Israël*; au lieu que Mr. Simon s'est servi de ce terme, *il y a de l'apparence*. Mais il y a de la difference, dit nôtre Auteur, entre ces deux manieres de parler, *il se peut faire*, & *il y a de l'apparence*. C'est ce qui peut s'appeller un fin raisonnement & digne de nôtre Faiseur d'Entretiens. S'il est vrai, comme on n'en peut pas douter, qu'il y avoit dés ces temps-là chez les Egyptiens, les Pheniciens & les Babyloniens des Ecrivains publics, ne peut-on pas en conclure qu'il y a de l'apparence qu'ils étoient aussi établis chez les Ebreux dés les premiers commencemens de leur République? Aussi Josephe n'en doute-t-il pas. Il assûre même que ceux de sa nation ont eu un plus grand soin de ces Annales publiques que tous les autres peuples de l'Orient, & il fait même quelquefois mention dans ces Livres de ces anciens Actes qui se conservoient dans le Temple. C'est principalement sur ce principe qu'il s'appuye pour prouver que les Histoires des Juifs sont veritables, parce qu'elles ont été tirées des anciennes Archives où l'on renfermoit les Actes de ce qui se passoit de considerable dans la République; au lieu que les Grecs qui n'ont point eu cet usage de recueillir les Actes dés les premiers commencemens de leurs Républiques, n'ont presque rien écrit que de fabuleux : & il attribuë à ce manquement d'Archives cette

gran-

grande diversité qui est entre les Historiens Grecs sur les mêmes faits.

On ne trouve point, continuë Mr. le Clerc, dans le Pentateuque un seul mot de l'établissement de ces Scribes, comme on y trouve une Histoire fort exacte de l'établissement des Sacrificateurs & des Juges: comme s'il y avoit la même raison de parler des uns & des autres. On ne pouvoit pas faire l'Histoire des Juifs, qu'on n'y rapportât exactement les noms des Juges ou des Rois, & des Souverains Sacrificateurs; au lieu qu'il n'est nullement nécessaire de parler de ceux qui recueilloient les Annales, parce que c'étoit un usage reçû dans tous les Etats d'Orient. Les Egyptiens ont inseré dans leurs Annales les noms de leurs Rois, sans qu'ils nous ayent donné le catalogue des Scribes de leur Etat, parce que cela n'appartient point à l'exactitude d'une Histoire.

Il faut de plus être d'une fort méchante humeur, pour trouver à redire à ce qu'on a donné à Moïse la qualité d'un parfait Législateur. *On parleroit*, dit Mr. le Clerc, *plus exactement, si l'on disoit que Dieu a donné à Moïse toutes les loix que l'on pouvoit attendre d'un parfait Législateur.* Mais je ne voi pas qu'il y ait aucune opposition entre la sagesse de Moïse & les dons qu'il a receus de Dieu pour devenir un parfait Législateur. La science de St. Paul n'étoit pas opposée aux lumieres particulieres qu'il avoit receuës du St. Esprit; ces deux choses s'accordoient parfaitement en lui. Il en est de mêmes de Moïse, dont la sagesse n'a diminué en rien les dons particuliers qu'il avoit receus de Dieu. Mais nôtre Auteur nous represente ici Moïse comme un homme qui n'étoit pas fort habile. Il ose même lui attribuer des erreurs du Paganisme sans en apporter aucune raison solide. Moïse selon lui n'a pas été capable de donner de bonnes loix, parce qu'il avoit la langue empêchée: comme si les bonnes loix venoient plûtost de la langue que de l'esprit, & qu'on manquast dans un Etat d'Orateurs pour en persuader le peuple. Ce grand Législateur, dit-on, ne s'appercevoit pas qu'il ne pouvoit pas soutenir seul tout le poids des affaires; son beau-pere lui conseilla de choisir un certain nombre de personnes pour juger des choses les moins importantes. Mais si Moïse voulut bien soutenir seul le poids des affaires, cela ne procedoit pas de son peu d'esprit, mais plûtost d'un excés de charité. Les personnes vertueuses qui sont dans les grands emplois ne commettent aux autres le soin des affaires que le moins qu'ils peuvent, & il arrive souvent qu'elles succombent sous le travail.

Ce n'eſt pas aſſez d'avoir fait paſſer Moïſe pour un homme d'un petit eſprit, on prétend encore montrer ſa foibleſſe, pour a-voir fait une priere à Dieu, *qu'il lui permiſt de voir ſa gloire*; comme s'il avoit crû, dit-on, que Dieu fuſt corporel. On le compare de plus à Orus & à Amenophis Rois d'Egypte qui avoient ſouhaité de voir les Dieux. Il me ſemble que pour débiter des choſes de cette nature il faudroit être appuyé ſur de bonnes preuves, & non pas ſur de ſim-ples conjectures qui n'ont aucun veritable fondement dans l'Ecritu-re. Cependant comme ſi cela contribuoit à honorer l'ancienne Reli-gion des Juifs, on ajoûte, que d'attribuer les loix des Juifs à l'eſ-prit de Moïſe, c'eſt diminuer extremement les preuves que l'on a de cette ancienne Religion : comme ſi ceux qui reconnoiſſent Moï-ſe pour un homme d'eſprit & pour un parfait Légiſlateur, le fai-ſoient ſeul l'Auteur des loix que Dieu donna aux Iſraëlites par ſon miniſtere. Moïſe a-t-il été un eſprit foible, parce que Dieu s'eſt ſervi de lui pour annoncer ces loix? Ce n'eſt pas là l'idée que Saint Etienne nous en donne dans les Actes des Apôtres.

Nôtre Auteur revient aprés cela à la Critique de Mr. Simon, qu'il accuſe d'avoir affecté de dire que les Scribes des Ebreux é-toient nommés Prophetes. S'ils étoient, dit-on, en effet dirigés par l'Eſprit de Dieu, pourquoi ne pas dire que ces gens-là étoient de veritables Prophetes. Il faut être malicieux pour faire ces ſor-tes d'objections, puis que ces Scribes ſont appellés Prophetes dans une infinité d'endroits de l'Hiſtoire Critique, où l'on explique mê-me en quoi conſiſte leur Prophetie. On en parle par tout comme de perſonnes veritablement inſpirées. Lors qu'on a remarqué que ceux qui étoient chargés du ſoin de recueillir les Annales chez les Ebreux étoient nommés Prophetes, on a voulu diſtinguer ces E-crivains d'avec ceux des autres nations du Levant, en marquant leur nom; & on ne pouvoit pas même s'expliquer là-deſſus avec plus de juſteſſe. Mais Mr. le Clerc n'auroit rien à dire, s'il ne chi-canoit ſur des mots, d'où il prend en-ſuite occaſion de tirer des con-ſequences à ſa maniere, & d'attribuer à Mr. Simon des choſes auſ-quelles il n'a jamais penſé. C'eſt ſur ce même pied qu'il raiſonne, quand il dit au même endroit, que la Note qui eſt ajoûtée à la page 50. de la Critique eſt une preuve que Mr. Simon n'a pas crû qu'il fuſt beſoin de Prophetie ou inſpiration pour écrire l'Hiſtoire des Livres Sacrés. Mais outre qu'on a déja répondu que Mr. Simon

n'étoit

n'étoit point l'Auteur des Notes qui ont été ajoûtées à la nouvelle
Edition de sa Critique, je ne voi pas que de cette Note on puisse
rien conclure qui fasse croire qu'on n'ait point reconnu dans l'His- *Senti-*
toire Critique l'inspiration des Historiens Sacrés.   La Remarque *ment de*
porte simplement, que les Auteurs sont partagés entre eux touchant *quelques*
l'inspiration des Livres dont il est fait mention dans l'Histoire des *Peres*
Rois & dans les Chroniques.   On nomme St. Augustin entre les *touchant l'inspira-*
Auteurs qui semblent avoir nié cette inspiration, & on auroit aussi *tion des anciens*
pû lui associer quelques Rabbins qui sont de ce même sentiment. *Scribes*
On dit au contraire que Theodoret & plusieurs autres Peres ont *publics*
crû ces Histoires veritablement inspirées & divines.   Que peut-on *chez les Ebreux.*
conclure de cette Remarque contre Mr. Simon, quand même il
en seroit l'Auteur, & qu'elle seroit inserée dans le corps de son Histoire? Il raconte simplement les differentes opinions des Auteurs
sur cette matiere, & il préfere dans sa Critique l'opinion de Theodoret, qui a crû ces Histoires veritablement inspirées.

Cependant Mr. le Clerc dont le Livre est rempli de faux raison- *Faux*
nemens, ne laisse pas de prendre la pensée de St. Augustin comme *raisonne-*
si elle étoit de Mr. Simon, & d'en conclure *qu'il s'enfuivra clairement* *ment de*
selon le P. Simon, que ceux qui ont fait les extraits de ces Histoires n'étoient *Mr. le*
pas inspirés, puis qu'ils n'avoient pas une charge plus relevée que les Ecri- *Clerc.*
vains de ces premieres Histoires.   Mais si Mr. le Clerc veut que son
raisonnement prouve quelque chose, il faut qu'il montre auparava-
vant que le P. Simon est St. Augustin, & aprés cela on lui répondra.

Mr. Simon avoit produit un passage de St. Pierre, où il prétend *2 Petr.*
que ce Saint Apôtre appelle toute l'Ecriture Sainte *Prophetie:* *1: 21.*
Mr. le Clerc nous assûre que *St. Pierre ne parle proprement que des Li-* *Explica-*
vres Prophetiques, & non pas des Histoires.   Je sai qu'on explique or- *tion d'un*
dinairement ce passage plûtost des Livres Prophetiques que de *passage de*
toute l'Ecriture en general: mais si l'on veut un tant soit peu s'ap- *St. Pier-*
pliquer à toute la suite du discours de St. Pierre, on trouvera qu'il *re.*
parle de l'Ecriture sans restriction, & que le mot *Prophetie* ne
doit pas être pris en cet endroit-là pour ce que nous appellons proprement Prophetie, mais pour tout le corps de l'Ecriture, qu'on
nommoit aussi en ces temps-là Prophetie, comme les Juifs appellent encore aujourd'hui *Prophetes* la plus-part des Livres Historiques de la Bible.   Josephe met au nombre de ces Propheties tous
les Livres de l'Ecriture, parce qu'ils ont été écrits par des Prophe-

H 3

tes

tes ou perſonnes inſpirées de Dieu. Les Juifs Caraïtes comprennent auſſi ſous le nom de הנבואה *Prophetie*, les XXIV. Livres du Vieux Teſtament. Et je ne doute point qu'on ne doive prendre en ce même ſens dans l'Epiſtre de St. Pierre ces mots *Toute Prophetie de l'Ecriture*, c'eſt-à-dire, toute l'Ecriture qui eſt Prophetique ou inſpirée. Car les Juifs de ce temps-là croyoient auſſi-bien qu'aujourd'hui que toute l'Ecriture étoit inſpirée : & c'eſt ce que Saint Pierre a voulu marquer dans ſa ſeconde Epiſtre, où il parle generalement des Ecrivains Sacrés, & non pas des Prophetes en particulier : parce que les prédictions touchant le Meſſie ne ſont pas renfermées dans les ſeuls Prophetes.

<table>
<tr><td>

Des Mazcirim ou Commis ſur les Regiſtres.

* Geſta autem David Regis priora & noviſſima ſcripta ſunt in Libro Samuelis Videntis, & in Libro Nathan Prophetæ, atque in Volumine Gad Videntis, univerſique Regni ejus & fortitudinis & temporum quæ tranſie-

</td><td>

Ce que nôtre Auteur ajoûte dans la ſuite de ſon diſcours pour detruire les Scribes ou Prophetes des Ebreux, eſt tout-à-fait inutile & hors de propos. *On ne lit*, dit-il, *en aucun endroit que la Charge de Commis ſur les Regiſtres ait été accompagnée de l'eſprit de Prophetie, ou que les Prophetes ayent été chargés de cet emploi.* Les Ebreux appellent ces Officiers המזכירים *Hammazchirim.* Auſſi Mr. Simon n'a-t-il pas donné le nom de *Hammazcirim* ou Commis ſur les Regiſtres aux Scribes publics des Ebreux. Il les a appellés Prophetes avec Joſephe & les anciens Peres. Il ſe peut faire neanmoins que les *Mazcirim* ayent auſſi été quelquefois commis pour écrire les Annales, & alors on les doit mettre au rang des veritables Scribes publics. Mais en general la qualité de *Mazcir* étoit plus étenduë que celle des Scribes publics ou Prophetes ; parce qu'ils étoient employés à toutes ſortes de dépêches, & qu'ils faiſoient plûtoſt la fonction de Secretaires particuliers des Rois que d'Ecrivains des Annales de l'Etat. C'eſt principalement à ces derniers que nous avons donné le nom & la qualité de Prophetes ; & on ne peut pas raiſonnablement expliquer en un autre ſens ce qui eſt rapporté à la fin du premier Livre des Paralipomenes, * où il eſt dit que les Prophetes Samuel, Nathan & Gad ont écrit les actions de David & tout ce qui s'eſt paſſé du temps de ce Prince dans Iſraël & dans les autres Royaumes. Il n'y a rien de plus ridicule que la réflexion de nôtre Auteur ſur ces paroles, qui aime mieux croire que ces Livres *contenoient ſeulement la vie & les Propheties de ceux dont ils portoient le nom, & les affaires qu'ils avoient euës avec le Roi David.* Il faut être bien préoccupé pour nier que ces Livres fuſſent les Annales publiques, d'où ont été en-ſuite tirés ſelon Grotius les quatre Livres des

</td></tr>
</table>

Rois :

Rois : *Unde fumpti funt Libri illi quatuor quos Samuelis duos & duos Regum Hebræi appellant.*

Il femble que Mr. le Clerc ait eu plûtôt raifon de nier que Samuel & Nathan ayent été nommés Prophetes pour avoir écrit les Annales de leur temps, comme Mr. Simon l'a infinué. Mais il devoit prendre garde que le nom de Prophete étant pris dans toute l'Hiftoire Critique dë deux manieres, on l'a dû limiter felon la matiere qu'on traitoit. Comme il s'agit en cet endroit de ces Prophetes confiderés comme Scribes publics, on a eu raifon de dire que c'eft pour cela qu'ils font nommés Prophetes, fans qu'on nie qu'ils ayent auffi été nommés Prophetes à caufe des révelations qu'ils ont euës. La premiere propofition qui eft purement affirmative n'exclut point la feconde. Ainfi tout ce que nôtre Auteur ajoûte au même endroit, où il reprend Mr. Simon d'avoir parlé bien froidement de la Prophetie de ces Ecrivains publics, ne peut venir que d'un homme entêté qui n'a pas voulu prendre la peine d'examiner avec foin tout ce qui eft rapporté dans la Critique touchant les anciens Scribes des Ebreux. Si ce n'eft qu'on aime mieux dire qu'il n'a pas été capable de cette application, n'ayant pas une connoiffance affez étenduë des faits dont il eft parlé dans cette Critique.

Nôtre Faifeur d'Entretiens ajoûte une nouvelle preuve pour combatre les Scribes publics des Ebreux, qu'on peut appeller indirecte. Les Rois d'Ifraël aprés la féparation des dix Tribus n'ont pas laiffé, dit-il, d'avoir leurs Regiftres auffi-bien que ceux de Juda. Or il n'y a pas d'apparence que ces Rois impies qui perfecutoient les Prophetes les ayent eus pour leurs principaux Officiers. Mais il ne s'agit pas ici de ces Prophetes que les Rois d'Ifraël ont perfecutés. Il eft conftant que du temps même des Rois impies d'Ifraël il y a toûjours eu dans leur Etat des gens-de-bien qui ont été capables de recueillir les Annales de ce qui fe paffoit dans leur Etat.

Mr. Simon avoit mis dans fa Réponfe à Mr. Voffius le Prophete Ifaïe au nombre des Ecrivains publics, parce qu'il eft dit de lui qu'il a écrit l'Hiftoire du Roi Ozias. Mr. le Clerc répond à cela, qu'il fe peut faire qu'Ifaïe ait écrit la vie de ce Prince dans un Livre compofé exprés, & qui ne faifoit pas une partie des Actes publics. Mais un *il fe peut faire* n'eft pas une réponfe folide. Comme il eft conftant que les Ebreux ont eu chez eux des Ecrivains publics qui regiftroient ce qui fe paffoit de plus important dans leur Etat, &

que

runt fub eo five in Ifraël, five in cunctis Regnis terrarum, 1 Paral. 29: 29, 30. *Le nom de Prophete fe prend de deux manieres dans l'Ecriture.*

Des Scribes publics des Rois d'Ifraël aprés la feparation des dix Tribus.

2 Paral. 26. *Ifaïe a auffi efté du nombre des Ecrivains publics.*

que cette Charge étoit commiſe à des Prophetes, on ne peut pas douter qu'Iſaïe n'ait été du nombre de ces Ecrivains publics. Il y avoit, dit-on, ſous ce Prince un autre Scribe nommé Jehiel dont il eſt parlé au même endroit. Il eſt vrai qu'il eſt fait mention de ce Scribe en ce lieu-là: mais il n'y eſt pas dit de lui comme d'Iſaïe, qu'il ait écrit la vie d'Ozias; outre qu'il y a eu en même temps pluſieurs Ecrivains des Actes publics.

Nouveaux éclairciſſemens de ce qui regarde les Scribes publics.

Les anciens Juifs qui ont nommé *Prophetes* les Livres de Joſué, des Juges, de Samuel & des Rois, ont aſſez fait connoître par là que ceux qui ont recueilli ces Hiſtoires étoient veritablement Prophetes. C'eſt ce que Mr. le Clerc n'a pû nier. Il ajoûte ſeulement, que les Juifs n'ont pas ſongé pour cela à les ériger en Miniſtres d'Etat dans leur République. Auſſi Mr. Simon ne leur a-t-il jamais donné la qualité de Miniſtres d'Etat, mais ſeulement celle de Scribes publics qui étoient chargés de recueillir ce qui ſe paſſoit de plus conſiderable dans l'Etat. Ceux qui ont la moindre connoiſſance de l'Hiſtoire ancienne ſavent que cela s'obſervoit autrefois dans tous les Etats de l'Orient, & il n'y a aucune raiſon qui nous oblige de croire que les Ebreux n'ont pas eu un uſage ſemblable dans leur République.

Mais il n'eſt pas vrai-ſemblable, dit-on, que ces Scribes ou Prophetes ayent fait avant Eſdras des Recueils ſur les Mémoires de leurs Prédeceſſeurs, & que ces Recueils ayent été conſervés dans les Archives, comme Mr. Simon l'aſſûre dans le Chap. IV. du I. Livre de ſon Hiſtoire Critique. Mais pourquoi ne veut-on pas que ces Recueils que les Prophetes ont fait avant Eſdras ayent été conſervés dans les Archives, où l'on gardoit exactement les Livres des Prophetes? Les anciens Mémoires étant trop étendus n'ont jamais été rendus publics, mais ſeulement les extraits que les Prophetes en ont tirés. C'eſt de cette maniere que ſelon Joſephe & les anciens Peres l'Hiſtoire de Joſué a été publiée, ayant été extraite de Livres plus anciens qui étoient dans les Archives. Joſephe qui avoit une parfaite connoiſſance de ces Archives, parlant du miracle qui arriva lors que Joſué arrêta le ſoleil, & qui étoit rapporté dans le *Livre des Juſtes*, ne nous marque point autrement ce Livre que ſous le nom * des Ecritures qui étoient conſervées dans le Temple; & le docte Maſius confirme cette penſée.

*Joſeph. lib. 5. Antiq. cap. 1. * Διὰ τῶν ἀνακειμένων ἐν τῷ ἱερῷ γραμμάτων.*

Outre les preuves que Mr. Simon a produites pour établir les
Scribes

Scribes publics, nôtre Auteur en rapporte une autre qu'il tâche de
détourner, en nous reprefentant que les mots du Texte Ebreu
font équivoques. Mais on n'y trouvera aucune équivoque, fi l'on
a égard aux anciens Interpretes, & fi on les traduit de cette maniere
comme ils font dans la Vulgate. *Le refte des actions de Jofaphat pre-*
mieres & dernieres font écrites dans les paroles de Jehu fils de Hanani,
qu'il a mifes par écrit dans les Livres des Rois d'Ifraël. On doit auffi lire
dans les Septante, οὓς κατέγραψεν ἐπὶ βιβλίον βασιλέων Ἰσραήλ, & non
pas ὃς κατέγραψεν βιβλίον Ἰσραήλ, comme Mr. le Clerc a lû avec l'Edition de Rome. Tout ce qui peut caufer de l'obfcurité dans ce paffage vient de la fauffe ponctuation de la Maffore qui a lû le Verbe Ebreu הֶעְלָה au Hophal, comme parlent les Grammairiens;
au lieu qu'on le doit lire au Hiphil fans y rien changer que les
Points. Or il n'y a rien de plus clair que ces paroles pour montrer
que le Prophete Jehu a écrit les Annales d'Ifraël. Ce que Mr. le
Clerc oppofe à un paffage fi évident ne confifte qu'en de vaines fubti-
tilités, & en des chicaneries ridicules. Les Regiftres, dit-il, du
Royaume d'Ifraël font toûjours appellés *les paroles des jours,* ou *les*
geftes des temps des Rois d'Ifraël, & non pas *le Livre des Rois d'Ifraël.*
Mais fi on lui nie cela, comment le prouvera-t-il à une perfonne qui
prétendra que ces Regiftres ou Annales font marqués indifferemment par ces mots & par beaucoup d'autres? C'eft deviner que de
dire que l'Auteur du Livre des Chroniques cite le Livre des Rois
que nous avons préfentement.

On ne s'eft pas contenté d'établir dans l'Hiftoire Critique des
Scribes publics depuis Moïfe jufqu'à la Captivité: car comme la
République des Ebreux n'a pas moins fubfifté aprés le temps de la
Captivité qu'auparavant, il s'enfuit qu'elle n'a point auffi manqué
de ces Scribes dans ces derniers temps. Mais Mr. le Clerc prétend
au contraire, que n'y ayant point eu de Scribes publics depuis la
Captivité jufqu'à la ruïne de Jerufalem, il n'y en a point auffi eu
auparavant. Cela s'appelle apporter pour raifon ce qui eft en queftion. Il eft conftant que le Canon des Livres Juifs n'a pas été fermé
au temps de la Captivité. Ils ont écrit aprés ce temps-là des Livres
qui font encore aujourd'hui une partie de l'Ecriture; & comme ces
Livres ne font pas moins Divins ou Prophetiques que les autres, ils
ont par confequent été écrits par des Prophetes ou Scribes infpirés.
L'on ne peut pas dire que les Juifs ayent changé en ce point-là l'an-

I

cienne

2 Paral.
20: 34.

Veritable
lefon
d'un paf-
fage des
Septante.

Conti-
nuation
des Scri-
bes publics
chez les
Ebreux.

cienne forme de leur Etat aprés leur retour de Babylone, puis qu'il paroit que cet ufage des Annales publiques étoit encore alors en vigueur à Jerufalem & dans les autres Etats de l'Orient.   Mr. Simon n'a donc pas deviné ni écrit en Prophete fur cette matiere, & en homme qui veut qu'on le croye fur fa fimple autorité, comme l'affûre ici Mr. le Clerc : mais il en a parlé aprés avoir fait réflexion fur le Gouvernement des anciennes Républiques ou Monarchies du Levant ; au lieu que nôtre Auteur, qui paroît n'avoir aucune connoiffance de ces chofes-là, auroit eu befoin d'être Prophete pour écrire fur des faits qu'il ne fait point.

Il ne laiffe pas neanmoins de conclure que l'hypothefe de l'Auteur de la Critique n'eft appuyée fur aucun fondement ; & pour le faire voir avec plus d'évidence, il ajoûte qu'on n'a eu aucune raifon de dire que ces Prophetes faifoient des Recueils des anciens Actes, aufquels ils ajoûtoient & diminuoient, & qu'ils ne fe font pas mis en peine d'en retrancher quelques termes fynonymes qui pouvoient fervir d'éclairciffement.   On a cependant apporté dans la Critique des preuves fenfibles de tout cela, en marquant les Livres qui ont été manifeftement abregés, & quelquefois même étendus fur d'anciens Mémoires.   On y a auffi traité de plufieurs expreffions fynonymes qui fe rencontrent dans l'Ecriture, & principalement dans les Livres de Moïfe.

L'on n'a donc pas fait un Syftéme imaginaire & qui ne fût nullement appuyé fur l'autorité des Livres Sacrés.   Comme il ne s'agit pas ici de matieres qui foient de pure fpéculation, c'eft inutilement que Mr. le Clerc compare Mr. Simon à Ptolemée, Copernic, Tycho Brahé & Defcartes, qui ont tâché de s'imaginer une certaine difpofition de l'Univers, felon laquelle on puft rendre raifon des Phénomenes.   Ce qui a trompé nôtre Auteur, c'eft qu'il a crû qu'on ne pouvoit pas faire de Syftéme en matiere d'Hiftoire & de faits comme on en fait des chofes fpéculatives.   Il eft certain que tout Syftéme qui eft appuyé fur de bons principes eft vrai en quelque matiere que ce foit.   Or le Syftéme qui établit les Scribes publics parmi les Ebreux n'eft pas fondé fur de fimples fuppofitions, mais fur de bons Actes qui fe trouvent dans l'Ecriture même & dans les anciens Auteurs.   Bien loin de faire triompher les impies, il démontre la certitude des Hiftoires Sacrées ; & c'eft ce même Syftéme que Jofephe a oppofé aux Grecs dans fes Livres

contre

contre Apion, pour prouver la verité des Hiſtoires de ceux de ſa nation.

Mais on argumente, dit-on, foiblement contre Spinoſa dans la Préface de la Critique, où l'on a remarqué que les additions qui ont été faites aux anciens Mémoires de l'Ecriture doivent avoir la même autorité que le reſte de l'Ecriture, parce qu'elles ne ſeroient pas également Divines & Canoniques avec le reſte de la Bible. Cela ſuppoſe, dit Mr. le Clerc, ce qui eſt en queſtion, & on argumente ſelon le ſentiment des Chrêtiens, qui croyent que ces additions doivent être inſpirées. Mais il devoit prendre garde qu'on n'a pas eu deſſein dans la Préface de l'Hiſtoire Critique d'apporter des raiſons de ce qu'on avançoit; mais de faire voir ſeulement l'utilité des principes qu'on avoit établis dans le corps de l'Ouvrage, où l'on doit rechercher les preuves, & non pas dans une Préface où l'on fait profeſſion de n'en produire aucunes, mais ſeulement de les indiquer.

Il y a, ajoûte nôtre Auteur, une autre maniere de réfuter Spinoſa, qu'on ne ſauroit apprendre en liſant les Rabbins, qui ne ſont pas les plus habiles Controverſiſtes du monde. Mr. le Clerc nous fera part quand il lui plaira de ſa belle methode, qu'il n'aura pas à la verité priſe des Rabbins, parce qu'il ne les peut lire. Je m'étonne ſeulement qu'il juge ſi librement de leur capacité en matiere de Controverſes, puis qu'il n'entend point leurs Livres; & tout mal-habiles gens qu'ils ſont ces Rabbins, je ſuis perſuadé que s'il avoit affaire à eux, il ſe trouveroit fort embarraſſé à réſoudre pluſieurs de leurs difficultés. Je paſſe ſous ſilence les ſuppoſitions fauſſes & injurieuſes qu'il débite au même endroit. Ce ſont autant de preuves évidentes du peu de cervelle de l'Auteur qui les propoſe. Si l'on étoit d'humeur à rendre injure pour injure, on ne s'amuſeroit pas à faire des ſuppoſitions à la maniere de Mr. le Clerc; on diroit des choſes plus veritables & qui viendroient peut-être mieux au fait. Mais il eſt plus à propos d'examiner ſa rare érudition touchant le mot Ebreu נביא Prophete, dont il parle dans la ſuite.

On avoit remarqué dans l'Hiſtoire Critique que ce mot ſignifie dans ſa premiere origine un Orateur, ou une perſonne qui parle en public. Mr. le Clerc qui a bien un autre fonds de ſcience dans la Langue Ebraïque que tout ce qu'il y a de Rabbins, avoüe que

I 2

c'eſt

c'eſt à la verité l'opinion de R. Salomon, qui dérive ce mot du Verbe *Noub*, *parler*. *Mais cette penſée*, ajoûte-t-il, *n'a aucun fondement ni dans l'analogie de la Langue*, *ni dans l'uſage de l'Ecriture*. C'eſt *Ignorance de Mr. le Clerc dans la Langue Ebraïque.* ainſi qu'il prononce en Rabbin ou Maître ſur un fait qu'il ignore entierement. Auſſi n'eſt-il pas obligé de ſavoir autre choſe en matiere d'Ebreu que ce qu'il a lû dans ſon Dictionnaire. S'il avoit étudié cette Langue avec un peu plus d'application, il auroit trouvé que l'explication de R. Salomon Iſaaki n'eſt point oppoſée à l'analogie de la Langue ni à l'uſage de l'Ecriture. Car pour ce qui regarde l'analogie de la Langue, il y a une infinité d'exemples de Verbes ſemblables dans la Bible, qui prouvent évidemment que les Verbes נוב & נבא peuvent être confondus dans leur ſignification, ſans avoir égard à la lettre א *Aleph*, qu'il appelle radicale avec les Grammairiens.   On n'a point d'égard dans ces ſortes de Verbes à ce qu'il nomme ici lettres radicales, comme il ſera aiſé de le prouver par l'exemple de pluſieurs autres Verbes s'il lui vient en penſée d'en douter. De plus, bien loin que l'interpretation de R. Salomon combatte l'uſage de l'Ecriture, les Septante traduiſent quelquefois le Verbe נבא de la même maniere que ce Rabbin; comme *1 Paral. 25: 1. 2 Paral. 9: 29.* quand ils rendent הנביאים par le Grec ἀποφθεγγομένους, & הנבוארת par λόγος, *parole*.   Ce n'eſt donc pas ſur les Rabbins que Mr. Simon a formé l'idée du mot נביא dans ſa Critique, puis qu'il n'en fait aucune mention; mais ſur les anciens Interpretes qu'il a conſultés.   Il a joint les Auteurs anciens avec les nouveaux pour avoir une connoiſſance plus étenduë de la Langue Ebraïque que celle qui ſe trouve dans la plus-part des Dictionnaires.

On diroit cependant à entendre parler Mr. le Clerc, qu'il a penetré tous les ſecrets du Rabbiniſme, où il a découvert bien de *Lieux communs de Mr. le Clerc qui lui ſervent de preuves.* l'ignorance. *Les Rabbins*, dit-il, *ſont fort ſujets à nous donner des étymologies dures & forcées. Ils ont appris leur Langue par étude, comme nous apprenons la Langue Latine. Ils n'ont pas plus de Livres écrits en pur Ebreu que nous. Ainſi leur autorité ſeule ſans de bonnes raiſons ne prouve pas plus que ſi un Regent nous diſoit qu'un mot Latin ſignifie originairement une certaine choſe, ſans nous en apporter aucune preuve tirée de quelque Auteur Latin.* A quoi bon tout ce long diſcours contre les Rabbins, puis que Mr. Simon ne s'eſt point appuyé dans ſa Critique ſur l'autorité d'aucun Rabbin pour expliquer le mot *Navi*, *Prophete*. Il a ſuppoſé que cette interpretation étoit bien

fondée,

fondée, puis qu'elle étoit appuyée sur l'autorité des anciens & des
nouveaux Interpretes.   Mais nôtre Auteur qui ne paroit pas être
un grand Clerc en Ebreu non plus que dans la Critique, se jette ordinairement sur des lieux communs faute de bonnes raisons pour établir ce qu'il dit.

Il est de plus si judicieux, qu'aprés avoir repris les Rabbins de
donner des étymologies dures & forcées, il a lui-même recours à
des interpretations tout-à-fait éloignées.   Le mot *Navi* selon lui
vient de נבא, *qui peut avoir signifié autrefois parmi les Ebreux, comme*
aujourd'hui parmi les Arabes, exceller, être élevé.   Et pour un plus
grand éclaircissement il ajoûte, que le sommet du mont Abarim
est appellé *Nebo* dans le Deuteronome; que Nebo est une ville si-
tuée dans les montagnes de Moab; qu'un Idole des Moabites & des
Babyloniens étoit nommé aussi Nebo, comme qui diroit *le tres-*
haut; qu'on pourroit de plus tirer de la même origine le nom d'A-
nubis, que les Egyptiens regardoient comme le souverain de tous
les Dieux.   Voilà en verité une remarque judicieuse, & des étymologies qui ne sont pas forcées comme celles des Rabbins.   Je souhaiterois seulement qu'il nous eût un peu mieux fait connoître
par ces belles étymologies ce que c'est que *Navi* ou *Prophete* chez
les Ebreux.   Car de nous dire simplement, que ce mot signifie
éminent, & le prouver par l'Arabe & l'Egyptien, cela est un peu
plus que Rabbin; à moins qu'il ne prétende que les Juifs ont autrefois donné *de l'éminence* à leurs Prophetes, comme on donne depuis
quelques années aux Cardinaux de Rome.

Nôtre Auteur ajoûte plusieurs autres observations sur le même
mot *Navi* ou *Prophete* : mais comme elles ne font rien au sujet, je
n'en parlerai point, si ce n'est de celle où il dit que prophetiser signifie quelquefois être dans un accés de phrenesie. On peut dire qu'en
ce sens-là Mr le Clerc prophetise souvent, & que ses Ecrits sont
de veritables Propheties. Enfin aprés avoir parcouru par le moyen
de sa Concordance toutes les manieres dont les mots *Prophete* & *Pro-*
phetiser se prennent dans l'Ecriture, il conclut *qu'il ne se trouve en au-*
cun endroit pour écrire des Annales.   La conclusion est tout-à-fait judicieuse, & prouve invinciblement que ceux qui écrivoient les Annales chez les Ebreux n'étoient point Prophetes.   Quoi que les
Scribes publics des Juifs fussent veritablement Prophetes ou inspirés de Dieu, il n'étoit pas necessaire pour cela que le mot *Prophete*

Galima-
tias de
Mr. le
Clerc en
matiere
d'Ebreu.

I 3

signi-

ſignifiaſt de lui-même un homme commis pour écrire des Anna-les.

La penetration de ſon eſprit paroit encore davantage dans la re-marque ſuivante, où il prétend que Mr. Simon ſe contredit dans les pages 17. & 18. de ſa Critique. On avoit dit dans la page 17. que Moïſe en qualité de Légiſlateur a écrit ce qui appartenoit aux ordonnances, & que ſes Scribes par ſon ordre recueilloient les Ac-tes de ce qui ſe paſſoit de plus important dans l'Etat; & dans la pa-ge 18. on avoit remarqué que les paſſages où il eſt dit que *Moïſe é-crivit ce que Dieu lui avoit dit*, doivent s'expliquer par ces autres, *Moïſe fit écrire aux Ecrivains publics ce que Dieu lui avoit dit*, ſelon le ſtile ordinaire de l'Ecriture, qui attribuë a une perſonne ce qu'elle ordonne à une autre de faire, principalement quand la choſe ſe fait à ſon nom. Si l'on ſuit, dit nôtre Auteur, cette derniere remarque, il s'enſuivra que Moïſe n'a point écrit la Loi: car encore qu'on trou-ve dans le Deuteronome, que *Moïſe écrivit cette Loi*, il faudra enten-dre autrement ces paroles. Mais puis que dans ce même endroit on a fait une reſtriction qui attribuë à Moïſe ſeul en qualité de Lé-giſlateur tout ce qui regarde les loix ou ordonnances, on doit ex-pliquer par rapport à cette reſtriction ce qui eſt à la page 18. De plus, on ne donne dans toute la Critique aux Scribes publics que la commiſſion d'écrire les actions qui ſe paſſoient dans l'Etat. Ainſi lors que Dieu commande à Moïſe d'écrire quelqu'une de ces actions, c'eſt la même choſe que s'il lui ordonnoit de la faire mettre dans les Regiſtres publics ſelon l'uſage de la République des E-breux.

Il ne raiſonne pas mieux quand il ajoûte au même lieu, que ces paroles de Mr. Simon, *les mots de Scribe & de Prophete ſont ſynonymes dans la Paraphraſe Caldaïque*, ont auſſi beſoin de commentaire, & qu'on a dû dire que le Paraphraſte Caldéen traduit quelque-fois le mot *Navi*, *Prophete*, par celui de *Saphra*, *Scribe*. Mais s'il eſt vrai que le Paraphraſte Caldéen ſe ſerve des mots *Navi* & *Saphra* pour marquer un Prophete, on a eu raiſon de dire que ces mots ſont ſynonymes dans la Paraphraſe Caldaïque. Ce n'eſt pas auſſi des Livres du Nouveau Teſtament qu'on doit tirer la ſignification du mot Γϱαμματὺς, *Scribe*, où il ſignifie ſimplement un homme ſa-vant dans la Loi. Il faut remonter plus haut, & conſiderer quelle étoit la qualité des anciens Scribes chez les Ebreux, les Egyptiens, les

les Pheniciens & les Babyloniens, & quelle étoit leur Charge. Les Egyptiens que Moïse a suivis en beaucoup de choses leur donnoient le nom de Γραμματεὺς & de Προφήτης, c'est-à-dire, de *Scribe* & de *Prophete*; d'où on ne doit pas cependant inferer que les Scribes ou Prophetes des Ebreux n'ont pas eu plus d'inspiration que ceux des Egyptiens. Eusebe qui a reconnu les seuls Scribes des Ebreux pour veritables Prophetes ne laisse pas aussi de donner ce même nom de *Prophete* aux Prêtres & Scribes des Egyptiens, lors qu'il dit que Pythagore s'étoit entretenu avec les Mages des Perses & les Prophetes des Egyptiens.

Mr. le Clerc se plaint de plus de ce qu'on n'a pas expliqué dans l'Histoire Critique la difference qu'il y a entre *Mazchir*, *Teneur de Registres*, & entre *Sopher*, *Scribe*. Mais cela n'étoit nullement necessaire, puis que les Scribes des Ebreux n'étoient pas de simples *Mazcirim*, *Teneurs de Registres*, mais de veritables *Neviim*, ou Prophetes qui ne registroient pas toutes sortes de dépêches, étant seulement chargés de mettre par écrit les Annales de la République, comme nous l'avons expliqué ci-dessus avec Josephe.

Je ne comprens pas aussi ce qu'il a pû trouver à redire à cette remarque de Mr. Simon dans sa Critique: *Qu'il seroit dangereux de vouloir corriger un Livre de l'Ecriture par un autre quand ils ne conviennent pas tout-à-fait entre eux, parce que chaque Prophete a eu ses raisons particulieres de son Recueil.* Concevez-vous, dit nôtre Auteur, que des Prophetes puissent alterer l'Histoire en-sorte qu'ils ne conviennent pas tout-à-fait entre eux, & cela pour des raisons? Il demande s'il y a deux sortes de verités, & si ce qui est vrai dans un temps est faux dans un autre. Mais on s'est assez expliqué là-dessus dans la Critique, sans qu'il soit besoin de répeter ce qu'on y a dit. Les exemples qu'on a produits de ces sortes de diversités éclaircissent toutes les objections qu'on peut faire. Dirons-nous que les Evangelistes qui ne conviennent pas toûjours entre eux sur les mêmes faits qu'ils racontent n'ont pas rapporté la verité de ces faits? Saint Jean Chrysostome parle des Evangiles de la même maniere & dans les mêmes termes que Monsieur Simon a parlé des Livres du Vieux Testament. Esdras ou l'Auteur des Paralipomenes, qui a abregé quelques Genealogies, & qui par consequent ne convient pas tout-à-fait avec les autres Historiens, doit-il être réformé sur ces derniers? N'est-il pas plus juste de dire qu'il a eu des
rai-

raisons particulieres d'abreger de certains faits , & d'en alonger
d'autres ? Il en eſt de même de pluſieurs autres Actes qui ſont rapportés de diverſes manieres dans la Bible ; & ces diverſités ont toutes leurs raiſons ſelon les differens deſſeins qu'on a eus de produire
ces Actes.   Je ne doute pas que Mr. le Clerc n'ait bien compris ce
qu'on a voulu dire ici dans la Critique, puis que les exemples qu'on
y a apportés le rendent clair : mais comme il n'avoit pas de preuves ſolides pour oppoſer à ces faits, il s'eſt jetté ſur des raiſonnemens en détournant le veritable ſens des paroles de Monſieur Simon.

Un même Acte rapporté de diffe-rentes manieres dans l'Ecritu-re.

Il attaque enfin les Conciles generaux, ſous prétexte qu'on s'eſt
ſervi de l'exemple de ces Conciles pour expliquer avec plus de netteté le fait dont il s'agiſſoit.   Il ne peut approuver qu'on ait comparé la conduite des Conciles à celle des Prophetes, & il en conclut
que c'eſt avoir fort mauvaiſe opinion des Ecrits des Prophetes, ou
fort grande eſtime pour les Conciles. *Cette grande ſoumiſſion*, ajoûte-t-il , *que l'on témoigne pour l'autorité de ces aſſemblées purement humaines peut faire qu'on trouve beau ce qui ne paroit qu'un galimatias aux autres.*
Mais je pourrois dire avec plus de fondement, que tout ce raiſonnement qui paroit ſans doute beau à nôtre Auteur, n'eſt qu'un pur
galimatias auſſi-bien que la plus-part de ſon Livre.   Il veut parler
des Rabbins, des Peres, des Conciles, & de pluſieurs autres choſes dont il n'a preſque aucune connoiſſance.   La reſtriction qu'on
a faite en ce même endroit de l'Hiſtoire Critique lors qu'on a parlé
de l'autorité des Conciles, marque aſſez qu'on ne l'a pas confon-
duë avec celle des Prophetes.   On y dit que l'Egliſe dans les Conciles *n'a pas le droit de faire des Livres Canoniques & Divins, comme les
Prophetes l'avoient dans le Vieux Teſtament ; mais ſeulement de les déclarer
Canoniques.*   Peut-on appeller cela *avoir fort mauvaiſe opinion des E-
crits des Prophetes?* On a ſeulement comparé les uns avec les autres
pour ce qui regarde les additions qu'on a pû introduire dans un Acte par forme d'éclairciſſement, ſans que la verité de l'Acte en ſoit
alteré.   A quel propos parler ici des emportemens & des cabbales
qu'on prétend regner dans les Conciles ? *Ce n'eſt pas ici le lieu,* ajoûte nôtre Auteur , *de parler de la fauſſe veneration qu'on a pour les Conciles.*   Je trouve qu'il auroit beaucoup mieux fait de n'en dire rien du
tout ; & s'il tombe jamais ſur cette matiere, il n'y reüſſira pas
mieux que ſon ami de Charenton, qui a publié une aſſez méchante

Faux raiſonne-ment de Mr. le Clerc en parlant des Con-ciles.

Differ-

Differtation fur ce fujet, pour montrer qu'on doit examiner de nouveau les Définitions des Conciles.

CHAPITRE VII.

Critique de la VI. Lettre.

MR. le Clerc ne pouvant pas répondre exactement à l'Auteur de l'Hiftoire Critique, fe jette fur les lieux communs qui lui font ordinaires. Il a tant trouvé de redites & de confufion dans cet Ouvrage, qu'il n'a pas crû qu'il fuft à propos de le fuivre pied à pied. Mais au lieu de cela il dit tout ce qui lui vient en penfée; & comme il eft tout-à-fait judicieux, ayant à traiter des Auteurs des Livres du Vieux Teftament, il debute par les Livres des Sibylles, que les Peres felon lui ont cités contre les Payens avec trop de confiance. Il oppofe en-fuite au fentiment des Peres celui de Mr. Blondel & de quelques autres Savans qui ont examiné avec foin ces prétendus Oracles, & ont démontré que ces Livres étoient des pieces fuppofées. Il n'y a perfonne qui ne croye d'abord qu'il va appliquer cette rare remarque aux Livres du Vieux Teftament dont il s'eft propofé de marquer les Auteurs: mais il dit au contraire, qu'on *ne peut fans impieté faire comparaifon de ces Livres fuppofés avec ceux du Vieux Teftament.* Auffi veux-je bien le croire fur fa fimple parole, quoi que fon raifonnement femble infinuer toute autre chofe.

Pour ne pas m'arréter à plufieurs maximes generales de Critique qu'il produit ici, & qui ne regardent point en particulier la Critique du Vieux Teftament, je m'attacherai fimplement à ce qui eft de mon fujet. Il paroit fur tout admirable dans la réflexion qu'il fait fur ces paroles du fecond Chapitre de la Genefe: *Le nom du premier c'eft Phifon; c'eft celui qui coule en tournoyant par tout le païs de Hevilath où il croit de l'or; & l'or de ce païs-là eft bon: le Bdellion & la pierre d'Onyx s'y trouvent auffi.* Comme il a toûjours de fines idées, il conclut que cette remarque vient d'un Auteur qui a été en ce païs-là, c'eft-à-dire, en Caldée, & non pas de Moïfe, qui ne s'étant jamais fort éloigné de l'Egypte, n'a pas pû *avoir tant de connoiffance d'un païs affez éloigné dans un temps où les voyages étoient fort rares & fort difficiles.* Il faudra felon cette obfervation que les Hiftoriens & les Geographes ayent parcouru tous les païs dont ils parlent avec quelque

K

exac-

Differtatio de Conciliorum quorumvis Definitionibus ad examen revocandis, P. A. Parifiis, ann. 1680.

Défaut de jugement.

Faux raifonnement de Mr. le Clerc.

exactitude ; ce ne sera pas assez de travailler sur les Mémoires des autres. Mais supposons que Moïse n'ait pas eu de révelation pour écrire l'Histoire de la Genese, n'a-t-il pas pû apprendre des Mémoires de ses Ancêtres qui étoient venus de la Caldée, la nature de ce païs-là sans y avoir été? On fera le même jugement d'une autre remarque qu'il ajoûte au même lieu sur le X. Chap. de la Genese, où il est dit que le commencement du regne de Nimrod fut Babel, Arach, Achad & Chalanne dans le païs de Sennaar, &c. *Cette exactitude*, dit Mr. le Clerc, *à écrire la fondation des villes de Mesopotamie & d'Assyrie sent extremement le stile d'un Auteur qui avoit été en ce païs-là.* Il nous dira avec la même vrai-semblance, que l'Auteur du Pentateuque étoit présent à la Création du monde, parce qu'il la décrit avec beaucoup d'exactitude & en détail.

On pourroit faire quelques réflexions sur les passages que nôtre Auteur produit pour montrer que Moïse ne peut pas être entierement l'Auteur de tout ce qui est dans le Pentateuque : mais outre qu'il ne fait le plus souvent que confirmer les pensées de Mr. Simon, ces passages ne peuvent pas ôter veritablement à Moïse les cinq Livres de la Loi. C'est le sort commun presque de tous les Livres qu'il y ait quelques additions; & c'est à quoi principalement les Critiques s'appliquent, pour les distinguer du corps des Ouvrages. On peut même dire qu'il y en a beaucoup moins dans le Pentateuque que dans plusieurs autres Livres, qu'on ne laisse pas pour cela d'attribuer à leurs Auteurs toûjours reconnus. Jé trouve cependant que Mr. le Clerc a trop multiplié ces additions. Il n'y a par exemple rien dans la Genealogie de Moïse & d'Aaron rapportée au Chapitre III. de l'Exode, qui ne puisse avoir été écrit de leur temps par les Scribes publics dont nous avons parlé ci-dessus.

De plus la preuve qu'on tire du mot *Navi*, *Prophete*, qu'on prétend n'avoir point été en usage du temps de Moïse, n'est pas si *formelle* que nôtre Auteur le croit. Il s'appuye pour cela sur ces paroles de Samuel : *Celui qu'on appelle aujourd'hui Navi (Prophete) s'appelloit autrefois Roe (Voyant).* Il ne s'ensuit pas de là que le mot *Navi* qui signifie en general toute sorte de Prophetes, n'ait pas été en usage avant ce temps-là ; mais seulement que cette espéce de Prophetes dont il est parlé en cet endroit se nommoit autrefois *Roim* ou *Voyans.* C'est ce que nous disons aujourd'hui *aller au Devin.* Ce

qui

qui n'empêche pas qu'on ne se servît aussi alors du mot *Navi*.   Il y
a d'autres manieres d'expliquer ce même passage à la lettre, sans
qu'on en puisse conclure que le mot *Navi* n'a été en usage parmi les
Ebreux que plusieurs siecles aprés Moïse.

On croit avec Mr. le Clerc, que le dernier Chapitre du Deuteronome n'est point de Moïse: mais on ne trouve pas que son raisonnement soit tout-à-fait juste, quand il conclut de là qu'on ne peut
pas reconnoître cette addition, & rejetter en même temps toutes les
autres.   Ce dernier Chapitre du Deuteronome est fort different des
autres passages qu'on juge avoir été ajoûtés au Pentateuque.   Car
pour parler avec quelque exactitude des Livres de Moïse, on doit
dire qu'ils finissent avec le XXXIII. Chapitre du Deuteronome,
& que le XXXIV. Chapitre est la suite de l'Histoire recueillie par
les Ecrivains publics qu'on a jointe aux Livres de Moïse, parce
qu'il y est parlé de sa mort & de sa sepulture.

Il n'y a pas aussi beaucoup de solidité en tout ce qu'il dit du mot
Ebreu בעבר, quoi qu'il témoigne en parler ayant la Concordance
à la main.   Ce mot בעבר signifie simplement à la rigueur *au passage*;
& partant on le peut entendre également des deux bords de la riviere soit de deçà ou de delà.   Il en est de même du Syriaque ܡܥܒܪ & de
l'Arabe عبر dont on ne peut limiter le sens que selon les endroits
où ils se trouvent.   On ne doit pas aussi s'appuyer fort sur le πέϱαν des
Septante, ni sur le *trans* de la Vulgate; parce que ces deux Versions ne gardent pas toûjours exactement la proprieté des mots
Grecs ou Latins, & il faut souvent jetter les yeux sur l'Ebreu, si
on les veut traduire fidélement: ce qu'il seroit facile de justifier par plusieurs exemples tirés des Versions Françoises de la Bible qui ont été faites sur l'ancien Interprete Latin.   Au reste je
ne me souviens pas d'avoir lû dans l'Histoire Critique du Vieux
Testament, que les ordonnances de la Loi écrites par Moïse soient
comprises dans le seul Deuteronome.   Mr. le Clerc a eu apparemment une nouvelle Edition de cette Critique, & differente de toutes les autres.

Il revient encore une fois à la charge contre les Regîtres publics
des Ebreux établis par Mr. Simon dans sa Critique.   Il prétend
qu'il n'est appuyé que sur une conjecture qui est non seulement
fausse, mais contraire à l'Histoire Sainte; & pour le prouver il fait
dire à Mr. Simon des choses qui ne se trouvent point assûrément

K 2

dans

Reflexions sur le dernier chapitre du Deuteronome.

Signification du mot Ebreu בעבר.

Faux raisonnement contre les Registres publics.

dans fon Livre.   Pour confirmer fa penfée, il ajoûte ce qui fe paffa fous le Roi Jofias à l'égard du Livre de la Loi qui fut trouvé dans le Temple.   Ce Prince, dit-on, fut extraordinairement effrayé d'entendre par la lecture de ce Livre, qu'on n'avoit point obfervé depuis long-temps la Loi de Moïfe comme l'on devoit. On demande fi l'on ne pouvoit pas feuilleter tous les jours ces Regiftres, où l'on auroit trouvé avec plus d'étenduë ce qui étoit marqué dans les Livres de la Loi. *Je ne fai*, ajoûte Mr. le Clerc, *ce que le P. Simon pourroit dire là-deffus, à moins que de faire quelque nouvelle fuppofition à plaifir.* Mais il eft facile de répondre à une objection qui fe détruit d'elle-même. Si dans ce temps-là on étoit venu jufqu'à ce point de negligence, qu'on ne trouvoit plus les Exemplaires de la Loi qui devoient être entre les mains de tout le monde, il eft hors de doute qu'on negligeoit encore davantage la lecture des anciens Actes qui étoient renfermés dans les Archives.

Nôtre Auteur croit qu'il eft bien plus probable, *que les Hiftoires qu'on trouve dans le Pentateuque ont été tirées de quelques anciens Livres écrits par des particuliers, & non pas des Regiftres dont on ne voit aucune trace dans l'Ecriture, que dés que le Gouvernement Monarchique euft été introduit dans la République d'Ifraël.* Mais il nous conduit lui-même fans y penfer à ces Regiftres publics qu'on fuppofe être dés le temps de Moïfe. Le Livre des Guerres du Seigneur dont il parle, & dont il eft fait mention au Chap. XXI. des Nombres, eft une preuve évidente que les Ebreux dés ce temps-là mettoient par écrit les principales actions qui fe paffoient dans leur Etat. C'eft le fentiment de quelques favans Juifs, dont il feroit inutile de marquer les noms & les témoignages, parce que Mr. le Clerc n'ajoûte pas beaucoup de foi à ces fortes de témoins, qu'il ne peut confulter que quand leurs Ouvrages font traduits en Latin, & dont neanmoins il ne laiffe pas de juger en Prophete. Ce Livre des Guerres du Seigneur eft le même dont il eft parlé dans l'Exode, lors que Dieu dit à Moïfe d'écrire dans le Livre la victoire remportée fur les Amalecites. D'où il paroit que dés le temps de Moïfe on écrivoit ce qui fe paffoit de plus confiderable dans l'Etat pour fervir de Mémoire à la pofterité. Je demande maintenant qui a raifon de Mr. le Clerc, ou de Mr. Simon. Le premier foutient que ces anciens Livres étoient écrits par des particuliers ; au lieu que Mr. Simon juge de ces Ecrivains felon l'ufage des Etats de l'Orient, qui avoient

des

2 Paral.
24: 15.

Nouvelle
preuve
des Re-
giftres
publics.

Dixit au-
tem Do-
minus
ad Moy-
fem, Scri-
be hoc
ob mo-
nimen-
tum in
Libro,
Exod.
17: 14.

des Scribes publics pour mettre par écrit les Guerres & les autres faits les plus importans.

J'accorderai volontiers que Moïse a eu des Mémoires anciens pour écrire l'Histoire de la Création & des premiers Patriarches; & c'est même ce que Mr. Simon a insinué dans sa Critique : mais de ce qu'on ne trouve pas quelquefois de liaison dans les paroles du Pentateuque, on n'en peut pas conclure comme fait Mr. le Clerc, que ces Mémoires étoient fort imparfaits.   Il y a bien plus d'apparence que ce défaut de liaison vient plûtost de l'Auteur même du Pentateuque qui a seulement publié dés Abregés, que des anciens Mémoires.   Je veux que dans ces premiers temps l'art d'écrire l'Histoire fust fort imparfait, & qu'on ne donnast presque que des indices des choses ; cela n'empêchoit pas qu'il n'y eust toûjours quelque ordre dans ce qu'on écrivoit.

Moïse a pu avoir d'anciens Memoires.

Mr. Simon a rapporté dans sa Critique en parlant des Sabaïtes, les fables que les Juifs ont inventées touchant les Livres des premiers Patriarches, & il a montré en même temps qu'il n'y a rien de solide en tout cela.   C'est ce que Mr. le Clerc, qui fait paroître beaucoup de délicatesse dans tous ses raisonnemens , condamne comme *une ostentation inutile d'érudition Juive*.   Mais il n'y a personne qui ne juge que dans un discours où l'on examine s'il y a eu des Livres avant Moïse d'où il ait pris ce qu'il rapporte dans la Genese touchant la Création du monde, on ne pouvoit pas se dispenser de dire quelque chose des Livres supposés que les Rabbins attribuent à Adam, à Abraham, & à quelques autres Patriarches.   Comme il se trouve encore aujourd'hui des Imposteurs qui vantent ces Ouvrages, il étoit à propos d'en faire l'Histoire en peu de mots & d'en découvrir la fausseté; outre que comme l'on a remarqué, on voit souvent à travers de ces fables quelque reste de verité : & c'est ce que ceux qui ont un peu plus de connoissance de l'Antiquité que n'en a nôtre Auteur connoîtront aisément, en lisant ce que les Arabes & les Rabbins nous ont dit des anciens Sabaïtes.

Pourquoi on a parlé des Sabaïtes dans l'Histoire Critique.

Aprés cela Mr. le Clerc conclut de tout ce qu'il a avancé ci-dessus, que Moïse ne peut être l'Auteur du Pentateuque tel qu'il est présentement, parce qu'il y a, dit-il, dans ce Livre des additions qui ne consistent pas en de simples mots, mais en des periodes entieres & en de grands Chapitres.   Je ne voi cependant pas qu'il nous ait marqué ces grands Chapitres, & je suis assûré qu'il ne le

Faux raisonnement touchant l'Auteur du Pentateuque.

K 3

fera

fera jamais.   Aussi n'a-t-il fait mention que du dernier Chapitre du Deuteronome, qui est le plus petit Chapitre de toute la Loi, n'étant composé que de douze versets.   Ce qui n'empêche point, comme on l'a déja fait voir, que tout le Pentateuque ne soit veritablement de Moïse, puis qu'il n'a pas d'autres additions que celles qui se trouvent dans les autres Livres, & qu'on distingue par les regles de la Critique sans les ôter pour cela à leurs veritables Auteurs.

A l'objection qu'on peut tirer de l'autorité de Jesus Christ & de ses Apôtres qui ont cité le Pentateuque sous le nom de Moïse, Mr. le Clerc répond qu'ils ne sont pas venus pour enseigner la Critique aux Juifs, & qu'ils ont parlé selon l'opinion commune. Je le veux: mais il est necessaire de voir sur quoi est fondée cette opinion commune. Si elle est appuyée sur une veritable Tradition, on ne peut pas raisonnablement la rejetter; autrement nous douterons presque des Auteurs de tous les Livres du monde.   Il me sera par cette même voye permis de douter que les Livres d'Aristote soient en effet de ce Philosophe, parce qu'il y est survenu de bien plus grands changemens qu'à ceux de Moïse. Et si je parcourois un grand nombre d'autres Livres en y appliquant les mêmes regles de Critique, il me seroit aisé de prouver selon le raisonnement de Mr. le Clerc, que ceux que tout le monde croit en être les Auteurs ne le sont point en effet. *Il n'y a point,* dit-on, *de titre devant le Pentateuque qui l'attribuë à Moïse, comme on en voit au devant des Prophetes.*   Mais combien y a-t-il de Livres dont les titres ne sont pas des Auteurs qui les ont composés? On sait assez que la pluspart de ces titres ont été ajoûtés par ceux qui les ont publiés. L'Evangile de St. Matthieu est-il moins de St. Matthieu parce que le titre n'est pas de lui? De plus qui nous assûrera que les titres qui sont à la tête des Prophetes sont en effet d'eux? Il y a de grandes raisons d'en douter. Grotius pour qui Mr. le Clerc a tant de veneration nie absolument que ces titres soient des Prophetes. Voici sa remarque sur le titre du Prophete Amos. *Inscriptio hæc & aliarum Prophetiarum facta est non à Prophetis, sed à Senatu magno qui Prophetarum Scripta colligebat, & prænotabat tempora.*

Nôtre Auteur est si satisfait des preuves qu'il a apportées ci-dessus pour montrer que le Pentateuque n'a pas été composé par Moïse, mais par un homme qui avoit demeuré dans la Caldée, qu'il

les

les repasse encore une fois ici : & il ajoûte qu'elles suffisent à ceux *qui sont accoutumés à ces sortes de preuves.* Mais je ne croi pas qu'on s'accoutume aisément à recevoir pour des preuves les visions de Mr. le Clerc touchant l'Auteur du Pentateuque. Il ne laisse pas cependant d'avancer son chemin, & d'aller de vision en vision. *Celui*, dit-il, *qui a composé ces Livres a été au delà de l'Euphrate. Il faut présentement rechercher quand il peut avoir vécu, & qui se peut être.* Il est fort clair comme nous avons remarqué ci-dessus, que celui qui a composé le Pentateuque a été au delà de l'Euphrate. Les preuves en sont si sensibles, qu'il est impossible d'en douter. Voyons neanmoins la continuation de cette vision. On peut conjecturer, ajoûte-t-il, que cet Auteur a vécu après la Captivité des dix Tribus, puis qu'avant ce-temps-là les Juifs n'ont jamais passé l'Euphrate. Cette conjecture a quelque vrai-semblance, si on suppose la premiere vision : mais il faudra dire qu'avant la Captivité les Juifs ne lisoient point ce que nous appellons aujourd'hui la Loi de Moïse. Cependant pour peu qu'on s'applique à lire le Chap. VIII. du Livre d'Esdras, on reconnoîtra facilement que le Livre de la Loi de Moïse qu'il lût au peuple au retour de la Captivité, n'étoit pas une autre Loi de Moïse que celle que leurs Peres avoient lûë dans Jerusalem avant la Captivité.

Ce qu'il rapporte en-suite touchant les Samaritains, qui n'ont pû emprunter des Juifs leur Exemplaire de la Loi, a plus de vrai-semblance : mais les consequences qu'il en tire sont tout-à-fait fausses. S'il est vrai que les Samaritains n'ont point suivi Esdras dans leur Exemplaire de la Loi, ils se seront servi sans doute de l'Exemplaire qui étoit en usage chez les Ebreux avant la separation des dix Tribus. Le Sacrificateur Israëlite qu'on envoya de Babylone pour instruire les nouveaux Samaritains ne pouvoit pas avoir recours à d'autre Livre de la Loi, qu'à celui qui avoit été auparavant en usage parmi les siens. Mais au lieu de cela Mr. le Clerc veut qu'il ait composé lui-même ce Livre. Il étoit question d'enseigner à ces nouveaux peuples la Loi de Moïse telle qu'elle étoit alors parmi les Juifs. S'il a eu besoin pour cela de quelque Livre, on n'en aura pas composé un nouveau, puis qu'il y en avoit un connu de tout le monde. Mais ce qui paroît encore plus extravagant dans nôtre Faiseur d'Entretiens, c'est que les Juifs mêmes de Jerusalem abandonnerent leur ancien Exemplaire de la Loi pour prendre le nouveau

Visions de Mr. le Clerc touchant l'Auteur du Pentateuque.

De l'Exemplaire Ebreu des Samaritains.

veau Livre du Sacrificateur Israëlite; ce qui arriva selon lui l'année 18. du regne de Josias. C'est ainsi que nôtre nouveau Prophete marque l'Epoque de sa vision, afin qu'il n'y manque rien. Si on lui demande la raison pourquoi il fixe là son Epoque, c'est, dit-il, *que ce fut cette année-là que l'on trouva le Livre de la Loi qui avoit été si long-temps caché, & sans lequel ce Sacrificateur ne pouvoit mettre la derniere main à son Ouvrage.* Je ne comprens point quelle liaison il peut y avoir entre le temps auquel la Loi fut trouvée sous Josias, & la composition de ce prétendu Livre de la Loi, pour marquer le temps auquel il a été composé. Il falloit auparavant prouver qu'il eust été veritablement composé; & c'est ce qu'on n'a pas fait: on s'est contenté seulement de produire quelques visions qui ne prouvent rien du tout, & on ne laisse pas aprés cela d'en tirer des consequences réelles.

On peut de plus contester à Mr. le Clerc plusieurs faits qu'il avance trop librement. *On ne peut pas*, dit-il, *concevoir comment ces peuples qui étoient ennemis jurés des Juifs eussent voulu emprunter la Loi d'eux.* Cela est neanmoins facile à concevoir, puis qu'ils étoient persuadés que la Loi des Juifs étoit la veritable Loi de Moïse, qu'ils lisoient en commun avant leur separation. Les anciens Chrêtiens n'étoient pas moins ennemis des Juifs que les Samaritains, & cependant ils n'ont fait aucune difficulté de recevoir la Loi de Moïse de la main des mêmes Juifs, n'y en ayant point d'autre. Les noms de Juif, de Samaritain, & de Chrêtien n'apportent aucun changement aux Livres Sacrés. Il suffisoit que les Samaritains fussent persuadés que la Loi qui étoit lûë par les Juifs de Jerusalem étoit celle que leurs Peres avoient lûë avant qu'ils se fussent separés. A quoi l'on peut ajoûter, que l'esprit des Samaritains n'étoit pas si éloigné des Juifs dans ces premiers temps-là, qu'ils n'ayent eu recours à eux, comme il paroit manifestement de leurs paroles à Zorobabel & aux principaux Chefs des Juifs. *Bâtissons*, disent-ils, *le Temple avec vous, parce que nous servons à vôtre Dieu de la même maniere que vous.* Ce qui merite encore d'être remarqué, c'est que dans ces derniers temps où les Samaritains ont fait paroître le plus d'animosité contre les Juifs, ils n'ont pas refusé de se servir pour leur usage particulier de la Version Arabe du Juif Saadias qu'ils ont seulement réformée en quelques endroits. Cette Version Arabe qui a été pendant quelque temps à l'usage des Samaritains, a été imprimée

mée dans la Polyglotte de Paris, & en-suite dans celle d'Angleterre, sans qu'on ait sceu de qui elle venoit & pourquoi elle n'étoit
pas entierement conforme à l'Exemplaire de Saadias imprimé à
Constantinople en caracteres Ebreux.

Si les Samaritains, continuë nôtre Auteur, *avoient suivi Esdras,
il n'y a pas d'apparence qu'ils eussent changé les caracteres - - Il semble au
contraire qu'ils se seroient servis du Caldéen plûtost que de celui des Ebreux,
parce qu'étant venus de delà l'Euphrate, ils devoient mieux connoître
les caracteres d'Assyrie que celui du peuple, en la place de qui ils habitoient
la Judée, qui avoit été presque tout emmené en captivité.* Mais je ne
voi pas comment ces peuples qui parloient l'ancienne Langue des
Perses & des Medes, & qui vinrent habiter la Samarie, devoient se
servir du caractere Caldéen plûtost que de celui des Ebreux, puis
qu'ils ignoroient également l'un & l'autre. Si Mr. le Clerc avoit
été capable de réflechir sur la matiere qu'il traite, il auroit découvert sans peine la raison pourquoi le Pentateuque Samaritain est
écrit en caracteres Ebreux ou Cananéens. Cette Colonie qui vint
habiter la Samarie étoit toute Idolâtre : elle fut instruite en la Loi
de Moïse par les Sacrificateurs Israëlites, qui avoient toûjours
conservé les anciens caracteres Ebreux dans lesquels ils écrivirent
l'Exemplaire de la Loi qu'ils donnerent à ces Idolâtres, ne croyant
pas qu'il leur fust permis de changer les veritables caracteres de
Moïse : comme nous voyons que tous les peuples qui lisent aujourd'hui l'Alcoran, le lisent dans la Langue Arabe & en caracteres
Arabes, bien que la plus-part n'entendent pas cette Langue.

Il n'y a donc rien de plus faux ni même de plus ridicule que tout
ce discours de Mr. le Clerc touchant la Langue & les caracteres de
ces anciens peuples qui vinrent habiter la Samarie. Il veut qu'ils
parlassent Caldéen, parce qu'ils étoient sujets du Roi de Babylone, & qu'ils avoient des Gouverneurs Babyloniens. On dira avec
autant de raison, que les Arabes, les Grecs, & les autres sujets du
Turc parlent tous aujourd'hui la Langue Turque, parce qu'ils sont
soumis à l'Empereur de Constantinople qui parle Turc, & qu'ils
ont aussi des Gouverneurs Turcs. Il produit encore une nouvelle
raison pour montrer que les Cuthéens qui vinrent habiter le païs
qu'on appella Samarie parloient Caldéen dans ces temps-là. *Il
paroit,* dit-il, *qu'ils parloient Caldéen dans la Palestine par la Version
Samaritaine que nous avons encore.* On peut dire avec autant de rai-

*Erreurs
de Mr. le
Clerc tou-
chant les
Samari-
tains.*

L

son

fon qu'ils parloient Arabe, parce qu'ils ont auffi une Verfion Arabe du Pentateuque. En effet, quoi que cette Verfion Samaritaine foit fort ancienne, elle n'a pas été faite pour la Colonie des Cuthéens qui furent tranfportés dans la Samarie, puis qu'ils ne parloient pas Caldéen; mais long-temps aprés pour leur pofterité lors qu'elle parla cette Langue.

Enfin il étoit jufte que Mr. le Clerc aprés une fi heureufe découverte témoignaft la joye qu'il en reffentoit en lui-même. *Suppofé, dit-il, que cela foit arrivé ainfi, comme il femble que les chofes que je viens de remarquer nous le peuvent perfuader, . . . voilà toutes les difficultés qui fe peuvent rencontrer dans la Critique du Pentateuque pour ce qui regarde fon Auteur entierement réfoluës.* En effet il n'y a rien de plus vrai, que fuppofé que Mr. le Clerc ait raifon il a raifon. Mais fi l'on fuppofe auffi que dans tout fon difcours il n'a fait que rêver & nous debiter des fonges, il eft à craindre qu'on ne le mette dans la claffe de ces Prophetes dont il nous a parlé ci-deffus, quand il a dit que prophetifer fe prend quelquefois pour être dans un accés de phrenefie.

CHAPITRE VIII.

Critique de la VII. Lettre.

SI Mr. le Clerc avoit lû l'Hiftoire Critique avec un peu plus d'application, il nous épargneroit fouvent la peine de le redreffer. On n'auroit pas befoin par exemple de lui marquer dés l'entrée de ce Chapitre, qu'il a confondu mal-à-propos les fentimens d'Aben Efra avec ceux de Mr. Simon, qui en qualité d'Hiftorien a rapporté les paffages du Pentateuque que ce Rabbin croit y avoir été ajoûtés. Un de ces paffages confifte dans ces paroles de la Genefe, *En la montagne du Seigneur il fera pourveu.* On a produit en même temps la raifon qui a pû porter Aben Efra à croire que ce paffage ne fuft point veritablement de Moïfe. C'eft ce qu'on a fait fimplement en qualité d'Hiftorien, comme toute la fuite du difcours de la Critique le montre affez. Cependant nôtre Auteur attaque Mr. Simon comme s'il parloit de lui-même; & comme il eft fecond en belles réflexions, voici ce qu'il ajoûte aprés avoir triomphé fi glorieufement. *C'eft ainfi que l'on appuye fouvent des verités fur de méchantes preuves fans s'en appercevoir. Le P. Simon qui critique fi rigoureufement*

Mr. le Clerc fuppofe fouvent ce qui n'eft point.
Genef. 22: 14.

fement

sement les Auteurs qui lui passent par les mains, devroit, comme il semble, ne rien avancer qu'il ne pust prouver par de bonnes raisons. Ceux qui se mettent sur le même pied dans le païs des Lettres, que se mit dans la Palestine celui dont l'Ecriture dit, Manus ejus contra omnes, & manus omnium contra ipsum, doivent être sur leurs gardes, & faire en-sorte qu'ils ne soient pas surpris dans les mêmes fautes qu'ils reprochent aux autres. L'Ismaël de la Palestine vient ici fort à propos de Mr. Simon; si ce n'est peut-être que nôtre Auteur qui se met au nombre des Ebraï-sans, s'est apperçû que ces deux noms ont une même origine dans l'Ebreu. Mais pour lui faire justice, il a plus frequenté le païs du Galimatias que le païs des Lettres. Comme il vouloit faire un Livre, & qu'il n'avoit pas de quoi le remplir, il étoit necessaire qu'il s'égaraft de temps en temps, & qu'il accordaft quelque chose à la fecondité de son imagination.

Galima-tias de Mr. le Clerc.

Il passe tout-d'un-coup aprés cela aux Sabaïtes, sur lesquels il a de nouvelles lumieres. Mais je croi qu'on ne lui fera point de tort, si on lui dit qu'il ne s'entend point lui-même sur ce qu'il en a rapporté. Il ne devoit pas s'en fier entierement aux Mémoires qu'il a re-çûs là-dessus du Ministre de Charenton son ami, qui n'a pas tout-à-fait compris ce qu'il en avoit ouï dire à un savant Docteur de Sor-bonne qui a les Livres de ces Sabaïtes. On a dèja répondu plusieurs fois que Mr. Simon n'est point l'Auteur des Notes qu'on a ajoûtées à la dernierę Edition de sa Critique. *Leurs Livres*, dit Mr. le Clerc parlant de ces Sabaïtes, *ne peuvent de rien servir pour l'explication du Pentateuque, puis que leur Secte n'est qu'un reste des anciens Gnostiques selon le P. Simon.* Il ne sait pas que ces anciens Gnostiques n'étoient que des demi-Chrétiens qui avoient associé à la Religion la Philosophie & les sentimens des Caldéens, qu'on trouve encore dans les Li-vres dont il est question, & qui sont si difficiles à entendre selon Mr. le Clerc, qu'il n'y a que le P. Ange de St. Joseph qui les a ap-portés du Levant qui les puisse entendre. *On les peut voir*, dit-il, *dans la Bibliotheque du Roi. Je dis voir; car je ne croi pas que personne les puisse entendre que celui qui les a apportés.* Il y a pourtant des personnes savantes à Paris qui les lisent & les entendent. Je ne m'arrêterai pas à ce qu'il remarque au même endroit touchant les Lettres Aleph, Vau & Jod, qui selon quelques-uns servoient au-trefois de Voyelles. Car outre qu'il me paroit fort peu instruit sur cette matiere, il témoigne qu'il n'y a aucune *utilité dans ces sortes de*

On a en-voyé de faux Mé-moires à Mr. le Clerc touchant les Sa-baïtes.

L 2

recher-

Ignorance de Mr. le Clerc dans la Langue Ebraïque. **recherches.** Mais s'il avoit lû les Livres des anciens Grammairiens Juifs, & examiné avec soin les anciennes Versions de l'Ecriture, il auroit trouvé que le plus grand secret de la Langue Ebraïque consiste à connoître ces sortes de lettres.

On est assez d'accord avec lui touchant ce qu'il dit du Livre de Josué, que Mr. Simon n'a pas aussi prétendu avoir été entierement *Du Livre de Josué.* composé par ce Prophete, mais quelque temps aprés sur d'anciens Mémoires, & qui avoient été recueillis sous lui. Cette opinion se trouve conforme au sentiment des plus savans Peres & des plus habiles Critiques. Nôtre Auteur ajoûte seulement quelque chose qu'on pourroit reformer, mais qui dans le fonds ne fait rien au principal de l'affaire dont il s'agit. Je n'aurois rien aussi à dire sur ce qu'il remarque touchant les Livres des Juges & de Samuel, dont les Auteurs ne nous sont pas tout-à-fait connus; si ce n'est qu'il explique en cet endroit un passage des Chroniques dans un sens manifestement faux. Il prétend que ce qui est dit à la fin du premier Li-*1 Paral. 29: 29. Erreur évidente de Mr. le Clerc.* vre des Paralipomenes, que les actions de David sont écrites dans les Discours de Samuel, de Nathan & de Gad, se doit entendre de la vie de ces Prophetes. C'est à peu prés comme si je disois que les Livres de Tite Live & de Tacite contiennent leurs vies. *Les termes,* dit-il, *de dibre Nathan, dibre Gad,* &c. *les paroles de Nathan,* &c. *signifient, comme l'on sait, la vie & les actions de ces Prophetes.* Je ne sai pas de qui il entend parler quand il nous vient dire, *comme l'on sait,* car il n'y a point d'Interprete qui soit de son avis. Les Septante traduisent *les paroles de Samuel, les paroles de Nathan, & les paroles de Gad.* On lit aussi dans la Vulgate en ce même endroit, *In Libro Samuelis, in Libro Nathan, in Volumine Gad.* Les Versions Syriaque & Arabe s'expriment de la même maniere que le Grec & le Latin. Il n'y a que nôtre Auteur qui se soit avisé de traduire autrement ces mots, parce qu'il a bien veu qu'ils établissoient les anciens Scribes publics ou Prophetes qui étoient chargés de mettre par écrit ce qui se passoit de plus considerable dans l'Etat.

S'il y avoit quelque chose qui pust favoriser sa traduction, se seroit l'équivoque du mot Ebreu qui signifie également *chose, action & parole:* mais le Texte nous marque assez qu'il ne peut être traduit en ce lieu-là que dans le dernier sens. Ce seroit une plaisante traduction de dire, *Les actions de David sont écrites dans les actions de Samuel, de Nathan & de Gad.* Il est inutile de s'arrêter davantage

vantage sur un fait qui saute aux yeux, tant il est évident.   Il nous diroit par la même raison, que ces paroles du Livre second des Paralipomenes, *Le reste des actions de Salomon sont écrites dans les Dis-* *cours du Prophete Nathan, dans la Prophetie d'Ahia,* &c. se doivent aussi entendre de la vie & des actions de ces Prophetes.   Que peut-on attendre d'un homme qui conteste des passages si clairs sans en avoir d'autre raison que ses préjugés ?

2 Paral.
9: 29.

Mr. Simon a rapporté dans sa Critique aprés Abravanel un pas-sage de Samuel, où on lit *jusqu'à ce jourd'hui,* & d'où il a conclu a-vec le même Rabbin, que Samuel ne pouvoit pas être l'Auteur de cette expression.   Mr. le Clerc qui ne fait pas un pas sans avoir la Concordance à la main, lui objecte que s'il *avoit consulté les Concor-* *dances, qu'il reproche quelquefois à d'autres d'avoir consultées, il ne se seroit* *pas avisé de presser une maniere de parler dont on peut se servir assez peu de* *temps aprés que le fait dont il s'agit est arrivé.*   Et pour le prouver il produit le passage du Chap. XXVII. de St. Matthieu, vers. 8. où nous lisons, *C'est pourquoi ce champ a été appellé le champ du sang jus-* *qu'à ce jourd'hui.*   Mais si l'on répond à nôtre Docteur en Concor-dance, que les regles de la Critique semblent marquer que cette ex-pression n'est point de St. Matthieu, & qu'elle paroit avoir été a-joûtée; que dira-t-il ? Sera-ce assez de nous citer ses Concordan-ces, ausquelles on ne s'en rapportera pas tout-à-fait, parce qu'il y a des Exemplaires où tout ce verset ne se trouve point ?

Mr. le
Clerc
Docteur
en Con-
cordance.

Je ne sai où nôtre Auteur a lû que quelques Peres ont crû qu'Es-dras en faisant sa Compilation a supprimé les Ouvrages des Prophe-tes qui sont cités dans les Livres des Rois, & que Mr. Simon n'est pas fort éloigné de ce sentiment.   C'est cependant ce qu'on ne trou-vera point dans son Histoire Critique.   Si Esdras a fait son Recueil sur les anciens Mémoires des Juifs, il ne les a pas supprimés; mais en rendant public son Recueil il les a conservés dans les Archives de sa République selon l'ancien usage des Ebreux.   Ainsi tout ce que Mr. le Clerc ajoûte au même lieu, pour prouver qu'il n'y a pas d'ap-parence qu'on ait voulu *supprimer des Ecrits divinement inspi*, *& nous* *ôter des Ouvrages entiers & complets de divers Prophetes,* est tout-à-fait hors de propos.   *Il est bien plus vrai-semblable,* ajoûte-t-il, *que ceux* *qui ont formé le corps des Livres Saints nous les ont donnés tels qu'ils les a-* *voient, & que si l'on trouve cités des Ecrits que nous n'avons plus dans les* *Livres qui nous restent, ce n'est pas qu'on les eust encore lors que le Recueil*

Supposi-
tions
fausses de
Mr. le
Clerc.

L 3

des

des Livres du Vieux Testament a été fait; mais que cela vient des anciens Mémoires où l'on a trouvé ces citations. Au contraire on ne peut lire ces citations, qu'on ne s'apperçoive que ceux qui ont fait le Recueil des Livres Sacrés renvoyent manifestement à des Livres plus étendus qu'on gardoit dans les Archives, & qu'ils n'en ont voulu donner que des abregés, n'étant pas à propos de communiquer au peuple les Archives entieres. Cela paroit manifestement par ces paroles du Livre II. des Paralipomenes. *Les autres actions de Salomon tant les premieres que les dernieres ne sont-elles pas écrites dans les Discours de Nathan le Prophete, & dans la Prophetie d'Ahia le Silonite.* On voit manifestement par là que l'Auteur des Paralipomenes n'a eu dessein de rapporter qu'une partie des actions de Salomon qui étoient contenuës au long dans les Annales composées par Nathan, Ahia & Ado. Au moins si l'on veut que l'Auteur des Paralipomenes n'ait fait autre chose que publier les Mémoires tels qu'il les avoit trouvés de son temps, il sera toûjours vrai de dire qu'un autre avant lui avoit déja fait ce Recueil sur les anciennes Annales de la République composées par les Prophetes dont nous venons de parler: & ainsi de quelque côté que se tourne Mr. le Clerc, il sera obligé d'avoüer que des Ecrivains posterieurs ont abregé les Mémoires de leurs prédecesseurs pour les communiquer au peuple, lesquels Mémoires restoient toûjours dans les Archives. Nous pouvons dire à peu pres la même chose de ces sortes d'Abregés que de celui qui a été fait par les Chinois de leurs Annales, & dont le Pere Martinius a parlé dans son Histoire de la Chine, où il ne nous a representé que l'Abregé de leurs Annales qui se conservoient entieres dans les Archives, & qui ont été composées successivement par des Philosophes chargés de cette commission.

Mr. le Clerc ne peut souffrir que Mr. Simon ait dit que l'opinion d'Abravanel qui attribuë les Livres de Samuel à Jeremie est probable. Mais il devoit en même temps remarquer, qu'on dit au même lieu dans l'Histoire Critique que les raisons du même Abravanel *ne sont pas efficaces, & qu'il est inutile de rechercher avec trop de curiosité les Auteurs particuliers de ces Livres, parce qu'on n'en peut avoir que des conjectures incertaines; qu'il suffit que nous sachions en general que ces Livres ont été écrits par des Prophetes à qui la République avoit commis ce soin-là.* Si on juge aprés cela que Jeremie a bien pû être le Prophete qui les a mis par écrit, ce n'est pas qu'on en ait des preuves assû-
rées.

rées.   On se contente seulement dans un fait de cette nature de dire ce qu'on croit de plus vrai-semblable.   Or il est constant que le stile de Jeremie approche fort pour la simplicité & pour les expressions de celui de ces Livres.   Si nòtre Auteur ne sent pas cette ressemblance de stile, c'est qu'il n'est pas capable d'en juger.   *La differen-ce*, dit-il, *du stile se connoit principalement dans le stile figuré, ou au moins dans celui qui est elevé au dessus du langage commun.*   Mais outre cette diversité de stile, il y en a une autre qui paroit manifestement dans les Livres Historiques de l'Ecriture.   Le stile & les expressions de Moïse sont differentes du stile des Livres de Samuel, des Rois & des Paralipomenes, dont les manieres de parler ont un je-ne-sai-quoi qui paroit bas.

Il ne peut aussi souffrir qu'on ait dit dans l'Histoire Critique, que nous n'avons point de marques évidentes qui nous fassent distinguer les changemens ou additions qu'on croit communément avoir eté faites par Esdras ou les Auteurs du dernier Recueil, d'avec celles que chaque Prophete a faites en son particulier, lors qu'il a publié son Recueil sur les anciens Mémoires.   *S'il n'y a point*, dit Mr. le Clerc, *de marques évidentes pour distinguer ces additions prétenduës, pourquoi dit-il si positivement qu'elles viennent de differens Auteurs?*   Ne peut-on pas avoir des preuves qui montrent en general qu'on a fait plusieurs Recueils de ces Livres en differens temps, sans qu'on sache pour cela distinguer en particulier les Auteurs des diverses additions?   C'est ce qu'on remarque dans d'autres Livres, en conferant plusieurs Exemplaires MSS. d'un même Livre qui a été retouché plusieurs fois, sans qu'on puisse marquer en particulier les Auteurs de chaque addition: & ainsi le raisonnement de Mr. le Clerc est un pur Paralogisme.   Mais ces additions selon lui sont des chimeres.   Les Histoires de l'Ecriture ne sont que des Abregés sur d'anciens Mémoires, sans que personne ait touché à ces Abregés; chaque Livre Historique n'a été mis dans l'état où il est présentement que par un seul Auteur.   Si cela est, il a grand tort de nous donner deux Loix de Moïse, dont l'une ait été composée par Moïse même, & l'autre, qui est ce que nous appéllons aujourd'hui le Penta-teuque, par un Sacrificateur Israëlite; & enfin cette derniere Loi a été selon lui recueillie avec les autres Livres de l'Ecriture par des hommes pieux qui ont ramassé tout ce qui restoit des Livres de leurs Ancètres. On a bien plus de raison de traiter ce Systéme de chi-

meri-

merique que les divers changemens de Mr. Simon. Car on ne peut nier par exemple, que les Livres de Moïse n'ayent été abregés sur des Annales plus étenduës qui sont citées dans ces mêmes Livres, & qui ont été écrites du temps même de Moïse, comme on l'a déja remarqué en parlant du Livre des Guerres du Seigneur. Le Livre de Josué a aussi été extrait d'anciens Mémoires. Les Juifs au retour de leur Captivité firent un nouveau Recueil de ces Livres pour les communiquer au peuple; & on ne doit pas trouver étrange que dans ce nouveau Recueil ils ayent ajoûté quelques petits éclaircisse-mens, puis que lui-même reconnoit que ceux qui ont vécu aprés les Auteurs du Livre d'Esdras y ont ajoûté ce qu'ils ont jugé à propos.

CHAPITRE IX.

Critique de la VIII. Lettre.

IL n'y a rien qui déplaise davantage à nôtre Auteur que le Sy-steme qu'on a établi dans l'Histoire Critique touchant les Scri-bes publics des Ebreux. C'est la seule raison qu'il ait euë de con-tester ici cette qualité à Esdras, que l'Ecriture appelle *Sopher* ou Scribe par excellence. Il se peut faire qu'on ait donné la qualité de Scribe à Esdras, parce qu'il étoit veritablement savant dans la *De la qualité de Scribe attribuée à Esdras.* Loi de Moïse qu'il enseignoit au peuple: mais cela empêche-t-il qu'il n'ait aussi été le Scribe public de ce temps-là? Les Prophetes Samuel, Nathan, Ahia, Ado & plusieurs autres ont enseigné la Loi de Dieu aux Israëlites, & ils n'ont pas laissé d'écrire les An-nales de leur temps, comme on l'a prouvé ci-dessus. Il en est de même d'Esdras, qu'on ne peut nier avoir écrit quelque chose des Annales de ces temps-là, & qui a été par consequent un Scribe pu-blic. Si je trouve dans les anciennes Histoires des Egyptiens, qu'un tel étoit le Γραμματεύς ou Scribe de ce qui se passoit dans l'Etat, j'ai droit d'en conclure qu'il étoit le Scribe public, parce que cette Charge étoit en usage chez les Egyptiens. Il en est de même d'Es-dras parmi les Juifs, qui a été non seulement appellé Scribe parce qu'il étoit savant dans la Loi de Moïse; mais aussi parce qu'il a été en effet le Scribe de la République des Ebreux: & parce que nous ne voyons point que l'Ecriture lui donne le nom de Prophete, com-me elle le donne aux Scribes ses prédecesseurs, on a eu raison de

dire

dire qu'il semble que les Juifs n'ayent plus donné aprés le retour
de leur Captivité le nom de Prophete à ceux qui étoient chargés
d'écrire les Annales, bien qu'ils le fussent en effet. Nous trouvons
même dans l'Ecriture, qu'avant la Captivité on se servoit indifferemment du mot נבואה qu'on traduit ordinairement *Prophetie*,
pour signifier un Livre ou une Prophetie; & je ne doute pas que ce
ne soit la raison pourquoi le Paraphraste Caldéen rend quelquefois
le mot נביא *Prophete* par celui de ספרא *Scribe*.

La raison que Mr. le Clerc apporte pour montrer qu'une même
Genealogie qui se trouve dans Esdras & dans Nehemie d'une maniere differente a été prise de deux Exemplaires differens, n'est
nullement concluante. Il se fonde sur ce qu'ils ne conviennent pas
entre eux touchant le nombre des personnes. Mais on sçait qu'il
n'y a rien de si changeant que ces sortes de nombres, dont les changemens doivent le plus souvent être rejettés sur les Copistes, & non
pas sur les premiers Exemplaires. Il y a aussi d'autres raisons de la
diversité d'un même Acte inseré dans differens Livres, que celles qu'on peut tirer de la varieté des Exemplaires, & qui dépendent du dessein qu'ont eu ceux qui ont recueilli ces Actes.

Nôtre Auteur attaque aprés cela ce qu'on a supposé dans la Critique touchant les anciens rouleaux ou fueilles, qui faisant chacun un volume à part, & n'étant pas toûjours cousus ensemble
comme on les cout aujourd'hui, on a crû qu'on pouvoit attribuer en
partie le peu d'ordre qui se trouve quelquefois dans la Bible à ces
petits rouleaux qui ont quelquefois été transposés. Mr. le Clerc
appelle cette supposition une remarque nouvelle & qui ne paroit
nullement fondée dans l'Ecriture. Mais bien loin d'être nouvelle,
plusieurs savans Critiques s'en font servis avant Mr. Simon pour
expliquer même quelques transpositions de la même Ecriture. Il
demande en-suite de quelle grandeur étoient ces rouleaux. *Si on les*
suppose, dit-il, *si petits qu'ils ne tinssent que quelques versets, outre qu'on sup-*
posera une chose peu raisonnable, cette supposition ne servira de rien, parce
que s'il n'y a dans l'Ecriture que quelques versets transposés, il est bien plus
croyable que ce désordre vient du stile des Ecrivains Sacrés, puis qu'il s'en
trouve plusieurs exemples dans le Nouveau Testament. Tout ce discours
est inutile, puis que Mr. Simon a donné d'autres raisons de cette sorte de transposition de peu de versets, que celle qui peut venir des
rouleaux. Il a remarqué que les Ecrivains ne gardoient pas exacte-

M

ment

Une mê-
me Ge-
nealogie
rapportée
different-
ment.

Des an-
ciens rou-
leaux des
Ebreux.

ment l'ordre des chofes ; ce qu'il a confirmé par l'exemple même de St. Paul. De-forte que Mr. le Clerc apporte ici pour objection les paroles mêmes de l'Hiftoire Critique.

Si l'on fuppofe, ajoûte-t-il, ces rouleaux beaucoup plus grands, en-forte qu'ils continffent plufieurs Chapitres, qu'on faffe l'application de cette Hypothefe à quelque endroit de l'Ecriture où l'ordre eft manifeftement renverfé ; alors fi l'on peut fe tirer d'affaire dans ces paffages fans recourir aux rouleaux, cette fuppofition fera tout-à-fait inutile ; *parce qu'on ne doit pas multiplier les êtres fans neceffité dans la Critique non plus que dans la Science des corps.* Mr. le Clerc raifonne ici en Métaphyficien dans une chofe qui ne regarde nullement la Métaphyfique ni la Phyfique. S'il s'étoit un tant foit peu appliqué à la Critique des anciens Livres, il raifonneroit affûrément d'une autre maniere & avec plus de jufteffe. Il eft conftant que les Exemplaires des Livres Sacrés ont été fujets aux mêmes accidens que tous les autres Livres ; & partant fi l'on demeure d'accord que la differente difpofition des rouleaux a apporté quelquefois du changement pour l'ordre aux anciens Livres, on doit conclure la même chofe des Livres Sacrés. *Cela*, dit Mr Simon, *étoit commun à tous les Livres que les Critiques ont en fuite corrigés.* Les Exemplaires Grecs de la Bible ne font que des Copies en Grec du Texte de l'Ecriture, qui étoient par confequent entierement conformes dans les commencemens à ce même Texte. D'où a donc pû venir dans la fuite ce grand changement qui fe trouve encore aujourd'hui entre les Exemplaires Grecs & Ebreux pour la difpofition des Chapitres, fi ce n'eft en partie de ce changement de rouleaux, foit que cela ait été fait dans l'Ebreu ou dans le Grec ? Ce n'eft pas affez de dire qu'on peut rendre raifon de ces tranfpofitions fans avoir recours à cette fuppofition, qu'on appelle nouvelle, bien qu'en effet elle foit auffi ancienne que les rouleaux. Quand il feroit vrai qu'on pourroit rendre raifon de toutes les tranfpofitions qui font dans les Livres fans cette fuppofition, on raifonneroit toûjours tres-mal de dire qu'on n'y doit point du tout avoir recours. On ne doit point appliquer à des faits la regle de Philofophie que Mr. le Clerc nous propofe ici, favoir que *lors que par une feule fuppofition on peut rendre raifon de plufieurs Phenomenes, les Philofophes nous apprennent qu'il eft inutile d'en faire de nouvelles.* Il n'eft point ici queftion de Phenomenes ni de Philofophes, mais d'un fait de Critique qui doit être réfolu felon

les

les veritables principes de la Critique, & non pas selon des speculations métaphysiques. Il faut considerer les Livres Sacrés de la même maniere que tous les autres Livres dans ce qui appartient à la pure Critique; & c'est ce que Mr. Simon a fait dans son Ouvrage, où il rapporte les regles generales & communes qu'il applique aux Livres de l'Ecriture: & en-suite, parce que les Ecrivains Sacrés ont quelque chose de particulier pour leur maniere d'écrire, il leur applique en même temps des regles particulieres de Critique & qui leur sont singulieres, ne raisonnant pas en Méthaphysicien, mais en Critique selon la nature des faits qu'il traite.

J'avoüe avec Mr. le Clerc, que cette maniere de parler *en ce temps-là, en ce jour-là, alors,* peut indiquer quelquefois une chose passée assez long-temps devant celles qu'on vient de raconter, sur tout dans les Livres du Nouveau Testament, sans qu'il soit besoin d'avoir recours à la confusion des rouleaux. Et c'est ce que Mr. Simon a prouvé à l'égard même des Livres du Vieux Testament, lors qu'il a fait cette réflexion: *Les Livres de la Bible n'étant qu'un Abregé, on n'a pas eu toûjours égard à l'ordre des matieres.* Mais on n'en doit pas inferer que dans ces endroits-là mêmes on ne puisse jamais recourir à la supposition des rouleaux, sur tout lors qu'il s'agit de Livres qui contiennent de pures Histoires ou des Annales. Il n'en est pas de même des Livres du Nouveau Testament, dont on prétend tirer une consequence infaillible pour ceux du Vieux Testament. Car les Evangelistes n'ont eu autre dessein que de mettre par écrit les actions & les paroles de Nôtre Seigneur, sans s'attacher trop scrupuleusement à l'ordre des matieres; & c'est ce qui cause quelque petite diversité entre les Evangelistes: au lieu que l'Ancien Testament renferme en soi des Histoires continuées; & ainsi on a raison quand on y trouve un si grand renversement d'ordre, de soupçonner qu'il est survenu quelque changement à la disposition des anciens rouleaux, parce que les Exemplaires de la Bible ont été sujets aux mêmes accidens que les autres Livres. Comme nous n'avons pas d'assez vieux Exemplaires Ebreux pour marquer en particulier les endroits où ce désordre est arrivé, nous devons nous en tenir aux raisons generales de la Critique, qui paroissent d'autant plus veritables, que les plus anciens Exemplaires Grecs de la Bible different beaucoup en cela des Exemplaires Ebreux des Juifs; & que nous ne pouvons pas toûjours dire qui des Grecs

Difference entre les Histoires du Vieux Testament & celles du Nouveau pour l'ordre des matieres.

M 2

ou

ou des Juifs ont retenu l'ordre qui étoit dans les premiers Originaux.

Faux rai-
sonne-
ment de
Mr. le
Clerc
touchant
les an-
ciens rou-
leaux.
Jerem.
26.

Mais voici, continuë nôtre Auteur, une preuve positive qui ruïne entierement la supposition des rouleaux.   Un rouleau étoit assez grand pour contenir un Livre de quarante Chapitres aussi grands que ceux de Jeremie : car Dieu commanda à ce Prophete de prendre un rouleau, & d'y écrire toutes les révelations qu'il avoit euës jusqu'à ce jour-là. *Ainsi on doit reconnoître*, dit Mr. le Clerc, *que le rouleau auquel Jeremie les écrivit devoit être fort grand, & que par consequent la conjecture du P. Simon touchant les anciens rouleaux est tout-à-fait vaine & mal-fondée.* Mais les raisons qu'il apporte pour montrer que toutes ces Propheties ne furent écrites que sur un seul volume ou rouleau ne font point concluantes.   Il s'appuye principalement sur ce qu'il n'est fait mention dans Jeremie que d'un seul rouleau , y ayant dans l'Ebreu au singulier *Megillath Sepher :* comme si nous n'appellions pas encore aujourd'hui *Livre* au singulier un Ouvrage composé de plusieurs feuilles.   Ainsi on nommoit *rouleau* au singulier ce qui contenoit en effet plusieurs rouleaux ou fueilles, parce qu'on cousoit ordinairement ces fueilles ensemble, qui ne faisoient alors qu'un seul rouleau.   On peut voir dans la Chambre des Comptes de Paris ces sortes de rouleaux composés de plusieurs petits rouleaux cousus ensemble ; & il est hors de doute que les anciens rouleaux des Ebreux n'ont point été d'une autre façon ; parce qu'il n'est pas possible de trouver d'assez grandes peaux ou écorces pour faire de si grands rouleaux : c'est pourquoi Grotius a expliqué ces mots, *Tolle volumen libri,* par ceux-ci, *Sume tibi de membranis volubilibus quantum satis est.* Or il arrivoit quelquefois qu'on se contentoit de mettre ces petits rouleaux les uns sur les autres sans prendre la peine de les coudre ensemble : & c'est à cette disposition des rouleaux que les Critiques attribuent quelques transpositions qui se trouvent dans d'anciens Livres.

Autre
raisonne-
ment peu
juste de
Mr. le
Clerc tou-
chant ces
mêmes
rouleaux.
Jerem.
36. 23.

Ce que Mr. le Clerc ajoûte au même endroit pour faire voir que Jeremie n'écrivit que sur un seul rouleau, n'est qu'une vaine subtilité qui n'a aucun fondement dans les paroles mêmes qu'on produit.   Ce Livre, dit-il, ayant été porté devant le Roi Jehojakim qui se chauffoit, il n'en eut pas plûtost ouï lire *trois ou quatre pages,* qu'*il le coupa du canif du Secretaire, & le jetta au feu jusqu'à ce que le Vo-*
lume

lume fut tout brûlé. D'où il conclut que s'il y avoit eu divers petits
volumes ou rouleaux, le Roi n'auroit pas eu besoin du canif de son
Secretaire, parce qu'il les auroit pû jetter l'un aprés l'autre dans le
feu. Mais qui lui a dit que le Roi coupa le Livre en plusieurs pieces pour le faire brûler plus promptement? Le Texte de Jeremie
n'en marque rien, mais seulement qu'aprés qu'il eust entendu la
lecture de trois ou quatre pages, il donna des coups de canif de-
dans, & le jetta au feu. Ce que nous pouvons même expliquer par
ce qui se pratique parmi nous. Si l'on présente à lire à quelque personne un Livre qui lui donne occasion de s'emporter de colere, &
qu'il soit devant le feu, il le déchirera & le jettera au feu, sans
qu'on dise pour cela qu'il le déchire pour le faire brûler plus
promptement. J'ai honte d'être obligé de m'arrêter à ces sortes de
minuties, qui font cependant une bonne partie des preuves de
nôtre Auteur. Si l'on vouloit insister sur ces sortes de subtilités, on
pourroit dire avec plus raison que le Volume de Jeremie étoit composé de plusieurs volumes ou rouleaux, ou comme parle Grotius, *Grotius.*
de membranis volubilibus, & que le Roi Jehojakim jetta dans le feu ces
rouleaux les uns apres les autres jusqu'à ce que toutes les feuilles
qui composoient le Livre fussent entierement brûlées. Mais de
quelque maniere que le Livre ait été jetté au feu, cela ne fait rien
à la question dont il s'agit.

Enfin l'on prétend même prouver que Mr. Simon a reconnu
écrivant contre Mr. Vossius, que les Juifs ont écrit de temps im- *Nouvelle*
mémorial le Pentateuque dans un seul Volume, & qu'ainsi il a tort *reflexion*
de soupçonner qu'il ait été écrit au commencement en divers petits *sur les*
rouleaux. Mr. le Clerc ne prend pas garde que dans la dispute de *rouleaux.*
Mr. Vossius avec Mr. Simon il s'agit simplement de l'ancienne division des Livres Sacrés. Mr. Simon prétend que les Juifs n'ont
toûjours fait qu'un Volume de tout le Pentateuque; ce qu'il prouve même par la forme de leurs rouleaux dans les Synagogues, où
toute la Loi est comprise dans un seul Volume. Mais cela empêche-t-il que ce seul Volume n'ait été composé de plusieurs rouleaux
ou parchemins cousus ensemble? Il a été necessaire de les coudre
pour l'usage ordinaire des Synagogues, afin qu'il n'arrivast pas de
confusion dans l'ordre des rouleaux. S'ensuit-il de là qu'il n'y en ait
jamais eu qui n'ayent été cousus? Soit qu'on couse ensemble les
parchemins qui composent le Volume que nous appellons la Loi

M 3

de

de Moïfe, ou qu'on ne les coufe point, on peut toûjours dire que ce n'eft qu'un *Megillath Sepher*, comme parle l'Ecriture, c'eft-à-dire, un feul Livre ou Volume.

Pour expliquer les frequentes répetitions qui fe trouvent dans les Livres de Moïfe on a apporté dans l'Hiftoire Critique plufieurs raifons qui peuvent avoir caufé ces fortes de redites dans un Hiftorien. On a eu recours au genie de la Langue Ebraïque qui aime ces fortes de répetitions, comme il eft aifé de le prouver par les autres Livres de la Bible. On a dit de plus qu'il y avoit de l'apparence que Moïfe n'étoit pas l'Auteur de toutes ces redites d'une même chofe qui font fi frequentes & dans un même endroit; mais plûtoft ceux qui ont fait le Recueil des Livres Saints, qui ont joint enfemble plufieurs leçons ou explications des mêmes mots, ne jugeant pas à propos d'ôter de leurs Exemplaires ce qui éclairciffoit le Texte. En effet c'eft ce qu'on peut facilement prouver par l'exemple de plufieurs anciens Livres aufquels il eft arrivé la même chofe. Mr. le Clerc qui n'a pas toutes ces veuës, parce qu'il ne s'eft jamais appliqué à ce genre de Critique, croit raifonner fort pertinemment, quand il nous vient dire qu'on n'ajoûte des mots par forme d'explication qu'aux endroits qui font obfcurs, & non pas là où tout eft clair; qu'en cette occafion on doit avoir recours au genie de la Langue qui répete fouvent fans neceffité. S'il avoit lû & conferé plufieurs Exemplaires MSS. d'un même Livre, il ne raifonneroit pas en Métaphyficien, comme il fait dans tout fon Ouvrage, fur des points de Critique qui ne peuvent être éclaircis que par les regles qu'on a formées fur la lecture de ces Manufcrits. C'eft pour cette raifon qu'on trouve même dans le Nouveau Teftament quelques-unes de ces fortes de répetitions, principalement dans de vieux MSS. où l'on voit que ceux qui les ont copiés n'ont fait aucune difficulté de joindre enfemble plufieurs diverfes leçons d'un même mot qu'ils avoient lû differemment en divers Exemplaires. Mais comme nôtre Auteur pourroit dire qu'on le renvoye à des pieces MSS. qu'il ne peut pas confulter, il eft plus à propos de lui donner pour exemple quelque Acte imprimé & qui foit même en Latin, afin qu'il le puiffe entendre. Le Symbole que nous appellons le Symbole des Apôtres eft une des plus anciennes pieces que nous ayons en matiere de Religion; & quoi qu'elle foit compofée de peu de mots, elle ne laiffe pas de contenir quelques exemples des répe-

titions

titions dont il eſt queſtion , & qu'on y a laiſſées dans la ſuite comme ſi elles ſervoient d'éclairciſſement. C'eſt ainſi qu'on lit depuis tres-long-temps dans ce Symbole , *Sepultus, Deſcendit ad Inferos.* Il eſt certain que *Deſcendit ad Inferos* eſt en ce lieu-là la même choſe que *Sepultus* , & qu'il ne ſe trouve point dans les plus anciens Exemplaires du Symbole. Il en eſt de même de ces autres paroles, *Sanctam Eccleſiam, Sanctorum Communionem,* qui ſont des termes ſynonymes ; & ces derniers mots, *Sanctorum Communionem* , ne ſont point pour cette raiſon dans quelques Editions du Symbole. Si Mr. le Clerc avoit à traiter cette matiere, il ne manqueroit pas de nous dire que ces répetitions ne ſont pas inutiles ; mais qu'elles ſervent à faire entendre la même choſe avec plus de force, & d'une maniere plus emphatique. Il le prouveroit par un paſſage de Ciceron, pour nous convaincre que *les Auteurs les plus éloquens ſe ſervent quelquefois de cette méthode.* Les exemples de ces ſortes de ſynonymes dans la Loi de Moïſe qu'on a rapportés dans l'Hiſtoire Critique ſe font encore mieux ſentir. Mais nôtre Auteur qui ſait parfaitement la force des mots Ebreux n'y voit rien de ſemblable. Les verſets 2 1, 2 2, & 2 3. du Chap. VII. de la Geneſe, qu'on a donnés pour exemples des répetitions qu'on croit être venuës de diverſes leçons ou explications des mêmes mots , ſont ſelon lui d'un même Auteur qui a voulu s'exprimer plus emphatiquement. Mais il faut avoir le goût bien délicat pour trouver cette emphaſe dans ces trois verſets , ſur tout dans un Hiſtorien. Verſ. 2 1. *Toute chair qui avoit mouvement ſur la terre expira.* Verſ. 2 2. *Tout ce qui avoit vie en la terre mourut.* Verſ. 2 3. *Tout ce qui ſubſiſtoit ſur la terre fut détruit.*

Mr. le Clerc ne s'eſt pas contenté de vouloir réformer Mr. Simon dans ce qu'il avoit remarqué touchant l'origine des frequentes redites qui ſont dans les Livres de Moïſe, il trouve auſſi qu'il n'a pas parlé aſſez exactement de certaines Genealogies qui ont été manifeſtement omiſes dans l'Ecriture. On avoit dit que cela vient quelquefois de la negligence des Copiſtes , & quelquefois des Ecrivains mêmes qui ont abregé ces Genealogies. *Il falloit* , dit Mr. le Clerc, *s'arrêter uniquement à la negligence des Copiſtes . . . Si l'on ſe contentoit de nommer trois ou quatre des plus illuſtres prédeceſſeurs, c'eſt ce qu'on pourroit appeller un abregé de Genealogie.* Pour moi j'appellerois cela une partie de Genealogie, & non pas un abregé, puis qu'on n'y fait mention que de trois ou quatre des prédeceſſeurs ; au lieu que dans un abregé

gé

gé de Genealogie on y procede de la même maniere que dans une Genealogie complete, ſi ce n'eſt qu'on y omet de temps en temps quelques perſonnes. On voit manifeſtement qu'on a omis à deſſein pluſieurs perſonnes dans la Genealogie de Nôtre Seigneur rapportée par St. Matthieu: car quoi qu'en diſe Mr. le Clerc, un homme de bon ſens ne croira jamais qu'une Genealogie diviſée exprés en trois ordres, où l'on met quatorze perſonnes en chaque ordre, ſoit un effet du hazard, & que cela vienne purement des Copiſtes. Je veux bien croire que St. Matthieu l'ait copiée ſur un Exemplaire ſemblable: mais il ſera toûjours vrai que ce premier Exemplaire aura été compoſé exprés de cette maniere à cauſe de la méthode qui y eſt obſervée. Cette même Genealogie, dit-on, a été mutilée il y a plus de mille ans dans les noms de quelques perſonnes, & par conſequent elle a auſſi pû être mutilée dans l'Exemplaire que St. Matthieu a ſuivi. On ne nie pas abſolument qu'elle n'ait pû être mutilée; mais ſeulement qu'elle ait été mutilée par la negligence des Copiſtes avec cette méthode qu'on y trouve. On ne peut pas conclure l'un de l'autre, y ayant une grande difference entre une omiſſion de Copiſte & entre celles qu'on voit manifeſtement avoir été faites à deſſein.

CHAPITRE X.

Critique de la IX. Lettre.

NOtre Faiſeur d'Entretiens commence ſa IX. Lettre par un petit galimatias qui n'eſt pas pourtant entierement hors de ſon ſujet: car il reconnoiſt de bonne foi qu'il n'a point eu le temps de conſulter tout de nouveau ſés amis. Il entend ſes bons amis de Paris, qui lui envoyent de temps en temps quelque piece de leur façon pour donner à l'Imprimeur d'Amſterdam.

Il examine aprés cela la remarque qu'on a faite dans l'Hiſtoire Critique touchant les Livres de la Bible qui ſont écrits d'un ſtile coupé & ſententieux, & auſquels pluſieurs Auteurs ont donné le nom de Poëſie, comme s'ils étoient veritablement compoſés en Vers. On a appellé dans la Critique les Ecrivains de ces Livres *Moſcelim*, c'eſt-à-dire, gens ſubtils & qui parlent ſententieuſement. Mr. le Clerc ne trouve rien à redire à cette explication, ſi ce n'eſt que Maſius fius pour qui Mr. Simon *témoigne avoir une estime extraordinaire*, a confondu ces fortes d'Ecrivains avec les Scribes publics ; au lieu que Mr. Simon qui a mieux entendu le mot *Moscelim* les a distingués.   Il est cependant aisé de justifier Masius, qui merite assurément les loüanges qu'on lui a données.   Nôtre Auteur ne peut comprendre en quel sens ce savant homme a pû dire dans sa Préface sur Josué, que ceux qui étoient chargés d'écrire les Annales des Ebreux étoient appelles *Moscelim*, c'est-à-dire, gens subtils qui avoient de la politesse & de l'agréement dans leurs discours.   *Pour écrire des Annales ou des Journaux*, dit Monsieur le Clerc, *il ne faut pas être* argutus, scitus, facetusque homo ; *mais homme de bon sens, bien instruit des faits dont il s'agit, & assez courageux pour dire la verité sans avoir égard à personne.*   Est-ce que la qualité d'homme poli & agréable est opposée à celle du bon sens, & qu'elle empêche qu'on ne s'instruise avec soin des faits dont il s'agit ? * Mr. Boileau sur qui le Roi a jetté les yeux pour écrire son Histoire a toutes les qualités que Masius donne aux *Moscelim* des Ebreux : car il est *argutus, scitus, facetusque homo & elegans Scriptor*. Sa qualité de Poëte n'est pas opposée à celle d'un Historien. Il sait parfaitement le caractere de l'un & de l'autre. Mais Mr. le Clerc qui ne paroit pas avoir une grande étenduë d'esprit ne peut concevoir que les Poëtes composent des Annales, parce qu'il suppose qu'ils sont incapables d'écrire autre chose que de la Poësie. Cependant Masius nous apprend au même endroit, que ces *Moscelim* n'écrivoient pas moins bien en prose qu'en vers: † *partim ligatâ oratione, aliàs solutâ conscribebant.* Il fait en-suite le procés à Mr. Simon, pour n'avoir pas mis au nombre des Livres écrits en stile coupé le Cantique des Cantiques: comme s'il étoit necessaire lors qu'on donne des exemples d'une chose, de les produire tous sans en oublier aucun. Il s'étonne de plus pourquoi on n'a rien dit dans la Critique du temps auquel ces Livres peuvent avoir été écrits.   Mais si Mr. le Clerc avoit lû cette Critique avec un peu d'application, il auroit trouvé qu'on en a dit tout ce qui étoit necessaire, sans s'étendre en de longs discours qui ne signifient le plus souvent rien, comme il fait ici en parlant du Livre de Job.   On ne voit pas aussi ce qu'il a pû reprendre à ce que Mr. Simon a remarqué des titres des Pseaumes, dont il a dit qu'ils *ne paroissent pas être de ceux mêmes qui sont les Auteurs des Pseaumes, mais plutôt de ceux qui en ont fait le Recueil.*   Cette opinion est la plus re-

çuë

Defense de Masius.

Ipsæ Sacræ Literæ eos tales Annalium sive Diariorum scriptores Moscelim appellant, hoc est, argutos, scitos, facetosque homines, & subtiles ac elegantes Scriptores, Mas. Præf. Comment. in Jos.
* Mr. Boileau.
+ Mas. ibid.

Destinées des Pseaumes.

çûë parmi les Critiques, & neanmoins on n'a rien voulu affûrer là-
deffus: on s'eft contenté de reprendre les Syriens, qui ont retranché de leurs Exemplaires les veritables titres de ces Pfeaumes pour
en fubftituer d'autres en leur place.   On n'a pas de plus approuvé
la liberté que les Septante ont prife d'en changer quelques-uns.
Peut-être auffi, dit nôtre Auteur, *que les Septante ont trouvé dans
leur Exemplaire les titres de ces Pfeaumes de la maniere qu'ils les ont traduits.* C'eft ainfi qu'il éclaircit par un *peut-être* ce point de Critique ;
& fi on lui répondoit que *peut-etre* auffi ne les ont-ils point trouvés
dans leur Exemplaire, on n'en feroit pas plus fatisfait.   On ne doute pas qu'il n'y ait eu quelque diverfité entre l'Exemplaire Ebreu
dont fe font fervi les Septante, & celui des Maffaretes que nous lifons préfentement, même dans ce qui regarde les titres des Pfeaumes: mais ce n'eft pas de ceux-là dont on a voulu parler dans la
Critique, y ayant bien de la difference entre une diverfe leçon & un
changement de titre.   On pourroit ajoûter à cela, que les Juifs
Helleniftes qui ont lû dans leurs Synagogues cette ancienne Verfion
Grecque, y ont inferé quelque chofe de nouveau pour les titres &
qu'on ne doit pas attribuer aux Septante.

*Du Re-
cueil des
Prover-
bes.*

    Pour ce qui eft des Proverbes dont il y a eu differens Recueils,
Mr. le Clerc croit qu'on doit attribuer à ces differens Recueils les
répetitions de quelques Proverbes qu'on trouve plufieurs fois, parce que ceux qui ont fait le Recueil qui a été publié le dernier n'ont
point veu felon lui les premiers.   Mais il eft bien plus vrai-fembla-
ble que ceux qui ont fait ces Compilations n'ont rien voulu omettre de ce qui étoit dans leur Exemplaire, où une même fentence fe
trouvoit exprimée en plufieurs endroits & fouvent en differens termes.   Comme la plus-part de ces fentences n'ont aucune liaifon les
unes avec les autres, il eft arrivé de là que l'ordre en a été facilement tranfpofé en divers Exemplaires, d'où font venuës en-fuite
quelques-unes de ces répetitions, qui peuvent auffi tirer leur origine des diverfes leçons d'une même fentence, qui a par ce moyen é-
té multipliée.   Car c'eft deviner que de dire que ceux qui ont fait
la derniere Compilation n'avoient point veu les précedentes.

*Emporte-
mens de
Mr. le
Clerc.*

    Si l'on ne nous avoit affûré de bonne part que Monfieur le
Clerc eft fujet à avoir de temps en temps des accés de phrenefie,
on ne pourroit pas fe perfuader qu'il fuft l'Auteur des expreffions infolentes dont il fe fert quand il parle des réflexions que
                                                        Mr.

Mr. Simon a faites fur la maniere que les Livres des Prophetes ont
été recueillis.   On avoit obfervé que les Prophetics n'ont pas été
tout-à-fait compofées par les Prophetes dans l'état où nous les
voyons préfentement; mais qu'on y a inferé d'autres Actes qui y
paroiffent, & les titres qui font à la tête de chaque Prophetie.   Il
ne faut qu'avoir un tant foit peu de bon fens & quelque gouft de la
Critique, pour juger que ce Recueil s'eft fait de cette maniere.
Mais nôtre Auteur qui n'eft pas toûjours dans fon bon fens traite ici
Mr. Simon de *faux Prophete*; & comme il ne fait guere de pas fans
tomber dans le galimatias, il nous explique comment on peut prophetifer le paffé auffi-bien que l'avenir; & pour donner encore plus
de jour à une réflexion fi rare, il fait l'Hiftoire *d'Epimenide que l'Antiquité a honoré du nom de Prophete, & qui n'a obtenu cet honneur qu'en
prophetifant le paffé.*   Mais fi l'on eft faux Prophete pour dire que
*les Prophetics n'ont pas été tout-à-fait compofées de la maniere qu'elles font
préfentement*, il y a bien au monde des faux Prophetes, puis que
les plus habiles Critiques foit Juifs ou Chrétiens font de ce même
fentiment: & ce qui prouve évidemment que Mr. le Clerc étoit
dans fon accés quand il s'eft emporté de la forte, c'eft qu'il n'a pas
pris garde qu'il mettoit au nombre de ces faux Prophetes Grotius,
dont il a fait fon Heros peu de temps aprés.   Mr. Simon s'eft
contenté de dire à la fin du Chap. IV. de fa Critique, qu'on reconnoiffoit aifément ces additions par la feule lecture de ces Livres, en
ayant déja fait mention auparavant plus en particulier.   En effet elles font fi fenfibles, que Grotius dans fes Notes fur le premier ver-
fet du Chap. LII. de Jeremie affûre que Jeremie n'a point ajoûté
en ce lieu-là ce Chapitre; mais que les principaux des Juifs qui
commandoient dans le temps de la Captivité de Babylone l'avoient
écrit pour fervir d'introduction au Livre fuivant qu'on appelle les
Lamentations de Jeremie.   *Dubitari non debet quin primores captivo-
rum in Regno Babylonico, quos vocabant* ראשי גלוה *Αιχμαλωτοπέρχας, hæc
fcripferint ut effet αναγωγη, introductio ad librum qui fequi Prophetias Jeremiæ folebat, id eft, ad Threnos Jeremiæ.* Cornelius à Lapide fait auffi cette remarque fur ces paroles de Jeremie, *Huc ufque verba Jeremiæ*, qui fe trouvent à la fin du Chapitre LI. de ce Prophete:
*Videtur hanc claufulam addidiffe Baruch Scriba Jeremiæ, adeoque collegif-
fe omnes Prophetias Jeremiæ diverfo tempore editas in hoc Volumine, ne-
glecto tamen ordine temporis quo funt editæ, quem fanè Jeremias fervaffet,*

fi

si singulos suo tempore & ordine servasset. Il y a de plus des Rabbins qui croyent que le Chapitre LII. de Jeremie a été ajoûté à sa Prophetie, comme ces mots, *Jusques ici les paroles de Jeremie*, semblent le marquer.

Nous avons aussi remarqué ci-dessus, que selon la pensée du même Grotius les titres qui sont à la tête des Prophetes ne sont point d'eux. Il juge qu'ils ont été ajoûtés par le Grand Sanhedrin qui recueilloit les Ecrits des Prophetes, & qui marquoit les temps de leurs Propheties : *Non à Prophetis, sed à Senatu Magno qui Prophetarum Scripta colligebat, & prænotabat tempora.* Pour peu qu'on soit exercé dans la Critique, on distinguera d'abord ces sortes d'additions du corps des Ouvrages. Cependant Mr. le Clerc croit qu'on ne peut être dans ce sentiment sans avoir un esprit Prophetique. Il demande en-suite pourquoi ceux qui ont mis ces titres ne les ont pas mis à tous les Livres de l'Ecriture. Mais quand nous ignorerions les veritables raisons de cette omission, on ne pourroit pas conclure de là que les Prophetes sont les Auteurs des Inscriptions qui sont au commencement de leurs Ouvrages. Il n'étoit pas par exemple necessaire de mettre à la tête du Pentateuque le nom de Moïse, puis que dés le commencement on l'a lû dans les Assemblées, & que les Juifs par une Tradition constante l'ont toûjours lû sous ce même nom. De plus, les autres Livres Historiques de l'Ecriture ne contenant autre chose que les Annales des Ebreux qui ont été recueillies par les Prophetes ou Scribes publics, on s'est contenté de les désigner par les noms de Josué, des Juges, de Samuel, & des Rois, parce qu'on a eu égard à la matiere dont il y étoit traité; & nous voyons même que toutes ces pieces sont liées ensemble comme une continuation d'Annales. Il n'en est pas de même des Propheties qui ont été prononcées ou lûës devant le peuple.

Nôtre Auteur vient en-suite aux raisons qu'on a apportées dans la Critique pour preuves de ces sortes d'additions : mais il les rapporte à la maniere des Sophistes, qui ne produisent qu'une partie des raisons de leurs adversaires, & ne laissent pas aprés cela d'en tirer les mêmes consequences que s'ils les avoient énoncées dans toute leur étenduë. C'est ainsi qu'il oppose qu'on a donné pour exemple d'une addition plus sensible que toutes les autres les deux premiers Chapitres de Job, qui ont été mis à la tête de ce Poëme en forme d'Argument ou de Prologue, & qu'on n'a point apporté d'autre

raiſon de cette addition, ſi ce n'eſt la diverſité du ſtile.   D'où il
prend occaſion de nous dire touchant les pieces de theatre bien des
choſes qui ne paroiſſent pas fort neceſſaires.   Le fort de ſon objection conſiſte en ce qu'il faut neceſſairement que le ſtile des deux
premiers Chapitres de Job ſoit different des autres Chapitres qui
ſont écrits en Vers; au lieu que les deux premiers contiennent une
ſimple narration.   Cette raiſon ſeroit bonne, ſi on avoit apporté
dans la Critique pour principale preuve de l'addition qu'on croit ê-
tre au Livre de Job la ſeule diverſité de ſtile; mais on ne l'a rapportée qu'en forme de corollaire & après avoir déja prouvé ces ſortes
d'additions dans pluſieurs Livres de l'Écriture: car voici comme
on s'eſt expliqué. *Ce qu'on reconnoîtra encore plus aiſement à cauſe de la
diverſité du ſtile dans les deux premiers Chapitres de Job.*   Or l'on avoit
déja fait voir auparavant par quelques exemples, que cette diverſité de ſtile étoit une preuve des additions que ceux qui avoient recueilli ces Livres avoient miſes à la tête.   C'eſt ainſi qu'au premier
verſet du Chap. XXV. des Proverbes nous liſons ces mots, *Voici
les Proverbes de Salomon que les gens du Roi Ezechias ont copiés.*   Ce qui
ne peut pas être de l'Auteur des Proverbes.   On donne au même
endroit pluſieurs autres exemples de ces additions, principalement
les divers Actes qui ſe trouvent renfermés dans les Propheties, & les
Inſcriptions qui ſont à la tête de chaque Prophetie.   Apres tous ces
éclairciſſemens il ſemble qu'on ait raiſon de conclure la même choſe de ce qui eſt au commencement de Job en forme d'Argument &
d'un autre ſtile que le corps du Livre; ſans qu'on s'appuye entierement ſur la diverſité de ſtile, mais ſur tout ce qui a été énoncé
auparavant, d'où l'on prouve évidemment que ce qui eſt à la tête
de la plus-part des Livres n'eſt point veritablement des Auteurs de
ces Livres, mais d'autres perſonnes qui en ont fait les Recueils. On
ne voit pas quelle raiſon on pourroit avoir d'excepter le ſeul Livre
de Job, auquel ceux qui ont fait le Recueil des Livres Sacrés n'auroient point touché.   C'eſt auſſi pour ces mêmes raiſons qu'on a
jugé que ceux qui ont publié le Livre de Job y ont marqué les differentes perſonnes qui parlent, afin d'en ôter la confuſion; & quoi
qu'il ſoit plus facile de diſtinguer les Acteurs dans le Livre des Cantiques, il ne laiſſe pas d'y avoir des endroits où l'on ne peut pas faire ce diſcernement. Si l'on avoit auſſi ajoûté aux Pſeaumes les noms
des Chantres qui chantent quelquefois alternativement, ils ſeroient
plus faciles à entendre.   N 3   Si

Si Mr. le Clerc avoit de bonnes raisons à opposer à Mr. Simon, il ne se jetteroit pas si souvent qu'il fait sur des minuties. Il trouve mauvais qu'on ait appellé les Prophetes des Orateurs publics qui haranguoient le peuple selon les besoins de l'Etat. Il falloit dire *lors qu'ils étoient envoyés de Dieu:* comme si la qualité de Prophete ne renfermoit pas en soi la mission de Dieu, qui pourvoyoit lui-même aux besoins de cet Etat par le ministere des Prophetes, qui étoient pour cette raison des Orateurs publics envoyés de Dieu pour haranguer le peuple. Mais ce qui déplaist le plus à nôtre Faiseur d'Entretiens, c'est qu'on a assûré dans l'Histoire Critique, *Que ces Harangues ou Propheties étoient registrees & conservées dans les Archives de la même maniere que tous les autres Actes.* Cela s'appelle selon lui *prophetiser. Le malheur est,* ajoûte-t-il, *qu'il faut avoir beaucoup de foi pour croire ces Propheties, & qu'aujourd'hui que la foi est rare au monde, la plus-part des gens sont assez incredules pour lui nier tout cela, jusqu'à ce qu'il ait fait quelque miracle pour prouver la verité de ces révelations.* Croit-il que les personnes judicieuses soient fort satisfaites de ce galimatias? Un Critique doit apporter des raisons de ce qu'il avance, & non pas de simples paroles. S'il est vrai, comme on n'en peut pas douter, que les Juifs ayent registré & gardé dans leurs Archives les Actes de ce qui se passoit de plus important dans leur Etat, c'est une suite necessaire qu'ils ayent aussi registré les Propheties de ceux qu'ils ont reconnus pour veritables Prophetes. Josephe qui a été parfaitement instruit des usages & coutumes de sa République nous en fournit un exemple considerable en la personne du Prophete Samuel. Ce Prophete s'étant opposé inutilement à l'élection que les Ebreux vouloient faire d'un Roi, il leur prédit tous les maux qui leur devoient arriver sous la domination de leurs Rois. Le même Josephe remarque que Samuel mit tout cela par écrit, & qu'il le lut en présence du Roi; qu'en-suite il mit ce Livre qui contenoit sa Prophetie dans le Tabernacle de Dieu pour servir de Mémoire à la posterité. Τὰ μέλλοντα συμβήσεσθαι κακὰ γράψας αὐτοῖς ὁ προφήτης, ἀνέγνω τῷ βασιλέως ἀκροωμένῳ· ἢ τὸ βιβλίον τίθησιν ἐν τῇ τῷ Θεῷ σκηνῷ ταῖς μετέπειτα γενεαῖς μαρτύριον ὧν προείρηκε. Que peut-on opposer à des preuves si évidentes & si authentiques? Dira-t-on que Josephe a parlé en Prophete des coutumes de son Etat qui étoient encore dans ce temps-là d'une notorieté publique? On aura beaucoup plus de raison d'accuser de temerité Mr. le Clerc, qui

a

Marginal notes:

Mr. le Clerc se jette ordinairement sur des minuties.

Lieux communs de Mr. le Clerc.

Les Prophetes registroient leurs Propheties.

Joseph. lib. 6. Antiquit. Judaic. cap. 5.

a ofé prononcer fes oracles en Prophete fur des faits qu'il ignoroit
entierement.

Auffi n'y a-t-il rien de fi éloigné du bon fens que ce qu'il ajoûte
au même endroit pour prouver qu'on ne regiftroit point les Propheties chez les Ebreux. *Jeremie*, dit-il, *prophetifa long-temps fans
qu'on écrivift fes paroles; & il ne les écrivit en-fuite que par un ordre exprès
de Dieu, non pour les mettre dans les Regiftres, mais afin de les faire lire
devant le peuple.* Je n'ai pas l'efprit affez pénetrant pour voir la fuite de ce raifonnement. Je veux qu'il ait prophetifé long-temps
avant que fa Prophetie fuft mife par écrit; en peut-on conclure
qu'elle n'a pas été regiftrée lors qu'elle a été écrite? Mais elle a été
écrite, dit-on, pour être lûe devant le peuple, & non pas pour
être regiftrée. Eft-ce que la lecture qu'on en fit devant le peuple
empêchoit qu'on ne la regiftraft? Samuel lut fa Prophetie au peuple en préfence du Roi, comme remarque Jofephe; puis il la mit
dans les Archives pour fervir de Mémoire à la pofterité. Il en a été
de même de toutes les Propheties, qu'on écrivoit afin que le peuple
en puft être inftruit. C'eft pourquoi Dieu dit à Ifaïe, *Sume tibi
librum grandem, & fcribe in eo ftylo hominis. Prens un grand Volume,
& y écris d'un ftile d'homme,* c'eft-à-dire, d'une écriture ordinaire
& qui foit facile à lire. Mr. le Clerc conclura auffi fans doute de
ce paffage, que les Sacrificateurs n'ont point confervé dans les Actes publics la Prophetie d'Ifaïe, parce que le Prophete avoit reçû
ordre de la bien écrire, afin que le peuple la puft lire.

Il continuë toûjours fon même raifonnement. Bien loin, dit-il,
de regiftrer les prédictions de Jeremie, *on ne l'écoutoit point. Ce fut
à caufe de cela que Dieu lui commanda de les écrire pour les faire lire encore
une fois devant le peuple.* Il eft vrai que Baruc les lut dans le Temple, qu'il les relut en-fuite dans le Palais du Roi, & même devant
le Roi, qui ayant entendu la lecture d'une partie feulement, les jetta dans le feu. Peut-on prouver de là qu'elles n'ont point été regif-
trées, parce qu'il n'eft point parlé de Regiftres en tout ce difcours?
Un ufage public & ordinaire doit-il être marqué? Si l'on differa
pour quelque temps de mettre dans les Archives les prédictions fu-
neftes de ce Prophete qui déplaifoient au Roi, on ne peut pas en
conclure que les Sacrificateurs n'en garderent dans la fuite aucune
Copie pour la conferver dans ces mêmes Archives. Le mauvais
traitement que les Princes Juifs ont fait quelquefois aux Prophetes

tes n'a jamais empêché qu'il n'y ait eu auprés d'eux des Miniftres
& des Sacrificateurs zéles qui prenoient un grand foin de tout ce
qui appartenoit à la Religion, comme on peut même le prouver
par le Chapitre XXXVI. de Jeremie, où nous lifons que les principaux Miniftres du Roi favorifoient ce Prophete & Baruc fon
Scribe, & qu'ils firent tout leur poffible auprés du Roi pour l'empêcher de jetter au feu le Volume qui contenoit les prédictions de
Jeremie. Je veux bien neanmoins qu'on n'ait confervé les Propheties de ce Prophete que fur le dernier Exemplaire que Baruc écrivit,
& dont les Sacrificateurs eurent une Copie pour mettre dans les
Archives; fi l'on n'aime mieux dire que le Prophete même ou Baruc communiquerent l'Exemplaire qu'on mit dans ces Archives. Il
importe fort peu de qui on a eu l'Exemplaire, pourveu qu'on fache
qu'on en a confervé un pour la pofterité felon la coutume reçûë
dans la République des Ebreux. Il ne faut donc pas être Prophete,
comme prétend Mr. le Clerc, pour parler d'une chofe fi éloignée
de nous; il fuffit de favoir les anciens ufages d'un Etat pour en raifonner fans être Prophete.

CHAPITRE XI.

Critique de la X. Lettre.

QUoi que tout le monde demeure d'accord que les preuves purement negatives ne concluent rien, il femble neanmoins que
Mr. le Clerc fe foit propofé dans fon Ouvrage de n'en produire
prefque point d'autres. En effet un homme qui n'a autre deffein
que de détruire & de ne rien établir ne pouvoit gueres raifonner autrement. C'eft ce qui paroit principalement dans cette X. Lettre,
où il prétend éclaircir ce que c'eft que Canon & Livres Canoniques. Il accufe d'abord Mr. Simon de n'avoir traité cette matiere
qu'en general, & de s'être contenté de remarquer que tout ce que
les Juifs ont dit là-deffus eft fort incertain. Comme fi fon autorité,
ajoûte-t-il, étoit plus grande que la leur, il nous dit gravement,
que pour entendre mieux la nature du Recueil des Ecritures que les Juifs
ont nommées Canoniques, il eft neceffaire de faire réflexion fur ce qu'on a
dit ci-deffus des Ecrivains publics, qui confervoient dans les Archives de
la République les Actes de ce qui fe paffoit de plus important . . . ce que

les

Du Re-
cueil des
Livres
Canoni-
ques.

Hiftoire
Critique,
Chap. 8.
pag. 52.
col. 2.

les Auteurs du dernier Recueil ont sans doute observé. Ce sont les paroles de la Critique rapportées par nòtre Auteur, qui fait en-suite cette réflexion. *Ce sans doute s'est glissé là un peu mal-à-propos, puis qu'il n'y a rien de plus douteux.* S'il s'y est glissé mal-à-propos, c'est la faute de Mr. le Clerc qui l'y a ajoûté, parce qu'on lit dans l'Histoire Critique, *ce que les Auteurs du dernier Recueil ont aussi observé:* mais il est si accoutumé à chicaner sur des mots, que lors qu'il n'en trouve point ausquels il puisse s'arrêter, il en feint pour avoir quelque sujet de dispute. Comme l'on n'est pas d'humeur à chicaner sur de simples mots, on veut bien même supposer que ce *sans doute* soit de Mr. Simon, & on lui prouvera en même temps que Mr. Simon ne s'est pas contenté de préferer en cet endroit son autorité à celle des Rabbins; mais que ses paroles renferment une preuve solide de ce qu'il a avancé. Si nòtre Faiseur d'Entretiens n'a pas senti la force de cette preuve, il en doit rejetter la faute sur son peu de capacité: car s'il avoit lù avec un tant soit peu d'application ce qui nous reste de l'Ancienne Histoire, il raisonneroit d'une autre maniere non seulement en cet endroit, mais dans tout son Ouvrage; & c'est ce que nous allons examiner plus en particulier.

Chicaneries de Mr. le Clerc sur des mots.

On convient avec lui que *le Canon des Livres du Vieux Testament est le Catalogue ou le Recueil que les Juifs ont fait de leurs anciens Livres pour les conserver & pour empêcher que le peuple n'oubliast enfin les commandemens que Dieu lui avoit donnés, aussi-bien que l'Histoire de ses Peres & les promesses que les Prophetes lui avoient faites.* Cette définition est un peu longue: mais ce n'est pas à quoi on doit s'arrêter. Il s'agit seulement de savoir, comment, en quel temps & par qui ce Recueil de Livres a été fait. On a crû avoir résolu en peu de mots toutes ces difficultés dans la Critique, quand on y a dit qu'il falloit jetter les yeux sur l'usage qui avoit été de tout temps chez les Juifs, de recueillir les Actes de ce qui se passoit dans leur Etat, & qu'à leur retour de la Captivité ils avoient observé cet ancien usage pour ramasser dans leurs Archives leurs Livres qui étoient dispersés de côté & d'autre, pour les communiquer en-suite au peuple. Il ne sera donc plus question que de savoir les noms de ceux qui ont présidé à cette République aprés leur retour de Babylone, & quels Livres ils ont pû recueillir dans ce temps-là: car on ne prétend pas dans la Critique que le Canon des Livres Sacrés ait été fermé tout-à-la-fois sous Esdras ni même sous Nehemie.

Du Canon des Juifs.

O

Je

Je ſai que Mr. le Clerc qui ne pénetre pas la force de ce raiſonne-ment objecte à Mr. Simon d'avoir appris des Rabbins *à faire des Syſ-témes en matiere d'Hiſtoire, comme on fait en Philoſophie.* Mais n'é-tant point ici queſtion des Rabbins, qu'il n'a pas plus lû que les anciens Hiſtoriens, je dis que l'Hiſtoire a auſſi-bien ſes Syſtémes à ſa maniere que la Philoſophie, puis qu'on y trouve des principes aſſûrés pour établir ces Syſtémes, comme on l'a dèja fait voir ci-deſſus. C'eſt ſur cela que Joſephe s'eſt appuyé pour montrer qu'on ne pouvoit pas raiſonnablement douter des Hiſtoires de ceux de ſa nation ; au lieu qu'il prouve par le même Syſtéme que les Hiſtoi-res des Grecs ne pouvoient contenir rien de certain. Quand nous n'aurions pas de preuves dans l'Ecriture, qui nous marquaſſent que les Juifs aprés leur retour de Babylone à Jeruſalem ſe ſont ap-pliqués avec ſoin à la recherche de leurs anciens Livres pour les conſerver comme auparavant dans leurs Archives, il ſuffiroit de ſavoir en general que cette recherche étoit abſolument neceſſaire dans leur Etat, & qu'ils ne pouvoient pas même rétablir leur Ré-publique dans ſon ancienne forme, qu'ils ne rétabliſſent en même temps autant qu'il leur ſeroit poſſible leurs Archives, en y mettant auſſi les nouveaux Actes qu'ils avoient. C'eſt le ſens qu'on doit donner à ces paroles du Livre II. des Maccabées : *Inferebantur au-tem in deſcriptionibus & commentariis Nehemiæ hæc eadem, & ut con-ſtruens bibliothecam congregavit de regionibus libros & Prophetarum & David, & epiſtolas Regum & de donariis,* ce que Grotius explique avec plus de netteté, traduiſant ſelon le Grec & ſelon le ſens, *Narra-bantur in Annalibus & Diurnis Nehemiæ.* Il marque de plus le lieu de cette Bibliotheque, ſavoir le Temple, où l'on conſervoit tous les Actes qui appartenoient aux affaires de l'Etat. Cet uſage eſt fort ancien parmi les Orientaux, puis que nous liſons que Sanchunia-to compoſa l'Hiſtoire des Pheniciens ſur les Actes qu'il trouva dans les Temples : ἐκ τ̄ ἐν τοῖς ἱεροῖς ἀναγεαφῶν. Le même Grotius pré-tend auſſi qu'il faut entendre ces autres paroles, *Congregavit de re-gionibus libros,* ſelon ce qu'il y a dans le Grec, τὰ πεὶ τ̄ βασιλέων, *li-bros de Regibus,* ſur leſquels Livres qui contenoient les Annales de Saüil, de David, de Salomon & des autres Rois, Eſdras ait com-poſé l'Hiſtoire des Paralipomenes, au moins la meilleure partie.

On ne peut donc pas douter que les Juifs n'ayent ramaſſé autant
qu'il

lis Regibus, unde Eſdras fecit Paralipomena, *Grot. Annot. in 2 Maccab. 2: 13.*

qu'il leur a été possible au retour de leur Captivité tous les anciens
Actes de leur République, & que Nehemias prit ce soin-là, comme il paroit manifestement de ces paroles du Livre II. des Maccabées : Ἐξηγῦντο ἢ ἢ ἐν ταῖς ἀναγραφαῖς ἢ ἐν τοῖς ὑπομνηματισμοῖς τοῖς κατ' ἢ Νεε-
μίαν τὰ αὐτά. Je ne m'étonne pas que Mr. le Clerc qui n'a pas compris le veritable sens de ce passage, & qui faute de capacité ne peut
pas faire des Systémes en matiere d'Histoire, raisonne dans tout ce
Chapitre d'une maniere pitoyable sur le Canon des Juifs.   Le verset suivant du même Chapitre du Livre II. des Maccabées, où il
est dit que Judas Maccabée fit un Recueil semblable à celui de Nehemie, confirme ce sentiment. * *Similiter autem & Judas ea quæ deci-
derant per bellum congregavit omnia, & sunt apud nos* ; ou comme
Grotius traduit sur le Grec, *quæ per bellum disjecta erant recollegit.*
On peut juger par là quel étoit le soin que les Juifs prenoient de recueillir leurs anciens Mémoires pour les renfermer dans leurs Archives.   C'est pourquoi ils avoient chez eux deux sortes de Livres,
parce qu'ils ne publioient pour le peuple que des abregés de ces Actes plus étendus, qu'ils conservoient, & ausquels on peut donner
le nom d'apocryphes, c'est-à-dire, *cachés* ou *renfermés* dans les Archives.   Sanchuniato témoigne avoir lû de semblables Livres chez
les Ammonéens, τοῖς ἀποκρύφοις Ἀμμωνέων γράμμασι, & que tout le
monde ne pouvoit pas lire, parce qu'ils étoient renfermés dans les
Temples, ἃ ὀυκ ἦυ πᾶσι γνώριμα. Il n'y a qu'à jetter les yeux sur la
maniere dont une partie des Livres Sacrés qui nous reste est écrite,
pour juger qu'elle a été composée sur d'anciens Mémoires qui
étoient plus étendus.   Il importe fort peu de savoir si Esdras a fait
ce Recueil, ou qu'une bonne partie en ait été faite avant lui, pourveu qu'il soit constant que les Juifs ayent publié sous Esdras le
corps d'Ecriture que nous avons présentement, à la réserve de
quelques-uns qui ont été ajoûtés dans la suite à ce Recueil.   Voilà
tout le Systéme de Mr. Simon touchant le Canon des Juifs, qu'il
n'a pas appuyé sur la simple autorité des Peres & des Rabbins qu'il
réfute en ce même endroit ; mais sur les anciennes Histoires, &
principalement sur l'Ecriture.

   Mr. le Clerc croit avoir bien réfuté ce Systéme, quand il nous
dit que les Rabbins qui ont crû que ce Recueil a été fait sous Esdras sont *des Ecrivains insensés qui n'ont eu aucune connoissance de leur
propre Histoire, comme il paroit par une infinité d'extravagances qu'ils y
mêlent.*

*   Ὡσαύ-
τας ἢ καὶ
Ἰύδας τὰ
διαπεπλω-
κότα δὶὰ
τὸν πόλε-
μα τ̄ γε-
γονότα ἡ-
μῖν ἐπι-
συνέξαγε
πάντα.
2 Macc.
2: 14.
*Deux
sortes de
Livres
chez les
Juifs.*

Idem
Philo
Bibl. a-
pud Eu-
seb.

*Lieux
communs
de Mr. le
Clerc &
qui ne
prouvent
rien.*

mèlent , lors qu'ils entreprennent de nous en dire quelque chose. Mais à quoi sert tout ce long tissu de paroles inutiles contre les Juifs & leur Talmud ? Tout le monde sait assez qu'ils sont fort ignorans dans l'Histoire & dans la Chronologie.   Mr. Simon ne s'est pas seulement contenté de le remarquer, mais il a montré de plus l'origine de leurs fables dans leurs Histoires propres, & il nous a même avertis qu'il ne faut pas s'arrêter aux Traditions qu'ils rapportent sur la question dont il s'agit.   Il n'a pas crû pour cela qu'on deust rejetter l'opinion commune qui attribuë à Esdras le Recueil des Livres Sacrés ; parce qu'il l'a trouvé appuyée sur d'autres preuves que sur le témoignage des Rabbins, qui ont quelquefois de bons momens aussi-bien que nôtre Auteur, qui n'est pas toûjours dans son accés : *habet lucida intervalla.*   J'aurois souhaité qu'il eust été dans ce bon moment quand il a parlé des Peres, qu'il accuse *d'une foiblesse necessairement attachée à la qualité de Docteur , de dire d'un ton aussi ferme ce qu'on ne sait point que ce qu'on sait le mieux.*   Si Mr. le Clerc n'avoit pas orné de temps en temps son discours de ces sortes de lieux communs, il auroit eu de la peine à nous donner un juste Volume. *Cette maniere d'enseigner,* ajoûte-t-il, *dont les Peres se sont servis aussi-bien que les Rabbins, impose à une infinité de gens, qui ne peuvent comprendre comment on ose assürer si positivement des faits dont on n'a aucune assürance raisonnable, & que l'on a peut-être même inventés. Et c'est la méthode que les Peres ont suivie en cette rencontre & en plusieurs autres.*   Comme ces lieux communs qui sont si ordinaires à Mr. le Clerc ne prouvent rien, sur tout dans un Ouvrage de Critique, je lui conseille de les réserver *per la prédica* dans sa Chaire d'Amsterdam.   Il se trompe fort quand il croit que dans ces sortes de questions nous nous en rapportons entierement à l'autorité des Peres. S'il avoit pris la peine de consulter nos Ecrivains, il en seroit désabusé : mais aussi n'auroit-il eu rien à dire, & ses remarques auroient été bien courtes.   Il n'est pas vrai de plus que les Peres n'ayent appuyé d'aucunes raisons ce qu'ils ont avancé touchant le rétablissement des Livres Sacrés, ni même qu'ils s'en soient entierement rapportés à l'Auteur fabuleux du Livre IV. d'Esdras. Comme ces raisons ne font rien à nôtre sujet, & que les plus savans Catholiques n'y ajoûtent pas beaucoup de foi, il seroit inutile de nous y arrêter davantage. Venons maintenant aux Ecrivains Sacrés qui ont vécu aprés Esdras.

On

On a prétendu dans l'Hiſtoire Critique qu'on ne doit pas faire finir avec Joſephe les Prophetes ou Ecrivains publics des Ebreux au temps du Roi Artaxerxes, puis que tant que leur République a ſubſiſté Dieu n'a point manqué de leur donner de temps en temps des perſonnes qui euſſent toutes les qualités neceſſaires pour écrire les Livres Sacrés, & auſquelles on a plûtoſt donné le nom de Scribes après la Captivité que celui de Prophetes.   Nôtre Auteur qui ſçait parfaitement le ſtile des Rabbins, répond à cela: *Il me ſemble en liſant cette remarque, que je lis un Rabbin qui aſſure gravement une choſe qu'il ne ſait point, & qu'il ne peut même ſavoir.* Mais ne demeure-t-il pas d'accord lui-même, qu'il y a des choſes dans l'Ecriture poſterieures à Artaxerxes? Je lui demande donc s'il ne croit pas que ces Ecrits ſont auſſi-bien inſpirés que le reſte de la Bible.   C'eſt ce qu'il ne peut nier; puis qu'il ne s'agit point encore ici des Livres que les Proteſtans appellent Apocryphes, mais en general de ceux qui ſont poſterieurs à Eſdras & à Artaxerxes.   On inferera même de là, que ces mêmes Proteſtans ont eu grand tort de reconnoître avec l'Egliſe & la Synagogue ces derniers Livres pour Prophetiques, & de rejetter en même temps les autres comme Apocryphes; puis qu'il eſt conſtant que le Canon Juif qu'ils reçoivent n'a pas été fermé ſous Eſdras ni ſous Nehemie. *Qui a dit au P. Simon,* continuë nôtre Auteur, *que ces Ecrivains publics changerent de nom? Qui lui a dit encore qu'il y a eu des Prophetes depuis ce temps-là contre le conſentement de toute l'Antiquité?* Si l'on ne trouve plus après ces temps-là que les Ecrivains publics ſoient appellés Prophetes dans l'Ecriture, on a raiſon de dire qu'ils changerent de nom, & qu'on leur donna la ſimple qualité de Scribes comme à Eſdras, qui a été du nombre de ces Ecrivains.   Bien loin que toute l'Antiquité n'ait plus alors reconnu de Prophetes parmi les Juifs, elle ne peut avoir autoriſé des Livres comme Divins & inſpirés qui n'ayent pas été écrits par des Prophetes; ce que j'oſe même étendre juſqu'aux Livres de la Bible que les Proteſtans nomment mal-à-propos Apocryphes, & que Mr. le Clerc attaque à la fin de cette Lettre après ſon Patriarche Epiſcopius.

 Il demande ſur quelle autorité l'Egliſe dont parle Mr. Simon a pû être fondée, lors qu'elle a *déclaré Divins les Livres que les Juifs ont appellés Apocryphes.   Elle ne l'a pû faire,* dit-il, *que ſur l'un de ces trois principes, ſur une Tradition conſtante & aſſurée, ou ſur des marques évi-*

dentes

dentes de divinité, ou fur une révelation du ciel. **Comment pourroit-on** *favoir une chofe éloignée de plufieurs fiecles dont l'Hiftoire ne dit rien, & dont on n'a aucune preuve de fait?* Je répons à cela que l'Eglife eft fondée fur une veritable Tradition qui ne peut être révoquée en doute: mais parce qu'Epifcopius & les autres Proteftans n'ont pas reconnu cette Tradition, il ne s'enfuit pas qu'il n'y en ait point. Je dis donc que l'Eglife a reçû ces Livres qu'ils appellent Apocryphes,

D'où eft venuë l'autorité que les Catholiques donnent à ces Livres.

des Juifs Helleniftes avec tous les autres Livres de l'Ecriture. Si les Juifs de la Paleftine qui étoient en plus petit nombre que les autres ne les ont pas reçûs, ce n'eft pas qu'ils fuffent Apocryphes dans le fens qu'on donne aujourd'hui à ce mot; mais parce qu'ils ne lifoient chez eux que les Livres qui étoient écrits en Ebreu, avec quelque peu d'Actes qui font en Caldéen; au lieu que les autres Juifs lifoient également tous les Livres & les confideroient comme Divins. Ils ont paffé d'eux à l'Eglife dés le temps même des Apôtres, qui fe font fervis de ce corps de Bible Grecque pour annoncer l'Evangile à toute la terre, & non pas de la Bible Ebraïque qui n'étoit en ufage que chez un petit nombre de Juifs. Si on lit avec attention les Ecrits des Apôtres, on y trouvera que non feulement ils lifoient la Bible en Grec, mais même ces Livres qu'on nous veut faire paffer pour Apocryphes; & qu'ils y ont fouvent recours. L'Eglife Romaine qui eft une des plus anciennes Eglifes du monde n'a point reçû d'autre Ecriture dans les commencemens que cette Bible des Juifs Helleniftes, & elle ignoroit alors cette vaine diftinction de Livres Canoniques & de Livres Apocryphes. Les Eglifes d'Afrique qui font redevables de leur créance à l'Eglife de Rome, ont auffi reçû d'elle cette même Ecriture & de la même ma-

niere, comme il paroit manifeftement des Ouvrages de St. Cyprien, qui a donné le nom de Livres Divins & infpirés aux Livres dont il eft queftion, auffi-bien qu'au refte de l'Ecriture.

Tout ce que Monfieur le Clerc avance en cet endroit aprés Epifcopius & les autres Proteftans contre l'autorité de ces Livres, ne peut rien faire contre une Tradition fi authentique. *Illud verum quod primum.* L'on nous oppofe en vain les témoignages de quel-

ques Docteurs de l'Orient & de l'Occident, qui ont approuvé, dit-on, le Canon des Juifs. Il faut remonter jufqu'à la fource, & pénetrer les raifons qui ont fait approuver à ces Docteurs l'opinion des Juifs de la Paleftine. Le commerce qu'ils ont eu avec eux & la lecture

ture de leurs Livres ſoit en Ebreu ou en Grec les a jettés inſenſible-
ment dans une opinion oppoſée à celle qui étoit dés les commencemens dans l'Egliſe. Affricanus eſt un des premiers qui l'ait forte- *Affrica-*
ment appuyée, parce qu'il avoit une grande connoiſſance de *nus,*
la Literature Juive. St. Jerôme & Ruffin l'ont auſſi embraſſée pour *St. Jerô-*
les mêmes raiſons ; au lieu que St. Auguſtin a ſuivi la créance *me,*
commune de ſon Egliſe & confirmée dans un Concile de Cartage. *Ruffin.*
On ne croît pas, ajoûte nôtre Auteur, *qu'il y ait perſonne qui ſoit aſſez*
ſimple pour croire que les Conciles de Florence & de Trente, ou le troiſiéme de
Cartage ayent appris par une révelation que les Auteurs de ces Livres ont é-
té veritablement Prophetes, & que leurs Ouvrages ſont Divins. Ce n'eſt
point en effet par un eſprit particulier dont les Proteſtans fanatiques ſont les Auteurs, que les Evêques aſſemblés dans ces Conciles ont égalé ces Livres au reſte de l'Ecriture ; mais aprés avoir
conſulté l'ancienne Tradition des principales Egliſes d'Occident,
qui ont reconnu ces Livres comme Canoniques & divinement inſpirés.

Il n'y a pas auſſi plus de fondement à ce que nôtre Faiſeur d'Entretiens remarque dans la même Lettre contre la divinité de ces
mêmes Livres. *Si les Juifs*, dit-il, *étoient perſuadés, comme ils le*
devoient être ſelon le P. Simon, que leurs Ecrivains publics étoient Prophe-
tes, & qu'ils avoient écrit de certains Livres par un eſprit Prophetique; com-
ment pouvoient-ils refuſer de recevoir leurs Ouvrages avec le même reſpect,
que leurs Peres avoient reçû ceux des autres Ecrivains publics qui les avoient
précedés ? Quelle apparence que le Sanhedrin refuſaſt d'ajoûter au corps des
Livres Sacrés des Ouvrages veritablement Prophetiques ? Il eſt aiſé de réſoudre cette objection par les principes qu'on a établis, ſavoir que *Le Ca-*
les Juifs de Jeruſalem n'ont mis dans leur Recueil que les Livres qui *non des*
étoient écrits en Ebreu; que cela n'empêcha pas les Juifs Helleniſtes *Juifs*
qui faiſoient un bien plus grand nombre, de joindre ces derniers Li- *Helleniſ-*
vres aux autres dans le corps de leur Bible : & c'eſt à quoi le Sanhe- *tes diſſere*
drin ne s'eſt jamais oppoſé. Les Apôtres & les premiers hommes *de celui*
Apoſtoliques ont approuvé cette Compilation Grecque des Livres *des Juifs*
de la Bible dans toute ſon étenduë. *de Jeru-*
ſalem.

Mr. le Clerc vient aprés cela à l'examen de ce qu'on dit du Grand
Sanhedrin ſur la foi des Rabbins: mais s'il avoit à examiner cette
matiere, il ne devoit pas s'attacher à réfuter les fables des Rabbins,
que Mr. Simon a rejettées lui-même en cet endroit, nous avertiſ-
ſant

Lieux communs de Mr. le Clerc qui ne prouvent rien.

fant exprés *qu'il ne faut point s'arrêter aux Traditions que les Juifs ont fur ce fujet.* Il étoit donc plus à propos d'examiner ce fait en lui-même, que de débiter des lieux communs qui ne prouvent rien. Mais il n'auroit pas eu de quoi remplir fon Livre, s'il ne nous avoit dit en parlant des Rabbins, *que ces ingenieux Docteurs nous font fouvent l'Hiftoire de la République des Ebreux comme Platon l'auroit pû faire de la fienne ; c'eft-à-dire, qu'ils inventent tout ce qu'il leur plaift, qu'ils nous font en-fuite paffer pour la Tradition de leurs Peres.* La remarque eft non feulement neceffaire, mais fort judicieufe : car pour s'expliquer plus nettement on a ajoûté le· *c'eft-à-dire* ; & comme fi l'on n'en avoit pas encore dit affez, on continuë du même ton, *On ne nous citera que des Rabbins, que l'efprit des fables & du menfonge a fi fort aveuglés, qu'ils font capables de débiter les plus grandes extravagances pour des verités inconteftables.* Mais je ne fai qui eft le plus extravagant, des Rabbins, ou de Mr. le Clerc, qui dit tant de chofes pour ne rien prouver. Car c'eft ce qu'on appelle proprement une extravagance ; au lieu que les contes des Rabbins ne doivent pas toûjours être pris au pied de la lettre, parce que ces Meffieurs-là ne nous donnent fouvent que des allegories & des jeux d'efprit qu'ils ne prétendent pas faire paffer pour des verités. Mais revenons au Sanhedrin de Mr. le Clerc, fans y mêler neanmoins les fables des Rabbins.

Du Grand Sanhedrin des Juifs. Numer. 11: 16. Ibid. verf. 25.

Il ne peut pas nier que l'établiffement du Sanhedrin ne foit divin, puis que Dieu en eft l'Auteur. *Congrega mihi,* dit Dieu à Moïfe, *feptuaginta viros de fenibus Ifraël.* Il eft de plus certain que ces 70. Vieillards reçûrent le même efprit Prophetique que Moïfe ; parce qu'il eft marqué expreffément que Dieu leur donna le même efprit qu'à Moïfe. *Defcenditque Dominus per nubem, & locutus eft ad eum auferens de fpiritu qui erat in Moyfe, & dans 70. viris.* Mr. le Clerc qui ne s'applique qu'à détruire par de vaines fubtilités les chofes les plus évidentes, remarque *qu'il n'eft point dit précifément en quoi devoient confifter les fonctions des membres de cette Grande Affemblée ; qu'elle fut inftituée à l'occafion du murmure du peuple ; . . . qu'il y a de l'apparence qu'ils ne s'appliquoient qu'à des affaires d'Etat.* Cependant les *Juifs nous difent nettement les caufes qui étoient réfervées au Sanhedrin, dont on peut voir la lifte dans Seldenus.* Mais qui peut douter que des Juges qui reçoivent le même efprit de fageffe que Moïfe n'ayent décidé de toutes les affaires qui fe pouvoient rencontrer dans leur

Etat?

Etat ? Il ne s'agit pas de favoir à quelle occafion cette Affemblée fut
inftituée ; mais quelle autorité Dieu lui donna, & que ces Vieillards partagerent avec Moïfe l'Efprit de Dieu.   Les Juifs ont pû
dire beaucoup de chofes qui ne font point dans l'Ecriture touchant
les caufes réfervées au Sanhedrin , & qu'on ne peut pas dire être
fauffes pour n'être point exprimées dans la Loi de Moïfe.   Nous
ne fommes pas obligés d'ajoûter foi à tout ce qu'ils nous ont
dit de leurs ufages & coutumes : bien que nous ne devions pas auffi
le rejetter pour cela feulement qu'il vient des Rabbins ; parce que
nous ne les pouvons apprendre d'autres que d'eux, & qu'ils ont
été en cela moins fabuleux que dans leurs autres Traditions.

Il n'eft pas dit, ajoûte Mr. le Clerc, que ce Sanhedrin durera *De la*
toûjours dans la République d'Ifraël.   L'Hiftoire Sacrée ne nous *durée du Grand*
apprend pas qu'il a toûjours fubfifté : & ainfi on a tort de fuppofer *Sanhe-*
qu'il a duré jufqu'à la ruïne de la République.   Mais quand il feroit *drin.*
vrai que l'Hiftoire Sacrée ne feroit point mention de la durée de
cette Affemblée , n'y auroit-il pas plus d'apparence de croire que
les Juifs ont toûjours gardé depuis Moïfe la forme du Gouvernement que Dieu avoit établie ?   N'eft-ce pas par rapport à cela qu'il
faut expliquer la plus-part des paffages de l'Ecriture où il eft parlé
des Juges & des Anciens des Juifs ?   comme lors qu'il eft dit que *Jo-* *Jof. 24:*
fué appella les Anciens d'Ifraël, leurs Chefs & leurs Juges.   Ces Anciens *1.*
d'Ifraël marquent fans doute le Senat qui avoit été formé fous Moïfe.   C'eft le nom qu'on donne à ces Senateurs dans leur établiffement : & c'eft en vain qu'on oppofe que par les Anciens d'Ifraël on
peut auffi entendre *les Vieillards venerables qui fe trouvoient alors en If-*
raël ; puis qu'en cet endroit il eft parlé manifeftement des Juges qui
préfidoient aux Affemblées , & de ceux qui avoient des Charges
dans la République.   Jofephe qui eft un témoin fidéle & exaſt des
loix de fon Etat explique de la même maniere ces fortes de Convo-
cations qui fe font faites fous Jofué.   *Jofué,* dit-il, *convoque le Souve-* *Joſeph.*
rain Sacrificateur Eleazar & le Senat.   Συγκαλεῖ τ̄ ἀρχιερέα Ἐλεάζαρον ἡ τὴν *lib 5.*
γερυσίαν.   Et un peu aprés dans le même Chapitre.   Καὶ Ἰησᵒῦς Ἐλεάζα- *Antiq. cap. 1.*
ρᵒντε ἡ τὴν γερυσίαν ἡ σὺν τοῖς Φυλαρχοῖς παραλαβὼν νέμει ῖαῖς ἐννέα Φυλαῖς : *Jofué*
ayant pris Eleazar & le Senat avec les Chefs des Tribus , fit le partage du
païs.   Cependant fi nous nous en rapportons à nôtre Auteur, Jofephe ne dit rien du tout de ce Senat depuis Moïfe jufqu'à Efdras.

P

Mr.

Mr. le Clerc prétend de plus que lors qu'il eſt parlé dans la Loi de Moïſe des Juges qu'on devoit conſulter dans les cas difficiles, *on ne peut pas aſſurer que par ces Juges il faille entendre les membres du Sanhedrin;* parce qu'il y avoit diverſes ſortes de Juges, & que les paroles du Chap. XVII. du Deuteronome s'expliquent plus naturellement d'un de ces Juges que Dieu ſuſcitoit extraordinairement à ſon peuple; puis qu'il n'y eſt parlé que d'un Juge.   Il eſt aiſé de juger que cette réponſe n'a rien de ſolide & qui puiſſe être oppoſé à l'explication ordinaire de ce paſſage de Moïſe, *Venieſque ad Sacerdotes Levitici generis, & ad Judicem qui fuerit illo tempore, quæreſque ab eis qui indicabunt tibi veritatem.* Grotius qui a examiné avec ſoin ce paſſage ſuppoſe qu'il y eſt parlé du Grand Sanhedrin, & fait en même temps cette remarque, que dans ces premiers temps là on choiſiſſoit ordinairement des Sacrificateurs & des Levites pour être les membres de cet auguſte Senat; parce qu'ils avoient plus de capacité que les autres.   *Ideoque primis ſeculis ex illis ut eruditioribus Senatus 70. virûm legi maximè ſolebat: unde & hic ex potiori parte Senatus ille intelligendus eſt.*   Mais il n'y eſt parlé, dit-on, que d'un Juge au ſingulier, & non pas au pluriel de pluſieurs Juges.   Que cela fait-il contre les Juges du Sanhedrin? Y a-t-il la moindre oppoſition entre l'autorité de ce premier Juge, & les autres Juges Aſſeſſeurs? Joſué qui a eu la même qualité n'aſſembloit-il pas le corps des Senateurs lors qu'il étoit queſtion de décider quelque point important? Il en étoit de même de ces Juges-là, ſoit qu'on les nomme ordinaires ou extraordinaires; & bien qu'ils puſſent juger quelquefois ſeuls des differens, ils le faiſoient neanmoins rarement, ſuivant en cela la forme de juger que Dieu avoit établie ſous Moïſe qui a toûjours ſervi de modéle aux Juifs.

Si nôtre Auteur avoit moins l'eſprit de contradiction, il auroit auſſi reconnu avec Grotius & les plus ſavans Interpretes de l'Ecriture l'établiſſement du Sanhedrin dans le Chap. XIX. du Livre II. des Paralipomenes, où il eſt dit que Joſaphat établit des Juges dans toutes les villes fortes de Juda, & qu'il établit auſſi à Jeruſalem des Levites & des Sacrificateurs & des Chefs de famille pour juger les differents qui pouvoient ſurvenir entre les Iſraëlites. *In Jeruſalem quoque conſtituit Joſaphat Levitas & Sacerdotes & principes familiarum ex Iſrael, ut judicium & cauſam Domini judicarent habitatoribus ejus.* Ce n'eſt pas deviner que d'expliquer ces paroles du Grand Sanhedrin

que

Preuves de la durée de ce Grand Sanhedrin.

Deuter. 17: 9.

Grot. Annot. in Deuter. 17: 9.

Grotius.

1 Paralip. 19: 5 & 8.

que Josaphat retablit dans Jerusalem ; puis qu'on y employe les mémes termes qui sont employés dans les autres endroits où il est parlé de cette Assemblée qui étoit la plus-part composée de Sacrificateurs & de Levites.   C'est pourquoi Josephe qui rapporte cette même Histoire de Josaphat au commencement de son IX. Livre des Antiquités, a observé que ce Prince enseigna au peuple les loix de Moïse, & qu'aprés avoir établi des Juges dans chaque ville, il établit aussi dans Jerusalem des Juges des causes majeures d'entre les Sacrificateurs & les Levites & les principaux du peuple.   Ce qu'on ne peut entendre que du Grand Sanhedrin.   Je n'examine pas ici si ce Sanhedrin n'a jamais été interrompu dans la République des Ebreux, ou s'il a été quelquefois composé d'un plus petit nombre de personnes que de septante : car ce n'est point de quoi il s'agit présentement.   Mr. Simon a fait assez voir dans son Supplément aux Ceremonies des Juifs, que cette chaîne de Traditions que les Juifs vantent tant n'est pas appuyée sur de bons fondemens.   En effet, il semble qu'ils n'ayent eu d'autre veüe lors qu'ils ont traité de la succession de leurs Souverains Sacrificateurs & de leurs Grandes Assemblées, que de s'opposer à la Secte des Juifs Caraïtes, qui rejettoient la meilleure partie de leurs Traditions comme peu seures.

Joseph. lib. 9. Antiq. cap. 1.

Raison pourquoi les Juifs vantent si fort leurs Traditions.

C'est donc en vain que Mr. le Clerc tâche d'éluder des passages si clairs de l'Ecriture où il est parlé du Grand Sanhedrin des Juifs : car il ne suffit pas d'opposer de simples mots à un établissement qui est marqué expressément dans la Loi de Moïse ; il faut avoir des preuves positives pour le détruire, & qui montrent évidemment que cette forme de jugement ne devoit pas être stable & à perpetuité tant que la République des Ebreux dureroit.   Nôtre Auteur avouë neanmoins qu'il y a un passage dans Ezechiel *qui semble avoir quelque force* ; mais pour l'éluder il a recours à ses subterfuges ordinaires.   Ce Prophete dit que Dieu lui fit voir 70. *hommes des Anciens d'Israël.*   Ce qu'on explique ordinairement des 70. Senateurs du Sanhedrin, ou comme parle Grotius, *id est, illi 70. qui inter Judices omnes eminebant summa cum potestate.*   Mais Mr. le Clerc prétend nous prouver par l'Histoire, qu'il n'y pouvoit avoir alors une Assemblée semblable à celle-là : puis il ajoûte, qu'il se peut faire qu'Ezechiel fasse seulement allusion à l'Assemblée qui fut formée sous Moïse ; que le nom d'Ancien est ici un nom d'âge, & non

Autre preuve de la durée du Sanhedrin.

Ezech. 8: 11.

Grot. Annot. in Ezech. 8: 11.

P 2

pas

pas *un nom de Charge* qui marquaſt la dignité de Senateur dans le Grand Sanhedrin ; qu'enfin le Prophete n'auroit pas dit 70. *d'en-tre les Anciens d'Iſraël*, comme il y a dans le Texte ; mais plutoſt *les 70. Anciens ou Senateurs d'Iſraël.* C'eſt ainſi qu'on tâche d'éluder des preuves poſitives par de froides conjectures. En effet y a-t-il de la vrai-ſemblance que le Prophete en parlant des 70. Senateurs d'Iſraël euſt fait une ſimple alluſion à ces Senateurs qui furent éta-blis ſous Moïſe, & qu'on ſuppoſe n'avoir point paſſé le temps de ce Légiſlateur ? On ne peut pas douter que ſi Ezechiel ne faiſoit qu'u-ne ſimple alluſion, il n'euſt en veüe la forme du Gouvernement qui étoit dans ce temps-là connuë de tout le monde, & qu'ainſi le mot d'Ancien ne ſe doit pas entendre de l'âge, mais de la Charge ou Dig-nité de Senateur. Il eſt encore plus ridicule de dire que dans le Tex-te du Prophete il n'y a pas 70. *Anciens*, mais 70. *d'entre les Anciens.* Ezechiel s'eſt ſervi en cet endroit pour marquer ces 70. Senateurs, de la même expreſſion dont Moïſe s'eſt ſervi dans les Nombres, quand il établit ce Senat, ſavoir 70. hommes זקני *des Anciens* d'Iſ-raël, ne pouvant pas mieux marquer ces Senateurs que par les pro-pres termes de Moïſe qui étoit l'Auteur de cet établiſſement. Mais c'eſt trop s'arrêter ſur des minuties & ſur des diſputes de mots.

Aprés toutes ces remarques particulieres nôtre Faiſeur d'Entre-tiens dit en general, que *ſi l'on repaſſe en ſon eſprit l'Hiſtoire des Ebreux, on y trouvera pluſieurs choſes qui feront douter avec ſujet ſi cette Aſſem-blée a duré aprés Moïſe.* On voit dans l'Hiſtoire de Joſué & des Juges, que Joſué conduiſit Iſraël avec une autorité qu'il ne partageoit avec perſon-ne, & que Dieu ſuſcitoit de temps en temps des Juges pour délivrer Iſraël de ſes ennemis, & pour lui rendre juſtice : ce qui n'auroit point été neceſ-ſaire, s'il y avoit toûjours eu en Iſraël des gens inſpirés de Dieu qui gouver-noient l'Etat. Mais on a déja fait voir ci-deſſus par les paroles mê-mes du Texte de Joſué & par le témoignage de Joſephe, que tout ce raiſonnement eſt faux ; puis qu'il y a eu ſous Joſué un veritable Senat qu'il a convoqué lui-même. Bien loin que l'inſpiration de ces Senateurs qui gouvernoient le peuple d'Iſraël fuſt incompatible avec l'autorité des Juges que Dieu ſuſcitoit de temps en temps pour délivrer Iſraël, Moïſe qui étoit au deſſus de ces Juges, & qui avoit auſſi été ſuſcité de Dieu *pour délivrer Iſraël de ſes enne-mis*, avoit lui-même établi les 70. Senateurs avec qui il parta-geoit ſon eſprit & ſon autorité. Joſué fit auſſi la même choſe à ſon
imita-

Numer.
11: 16.

Fauſſes
raiſons
de Mr. le
Clerc.

Joſ. 24:
1.

imitation. S'il y a eu quelque interruption de ce Grand Sanhedrin, & fi quelques Juges ou Rois ont feuls jugé des affaires les plus importantes fans cette Affemblée, on n'en peut pas conclure qu'elle n'ait point fubfifté aprés Moïfe; puis qu'on a des preuves évidentes du contraire dans l'Ecriture & dans Jofephe, aufquelles on ne peut pas oppofer des argumens purement negatifs qui ne prouvent rien dans le fait dont il eft queftion. C'eft fur ce pied-là qu'on doit juger de ce que Mr. le Clerc produit tiré des Chapitres IX. & X. de Nehemie, où il eft marqué felon lui, qu'on fit alors divers reglemens dans Jerufalem, *pour tâcher de remettre la Religion & l'Etat en leur ancien luftre: mais on ne voit en aucun endroit que cette Grande Synagogue de foixante-&-dix hommes dont les Rabbins parlent tant, ait eu l'adminiftration de ces importantes affaires.* On diroit par la même raifon qu'il n'y a point de Senat à Venife, parce que la plufpart des affaires font faites au nom du Doge de cette République. C'eft auffi ce que les Juifs ont obfervé à l'égard de leurs Chefs, qu'on nomme le plus fouvent feuls fans parler du Sanhedrin où ils préfidoient. On ne prétend pas pour cela autorifer toutes les Hiftoires que les Rabbins ont faites de leur Grande Synagogue. Il y a un milieu à garder là-deffus qu'on a gardé dans l'Hiftoire Critique.

La conjecture que Mr. le Clerc tire du mot *Sanhedrin*, qui eft un nom Grec, pour monftrer qu'il a été apparemment établi *fous l'Empire des Macedoniens chez qui ce nom étoit en ufage*, ne prouve rien du tout: puis que d'un fimple mot on ne peut pas conclure la chofe; principalement quand cette même chofe fe trouve établie auparavant. On peut feulement conclure de là que les Juifs depuis l'Empire des Macedoniens ont adopté plufieurs mots Grecs.

Si Jofephe, ajoûte Mr. le Clerc, étoit un Hiftorien exact & fidéle, on pourroit ajoûter à tout cela un argument negatif tiré de fon filence; & ceux qui lui donnent ces qualités ne fauroient nous dire pourquoi il n'a rien dit de la continuation de cet augufte Tribunal depuis Moïfe jufqu'à Efdras. Mais on peut dire avec plus de raifon, que fi nôtre Faifeur d'Entretiens avoit lû avec plus d'exactitude Jofephe & les autres Auteurs qu'il cite, il ne feroit pas tant de *pas de Clerc:* car outre ce que nous avons déja rapporté de cet Hiftorien, il fait parler Moïfe au Livre IV. Chap. VIII. de fes Antiquités aux Ifraëlites qu'il in-

Jofephe fauffement allegué par Mr. le Clerc.

P 3

ftruit

struit avant sa mort des loix qu'il leur laisse, & dont il leur commande l'observation.   Or entre ces loix qui devoient demeurer à perpetuité chez les Ebreux l'établissement du Senat est une des plus considerables.   Vous ne manquerez point à l'avenir, leur dit Moïse, de personnes qui vous donnent de bons avis pour vôtre conduite; & vous serez heureux si vous leur obeïssez, je veux dire *le Souverain Sacrificateur Eleazar, Josué & le Senat.*   Josephe marque aprés cela en détail les loix qui devoient être fixes & stables chez ceux de sa nation, & il ne manque pas de produire celle qui regarde le Grand Sanhedrin de Jerusalem, auquel les causes des Juges inferieurs & subalternes étoient renvoyées pour être jugées définitivement & en dernier ressort, savoir par *le Souverain Sacrificateur, le Prophete, & le Senat.*   Et afin qu'on ne doute pas de la stabilité de ces loix pendant tout le temps que la République des Juifs dureroit, il ajoûte aprés les avoir marquées en détail, *Voilà ce que Moïse a ordonné; & les Ebreux l'executent.*   Ταῦτ᾽ οὖν Μωυσῆς τε διέταξε, καὶ τὸ Ἑβραίων ἔθνος ἀνάλαθα τὰ τοῖς πᾶσιν διατελεῖ.   Tout cela ne s'accorde pas fort bien avec les conversations libres de Mr. le Clerc, qui a eu raison de donner ce nom à son Ouvrage, parce qu'en effet il y fait paroître une grande liberté, disant tout ce qu'il lui plaist & le plus souvent sans raison.

Il ne raisonne pas mieux quand il ajoûte un peu aprés, qu'il ne comprend point en quel sens Mr. Simon a pû dire, qu'il y a *peu de vrai-semblance dans la plus-part des choses que les Juifs ont attribuées à cette Assemblée tenuë sous Esdras, qu'ils nomment par excellence la Grande Synagogue;* & qu'il attribuë en divers endroits l'esprit de Prophetie aux Juges du Sanhedrin.   Voici les paroles de Mr. Simon que Mr. le Clerc n'a pû digerer, tant il a de délicatesse.   *Dieu a promis aux Prophetes & aux Juges du Sanhedrin qui ont succedé à Moïse la même grace & le même esprit de Prophetie qu'à ceux qui vivoient de son temps.*   Nôtre Auteur demande en quel endroit de l'Ecriture se trouve cette promesse faite aux prétendus successeurs de Moïse & de l'Assemblée qu'il établit; puis *qu'on ne trouve point que personne leur ait succedé.*   S'il avoit lû avec application les Livres de la Loi, il y auroit trouvé cette promesse de Dieu: car c'est ainsi qu'il faut entendre selon le sens literal ces paroles du Deuteronome qui s'adressent à Moïse, *Je leur susciterai un Prophete d'entre leurs freres semblable à toi, & je mettrai mes paroles dans sa bouche.*   Toute la suite du discours

fait

fratrum suorum similem tui, & ponam verba mea in ore ejus, *Deuter.* 18: 18.

fait affez connoître qu'il eft parlé en ce lieu-là de ceux qui devoient
fucceder à Moïfe en qualité de Juges, & aufquels Dieu devoit donner le même efprit de Prophetie. Auffi eft-ce la raifon pourquoi Jofephe appelle fouvent ces Juges *Prophetes* fans leur donner d'autre
nom. Ils ne pouvoient pas être femblables à Moïfe dans leurs juge-
mens, qu'ils ne fuffent accompagnés à fon imitation des LXX.
Vieillards avec qui il partagea fon efprit: & c'eft la promeffe que
Dieu fait aux Ifraëlites en cet endroit, quand il leur dit qu'il leur
donnera pour vuider leurs differens des Prophetes femblables à
Moïfe, & il leur recommande en même temps de les écouter.   La
forme du Gouvernement ayant été établie fous le même Moïfe
pour être ferme & ftable, Dieu s'engage en quelque maniere à la
conferver en leur donnant des Juges comme Moïfe.   En effet Jofué
lui fucceda en cette qualité de Juge Prophete, & il affembla le
Sanhedrin dans les grandes affaires.

Mr. le Clerc demande de plus à Mr. Simon, quelle preuve il a
que les Livres Sacrés n'ont point été publiés qu'ils n'ayent été re-
veus par le Sanhedrin ou par d'autres perfonnes infpirées de Dieu.
Il eft vrai, dit-il, *que les Rabbins difent que c'etoit au Grand Sanhedrin* Les Pro-
à juger des Prophetes; mais cela eft manifeftement contraire à l'Hiftoire phetes fu-
Sainte, qui nous reprefente les Prophetes dependans uniquement de Dieu..... jets au
Les Juges avoient droit de punir un faux Prophete convaincu manifefte- ... Sanhe-
ment d'impofture; & perfonne ne le pouvoit punir qu'eux: mais un veri- drin.
table Prophete ne leur demandoit point permiffion de prophetifer ni de publier
fes Ecrits, comme il paroit par l'exemple de Jeremie.   On pourroit ici
produire les témoignages des Peres & des Docteurs Juifs qui ont
eté en cela du même fentiment que Mr. Simon: mais comme ces
gens-là font fufpects à nôtre Auteur, qui ne fe fatisfait pas de fimples autorités, il faut voir s'ils ont eu raifon. Il eft conftant que Dieu
a établi Moïfe & l'Affemblée de fon temps pour connoître de ce
qui fe pafferoit de plus important dans la République des Ebreux.
Ce pouvoir, comme nous l'avons prouvé ci-deffus, paffa de Moïfe
aux Juges fes fucceffeurs.   Or peut-il y avoir dans un Etat plus
grande affaire que celle qui regardoit les Prophetes & les Livres
Prophetiques.   Plufieurs fe difoient Prophetes qui ne l'étoient
point, & ne laiffoient pas de débiter leurs fauffes Propheties.   On
nous cite les Chapitres XIII. & XVIII. du Deuteronome pour
prouver que *l'Hiftoire Sainte nous reprefente les Prophetes dependans uni-*
quement

quement de Dieu.   Au contraire Dieu ſoumet en ces endroits-là les Prophetes à l'autorité du Sanhedrin, qui devoit condamner à la mort les faux Prophetes.   Il y avoit des regles pour diſcerner les vrais Prophetes d'avec les faux.   C'étoit aux Juges du Sanhedrin à prononcer ſur les faits, parce que la Loi ne contenoit que le droit, qui devoit être expliqué par ces Juges, & en même temps appliqué aux cas de Prophetie qui ſurvenoient.   Il eſt vrai que Jeremie & les autres Prophetes ne demandoient pas du Sanhedrin la permiſſion de prophetiſer ni de publier leurs Propheties : mais cela n'empêchoit pas que le Sanhedrin ne connuſt de leurs faits, & qu'il n'examinaſt leur doctrine ſelon la Loi, comme nous voyons même que cela s'obſervoit encore parmi les Juifs du temps de Nôtre Seigneur, bien qu'en ce temps-là toute leur diſcipline fuſt corrompuë.

Comme il n'y a rien que nôtre Auteur aime tant qu'à chicaner ſur des mots, il ne peut ſouffrir qu'on ait remarqué dans la Critique, qu'Eſdras ou l'Auteur des Paralipomenes a écrit un grand nombre de faits *autrement* qu'ils ne ſont rapportés dans les autres Livres de la Bible.   *Il falloit encore,* dit-il, *que le P. Simon eſſayaſt de prouver qu'il y a eu une autorité au monde qui pouvoit obliger de croire deux Ecrivains qui rapportent un fait autrement l'un que l'autre. Remarquez que par* autrement *il faut entendre d'une maniere contraire au moins en quelque choſe.*   Mais on auroit bien plus de raiſon de dire qu'il falloit encore que Mr. le Clerc fiſt voir à tout le monde qu'il eſt un pur Sophiſte qui ne cherche qu'à pointiller ſur des mots.   Bien loin que le mot *autrement* ſignifie en cet endroit *d'une maniere contraire,* on a apporté dans l'Hiſtoire Critique des regles pour concilier les diverſes manieres dont on liſoit un même & ſeul Acte dans l'Ecriture.   Il eſt de notorieté publique que pluſieurs Hiſtoires ſont rapportées dans les Livres des Paralipomenes d'une autre maniere qu'elles ne ſont dans les autres Livres de la Bible.   Les Interpretes tant Juifs que Chrétiens s'appliquent à concilier dans leurs Commentaires ces ſortes de diverſités qui ne ſont pas de veritables contrarietés.   En quoi donc peut-on avoir peché, en marquant que l'Auteur des Paralipomenes a rapporté pluſieurs faits autrement qu'ils ne ſont énoncés dans les autres Livres, puis qu'ils n'y ſont point en effet rapportés d'une même maniere que dans les autres.   Un homme qui donne des regles pour concilier ces ſortes de diver-

Chicanerie ſur de purs mots.

ſités

fités a-t-il prétendu dire qu'Efdras avoit corrompu les Livres Sacrés? Mais il faut excufer nôtre Faifeur d'Entretiens, qui n'eft
pas le maitre de lui-même quand fon accés le prend.   S'il avoit lû
la premiere Homilie de St. Jean Chryfoftome fur St. Matthieu, il
auroit trouvé que ce Pere s'explique de la même maniere en parlant des Evangeliftes qui rapportent diverfement un même fait.

Il conclut enfin aprés avoir fait de fi rares obfervations fur le
Sanhedrin & le Canon des Juifs, qu'on ne peut rien dire d'affûré
fur le temps auquel le Recueil de leurs Livres a été fait, fi ce n'eft
qu'on l'a dû faire depuis Artaxerxes Longuemain jufqu'à Ptolemée Philadel-
phe, c'eft-à-dire, dans l'efpace d'environ deux cens ans.   Il n'eft pas poffible, ajoûte-t-il, d'en dire davantage. Je dirois au contraire qu'on n'en
pouvoit pas dire moins: car il me femble que fa maniere de raifonner eft bien vague, quand il conclut que les Livres Sacrés étoient
tous publiés au temps de Ptolemée Philadelphe, puis qu'ils furent
tous traduits en ce temps-là.   C'eft de quoi perfonne ne peut douter; mais on n'inferera pas de là qu'on ne puiffe remonter plus haut,
& faire voir que les Juifs ont commencé à recueillir leurs Livres
immediatement aprés leur retour de la Captivité, comme on l'a
montré ci-deffus.

Pour ce qui regarde la maniere dont ce Recueil a été fait, il en
raifonne encore moins bien, quand il la compare avec la maniere
dont les Livres du Nouveau Teftament ont été recueillis.   *On*
pourroit croire, dit-il, *que ce ne font que des particuliers qui ont fait*
d'abord ce Recueil pour leur propre ufage, & que l'autorité de ces Livres
étant reconnuë, on a ordonné en-fuite qu'on les liroit publiquement dans
les Synagogues.   Ce qu'il prétend prouver par l'exemple de divers
Ecrits des Apôtres qu'on a reçûs *avant que d'en recevoir d'autres; &*
l'on s'eft fervi de l'autorité de tous long-temps avant que l'on tinft aucune Af-
femblée où l'on marquaft ceux que l'on croyoit être veritablement des Au-
teurs dont ils portent le nom, & ceux que l'on regardoit comme Apocry-
phes.   Il ne prend pas garde qu'il y a bien de la difference entre les
Juifs qui compofoient un corps de République où l'on confervoit
les Livres dans les Archives, & entre les Chrêtiens qui dans les
commencemens du Chriftianifme ne faifoient aucun corps, & qui
par confequent ne pouvoient pas faire par une autorité publique,
comme les Juifs, un Recueil de leurs Livres Sacrés.   C'eft pourquoi la comparaifon de nôtre Auteur étant défectueufe, les confe-

De la
maniere
dont le
Recueil
des Li-
vres Sa-
crés a été
fait.

Q

quences

quences qu'il en tire ne peuvent rien prouver. S'il avoit sû qu'on fait auſſi-bien des Syſtémes en matiere d'Hiſtoire qu'en Philoſophie, il ne ſe laiſſeroit pas ſi ſouvent aller à ſon imagination, qui le mene quelquefois un peu trop loin.

CHAPITRE XII.

Critique de la XI. Lettre.

COmme le Syſtéme en matiere d'Hiſtoire n'eſt pas du gouſt de Mr. le Clerc, il a crû qu'il lui étoit permis de faire des fictions qui peuvent toûjours entrer dans des converſations libres. Il produit ici & dans la Lettre ſuivante les ſentimens de Mr. N. touchant l'inſpiration des Ecrivains Sacrés. Il feint que le Mémoire de Mr. N. lui a été donné par un de ſes amis: mais on ſait tres-bien qu'il l'a reçû des mains mêmes de Mr. N. & qu'ils ont travaillé enſemble pour le rendre plus fort, & pour ruïner s'il étoit poſſible toute l'autorité des Livres Sacrés. J'ai déja dit dés le commencement de cet Ouvrage qui étoit ce Mr. N. qui s'appelle *Noël Aubert de Verſé*, & dont nous avons pluſieurs petits Ouvrages qu'il a donnés au public ſous differens noms. Mais il n'y en a point où il faſſe mieux connoître ſes qualités perſonnelles que dans ſon Livre intitulé *le Proteſtant Pacifique*. Il y joüe le perſonnage de tous les Sectaires de la Hollande, repreſentant neanmoins beaucoup mieux celui de Socinien que d'aucun autre. C'eſt dans ce Livre que Mr. le Clerc devoit chercher l'eſprit & la créance de Mr. N. au lieu de débiter comme il fait ici un long galimatias de penſées mal couſuës, voulant nous entretenir de la créance de ſon cher ami, qu'on pourroit ſoupçonner ſelon lui d'être Deïſte. Les raiſons qu'on apporte dans ce Mémoire contre l'inſpiration des Livres Sacrés conſiſtent la plus-part dans de méchantes difficultés, que nôtre Auteur trouve cependant fort ſolides, & ſouhaite que quelque habile Theologien y ſatisfaſſe.

Mr. N. reconnoit d'abord que les Prophetes ont été veritablement inſpirés de Dieu; ce qu'il reſtraint neanmoins aux choſes, ſans l'étendre aux paroles. Car il croit que le ſtile de chaque Prophete eſt le même lors qu'il parle par l'ordre de Dieu, que celui dont il ſe ſert quand il parle de ſon propre mouvement. Il ſuffit

ſelon

felon lui que les Prophetes ayent eu bonne mémoire pour retenir les paroles qu'ils avoient ouïes , & cela même n'étoit neceffaire que pour les noms propres , fans qu'il fuft befoin que dans le refte du difcours ils rapportaffent mot pour mot ce qu'ils avoient ouï. Si Mr. N. n'avoit pas été plus loin, il feroit inutile de réfoudre fes difficultés : car St. Jerôme & les plus favans Peres conviennent que le ftile des Prophetes ne vient pas tant de l'efprit qui les a infpirés que d'eux-mêmes ; & c'eft même ce qu'on a remarqué dans l'Hif-toire Critique, & dont on ne peut pas douter raifonnablement, à moins qu'on ne vueille combatre l'experience que nous en avons. Ainfi tout ce long difcours de Mr. N. où l'on cite St. Jerôme & Gro-tius pour prouver une chofe qui ne peut être contredite que de ceux qui n'ont fait aucune reflexion fur le ftile des Ecrivains Sacrés, paroit affez inutile. Une même chofe peut être exprimée en differens termes fans changer pour cela de nature ; & il fera toûjours vrai de dire que les Propheties font la pure parole de Dieu , bien que les Prophetes fe fervent d'expreffions qui leur font propres ; car ils ne difent rien que ce que Dieu leur a infpiré. La Prophetie d'Ifaïe étant bien traduite en Grec ou en Latin n'eft pas moins la parole de Dieu qu'en Ebreu, qui étoit la Langue du Prophete. Nous n'avons pas moins de veneration pour l'Evangile de St. Matthieu qui eft écrit en Grec, que fi nous avions l'Original, qu'on croit communément avoir été écrit en Ebreu ou Syriaque. Les Apô-tres fe font fervis fans aucun fcrupule de la Verfion Grecque du Vieux Teftament pour annoncer la foi, bien qu'ils feuffent que les Livres du Vieux Teftament avoient été écrits en Ebreu. C'eft pourquoi Mr. N. fe trompe fort, s'il a crû diminuer en quelque chofe la divinité des Livres Prophetiques, en faifant voir que tou-tes les paroles n'ont point été dictées mot pour mot aux Prophetes. Il fuffit que les chofes ayent été toutes dictées ou infpirées ; & c'eft en cela principalement que confifte la parole de Dieu annoncée aux hommes par la bouche de fes Prophetes.

Pour ce qui eft de l'exemple de Caïphe qui prophetifa fans le fa-voir , cela n'eft pas une chofe fort extraordinaire, puis que les ve-ritables Prophetes n'ont pas même toûjours fû ce qu'ils propheti-foient. Caïphe a pû en effet ne pas penfer qu'il fuft Prophete, en ne difant que des chofes que fa raifon & la nature de l'affaire lui pouvoient tirer de la bouche : mais la providence de Dieu qui con-

Q 2

duit

duit fouvent les hommes à des fins qui leur font inconnuës, fit parler ce Pontife de cette maniere pour une autre fin que celle qu'il s'é-
toit propofée.　Il y a auffi plufieurs prédictions dans les Pfeaumes
de David, lefquelles ne paroiffoient avoir qu'un fens hiftorique
dans le temps qu'elles ont été prononcées; ce qui n'empêchoit pas
qu'elles ne fuffent en même temps de veritables Propheties pour
des temps plus éloignés.　Les Juifs mêmes conviennent de ce principe avec les Chrêtiens, reconnoiffant d'un commun accord deux
fens dans l'Ecriture, dont le premier eft literal & hiftorique, & le fecond eft myftique & fpirituel, & qui ne laiffe pas pour cela d'être
fouvent literal à fa maniere.　Nous voyons dans les Pfeaumes des
expreffions qui marquent à la lettre & hiftoriquement David & Salomon, que les Juifs & les Chrêtiens entendent auffi du Meffie, à
caufe de certaines circonftances qui y font jointes qu'il feroit difficile d'attribuër à David & à Salomon.　Je veux croire que l'Auteur
des Pfeaumes n'a pas eu toutes ces veües, & qu'il n'a quelquefois
eu devant les yeux que le fens hiftorique: on n'en peut pas conclure que Dieu n'ait pas dirigé l'efprit & les paroles de cet Ecrivain
à des fens plus fublimes & qui étoient réfervés aux temps du Meffie.　Cette verité ne peut être conteftée, à moins qu'on ne nie toute l'économie du Vieux & du Nouveau Teftament.　Les Juifs mêmes bien qu'ils ne reconnoiffent pas Jefus Chrift, avoüent que le
Meffie devoit perfectionner l'Ancienne Loi: & c'eft fur cela qu'ils
fe fondent pour expliquer du Meffie plufieurs paffages qui ont un
autre fens literal & hiftorique.

　　　Ce qui trompe le plus fouvent Mr. N. dans tout ce difcours, c'eft
qu'il n'a pû concilier enfemble la raifon & l'infpiration: comme fi
les hommes pour être infpirés ceffoient d'être hommes & d'agir felon les voyes ordinaires.　Il femble, dit-il, que pour écrire des Cantiques il fuffit d'avoir de la pieté fans être infpiré, & nous ne voyons
pas que dans ces fortes d'Ouvrages les Ecrivains Sacrés parlent au
nom de Dieu, & commencent leurs difcours à la maniere des Prophetes, *Ainfi a dit le Seigneur.*　Cette regularité même, ajoûte-t-il,
qui paroit dans quelques Pfeaumes, *à commencer les verfets ou les pau-*
fes par les lettres de l'Alphabet fait voir que l'on y a apporté de la médita-
tion & du travail, comme l'on fait aux Vers Acroftiches.　Enfin il confirme fa penfée par les Ecrivains du Nouveau Teftament, *qui n'ont*
écrit ces Hiftoires que par un principe de pieté; & l'on doit être perfua-
de

dé qu'ils nous ont dit la verité, en racontant des faits qu'ils ont veus eux-mémes, ou qu'ils ont tirés de bons Mémoires. Mais quoi que les Auteurs des Pſeaumes & des Cantiques ne s'expriment pas à la façon des Prophetes qui ont eu souvent dans la bouche cette ex-preſſion, *Ainſi a dit le Seigneur*, il ne s'enſuit pas qu'ils n'ayent point été dirigés par l'Eſprit de Dieu dans leurs Ouvrages. Les Prophetes étoient des perſonnes envoyées extraordinairement de Dieu pour annoncer ſa volonté aux hommes; & ainſi il étoit à pro-pos qu'ils leur fiſſent connoître dans leurs Harangues qu'ils n'é-toient que ſes Interpretes. Il n'en eſt pas de même des Cantiques ni des Hiſtoires Sacrées qui n'étoient pas prononcées devant le peu-ple de la même maniere que les Propheties. Le ſtile de ces Ouvra-ges a quelque choſe de plus humain. C'étoit aſſez que Dieu les diri-geaſt d'une maniere qui les empêchaſt de tomber dans l'erreur, ſans qu'il fuſt beſoin qu'il leur inſpiraſt les expreſſions ni même toûjours les choſes. Les plus ſavans Interpretes de l'Ecriture parmi les Ca-tholiques ſont de ce ſentiment, & on n'en inferera pas pour cela avec Mr. N. que les Ecrivains de ces Livres n'ont point été inſpirés. Pour n'être pas ennuyeux par de longues citations de pluſieurs Auteurs qui diroient tous la même choſe, je produirai ſeulement le témoig-nage du Jeſuïte Cornelius à Lapide, qui remarque dans ſes Com-mentaires ſur la II. Epître à Timothée, que le St. Eſprit n'a pas dicté également & de la' même maniere les Livres Sacrés. Il recon-noit à la verité que Dieu a révelé & dicté à Moïſe & aux Prophetes la Loi & les Propheties: *Legem & Prophetias ad verbum revelavit & di-ctavit Moſi & Prophetis.* Puis il ajoûte, qu'il n'a pas été neceſſaire que les Hiſtoires & les exhortations morales fuſſent inſpirées ou dictées par le St. Eſprit à ceux qui les ont miſes par écrit, puis qu'ils pou-voient les avoir appriſes comme témoins oculaires, ou les avoir en-tenduës ou même lûës dans les Livres. *Hiſtorias verò & morales ex-hortationes, quas antea vel viſu, vel auditu, vel lectione, vel medita-tione didicerant ipſi Scriptores Hagiographi, non fuit neceſſe inſpirari aut dictari à Spiritu Sancto, utpote cùm eas ſcirent & callerent ipſi Scriptores.*

Ce ſavant Jeſuïte qui étoit exercé dans la lecture des Livres Sa-crés parle à peu prés des Ecrivains Hagiographes de la même ma-niere que Mr. N. ſans en tirer neanmoins les mêmes conſequences, qui n'ont en effet aucune liaiſon avec ce principe. Un homme qui eſt dirigé par l'Eſprit de Dieu pour ne point tomber dans l'erreur,

Q 3

cesse-

cesse-t-il pour cela d'être homme & d'agir selon les voyes ordinaires des hommes ? Mr. N. qui est obligé d'avoüer que les Prophetes
ont été veritablement inspirés de Dieu, trouvera dans le stile des
Prophetes des expressions figurées & méditées aussi-bien que dans
les Pseaumes ; & bien que leurs Ouvrages ne soient pas écrits en
Vers, on ne laisse pas d'y voir *que l'on y a apporté du travail & de la
méditation*, pour me servir de ses termes quand il parle du stile des
Pseaumes. Les frequentes Paronomases qui paroissent dans la Prophetie d'Isaïe & dans quelques autres Propheties sont des preuves
évidentes qu'ils se sont appliqués à écrire d'un stile elegant, & qu'ils
ont affecté de la politesse dans leurs discours.   Mais Mr. N. qui n'a
aucune connoissance de la Langue Ebraïque n'a pû distinguer ces
sortes de délicatesses dans les Ecrits de quelques Prophetes, lesquelles se font neanmoins sentir à ceux qui entendent un tant soit
peu l'Ebreu.

Mr. N. paroit encore moins instruit de la créance des bons Auteurs qui ont écrit sur cette matiere, quand il ajoûte peu aprés,
*Qu'on croit communément deux choses qui lui paroissent sans fondement ; sa-
voir que l'Histoire Sainte a été dictée mot pour mot par le St. Esprit; & que les
Auteurs dont elle porte le nom n'ont été que comme ses Secretaires qui écrivoient à mesure qu'il dictoit.*   Mais outre que l'Histoire Critique de
Mr. Simon fait voir évidemment le contraire, on n'a qu'à jetter les
yeux sur les paroles de Cornelius à Lapide qu'on vient de produire,
& l'on sera convaincu que Mr. N. fait passer mal-à-propos pour une
créance reçûë communément, l'opinion de quelques particuliers,
qui raisonnent à peu prés des Livres Sacrés de la même maniere que
les Mahommetans parlent de leur Alcoran. Ce défaut est assez ordinaire aux Docteurs de Geneve ; comme on peut le reconnoître dans
les Ouvrages de Beze leur grand Critique.   C'est sur ce pied-là
qu'il raisonne dans un de ses Opuscules contre Sebastien Castalio,
qui a traduit ces mots du titre de l'Evangile de St. Matthieu, κατὰ
Ματϑαῖον, par ceux-ci, *Autore Matthæo*. Je veux qu'il eust été
mieux de traduire *secundùm Matthæum*, que *Autore Matthæo*: c'est
toute la remarque que Beze pouvoit faire ; au lieu qu'il charge d'injures Castalio, comme s'il avoit voulu insinuer que Dieu ne fust
pas l'Auteur de cet Evangile, mais Saint Matthieu. Beze met de la
difference en cet endroit entre *Autor* & *Scriptor*, croyant qu'on peut
dire seulement que St. Matthieu est *l'Ecrivain*, & que Dieu en est

l'Au-

l'Auteur.   Il est cependant manifeste que Castalio a pris en ce lieu-là le mot *Autor* pour celui de *Scriptor*, & qu'il a pû le faire selon les loix de la Grammaire & selon l'usage de la Langue Latine.   Mais Beze dont les Ecrits ne font presque qu'un tissu de médisances & d'injures, s'emporte avec fureur contre Castalio, & l'accuse injustement de n'avoir point d'autre sentiment des Ecrivains Sacrés que des autres Ecrivains qui ont écrit ce qu'il leur a plû.   *Grammatica non est hæc contentio*, dit-il, *sed majoris momenti quàm initio quisquam suspicetur.   Nota est enim plus satis illa Epicureorum blasphemia, Mosen & Prophetas & Apostolos homines fuisse qui scripserint quod ipsis placuit.   Notæ sunt etiam nostrorum adversariorum furiæ, qui Patrum Scripta sacris illis libris interdum exæquant, interdum etiam anteponunt.*   Je voudrois bien savoir où cet emporté a lû que les Catholiques égalent les Ecrits des Peres à ceux des Ecrivains Sacrés.   Les expressions de ces Docteurs de Geneve auront sans doute donné occasion à Mr. N. de faire toutes les réflexions qu'il fait ici, & d'où il ne prouvera jamais que les Ecrivains des Livres qu'on nomme Hagiographes, & les Auteurs du Nouveau Testament n'ont point été en effet dirigés par le Saint Esprit pour écrire leurs Histoires.   Les Auteurs Catholiques reconnoissent aussi-bien que lui, que *les Apôtres n'avoient pas besoin d'inspiration pour dire ce qu'ils avoient veu*, sans en tirer comme il fait des consequences contre l'inspiration des Livres Sacrés.

Beza in Respons. ad defensiones & reprehensiones Sebast. Castalionis ad Defens. 2.

La raison qu'il ajoûte en-suite contre l'inspiration de ces mêmes Livres, & qu'il tire du commencement de l'Evangile de St. Luc, ne peut aussi rien prouver, puis que les mêmes Docteurs Catholiques qui reconnoissent cet Evangile inspiré, avoüent aussi-bien que lui que cet Evangeliste a appris ce qu'il nous dit *par l'information qu'il en a tirée de ceux qui le savoient exactement*, savoir des Apôtres qui avoient été les témoins oculaires des actions de Jesus Christ.   C'est aussi de cette maniere que Saint Jean nous dit qu'il a écrit les choses qu'il a veües lui-même, & il appuye sur cela la verité de son Evangile.   *Et qui vidit testimonium perhibuit, & verum est testimonium ejus.*   Saint Jean n'avoit pas besoin d'apprendre par la voye de l'inspiration des faits qu'il avoit veus de ses yeux ; & quand on dit que les Evangiles ont été inspirés, cela ne doit pas s'entendre à la rigueur, comme si tout ce qui est contenu dans ces Livres venoit immediatement du St. Esprit : mais on veut dire seulement, que Dieu a conduit

Faux raisonnement de Mr. N. contre l'inspiration des Livres Sacrés.

Joann. 19: 35.

duit

duit leur plume d'une maniere qu'ils ne tombaſſent pas dans l'erreur. Ce ſont des hommes qui écrivent; & l'Eſprit qui les dirigeoit ne les a pas privés de leur raiſon ni de leur mémoire pour leur inſpirer des faits qu'ils connoiſſoient parfaitement: mais il les a déterminés en general à écrire plûtoſt de certains faits que d'autres qu'ils connoiſſoient également.

Autre faux raiſonnement de Mr. N. ſur la même matiere.

Il n'y a auſſi rien de plus foible que l'objection qu'on tire de quelques contradictions apparentes des Evangeliſtes, pour prouver que leurs Livres n'ont pas été inſpirés. Mr. N. nous dit qu'ils ſont parfaitement d'accord entre eux pour le fonds de l'Hiſtoire; mais qu'ils ne conviennent pas dans pluſieurs circonſtances: d'où il conclut que chaque evenement ne leur a pas été inſpiré. *Si le St. Eſprit,* ajoûte-t-il, *leur avoit tout dicté, comme l'on dit, ils ſeroient parfaitement d'accord en tout; ces circonſtances étant auſſi connuës à Dieu que le fonds de l'Hiſtoire.* Il ſuppoſe toûjours que les Evangeliſtes ont été de purs inſtrumens du St. Eſprit, qui leur a dicté mot pour mot ce qu'ils ont écrit: mais on a déja fait voir qu'ils ont écrit la plus-part des faits comme témoins oculaires. C'eſt pourquoi ils ont pû varier dans quelques circonſtances ſans neanmoins ſe contredire, comme nous voyons tous les jours que pluſieurs perſonnes qui ſont témoins d'une même action ne la rapportent pas tous de la même maniere, les uns s'arrêtant à une circonſtance, d'autres à une autre, ſans dire neanmoins rien contre la verité. C'eſt ce qui eſt arrivé manifeſtement aux Evangeliſtes. St. Marc ne dit ſouvent qu'en abregé ce que St. Matthieu a rapporté avec plus d'étenduë; St. Luc s'attache plus quelquefois à l'ordre des matieres que les autres; & enfin il ſemble que St. Jean n'ait écrit que pour ſuppléer à quelques points de la Religion Chrêtienne qui n'avoient pas été aſſez éclaircis. St.

St. Jean Chryſoſt. Hom. 1. in Matth.

Jean Chryſoſtome explique judicieuſement les raiſons que les Evangeliſtes ont euës de ne parler pas tous de la même maniere. Il remarque que St. Matthieu qui écrivoit en Ebreu à des Juifs s'eſt appliqué principalement à leur montrer que Jeſus Chriſt étoit deſcendu d'Abraham & de David; au lieu que Saint Luc s'adreſſant à

Mr. N. attribué à Saint Jean Chryſoſtome ce qu'il n'a jamais dit.

toutes les nations en general remonte juſqu'à Adam. Mr. N. détourne ici le ſens des paroles de ce ſavant Pere, qui n'a pas dit, comme il lui fait dire, qu'il y euſt de veritables contrarietés dans les Evangiles; mais apparentes. Il oppoſe ſeulement ce qu'on apporte ordinairement touchant ces prétenduës contradictions, & il en conclut

clut avec raison que cela prouve évidemment la verité de leur Histoire; parce que s'ils s'accordoient parfaitement entre eux & jusqu'aux moindres circonstances, on auroit pû croire qu'ils auroient
été d'intelligence pour écrire la même chose: & enfin il conclut
qu'il n'y a aucune contrarieté entre eux. *Car il y a bien de la difference*, ajoute-t-il, *entre rapporter un fait diversement, & entre se contredire.* Καὶ ϒ̓ ἕτεϱόν ἐϛι διαφόϱως εἰπεῖν, ἢ μαχομένως εἰπεῖν. On peut juger de là quel fonds on doit faire sur les citations de Mr. N. qui détourne les pensées des Auteurs qu'il cite. Pour ce qui est de Grotius, Mr. N. auroit eu plutost fait de nous dire qu'il a tiré du Livre
de Grotius intitulé *Votum pro pace Ecclesiastica*, une partie de ce qu'il
débite ici.

Mr. le Clerc avoit déja insinué dans sa VIII. Lettre sous un nom
emprunté, que le Livre d'Esther étoit une Histoire faite à plaisir,
& qui *sentoit l'esprit fabuleux des Juifs, qui ont été depuis ce temps-là de
grands faiseurs de Romans.* Cette réflexion lui a paru si utile, qu'il la
produit encore ici sous le nom de Mr. N. Mais quand on suppose-
roit que les Livres d'Esther, de Judith & de Tobie ne sont pas de *Un Livre n'est pas fabuleux pour contenir des Paraboles.*
veritables Histoires, en pourroit-on conclure qu'on les doit ôter du
Catalogue des Livres Canoniques? Mr. Simon a remarqué dans
son Histoire Critique aprés St. Jérôme, que le stile parabolique a
été toûjours estimé par les peuples du Levant; & qu'un Livre soit
qu'il contienne une veritable Histoire, ou une simple Parabole, ou
une Histoire mêlée de Paraboles, n'en est pas pour cela moins vrai *Histoire Critique,* Liv. 1. Ch. 8.
ni moins Canonique. Ce qu'il prouve par l'exemple des Paraboles
qui se trouvent dans le Nouveau Testament, & dont quelques-unes
sont si bien circonstanciées, qu'on croiroit que ce sont de veritables
Histoires.

Au reste si l'on fait un tant soit peu de réflexion sur les principes
qu'on vient d'établir, on résoudra facilement toutes les autres difficultés que Mr. N. propose dans la suite de cette Lettre pour détruire l'inspiration des Auteurs Sacrés. Il prétend éluder par de vaines
subtilités des passages formels du Nouveau Testament, où Jesus
Christ promet d'envoyer à ses Apôtres le St. Esprit, qui leur devoit
enseigner tout ce qui étoit nécessaire pour l'exercice de leur Char- *Sophisme de Mr. N. contre l'inspira- tion des Apôtres.*
ge. Et en effet cela fut executé le jour de la Pentecôte, étant con-
firmés ce jour-là dans la grace de l'Apostolat pour prêcher à toute
la terre les verités de l'Evangile. Mr. N. tâche de détourner le sens

R

d'une

d'une promesse si authentique par un méchant sophisme. *Si Jesus Christ*, dit-il, *avoit résolu de donner à ses Apôtres le St. Esprit pour les inspirer perpetuellement, il ne leur auroit pas dit simplement qu'ils ne se missent pas en peine de ce qu'ils auroient à dire devant les Juges, parce qu'alors le St. Esprit parleroit en eux ; mais qu'ils ne devoient pas craindre que la parole leur manquast jamais, parce que le St. Esprit les accompagneroit incessamment, aussi-bien devant les Puissances du monde que lors qu'ils parleroient au peuple.* Je ne comprens pas selon quelles regles de Dialectique un exemple qu'on apporte pour confirmer une chose generale restreint cette même chose au seul exemple qu'on produit. La promesse de Jesus Christ à ses Apôtres est absoluë & generale, & partant elle ne peut être limitée. Quand il leur dit que lors qu'ils seront menés devant les Magistrats & les Puissances du monde, *le St. Esprit leur enseignera à cette heure-là même ce qu'ils doivent dire*, les exclut-il pour cela de la même grace pour les autres occasions où ils en auront besoin ? Un exemple qui confirme une regle generale détruit-il les autres exemples qu'on peut apporter de cette même regle ? J'ai honte de m'arrêter à ces sortes de puerilités que nôtre Faiseur d'Entretiens débite comme des difficultés importantes. Il n'y a rien de plus clair dans toute l'Ecriture que ces paroles de Nôtre Seigneur à ses Disciples, *Ce n'est pas vous qui parlez, c'est l'Esprit de vôtre Pere celeste qui parle en vous.* Cependant Mr. N. dit qu'il *est tenté de croire que par ces paroles Jesus Christ n'a voulu dire que ceci : l'Esprit de force & de sainteté que l'Evangile produit dans les cœurs vous apprendra ce que vous devez dire.* Mais au moins devoit-il produire quelque Texte formel de l'Ecriture pour autoriser sa tentation, qui détruit entierement la grace interieure que Dieu a répanduë dans le cœur des Apôtres, & qu'il répand encore tous les jours dans les cœurs des fidéles.

Comme si l'inspiration avoit entierement étouffé dans les Apôtres les sentimens de la nature humaine, Mr. N. ajoûte aprés cela que St. Paul a dit plusieurs choses sans une inspiration Prophetique, & qu'on peut attribuer plûtost à sa prudence qu'à l'Esprit de Dieu. Ces sortes d'objections ne peuvent être faites que par un homme, comme on l'a déja remarqué ci-dessus, qui ne peut concilier ensemble la raison & l'inspiration, & qui suppose que dés-lors qu'on est Prophete on cesse d'être homme. Jesus Christ qui a promis à ses Disciples que l'Esprit de Dieu les conduiroit dans toutes leurs actions, ne leur recommande-t-il pas de joindre la prudence du serpent

pent

pent à la simplicité de la colombe? St. Paul a suivi cette maxime en plusieurs rencontres à l'exemple de son Maître. C'est donc inutilement qu'on produit ici quelques passages de l'Ecriture pour prouver que St. Paul a eü quelquefois recours aux regles de la prudence.   Je veux même que ce St. Apôtre ait agi en homme dans la réponse qu'il fit au Grand Sacrificateur, quand il se vit si mal-traité par lui, & qu'il lui dit, non pas *brusquement*, comme parle Mr. N. mais par une juste indignation, *Dieu te frappera toi-même, muraille blanchie.   Quoi tu es assis ici pour me juger selon la Loi; & cependant contre la Loi tu ordonnes qu'on me frappe?* Si cette réponse est *une marque d'emportement*, & qu'elle soit opposée à la patience Evangelique, il faudra condamner en même temps d'emportement les paroles de Jesus Christ, lors qu'il appella Herode *renard*.   Cette grande liberté que les Prophetes ont fait paroître quand ils ont repris leurs Souverains passera aussi pour un emportement qui n'a rien de Prophetique. Les Prophetes cependant n'ignoroient pas la Loi de Moïse qui défend absolument de médire des Puissances.   *Diis non detrahes, & Principi populi tui non maledices.*   Si St. Paul a été un homme *brusque* pour avoir répondu avec tant de vigueur au Souverain Sacrificateur, les Prophetes que Mr. N. reconnoit avoir été veritablement inspirés auront été selon lui des gens *brusques & emportés*. Mais St. Paul, dit-on, & les autres Disciples de Jesus Christ ont dit des choses devant les Juges *qu'on peut bien dire sans inspiration*.   Mr. N. ne voit pas qu'on peut appliquer son même raisonnement aux Prophetes, qu'il avouë neanmoins avoir été veritablement inspirés. Je passe sous silence quelques autres raisonnemens qu'il ajoûte au même endroit, parce qu'ils ne sont pas mieux fondés. Comme quand il nous vient dire *qu'on ne peut pas trouver étrange que par le St. Esprit ou l'Esprit de Dieu on entende l'esprit de sainteté & de constance que l'Evangile inspire, ou une disposition de l'ame qui est un effet de nôtre foi,* parce que les Ebreux appellent, dit-il, *l'esprit de jalousie l'esprit d'étourdissement,* &c. Mais ces raisons generales qui ne sont appuyées que sur des mots équivoques ne peuvent rien prouver que generalement. Il faut en faire l'application, & voir en particulier si dans l'Ecriture *le St. Esprit* n'a pas d'autre signification que cette signification vague & telle qu'on la represente ici.

Mr. le Clerc finit ici sa onziéme Lettre, nous avertissant qu'il n'a encore donné que la moitié du Mémoire de Mr. N. puis il ajoûte,

R 2

qu'il

Marginal references: Actor. 23: 3. — Dicite vulpi illi, Luc. 13: 32. — Exod. 22: 28.

qu'il seroit extrémement à souhaiter que quelque personne habile & judicieu-se entreprist de traiter cette matiere à fonds. Le sentiment de Mr. N. est soutenu selon lui *de tant de preuves & de raisonnemens qui paroissent si forts --- qu'il ne sait pas bien par quels principes on le pourroit détruire.* C'est ainsi qu'il applaudit à son ami, ou plûtost à soi-même: car je ne doute point qu'ils n'ayent travaillé tous deux de concert à cette méchante piece, où l'on peut reconnoître non seulement la foibles-se de leur esprit, mais aussi leur malignité. Si nous en croyons nô-tre Faiseur d'Entretiens, *Cette matiere a été si peu agitée, que tous les Ecrits que l'on a faits jusques à present sur l'Ecriture ne nous fournissent pres-que aucunes lumieres là-dessus. Il faut tout tirer de son propre fonds pour lui répondre; & ce n'est pas une petite difficulté que de faire un effort d'esprit continuel pour débrouiller un sujet peu connu, & donner des principes clairs sur une matiere si obscure.* Il faut que Mr. le Clerc soit bien penetré des raisons du Mémoire qu'il produit, pour en parler de la sorte: mais je trouve au contraire aprés l'avoir examiné, que ce n'est qu'u-ne miserable rapsodie, où il ne paroit ni esprit ni jugement, ni même aucune érudition.

(marginal note: Maligni-té du Me-moire produit par Mr. le Clerc, & dont il est en partie l'Auteur.)

CHAPITRE XIII.

Critique de la XII. Lettre.

IL étoit juste que Mr. le Clerc prist haleine avant que de passer aux autres raisons de Mr. N. contre l'inspiration des Livres Sa-crés: & comme bien des gens ne seront pas apparemment fort édi-fiés de tout ce discours, il veut nous persuader que ce Monsieur N. qui en est l'Auteur *est un homme extrémement pieux, & qui as-surément ne croit point les mauvaises consequences que des gens trop prompts à juger de leur prochain pourroient tirer de ses pensées.* Nôtre Faiseur d'Entretiens auroit pû passer cette réflexion sans faire tort à la pie-té de son ami. On examine de nouveau dans le Mémoire le pas-sage de Saint Jean, où il est dit, *Quand l'Esprit de verité sera ve-nu, il vous conduira dans toutes les verités.* Ils ne reçûrent pas dit Mr. N. le Saint Esprit pour apprendre qu'il y a un Dieu, ou pour être instruits dans les Mathematiques. La remarque est tout-à-fait ju-dicieuse, mais elle ne prouve pas que les Apôtres n'ayent pas été inspirés dans tout ce qui appartenoit à leur Apostolat; & c'est de cette seule inspiration dont il s'agit: car comme on a déja remar-qué

(marginal note: Joann. 16: 13.)

(marginal note: L'inspi-ration n'a pas empêché les Apô-tres d'a-gir en hommes.)

qué plusieurs fois, les Apôtres qui furent confirmés dans la grace de leur Apostolat le jour de la Pentecôte, ne cesserent pas pour cela d'être hommes, & d'être sujets à quelques foiblesses humaines aussi-bien que le reste des hommes : ce qui étant une fois supposé, la plus-part des raisons du Mémoire de Mr. N. tombent d'elles-mêmes. De plus comme ils avoient à traiter avec des hommes, ils étoient souvent obligés de suivre les regles de la prudence humaine, & de s'accommoder même à leur esprit. Les déliberations qu'ils prennent dans leurs Assemblées avec les autres Chrêtiens n'ont rien qui soit opposé à l'inspiration. Quoi que Moïse, Josué & quelques autres Juges parmi les Ebreux fussent veritablement inspirés, ils ne laissoient pas d'assembler les Anciens, & de résoudre avec eux les affaires les plus importantes. Il en est de même de St. Pierre & des autres Apôtres, qui n'étant pas Législateurs comme Jesus Christ, n'ont rien fait de leur propre autorité, mais du consentement de toute l'Eglise. Il étoit necessaire qu'ils fissent connoître qu'ils ne décidoient rien qui ne fût conforme aux Saintes Lettres & à la doctrine qu'ils avoient reçûë de leur Maître ; & pour cela il en falloit déliberer dans les Assemblées, où les avis même se trouvoient quelquefois partagés.

On ne doit pas être surpris de cette diversité de sentimens, puis que chacun appuyoit le sien sur l'inspiration, ou plûtost sur l'autorité des Ecritures & sur les lumieres qu'il avoit de la Religion. C'est pour cette raison qu'on tinst une Assemblée, afin de résoudre la question de la Circoncision des Gentils. Les Juifs qui étoient nouvellement convertis à la Religion Chrêtienne étoient fondés sur la Loi de Moïse & sur l'exemple même de Jesus Christ qui n'avoit point aboli cette ceremonie. Bien qu'ils fussent persuadés que St. Pierre & les autres Apôtres avoient l'Esprit de Dieu qui les faisoit parler, il étoit à propos qu'on exposast publiquement dans une Assemblée les raisons qu'on avoit d'abolir une ancienne ceremonie qui paroissoit si fortement établie. Il n'y avoit que Jesus Christ qui le pust faire de sa propre autorité ; les Apôtres n'étant que ses Ministres & ses Interpretes. Cela doit servir de réponse à l'objection de Mr. N. qui nous dit que si les Apôtres *avoient été remplis d'un esprit d'infaillibilité tel qu'on le conçoit aujourd'hui, ils auroient été d'abord du même sentiment, & il n'auroit fallu faire autre chose que de charger l'un d'eux de prononcer l'oracle au nom de toute l'Assemblée.* Mais

Raison de la diversité de sentimens dans les premieres Assemblées des Chrêtiens.

R 3

les

les Apôtres bien qu'ils fuſſent inſpirés, n'ont été que les diſpenſateurs de la parole de Dieu qui leur étoit inſpirée. Il paroit même par l'Ecriture que le St. Eſprit régloit leur marche. *Vetati ſunt à Spiritu Sancto loqui verbum Dei in Aſia . . . Tentabant ire in Bithyniam, & non permiſit eos Spiritus Jeſu.* Ce qui prouve manifeſtement que l'Eſprit de Dieu les conduiſoit dans tout ce qui étoit de leur Charge, & qu'il leur inſpiroit par conſequent ce qu'ils devoient enſeigner. S'ils en déliberoient en-ſuite dans les Aſſemblées, ce n'étoit que pour donner un plus grand poids à leur doctrine. C'eſt pourquoi il eſt dit de St. Paul & de Timothée, que * lors qu'ils paſſoient par les villes ils recommandoient qu'on gardaſt ce qui avoit été arrété à Jeruſalem par les Apôtres & par les Anciens. L'Eſprit de Dieu n'eſt point oppoſé aux uſages ordinaires & aux moyens qu'on doit obſerver lors qu'il eſt queſtion de faire des reglemens.

Il eſt vrai que St. Pierre eut beſoin d'une nouvelle viſion pour apprendre qu'il ne devoit pas avoir ſcrupule d'annoncer l'Evangile aux Gentils : mais que peut-on conclure autre choſe de là, ſi ce n'eſt que ce Saint Apôtre étoit dirigé par l'Eſprit de Dieu dans toutes ſes actions? Jeſus Chriſt, dit-on, avoit ordonné à ſes Apôtres avant que de monter au ciel, *de prêcher l'Evangile à toutes les creatures*, & par conſequent aux Gentils auſſi-bien qu'aux Juifs. Cette conſequence n'eſt pas ſi claire que Mr. N. ſe l'imagine : car dans le temps que Jeſus Chriſt leur parloit, il étoit difficile qu'ils entendiſſent par ces paroles autre choſe que les Juifs, auſquels ſeuls il ſembloit que le Meſſie fuſt promis. Il leur avoit même défendu de prêcher aux Gentils & aux Samaritains. *In viam Gentium ne abieritis, & in civitates Samaritanorum ne in , averitis.* De plus l'Hiſtoire de ce qui ſe paſſa à Antioche, où St. Paul reprit publiquement St. Pierre, ne prouve pas que St. Pierre erra dans la doctrine; mais il crut qu'en cette rencontre il devoit uſer d'économie, & mettre en pratique la regle que Jeſus Chriſt avoit donnée à ſes Apôtres, de joindre la prudence du ſerpent à la ſimplicité de la colombe. Mr. N. ſe trompe auſſi, quand il dit que ſi les Apôtres étoient inſpirés & infaillibles, *ils avoient droit d'annoncer aux hommes la doctrine du ſalut avec la même puiſſance, & de parler du même ton que Jeſus Chriſt.* Il y a bien de la différence entre l'Auteur de la Loi & celui qui n'en eſt que l'Interprete. Nous ne voyons pas même que Joſué dans le Vieux Teſtament ait parlé du même ton que Moïſe. Les Apôtres qui étoient envoyés par Jeſus Chriſt devoient

devoient faire connoître qu'ils annonçoient sa doctrine , comme Jesus Christ lui-même déclara aux Juifs qu'il ne leur prêchoit que ce qu'il avoit appris de son Pere.   Est-ce que Jesus Christ n'a pas été infaillible, parce qu'il a rapporté toutes ses actions à Dieu son Pere, & qu'il a cité l'Écriture pour prouver sa doctrine ?

On ne peut aussi rien conclure de ces paroles de St. Paul aux Co-rinthiens , *Ce n'est pas moi, mais le Seigneur qui leur fait ce commande-ment . . . Ce n'est pas le Seigneur, mais c'est moi qui leur dis.*   Mr. N. prétend que St. Paul ne se seroit pas servi de ces termes, s'il avoit crû que ses paroles fussent aussi infaillibles que celles de Jesus Christ.   On diroit par la même raison que Jesus Christ ne s'est pas crû infaillible, parce qu'il s'appuye aussi sur l'infaillibilité de Dieu. Le sens de ces paroles de St. Paul est assez manifeste : car quand il dit que ce n'est pas lui qui leur fait ce commandement, mais le Seig-neur, il a voulu marquer qu'il y avoit une loi expresse de Jesus Christ sur le cas dont il s'agissoit, & qui est en effet rapportée par St. Matthieu; au lieu que Jesus Christ n'avoit rien prononcé sur le second cas.   C'est pourquoi St. Paul ajoûte, *C'est moi qui leur dis, & non pas le Seigneur.*   En parloit-il moins pour cela selon l'Esprit de Dieu ? Ne fait-il pas connoître au contraire que dans les con-seils mêmes qu'il leur donne il croyoit être assisté de l'Esprit de Dieu. *Puto autem quòd & ego Spiritum Dei habeam.*

Mr. N. ne pouvant pas nier que les Apôtres n'ayent eu en effet plusieurs *inspirations immediates,* s'avise de nous dire *qu'il s'agit ici d'une inspiration uniforme, constante & ordinaire, comme on l'explique dans les Ecoles de Theologie.*   Mais je ne sai ce qu'il entend par cet-te inspiration uniforme & constante : car je ne croi pas qu'aucun Theologien croye que les Apôtres pour être inspirés ayent cessé d'être hommes , & qu'ils n'ayent rien dit ni fait que par inspira-tion.   Quand il s'agit de leur Charge, ils déclarent assez manifes-tement qu'ils ne font rien sans être dirigés par le St. Esprit : & c'est en ce sens qu'on doit expliquer ces paroles, *Visum est Spiritui Sancto & nobis,* c'est-à-dire, *à nous qui sommes remplis du St. Esprit.*   Mr. N. trouve neanmoins que cette expression n'est pas Prophetique, & qu'aucun Prophete n'a jamais dit, *Il a semblé bon à Dieu & à moi.* Mais pour peu qu'on soit exercé dans le stile des Prophetes, on recon-noîtra facilement que cette maniere de parler est la même que celle-ci qui est si frequente dans les Propheties :   La parole de Dieu à un

tel

tel Prophete ou par un tel Prophete. Ce sont des hommes inspirés qui parlent à d'autres hommes; & ainsi les Apôtres ont eu raison de se nommer à la tête de leur décision qu'ils envoyoient en forme de Lettre. Il n'y a rien de plus impertinent que ce que Mr. N. ajoûte au même endroit. *La fin de la Lettre*, dit-il, *semble extrémement foible pour la fin d'un oracle:* DONT VOUS FEREZ BIEN DE VOUS GARDER. *Un Prophete auroit dit sous le Vieux Testament: Dont vous vous garderez: car ainsi a dit le Seigneur, dont vous ne pouvez mépriser les commandemens sans vous perdre.* Mais il faut être Prophete, pour vouloir regler le stile d'une Lettre sur le stile des anciens Prophetes.

De l'Esprit des miracles.

Joann. 16:13.

Ce qu'on ajoûte en-suite touchant l'Esprit des miracles est inutile, puis qu'il ne s'agit point ici de cet Esprit qui n'a aucune liaison avec l'inspiration dont il est question. Cependant Mr. N. qui se voit pressé par ce passage si formel de St. Jean, *Quand cet Esprit de verité sera venu, il vous enseignera toute verité*, tâche d'en détourner le sens, & de l'expliquer de l'Esprit des miracles. La force de son raisonnement consiste en ce que la suite de ces paroles est embarrassée, & qu'on y voit quelque chose d'extrémement figuré: comme si cette prétenduë obscurité pouvoit changer le sens de ce qui précede & qui est clair. Si nous en croyons cet Auteur, le St. Esprit n'inspira rien de nouveau aux Apôtres; il rappella seulement en leur mémoire ce que Jesus Christ leur avoit enseigné. Mais le Texte de St. Jean est manifestement opposé à cette explication: car Nôtre Seigneur leur déclare *qu'il avoit beaucoup d'autres choses à leur dire, dont ils n'étoient pas alors capables.* Et ainsi l'infaillibilité des Apôtres ne consistoit pas seulement à dire *sans se tromper ce qu'ils avoient veu, & à prêcher ce qu'ils avoient oüi*; mais de plus dans une veritable inspiration qui leur venoit du ciel. *Cùm venerit ille Spiritus veritatis, docebit vos omnem veritatem.* On ne peut rien voir de plus ridicule que le nouveau sens que Mr. N. donne à ces paroles. *Il se peut faire encore*, dit-il, *que l'Esprit des miracles que Jesus Christ leur envoya leur affermit la mémoire, & leur ouvrit l'esprit de quelque maniere que nous ne comprenons pas.*

Ἔτι πολλὰ ἔχω λέγειν ὑμῖν, ἀλλ' οὐ δύνασθε βαστάζειν ἄρτι, Joann. 16:12.

Question inutile & purement métaphysique.

Je ne voi pas aussi à quel propos Mr. N. demande s'il ne se pouvoit pas faire que les Apôtres abandonnassent la verité de l'Evangile & prêchassent une fausse doctrine. Cette question est purement métaphysique; car il est constant qu'ils furent confirmés le jour de

la

la Pentecôte dans la grace de l'Apoſtolat, & qu'ils y ont perſeveré
juſqu'à la mort. Ce qu'il rapporte au même endroit touchant le
don de Prophetie me paroit hors d'œuvre, parce que la Prophetie
ou inſpiration dont il eſt ici queſtion eſt tout-à-fait differente de
celle dont Saint Paul parle dans ſa premiere Epiſtre aux Corin-
thiens.

Il eſt vrai que St. Jerôme aprés Origéne, ou pour mieux dire
aprés tous les anciens Peres, a reconnu que les Apôtres ſe ſont
quelquefois ſervis dans leurs diſcours de ce qu'on appelle économie
ou diſpenſation, & qu'ils ont alors conſulté ce que la prudence humaine leur dictoit: mais on a fait voir ci-deſſus que cela ne détrui-
ſoit point l'inſpiration, qui n'avoit pas étouffé en eux la raiſon. Le
même St. Jerôme a auſſi pù dire ſans s'éloigner de la verité, que les
Apôtres lors qu'ils ont produit quelques paſſages du Vieux Teſtament, ne ſe ſont pas toûjours arrêtés à en rapporter exactement les
paroles. C'étoit aſſez qu'ils en rapportaſſent le ſens. A l'égard
de quelques citations où l'on prétend qu'ils ſe ſont trompés par un
défaut de mémoire en marquant un nom pour un autre, on peut
expliquer facilement ces citations, ſans avoir recours à ce defaut
de mémoire; & quand même nous le ſuppoſerions, comme cela
ne ſe trouve que dans des minuties qui ne changent rien dans le
fonds de la doctrine, qu'en peut-on conclure contre l'inſpiration
dont nous parlons, quand bien même Eraſme & Grotius n'en de-
meureroient pas tout-à-fait d'accord? On a déja remarqué pluſieurs fois, que bien que les Apôtres ayent été dirigés par l'Eſprit de Dieu pour écrire leurs Livres & pour ne point tomber
dans l'erreur, il ne s'enſuit pas que le St. Eſprit leur ait dicté mot
pour mot tout ce qui eſt dans leurs Ouvrages; & c'eſt cependant
ce que Mr. N. ſuppoſe toûjours quand il attaque cette inſpiration.
Ce n'eſt point là aſſûrément l'opinion la plus reçûë parmi les Theologiens, comme il le prétend; & s'il avoit fait réflexion ſur les
ſentimens des plus habiles Theologiens, même Catholiques, &
de plus ſur la doctrine des anciens Peres, il ne ſe feroit pas aviſé
de nous débiter de ſi méchantes raiſons contre l'inſpiration des Livres Sacrés.

C'eſt ſur ce même pied qu'on doit juger de ce qu'il ajoûte dans
la ſuite de ſon Mémoire touchant les Langues: car Origéne, St.
Jerôme & tout ce qu'il y a eu de plus ſavant dans l'Antiquité de-

S

meurent

meurent d’accord que les Apôtres n’étoient pas fort polis dans la
Langue Grecque. Ils remarquent même librement les défauts qui
paroiffent dans leur ftile, & qui venoient affûrément d’eux-mêmes, & non pas du St. Efprit. A quoi donc tend tout ce long difcours de Mr. N. pour prouver *que le St. Efprit n’a pas infpiré aux Apôtres les termes dont ils fe font fervis*, puis qu’on en demeure d’accord
avec lui?

Mr. N. aprés avoir attaqué l’infpiration des Auteurs Sacrés en
general, vient à quelques Livres particuliers du Vieux Teftament,
qui ne contiennent felon lui ni Hiftoire, ni Prophetie. *On ne voit,
dit-il, aucune preuve que ce qui eft contenu dans les Proverbes ait été infpiré de Dieu à Salomon d’une maniere prophetique. Ce font des fentences morales qu’un homme de bien peut prononcer fans infpiration :* puis il ajoûte, que la plus-part ne font que des Proverbes populaires qui
font à la verité de bon fens, mais qui n’ont rien de divin. Mais je
souhaiterois qu’il nous euft marqué ce caractere de divinité. Puis
que ce Livre a été fait pour inftruire des hommes, il faut neceffairement qu’il s’explique à leur maniere ; & fi le raifonnement de nôtre
Auteur prouvoit quelque chofe, il feroit obligé de dire auffi qu’il
y a bien des chofes dans les Prophetes, qui ont été felon lui infpirés,
lefquelles ne paroiffent avoir rien de divin & qui ne puiffe avoir été
prononcé par de fimples Orateurs. C’eft donc un faux raifonnement de juger de l’infpiration ou divinité d’un Livre par la matiere qu’il contient ; puis qu’un Ouvrage de Morale & d’économie
foit qu’il foit infpiré, ou qu’il ne le foit pas, doit neceffairement
traiter de chofes morales & d’économie. Pour lui ôter le caractere
de divinité qu’on fuppofe, il faut avoir des preuves évidentes du
contraire, comme il prétend en avoir dans le Livre de l’Ecclefiafte, où il croit trouver des raifonnemens purement Saducéens,
aufquels on n’a répondu qu’en deux ou trois mots à la fin de ce Livre, où l’on dit, *Crains Dieu & garde fes commandemens*, &c. Mais
cela feul fait voir que l’Auteur de cet Ouvrage ne s’eft pas propofé
uniquement de porter les hommes à fe donner du bon temps ; outre que Mr. N. convient qu’il eft extrémement difficile de diftinguer les perfonnes dans ce Livre, *& de démêler exactement fous la perfonne de qui l’Auteur parle en chaque paffage.* A quoi l’on peut ajoûter,
que la déclamation étant le propre caractere de l’Ecclefiafte, il
n’eft pas furprenant d’y voir qu’il y méprife tout ce qui fe fait ordi-
naire-

nairement dans le monde, & qu'il préfere une vie douce & commode à tous les embarras de la vie. Ce qu'on ne peut pas accufer d'Epicureïfme, de la maniere que Mr. N. prend ici le fentiment des Epicuriens. Mais fans qu'il foit befoin de nous arrêter plus long-temps fur des apparences de raifons, ni même de parcourir les autres Livres dont on attaque ici l'infpiration, il eft plus à propos de recourir au principe fur lequel la divinité de ces Livres eft fondée auffi-bien que celle des autres Livres de l'Ecriture. Si Mr. N. reconnoit veritablement la divinité des Livres Prophetiques, il doit auffi reconnoître par la même raifon celle des autres Livres contre lefquels il forme fes objections.

On lui oppofe donc le Canon des Juifs qui reçoit également tous ces Livres; & à ce qu'il objecte contre les Juifs qui ont fait ce Canon, qu'on ne peut pas affûrer qu'ils ayent été infaillibles, je lui répons que perfonne ne doute que ce Canon ne fuft fait & reçû du temps des Apôtres. Or il paroit évidemment des Ecrits du Nouveau Teftament, que tous les Livres qui compofoient alors le corps des Ecritures Saintes parmi les Juifs ont été veritablement infpirés. Car voici comme St. Paul en parle dans fa II. Epiftre à Timothée. * *Toute l'Ecriture eft divinement infpirée.* Car on doit lire dans la Vulgate felon le Grec, & felon même l'ancienne Vulgate, *Omnis Scriptura divinitùs infpirata & utilis*; au lieu qu'on lit aujourd'hui, *Omnis Scriptura divinitùs infpirata utilis eft.* Le Verbe *eft* n'eft point dans le Grec; mais καὶ qui fignifie *&*, eft avant le mot *utilis.* Si on veut fuppléer ce Verbe, parce qu'il manque fouvent dans l'Ebreu & dans le Syriaque, & par confequent dans le Grec du N. Teftament, on doit le fuppléer de cette maniere, *Omnis Scriptura divinitùs infpirata eft & utilis.* Il faut que Mr. N. renonce à l'autorité du Nouveau Teftament, s'il continuë de contefter la divinité de tous les Livres que les Juifs ont mis dans leur Canon, parce que St. Paul parle manifeftement de ces Livres, écrivant à Timothée, que dés fon enfance il poffedoit les Saintes Lettres. *Ab infantia Sacras Literas nofti.*

Cependant Mr. N. ofe dire que *fi l'on s'en veut tenir au Canon des Juifs, il eft vifiblement pour lui:* & pour le prouver il fe fonde fur ce qu'ils divifent l'Ecriture en trois parties, dont la premiere contient la Loi de Moïfe, la feconde les Livres qu'ils nomment Prophetes, & la troifiéme ceux qu'ils appellent *Cetuvim, Ecrits,* qui font les Pfeaumes, les Proverbes, Job, &c. *Ils croyent que ces Livres n'ont*

pas

Preuve de la divinité de quelques Livres de l'Ecriture que Mr. N. a attaques.

* Πᾶσα γραφὴ θεόπνευ-στος καὶ ὠφέλι-μος πρὸς διδασκα-λίαν, 2 Tim. 3: 16.

2 Tim. 3: 15.

L'ancienne divifion des Livres Sacrés n'eft point favorable à Mr. N.

pas été inspirés comme les autres; c'est pourquoi ils en font une partie de l'E-
criture séparée des deux premieres, qu'ils croyent inspirées. Mais Mr.
Simon a traité à fonds dans sa Critique de cette ancienne division
des Livres Sacrés, où il a fait voir que cette troisiéme partie n'est
pas moins inspirée que les autres, bien que les Juifs y reconnois-
fent quelque difference pour la maniere de l'inspiration.   Il ne
s'agit donc pas de l'inspiration en elle-même, que tous les Juifs reconnoissent dans ces Livres; mais seulement de la maniere.   Les
témoignages de Jesus Christ & de Josephe que Mr. N. produit ici
pour montrer que cette division des Livres Sacrés est ancienne chez
les Juifs, détruisent entierement son sentiment, puis qu'ils comprennent tous ces Livres également dans le nombre des Livres Sacrés. De plus Josephe dans son premier Livre contre Apion les

Joseph.
lib. 1.
contr.
Apion.

met au même rang que les autres, à qui il donne le nom de Prophetiques, parce qu'ils ont été écrits par des Prophetes.   Ce qui suffit pour détruire entierement le sentiment de Mr. N. touchant les
Livres que les Juifs appellent *Cetuvim* ou *Ecrits.*   Je veux que les
Juifs ne les reconnoissent pas Prophetiques de la même maniere
que la Prophetie d'Isaïe; on ne peut pas conclure de là qu'ils ne
soient point inspirés, puis qu'ils témoignent le contraire, &
qu'ils avoüent même qu'il y a dans ces Livres de veritables Propheties.

Mais il n'y a, continuë Mr. N. *aucun passage dans les Evangiles où*
Jesus Christ nous dise que tous les Livres du Vieux Testament ont été inspirés
de Dieu pour les mots & pour les choses.   Il les approuve seulement en gros,
sans descendre dans le détail & sans examiner chaque Livre à part.   Il ne
s'agit pas ici de savoir si ces Livres ont été inspirés pour les mots;
mais seulement s'ils sont aussi-bien inspirés que les autres.   Or c'est

Autorité
de Jesus
Christ
contraire
au senti-
ment de
Mr. N.

ce qu'on ne peut nier, si l'on fait un tant soit peu de réflexion sur le
passage de Josephe contre Apion, qui suppose manifestement que
les XXII. Livres de l'Ecriture qui composoient dés ce temps-là le
Canon Juif ont été écrits par des personnes inspirées de Dieu.
De plus Nôtre Seigneur parle en particulier des Pseaumes, ausquels il attribuë une même autorité qu'à la Loi de Moïse & aux

Δεῖ πλη-
ρωθῆναι
πάντα τὰ
γεγραμ-
μένα ἐν τῷ
νόμῳ Μω-

autres Livres Prophetiques.   *Il est necessaire,* dit-il à ses Disciples
après sa résurrection, *que toutes les choses qui ont été écrites de moi dans*
la Loi de Moïse, & dans les Prophetes, & dans les Pseaumes soient accom-
plies.

σέως καὶ προφήταις καὶ ψαλμοῖς περὶ ἐμοῦ, *Luc.* 24: 44.

plies.   Il faut renoncer au Chriftianifme, fi on veut nier que les Pfeaumes & les autres Livres qu'on nomme ordinairement Hagiographes foient infpirés. Car de nous dire fimplement que les Juifs *ont mis dans leur Recueil tous les fragmens qui leur reſtoient de leurs anciens Livres, & qu'ils n'en ont exclu aucun, puis qu'il n'y en avoit point d'autres,* c'eſt deviner. Il paroit au contraire qu'ils en ont eu d'autres dans leurs Archives, n'ayant publié que ceux qu'ils jugerent à propos de donner au peuple. Nòtre Seigneur & Jofephe ont donné à ce Recueil, auffi-bien que les anciens Juifs, toute l'autorité qu'on pouvoit donner à des Livres veritablement Prophetiques : & ce que Mr. N. oppofe ici à la divinité de ces Livres ne confiſte qu'en de vaines fubtilités, qui font ou tout-à-fait contraires à l'Ecriture, ou ne prouvent rien ; de-forte que ce qu'il ajoûte ici en forme de conclufion n'eſt appuyé que fur fon imagination, & non pas fur des principes folides.

Au reſte je viens de recevoir une Lettre où l'on confirme de nouveau ce qu'on a dèja dit de la Verfion Latine que Mr. N. a faite de l'Hiſtoire Critique.   L'on ne fe contente pas de me marquer en general qu'il n'a nullement entendu le Livre qu'il traduifoit, & que fa méchante Verfion a donné occafion à quelques Proteſtans qui ne favoient pas le François de fe fcandalifer de l'Ouvrage de Mr. Simon ; mais on produit en particulier un grand nombre de ces fautes, dont on pourroit attribuer quelques-unes aux Imprimeurs, fi elles ne fe trouvoient également dans le Latin & dans le François d'Elzevir.   Sans qu'il foit befoin de parcourir pour cela plufieurs Chapitres, on lit dés la premiere page le mot *Junia* deux fois au lieu de *Sunia* ; ce qui eſt une faute manifeſte du Copiſte qui a décrit l'Hiſtoire Critique fur l'Exemplaire de Paris. Mr. N. a été affez exaſt pour garder cette faute dans fa Traduſtion Latine ; au lieu qu'en plufieurs endroits il s'eſt avifé de réformer ce qui étoit bien.   On ne fait auffi ce qu'il veut dire un peu aprés à la page 3. où on lit, *Ut Theodoretus obfervat in decimam Jofuæ Scripturam* ; fi ce n'eſt qu'il a auffi lû dans fa Copie ce qu'on lit dans l'Edition d'Elzevir, *Comme Theodoret a remarqué judicieufement fur l'Ecriture dixiéme de Jofué.* Il y a dans l'Edition de Rotterdam qui a été prife fur celle de Paris, *fur le Chapitre X. de Jofué.* Il n'étoit pas mal-aifé de rétablir ces endroits-là fans avoir même la veritable copie. Il fait dire de plus à Mr. Simon à la page 4. que felon le fentiment de

La Verſion Latine que Mr. N. a faite de l'Hiſtoire Critique eſt remplie de fautes.

S 3

quelques

quelques Peres Efdras a recueilli les anciens Mémoires, les changeant *comme il a voulu*, *immutando pro libitu*; au lieu que dans fa Copie même il y a fimplement, *changeant ce qu'il croyoit être neceffaire*:
parce qu'en effet s'il eft vrai qu'Efdras eft l'Auteur du dernier Recueil, & qu'il y ait introduit quelques changemens, il a eu de
veritables raifons de le faire.   Il abrege par exemple le plus fouvent
dans les Paralipomenes ce qui étoit plus étendu dans les autres Livres de l'Ecriture.   Il alonge au contraire quelquefois des Hiftoires
qui font plus abregées dans les autres Livres de la Bible.   Ce qu'il
n'a pas fait *pro libitu*, mais pour raifon & felon le deffein qu'il s'étoit
propofé, étant même appuyé fur les Mémoires qu'il avoit.

Il feroit inutile de parcourir les autres fautes qu'on a remarquées
dans la fuite de fa Verfion.   C'eft affez de dire en general qu'elle eft
fouvent fi embaraffée, qu'il eft impoffible de l'entendre fans avoir
recours au François.   C'eft ce qui a été caufe que quelques Miniftres Proteftans de la Hollande ont crû que Mr. Simon avoit parlé de la Prophetie d'Ezechiel comme d'un Livre fabuleux, en lifant à la page 52. de la Traduction Latine, *Ut pleraque Talmudis mera*
tantùm funt commenta, & iftud nullam fidem meretur quæ Ezechiel de tem-
plo habet, cum aliis Scripturæ locis in fpeciem contraria hujus fabulofæ hifto-
riæ occafionem fecerunt: au lieu qu'il n'y a rien d'obfcur dans le François, où l'on a remarqué qu'il ne faut pas croire facilement aux
Talmudiftes dans ce qu'ils ont dit des Livres d'Ezechiel, de l'Ecclefiafte & des Proverbes, parce que la plus-part des Hiftoires rapportées dans le Talmud ont été faites à plaifir.   Puis on ajoûte,
Que la difficulté qu'il y a d'expliquer quelques endroits de ces Livres, & de
concilier ce que dit Ezechiel touchant le Temple avec ce qui eft écrit ailleurs,
a donné occafion à ces anciens Docteurs de fcindre cette Hiftoire.   Tout cela eft énoncé avec beaucoup de netteté: mais Mr. N. l'a fi fort em-
brouillé dans fa Verfion Latine, qu'il eft bien difficile d'entendre
ce qu'il veut dire, à moins qu'on n'ait recours au François.

Je ne m'arrêterai pas aux mots Ebreux qui font quelquefois é-
crits dans la Verfion Latine de Monfieur N. & dans l'Édition Françoife d'Elzevir d'une fi étrange maniere, qu'on ne fait fi c'eft de
l'Hybernois ou de l'Ebreu.   Le Grec même ne fe trouve pas
exempt de fautes: ce qu'on peut pardonner plus facilement à
Mr. N. que ces fautes manifeftes qu'il a laiffées dans le François
qu'il entend tres-bien.   Cela vient fans doute de ce qu'il n'a pas affez

La Ver-
fion La-
tine de
Mr. N.
ne fe peut
entendre
en bien
des en-
droits
fans a-
voir re-
cours au
François.
Hift.
Crit.Liv.
1. Chap.
8.

Mr. N.ne
fait ni
Ebreu ni
Grec.

fez entendu la matiere : & je m'étonne qu'il ait ofé entreprendre de traduire en Latin un Livre dont il n'avoit qu'une méchante Copie écrite à la main qu'il ne pouvoit pas redreffer. J'ai été obligé de faire ces remarques, afin qu'on ne juge pas de l'Hiftoire Critique de Mr. Simon fur la Verfion Latine de Mr. N. ni même fur l'Edition Françoife d'Elzevir.

CHAPITRE XIV.

Critique de la XIII. Lettre.

IL eft temps que nous retournions avec Mr. le Clerc à l'Hiftoire Critique, & que nous examinions la fuite de fes réflexions qui ne paroiffent pas mieux fondées que les précedentes. Il commence à examiner dans cette Lettre la II. Partie du Livre de Mr. Simon, dans laquelle il eft parlé des differentes Verfions de la Bible. *C'eft celle*, dit nôtre Auteur, *que l'on a trouvée la meilleure, peut-être parce que l'Auteur y raifonne beaucoup moins que dans les autres, & qu'il fuit les lumieres de divers Savans qui ont écrit avant lui l'Hiftoire des Verfions anciennes.* Il fe peut faire que Mr. le Clerc ait trouvé cette II. Partie meilleure que la premiere, parce qu'elle eft plus proportionnée à fa capacité, & non pas à caufe qu'on y raifonne moins : car on y raifonne autant que dans la I. Partie, qui ne pouvoit pas être tout-à-fait à fon gouft, parce qu'on y traite de plufieurs matieres qu'il n'entend gueres, & dont on ne peut pas juger facilement, à moins d'avoir un grand fonds d'érudition, principalement dans les Livres des Juifs. *Le P. Simon*, dit-il, *fait paroître ici une grande lecture & une grande connoiffance des differentes Verfions de la Bible en toutes fortes de Langues. Il en juge d'une maniere affez défintereffée, & il remarque les défauts de toutes avec affez de liberté ; fi ce n'eft qu'il parle toûjours des Catholiques Romains avec refpect, ou au moins avec honnêteté, & des Proteftans avec beaucoup de mepris, comme s'il étoit du zele d'un bon Catholique de traiter d'une maniere injurieufe ceux qui fe font feparés de fon Eglife.* Le mépris que Mr. Simon fait paroître dans toute fa Critique pour les Proteftans eft appuyé fur de bonnes raifons, & nôtre Faifeur d'Entretiens convient lui-même *qu'on n'a pas tout-à-fait mal jugé des ouvrages des Proteftans, parce qu'ils ont prefque tous les defauts qu'on a marqués.* Il fe plaint feulement de ce qu'on ne les a pas traités comme les autres,

Raifons qu'on a eües de parler des Proteftans dans l'Hiftoire Critique avec mépris.

tres, qui n'ont pas moins de défauts que les Proteſtans.   Mais il ne trouvera pas que les Catholiques ſe ſoient érigés en Réformateurs, comme les Proteſtans ont fait , qui ont prétendu appuyer une partie de leur Réformation ſur les Textes Originaux de la Bible , comme s'ils avoient été ſuſcités extraordinairement de Dieu dans ces derniers temps pour nous donner l'Ecriture Sainte dans ſa premiere pureté.   Que pouvoit-on faire autre choſe que d'avoir du mépris pour des gens qui au lieu de ces prétendus Originaux ne nous ont donné que de méchantes Verſions de leur façon , & qui ſe ſont la plus-part jettés dans des ſentimens ridicules , quand ils ont voulu expliquer leurs penſées ſur cette matiere ? L'Auteur de la Préface qui eſt à la tête de la derniere Edition de la Critique a eu raiſon de dire , que ces Meſſieurs les Réformateurs devoient réformer leur cervelle avant que d'entreprendre de réformer les autres.

On a eu tort ſelon Mr. le Clerc , de s'emporter contre les Proteſtans , qu'on accuſe dans l'Hiſtoire Critique d'avoir calomnié les Peres du Concile de Trente , en expliquant leur déciſion touchant l'authenticité de la Vulgate dans un ſens auquel ils n'ont jamais penſé.   S'il y a eu , dit Mr. le Clerc , de la malice & de l'ignorance ſur cela dans l'eſprit des Proteſtans , il faudra auſſi dire que les Inquiſiteurs d'Eſpagne ont été malicieux & ignorans , puis qu'ils ont attribué au Concile le même ſentiment.   Cependant Mr. Simon ſe contente de les traiter de zélés indiſcrets , qui pour des opinions de Critique ont exercé contre de ſavans hommes les rigueurs de l'Inquiſition. J'avouë qu'il y a eu de l'ignorance & de l'indiſcretion dans les Inquiſiteurs d'Eſpagne ; & c'eſt ce que Mr. Simon reconnoit de bonne foi, qui n'a pas pourtant dû les traiter de la même maniere que les Proteſtans , parce que ces derniers ont inſulté aux Evêques de Trente , & même à toute l'Egliſe Romaine, comme ſi elle avoit fait un Decret tyrannique, & qu'elle euſt impoſé cette neceſſité à tous les fidéles , de croire qu'il n'y euſt point d'autre Ecriture dans l'Egliſe que la Verſion Latine qu'on nomme Vulgate. Ce n'eſt point par un eſprit de parti que Mr. Simon a repris Caſaubon , Fullerus & quelques autres ſavans Proteſtans , de s'être emportés mal-à-propos contre un Decret ſi juſte ; mais par un juſte reſſentiment , voyant que des perſonnes habiles dans la Critique cherchoient plûtoſt à entretenir les diſputes de la Religion qu'à les appaiſer.   Il leur a oppoſé Druſius & d'autres Proteſtans , qui ont

loüé

loüé en cela la sage conduite des Evêques assemblés à Trente.
Mais comme Mr. le Clerc nous promet de traiter dans la suite de
son discours cette même matiere, je me réserve aussi d'en parler
plus à fonds en ce lieu-là.

Quoi qu'une bonne partie de son Livre ne consiste qu'en des minuties, il dit ici qu'on ne doit pas trouver mauvais s'il releve quelques fautes que Mr. Simon *a commises contre la verité ou contre le bon
sens, quoi qu'elles ne soient pas si considerables que les autres que l'on a déja
remarquées.* Mais on ne peut rien voir de plus opposé à la verité &
au bon sens que les remarques qu'il ajoûte en cet endroit, comme
nous l'allons justifier. On a prouvé dans la Critique que le Verbe Ebreu ברא ne signifie point de lui-même *créer de rien*, mais simplement *faire ou former*, comme les LXX. l'ont traduit : d'où l'on
a inferé qu'on ne pouvoit pas montrer efficacement par ce passage de l'Ecriture, que le monde ait été creé de rien. C'est ce que
nôtre Faiseur d'Entretiens devoit examiner avec soin : mais au lieu
de cela il bat la campagne sans entrer dans le fonds de la question.
Il nous dit que *bara* ne signifie pas simplement *faire* ou *former*, mais
aussi *établir, peupler, créer*. Il fait ici venir fort à propos Herodote,
Suetone, Strabon, & ce Vers de Virgile, *Tantæ molis erat Romanam
condere gentem!* Mais pour n'être pas obligé de le suivre dans tous
ses égaremens, je répons que ce n'est pas là de quoi il s'agit : car on
n'a jamais douté que les LXX. n'ayent aussi bien rendu *bara* par
κτίζειν que par ποιεῖν, & qu'on ne puisse de plus donner à ce Verbe
plusieurs sens metaphoriques dont il n'est point ici question.
Quand on a remarqué dans la Critique, que le Verbe Ebreu *bara*
signifioit simplement *faire* ou *former*, on n'a voulu dire autre chose
sinon que ce Verbe ne signifioit point de lui-même *créer de rien* ;
& c'est ce que nôtre Auteur devoit réfuter, puis qu'on prétendoit
par là établir la Tradition ; ou s'il ne pouvoit pas répondre, il auroit
beaucoup mieux fait de se taire que de se jetter dans des extravagances. Je veux que St. Jerôme ait eu raison de dire que les mots
creatio & *conditio* ne s'employent jamais que dans les grands ouvrages : *Creatio atque conditio nunquam nisi in magnis operibus nominantur* ;
cela s'appellera toûjours *faire*, & non pas *créer de rien*. Quand il
seroit vrai que le mot Ebreu *bara*, le Grec κτίζειν, & le Latin *creare*
ou *condere* ne s'employent d'ordinaire que pour marquer des grands
ouvrages, on ne pourra pas dire qu'ils ayent une autre signification

T

que

que *faire*. Il n'y aura que du plus ou du moins noble du côté de l'ouvrage, sans qu'on puisse donner une autre notion au Verbe Ebreu, ni même au Grec κτίζειν, & au Latin *creare*, que celle de *faire* dans le sens qu'on l'a expliqué dans la Critique. Si Monsieur Simon est l'Auteur de la Préface qui est au commencement de la derniere Edition de l'Histoire Critique, comme Mr. le Clerc l'a assûré, il falloit satisfaire à ce qui y est remarqué contre Mr. Banage touchant le Verbe *bara*. On déclare hautement dans cette Préface, que Mr. Simon a prétendu *qu'il est impossible de prouver par l'Ecriture seule sans le secours de la Tradition reçûë également parmi les Juifs & les Chrêtiens, que le monde ait été creé de rien*. Voilà à quoi Mr. le Clerc devoit principalement s'attacher, s'il vouloit qu'on le crust homme de bon sens.

Genes. 3: 15.

Critique d'un passage Grec des Septante.

Il ajoûte en-suite qu'on a réformé mal-à-propos dans la Critique un passage des LXX. où nous lisons αὐτός σου, au lieu qu'on lisoit auparavant selon Mr. Simon, αὐτό σου, à cause du Nom Grec σπέρμα qui précede & qui est au neutre : & ces sortes de fautes se trouvent assez ordinairement dans les Livres MSS. où les Copistes ont mis à la fin des mots les lettres des mots suivans. Mr. le Clerc qui ne peut pas nier la verité de cette regle de Critique, nie seulement qu'elle ait lieu dans ce passage des LXX. parce que tous les MSS. des LXX. sont d'accord, aussi-bien que l'ancienne Vulgate, qui a traduit *ipse*. Si ce raisonnement étoit juste, on ne pourroit pas corriger plusieurs fautes manifestes qui sont dans tous les Exemplaires MSS. des LXX. & dans l'ancienne Vulgate. On en a même rapporté un exemple en ce même endroit de la Critique tiré du Chapitre XVII. d'Isaïe, où nous lisons dans tous les Exemplaires Grecs, φύτευμα ἄπιστον, au lieu de φύτευμα πιστον, & dans l'ancien interprete Latin, *plantationem infidelem*. Il y a même dans l'Arabe qui

Isaï. 17: 10.

a été traduit sur les LXX. غير مؤمن *infidelem*, aussi-bien que dans le Grec & dans le Latin. Ne seroit-il pas permis de corriger selon les regles de la Critique une faute si évidente, parce qu'elle se trouve dans tous les Exemplaires Grecs & dans l'ancienne Vulgate, & même dans l'Arabe? Mais on oppose un exemple semblable à celui de la Genese, & qui est pris de ces paroles de St. Jean, Ἐκεῖνος, τὸ

Joann. 16: 13.

πνεῦμα τῆς ἀληθείας, où ἐκεῖνος est joint avec πνεῦμα, sans qu'on se soit avisé de corriger ἐκεῖνο. Cet exemple ne prouve rien du tout : parce qu'il y a grande difference entre les mots πνεῦμα & σπέρμα. Comme me πνεῦμα signifie en cet endroit une personne, on a pû, selon les regles mêmes de la Grammaire, qui considere quelquefois la chose signifiée plûtost que le nom, joindre un Pronom masculin avec le mot πνεῦμα, qui désigne en cet endroit le St. Esprit; ce qu'on ne peut pas dire du mot σπέρμα: & ainsi Mr. Simon a eu raison d'avoir recours à la regle ordinaire de Critique. Je veux que les Ebreux mettent souvent un genre pour un autre, & qu'il y ait plusieurs solécismes dans l'Ebreu de la Bible: il ne s'ensuit pas qu'on les doive toûjours faire passer dans le Grec des Septante. J'ose même dire que si Mr. le Clerc étoit bon Critique, il trouveroit bien moins de ces sortes d'imperfections dans le stile des Ecrivains Sacrés, qu'on n'y en trouve ordinairement. Un grand nombre de ces prétendus solécismes vient plûtost des Copistes Juifs que des Auteurs de ces Livres: mais nôtre Faiseur d'Entretiens a une connoissance trop limitée de la Langue Ebraïque pour pouvoir faire cette distinction.

Il y a plusieurs solécismes dans l'Exemplaire Ebreu des Juifs, qui viennent des Copistes.

Pour ce qui est de πηρήσει ou πρήσει, au lieu de πηρήσει qu'il prétend estre une veritable corruption, parce que ni l'un ni l'autre de ces mots n'est point en usage dans la Langue Grecque, on s'étoit appuyé sur la leçon de l'Exemplaire Grec d'Alcala, que Grotius n'a pas rejettée en cet endroit. Mais si Mr. le Clerc agissoit un peu de meilleure foi, il auroit parlé de la remarque que Mr. Simon a faite dans sa derniere Réponse à Mr. Vossius, où il apporte la veritable raison pourquoi on doit préferer la leçon πηρήσει, donnant à ce Verbe un autre sens que celui qu'on lui attribuë ordinairement. *Hoc quidem loco*, dit Mr. Simon, *existimaverim vulgarem lectionem Græcam πηρήσει retinendam esse; sed illius sensum ex Lingua Hellenistica petendum, quia LXX. Seniores tunc attenderunt ad verbum* ذذ *quod interdum apud Syros & Chaldæos in malam partem sumitur.* On n'a qu'à lire cette Réponse à Mr. Vossius, pour juger qui de lui ou de Mr. Simon a traité avec plus d'exactitude ce qui appartient à la Critique des Exemplaires Grecs des Septante. Voyons si M. le Clerc sera plus heureux dans les reflexions critiques qu'il ajoûte dans la suite de cette Lettre.

Autre Critique d'un passage Grec des Septante.

Judic. de nupera Is. Vossii Resp. ad iteratas P. Simonii Objectiones, pag 51.

Il prétend justifier Grotius, qu'on a repris dans l'Histoire Critique de ce qu'il a dit que selon l'Ebreu d'aujourd'hui il falloit traduire le verset 4. du Pseaume CX. *secundùm constitutionem meam, Rex mi juste*; au lieu que les LXX. ont traduit, *Tu es Sacrificateur selon l'ordre*

Psalm. 110: 4.

T 2

de

de Melchisedech. Mr. Simon avoit remarqué que Grotius & quelques
autres nouveaux Interpretes n'ont pas assez fait de réflexion sur le
Critique d'un passage E-breu du Pseaume 110. *Jod* qui est à la fin du mot *diverati* qu'ils traduisent *constitutio mea*; ne
considerant pas que cette Lettre est souvent superfluë selon la regle
même des Massoretes, qui sert pour justifier en cet endroit la Version des Septante, en gardant même le Jod comme il est dans les
Exemplaires Ebreux d'aujourd'hui. Nostre Faiseur d'Entretiens
veut ici donner une preuve authentique de sa rare érudition dans la
Langue Ebraïque. *Grotius,* dit-il, *ne se trompe point, lors qu'il dit
que selon le Texte Ebreu d'aujourd'hui, c'est-à-dire, selon l'Exemplaire des
Massoretes écrit & ponctué comme il est présentement, il faut traduire ainsi.* La Critique de Mr. le Clerc seroit parfaitement juste, si Grotius avoit parlé de l'Exemplaire des Massoretes ponctué comme il
est aujourd'hui: mais cela ne se trouve que dans la glosse de nôtre
Auteur, parce qu'il ne s'agit dans l'observation de Grotius que du
Jod, s'il faut lire דברת sans Jod, ou דברתי avec le Jod. Voici les
Grotius. propres termes de Grotius lors qu'il parle de la Version des Septante, qui ont traduit κτ̀ τάξιν Μελχισεδὲκ. *Ex quibus apparet legisse hos Interpretes* עלדברת. *Noster Textus Ebræus habet* עלדברתי. Il n'est nullement question dans cette remarque du point *Chirec,* que les Mas-
foretes ont mis sous le Jod; mais seulement si les LXX. ont lû sans
ce Jod comme le prétend Grotius, ou avec le Jod. Mr. Simon cor-
rige la réflexion de Grotius par une regle de Critique, supposant
que les LXX. ont pû lire avec le Jod דברתי comme on le lit aujour-
d'hui, & traduire en même temps comme ils ont fait. La raison
qu'il en apporte consiste en ce que cette lettre Jod est quelquefois
superfluë; & ainsi ils l'auront pû avoir dans leur Exemplaire sans y
Le peu d'appli-cation de Mr. le Clerc. avoir égard. C'est pourquoi tout ce que Mr. le Clerc produit ici
touchant la leçon d'aujourd'hui qui represente les Points, & selon
laquelle on doit necessairement traduire *constitutio mea,* est hors de
propos & une preuve évidente du peu d'application de nôtre Faiseur d'Entretiens, qui se jette aprés cela sur ses lieux communs pour
grossir son Livre.

Il ne raisonne pas mieux quand il soupçonne au même endroit
les Juifs d'avoir falsifié exprés ce passage en y ajoûtant un Jod, que
les Massoretes ont en-suite ponctué, afin que selon leur ponctuation on entendist ce passage *tout autrement que ne font les Chrêtiens.*
Il a raison de dire en faisant cette remarque, qu'il *ne peut pas s'empê-*
cher

cher *d'entrer dans un violent soupçon* touchant cette prétenduë corrup-
tiön. En effet ce soupçon paroîtra fort violent à ceux qui savent
la Critique, aussi-bien que les reflexions pueriles qu'il ajoûte dans
la suite, pour montrer que si les Juifs *n'ont pas corrompu le Texte par
l'addition du Jod, ils en ont falsifié la lecture par leur fausse ponctuation:*
comme si la ponctuation des Massoretes devoit servir d'une regle
absolument necessaire à laquelle personne ne pust contrevenir. Je
voudrois bien savoir où nôtre Docteur Ebraïzant a lù que les Massoretes *ont prétendu qu'on suivroit à la rigueur de la lettre leur ponctuation.* Il a apparemment quelque piece *Antique* & rare pour prouver que les Massoretes ont tenu un Synode National de toute la nation Massoretique, où il a été arrêté qu'à l'avenir il seroit défendu à qui que ce soit & de quelque qualité qu'il pust être, d'expliquer l'Ecriture autrement que selon les Points inferés au Texte de
la Bible par eux Docteurs Massoretiques. Il y a tant d'impertinences dans la suite du raisonnement de nôtre Professeur en Ebreu,
où il examine la prudence & la conduite des Rabbins, qu'il seroit
ridicule de s'y arrêter.

Son érudition Ebraïque se fait mieux connoître dans la remarque suivante: car au moins donne-t-il des preuves évidentes qu'il
sait lire en Ebreu; au lieu que Mr. Simon *raisonne en un endroit comme feroit un homme qui ne le sait pas lire.* On a dit dans l'Histoire Critique en parlant du mot יהוה qu'on trouvoit écrit en caractéres
Grecs à la marge des Hexaples, que les Copistes Grecs se sont con-
tentés de faire une copie figurée des quatres lettres dont ce mot est
composé dans l'Ebreu. Ces Lettres, ajoûte Mr. Simon, *représentent
parfaitement* ΠΙΠΙ, *pourveu neanmoins qu'on les écrive de la gauche à la
droite à la maniere des Grecs, & non pas de la droite à la gauche selon la maniere des Ebreux.* Il faut avoüer que dans cet endroit où il ne s'agit
que de savoir lire les caractéres Ebreux, Mr. le Clerc remporte une
victoire entiere sur Mr. Simon. Mais il fait paroître en même
temps qu'il n'a pas assez de cervelle, pour concevoir qu'un Ecrivain Grec qui copie le mot יהוה ne commence pas à écrire ce mot
par la lettre *Jod,* qui est la derniere à son égard; mais par le ה *He*
qui est la premiere, & qu'il écrira comme s'il y avoit *hohi,* en écrivant ce même mot à la maniere des Grecs, comme il le doit é-
crire, & non pas à la maniere des Ebreux, puis qu'il ne sait rien en
Ebreu. *Pour écrire* יהוה, dit Monsieur le Clerc, *de la gauche à la*

T 3

droi-

Soupçons
violens
de Mr.
le Clerc
contre les
Juifs
qu'il ac-
cuse mal-
a-propos.

Erreurs
pueriles
de Mr. le
Clerc
touchant
le mot
ΠΙΠΙ,
que les
Grecs ont
copié sur
le mot
Ebreu
יהוה.

droite comme écrivent les Grecs, *il faudroit mettre* יהוה, *ce qui feroit* יהוה *en Grec*. J'admire le peu d'étenduë de l'efprit de nôtre Faifeur d'Entretiens, qui fait écrire à un Grec un mot Ebreu à la maniere des Ebreux en commençant ce mot de la droite à la gauche; au lieu que l'Ecrivain Grec qui fait une copie figurée de ce mot, l'écrit de la même maniere que le refte des mots Grecs, & par confequent de la gauche à la droite: ce qui ne fera pas יהוה mais הוהי, parce qu'il commence neceffairement par la lettre ה *He*, qui eft la premiere à fon égard, & felon fa maniere d'écrire de la gauche à la droite; & non pas par la lettre י *Jod*, qui eft à fon égard & felon fa maniere d'écrire la derniere lettre du mot Ebreu. En verité j'ai honte d'être obligé de redreffer nôtre Profeffeur en Ebreu fur ces fortes de minuties, où il croit neanmoins triompher. Il devroit fe contenter d'apprendre à fes écoliers à lire l'Ebreu dans les Livres Ebreux: car il ne paroit pas que fa capacité s'étende beaucoup au delà de cette lecture.

De cette belle remarque & qui eft digne de fon érudition il conclut, en fuppofant que Mr. Simon n'a pû lire les caracteres Ebreux du mot יהוה; qu'on ne doit pas auffi prendre à la rigueur ce qu'Olivetan a dit du Chapitre VII. des Nombres, qu'il croit n'avoir point été ponctué par les Juifs, bien qu'il fe trouve en effet ponctué dans toutes les Bibles. Mais comme on vient de montrer la fauffeté de fa fuppofition, les confequences qu'il en tire doivent auffi être fauffes. Mr. Simon avoit inferé de là avec raifon, que Robert Olivetan qui a le premier traduit la Bible d'Ebreu en François au commencement de la prétenduë Réformation de ceux de Geneve, n'avoit jamais lû l'Ecriture en Ebreu; puis que s'il avoit eu devant les yeux l'Original Ebreu quand il a fait fa Traduction, il n'auroit pas dit que ce Chapitre VII. des Nombres n'eft point ponctué. Mr. le Clerc qui eft toûjours admirable dans fes raifonnemens, prouve que cela a pû échapper à Olivetan, de la même maniere que ce que nous venons de voir a pû échapper à Mr. Simon, qu'on ne peut pas accufer de ne favoir pas lire les caracteres des Ebreux. Mais on a prouvé qu'il n'a rien échappé à Mr. Simon. Et à ce qu'on dit qu'il ne faut que lire quelques Chapitres de la Verfion de ce Traducteur, pour croire qu'il a lû l'Original: je répons qu'il n'y a rien dans tout fon Ouvrage qui puiffe nous en perfuader. Il a feulement fuivi outre la Vulgate la Verfion Latine de Pagnin,

&

& quelques autres Traductions qui avoient dêja été faites sur l'E-
breu. Ce qu'il ne seroit pas mal-aisé de justifier par plusieurs exemples, si Mr. Simon n'avoit dêja remarqué que cet Interprete a traduit au Chapitre XV. de la Genese le mot Latin *lampas* qui est dans
la Vulgate, par celui de *lampe* sans consulter le Texte Ebreu.

Genes.
15: 17.

Mr. le Clerc fait encore tout son possible pour montrer que le
même Olivetan n'étoit pas tout-à-fait ignorant dans la connoissance des Livres Juifs, comme Mr. Simon lui a reproché. *On peut se
tromper*, dit nôtre Auteur, *dans une citation, sans neanmoins être
tout-à-fait ignorant dans les Livres qu'on cite.* Cela peut être vrai étant
pris en general: mais dans le fait dont il s'agit il n'y a pas lieu de
mettre à couvert Olivetan du reproche qu'on lui a fait. Il dit *qu'A-
ben Esra a lû dans le Livre nommé Tsahut*; & il se trouve qu'Aben Esra est lui-même l'Auteur de ce Livre *Tsahut*. Ce qui est une preuve
évidente que le bon homme Olivetan avoit seulement ouï dire
quelque chose d'Aben Esra, & du Livre *Tsahut*, & que ne pouvant pas consulter ce Livre, il étoit tombé dans une faute grossie-
re. Mais cela n'empêche pas, dit-on, qu'il n'ait lû les autres Rabbins qu'il cite. Quelle preuve en peut-on avoir, puis qu'il ne cite que ce qui avoit dêja été cité par d'autres Ecrivains; & que d'autre part on voit manifestement par la citation du Livre d'Aben Esra, qu'il ne savoit rien en Ebreu de Rabbin?

*Rib. Oli-
vetan ig-
norant
dans les
Livres
des Rab-
bins.*

Des Rabbins Mr. le Clerc vient aux Peres, & ne pouvant pas
justifier Olivetan par de bonnes raisons, il tâche de le faire par des
voyes indirectes. *Le P. Simon*, dit-il, *trouveroit-il bon qu'on lui
dit qu'il n'a aucune connoissance de l'Antiquité Ecclesiastique, parce qu'il
cite quelquefois les Peres à contre-sens, ou qu'il nie que les Peres ayent dit de
certaines choses que l'on y trouve en termes formels?* Voyons qui sont
ces Peres que Mr. Simon a cités *à contre-sens*. On l'accuse d'avoir
dit, *qu'il ne croyoit pas qu'à l'égard du Nouveau Testament les premiers
Peres de l'Eglise ayent assuré d'en avoir veu de veritables Originaux*; d'a-
voir aussi dit que Walton *étend trop la pensée de Tertullien, lors qu'il
prétend que de son temps il y avoit des Originaux du Nouveau Testament.*
On oppose enfin à Mr. Simon ces paroles de sa Réponse à Mr. de
Veil. *Aucune Eglise ne s'est jamais vantée d'avoir veu les Originaux du
Nouveau Testament, comme les Juifs ont conservé pendant un long-temps
ceux de la Loi de Moïse.* Et de tout cela on conclut, que si Olivetan n'a eu aucune connoissance des Rabbins, parce qu'il s'est trom-

*Mr. le
Clerc dé-
fend Oli-
vetan par
des voyes
indirectes
qui ne
prouvent
rien.*

Histoire
Critique
Liv. 2.
Chap. 14.

pé

pe en citant Aben Esra, on pourroit aussi dire *que le P. Simon qui se vante si fort d'avoir lû les Peres en eux-mêmes, n'en auroit presque point de connoissance.* Jusqu'à présent on n'a encore donné que des mots: mais il faut enfin venir au fait.

Il s'agit de l'explication d'un passage de Tertullien, dont voici les propres termes rapportés par nôtre Auteur. *Age jam qui voles curiositatem melius exercere. In negotio salutis tuæ percurre Ecclesias Apostolicas, apud quas ipsæ adhuc Cathedræ Apostolorum suis locis præsidentur, apud quas ipsæ Authenticæ Literæ eorum recitantur, sonantes vocem & repræsentantes faciem uniuscujusque. Proximè est tibi Achaia, habes Corinthum. Si non longè es à Macedonia, habes Philippos, habes Thessalonicenses. Si potes in Asiam tendere, habes Ephesum. Si autem Italiæ adjaces, habes Romam. Unde quoque nobis autoritas præsto est.* Mr.

le Clerc prétend que ces mots de Tertullien, *Authenticæ Literæ,* signifient les Originaux des Apôtres mêmes, & que cela se prouve par les noms des villes qui sont nommées dans la suite: comme si l'on trouvoit encore du temps de Tertullien à Corinthe, à Philippes, à Thessalonique, à Ephese & à Rome les Originaux des Lettres que St. Paul avoit autrefois écrites à ces Eglises. Il ajoûte de plus le témoignage de Grotius & de Mr. Huët, qui ont aussi expliqué en ce sens le passage de Tertullien. *Ces Messieurs,* dit nôtre Faiseur d'Entretiens, *entendent comme je croi le Latin aussi-bien que le R. P. Simon; ils ont lû les Peres en eux-mêmes aussi-bien que lui.* Mais comme il s'agit ici seulement de faire voir que Mr. Simon a lû Tertullien en lui-même sans s'en rapporter à l'autorité des autres, il faut examiner s'il a pû dire que Walton a trop étendu la pensée de ce Pere, prétendant qu'il y eust en ce temps-là de veritables Originaux du N. Testament.

Je dis donc premierement, qu'on n'a pas raison de s'appuyer si fortement sur ces mots de Tertullien, *Authenticæ Literæ,* qui ne signifient pas d'eux-mêmes les veritables Originaux d'un Livre, mais des Copies fidéles qu'on ne puisse pas soupçonner d'avoir été alterées. C'est en ce sens que dans le VI. Concile General on produisit *des Exemplaires Authentiques* des Ouvrages des Peres, τὰ αὐθεντικὰ βιβλία, qu'on gardoit dans la Bibliotheque du Patriarche de Constantinople. Personne ne s'est avisé de dire jusqu'à présent, que ces Livres authentiques des Peres fussent de veritables Originaux écrits de leur main: mais on s'en servit comme de Copies non

suspectes

suspectes pour opposer à d'autres Copies qu'on soupçonnoit d'avoir
été corrompuës par ceux qui les produisoient. On peut voir plus au
long l'explication de ce même mot dans l'Histoire Critique de Mr.
Simon. Il ne s'agit pas dans ce passage de Tertullien des propres &
veritables Originaux des Epîstres de St. Paul. Ce Pere a seulement
voulu prouver la verité de la Religion Chrêtienne contre les Heretiques de son temps, en leur marquant les Eglises qui avoient été
fondées par les Apôtres, & principalement par St. Paul. Il se sert
de la voye de la prescription, comme d'un argument invincible
pour leur montrer qu'ils étoient des Novateurs, puis que les Eglises qui avoient été fondées par les Apôtres, & qui conservoient encore leurs Ecrits, avoient une doctrine toute opposée à la
leur. Il n'est point ici question de premiers Originaux; mais seulement des veritables Ecrits des Apôtres qui restoient encore dans
la Langue originale. C'est le sens que Rigault donne à ces paroles
de Tertullien, *Ipsa Authentica Literæ eorum recitantur:* & il s'appuye
même pour cela sur un autre passage de ce Pere, où l'on trouve
une expression semblable. *Lingua scilicet,* dit-il expliquant le mot
*Authentica, eadem quâ fuerant ab Apostolis conscriptæ sonantes vocem
uniuscujusque. Sic ipse lib. de Monog. ad Græcum authenticum Pauli
provocat.* En effet Tertullien citant un passage de St. Paul dans ce
Livre *de Monog.* où il préfere le Texte Grec à la Version Latine,
se sert de ces termes. *Sciamus planè non sic esse in Græco authentico:*
c'est-à-dire selon le même Rigault dans sa Note sur ce passage, *in
Græca veritate, in Græca origine.* Les Protestans mêmes s'expliquent
encore aujourd'hui de la même maniere dans leurs disputes contre
les Catholiques, quand ils rejettent la Vulgate sous prétexte de recourir aux Originaux. Ils ne prétendent pas pour cela avoir les
veritables Originaux de l'Ecriture. Tertullien se sert aussi de cette
même façon de parler contre Marcion, qui produisoit un autre
Evangile de St. Luc que celui que nous avons. *Habuit utique,* dit-
il en se mocquant de cet Heretique, *authenticam paraturam, per
quam ad Lucam usque pervenit, cujus testimonio adsistente, Lucas quoque possit admitti.* Il est évident que par ces mots *authenticam paraturam* il n'a pas voulu marquer de veritables & premiers Originaux.

Si nôtre Faiseur d'Entretiens avoit lû avec application les Ouvrages de Tertullien, & qu'il ne se fust pas contenté de suivre la

V

pensée

Hiftoire
Critique
Liv. 2.
Chap. 4.

Rigalt.
Annot.
in cap.
36. lib.
de Præ-
scr. Hæ-
ret.

Tertull.
lib. 4.
adverf.
Marcion.
cap. 3.

penſée de quelques Auteurs qui ont fait ſervir les paroles de ce Pere à leurs idées, il ne pouſſeroit pas ſi loin ſes réflexions ſur un paſſage qu'il ne paroit pas avoir lû dans l'Original. *Si cet Auteur*, dit-il, *avoit voulu dire ſimplement, qu'on pouvoit trouver de bons Exemplaires des Epiſtres de St. Paul, il n'auroit eu que faire de nommer les Egliſes que ce St. Apôtre avoit honorées de ſes Lettres. On en pouvoit trouver dans tout l'Empire Romain; les Chrêtiens étant depuis long-temps répandus dans toutes les Provinces qui obeïſſoient aux Empereurs.* Voilà le raiſonnement d'un homme qui n'a pas lû Tertullien dans la ſource, pour juger à quel propos ce Pere fait venir en cet endroit les Egliſes que St. Paul avoit viſitées. Il n'étoit pas queſtion des Exemplaires des Epîtres de St. Paul; mais ſeulement de montrer quelle étoit la créance des Egliſes fondées par les Apôtres: & c'eſt pour cette raiſon qu'il les nomme les unes aprés les autres. *Percurre*, dit-il, *Ecclesias Apoſtolicas, apud quas ipſæ adhuc Cathedræ Apoſtolorum locis ſuis præſident.* Mr. le Clerc doit auſſi dire ſelon ſon raiſonnement, que l'on conſervoit encore au temps de Tertullien les Chaires des Apôtres *en original.* Ce Pere a voulu indiquer que ces Egliſes étoient veritablement Apoſtoliques, parce que les Apôtres y avoient préſidé eux-mêmes, & leur avoient adreſſé leurs Lettres qu'elles conſervoient encore, ſans qu'il ſoit beſoin pour cela que ni ces Chaires ni ces Lettres fuſſent en original.

Voici une nouvelle réflexion de Mr. le Clerc, qui ſent un peu ſon original. *Remarquez encore que Tertullien parle de cette recherche des Ecrits authentiques des Apôtres comme d'une curioſité.* Qui voles curioſitatem meliùs exercere. *Ce qui fait voir qu'il ne parle pas des Exemplaires communs que les Heretiques avoient entre les mains, auſſi-bien que les Orthodoxes; mais d'Exemplaires rares que l'on ne montroit qu'aux curieux.* Il faut avoir l'eſprit bien rempli d'Originaux, pour expliquer ſi *originalement* les paroles de Tertullien, qui ne penſoit guere alors à ces raretés qu'on ne montroit qu'aux curieux. *Jam qui voles*, dit-il, *curioſitatem meliùs exercere in negotio ſalutis tuæ, percurre Eccleſias Apoſtolicas*, &c. Aprés que ce Pere a marqué en general ces Egliſes Apoſtoliques & quelques-unes en particulier, il deſcend à un dénombrement plus exact & plus particulier de ces mêmes Egliſes; ce qu'il appelle une recherche plus curieuſe. Nôtre Faiſeur d'Entretiens s'eſt imaginé plaiſamment que dés ce temps-là on montroit aux curieux ce qui étoit de plus rare dans les Egliſes, comme on

montre

montre la Lanterne de Judas en original dans le Threfor de Saint Denis.

Il étoit jufte que Mr. le Clerc aprés avoir produit tant de pieces rares & originales fît éclater au dehors la joye qu'il avoit d'avoir recouvré tant d'Originaux. *Il faut*, dit-il en parlant de Mr. Simon, *l'accabler de preuves, afin que l'on voye qu'il n'eft pas le feul au monde qui ait étudié la Critique des Livres Sacrés.* Il veut fans doute parler de lui-même, & en ce cas-là je croi qu'il fera défabufé de fa vanité quand il aura lû cette Réponfe. Au moins bien des gens feront convaincus qu'il a trop fait de bruit pour dire fi peu de chofes. Voyons cependant fes nouvelles preuves. Comme il prétend être Original fans copier perfonne, voici ce qu'il ajoûte. *Mr. Huët remarque au même endroit, que quelques Auteurs ont affûré que l'on avoit confervé l'Original de St. Jean dans l'Eglife d'Ephefe jufqu'au temps d'Honorius.* Il produit en-fuite le témoignage de Pierre Evêque d'Alexandrie dans le milieu du fixiéme fiecle, qui nous affûre que l'Exemplaire de cet Evangile écrit de la propre main de St. Jean fe confervoit de fon temps dans l'Eglife d'Ephefe. Mais quand on fuppoferoit que cette Hiftoire eft veritable, Mr. le Clerc n'en pourroit rien conclure contre Mr. Simon, qui a avancé que les premiers Peres de l'Eglife n'ont jamais dit qu'ils euffent veu les veritables Originaux des Evangiles. Je voudrois bien favoir d'où Pierre d'Alexandrie a appris dans le milieu du fixiéme fiecle que l'Evangile de St. Jean fe confervoit encore de fon temps à Ephefe, & que les fidéles le regardoient avec veneration, fi ce n'eft d'une Tradition populaire, qui bien loin d'avoir quelque fondement, eft entierement oppofée à l'Antiquité, qui n'a rien veu de femblable ni dans Ephefe ni dans les autres Eglifes. Si nôtre Faifeur d'Entretiens veut bien ajoûter foi à ces fortes de Traditions populaires, il fera aifé de le fatisfaire là-deffus, & de lui donner un grand nombre de femblables pieces originales qu'on ne *montre qu'aux curieux.* Les Juifs lui feront voir une Bible originale écrite de la main d'Efdras, & les Samaritains un Pentateuque écrit dans leurs caracteres de la propre main de Phinées.

Enfin il oppofe à Mr. Simon une Hiftoire veritable & authentique tirée d'un fonge qu'eut Anthemius Evêque de Salamine dans l'ifle de Cypre, à qui St. Barnabé apparut la nuit, & lui révela l'an douziéme de l'Empereur Zenon le lieu où il avoit été enterré.

Mr. le Clerc fe rend ridicule dans fes reflexions.

De l'Evangile de Saint Jean qu'on fuppofe être dans l'Eglife d'Ephefe écrit de la propre main de St. Jean.

De l'Evangile de Saint Matthieu écrit de la propre

V 2   En

En effet on trouva dans ce même lieu son corps avec l'Evangile de St. Matthieu écrit de la propre main du même St. Barnabé. L'Auteur de cette Histoire selon Mr. le Clerc est un Moine, & Baronius qui l'a rapportée de ce Moine la croit tres-veritable. *Historia quidem omni acceptatione dignissima, omnium assertione atque consensione recepta ab egregio viro illius temporis Alexandro Monacho orthodoxo scripta.* Nicephore Calliste, ajoûte nôtre Auteur, *la rapporte aussi en abregé, & remarque distinctement qu'on trouva dans l'isle de Cypre le corps de St. Barnabé & l'Evangile de St. Matthieu que St. Barnabé avoit écrit de sa propre main.* Mr. Simon avoit lû cette même Histoire dans un meilleur Historien Grec que Nicephore, & que Mr. le Clerc devoit produire, s'il avoit quelque connoissance de l'Antiquité : mais il n'a pas crû qu'on dust opposer à toute l'Antiquité ces sortes d'Histoires qui ne paroissent pas avoir aucun fondement. De plus l'Histoire ne dit pas que ce fut une piece originale écrite de la main de St. Matthieu, mais seulement de la main du prétendu St. Barnabé, qui apparut en songe à l'Evêque Anthemius ; de sorte que si l'on nie à Mr. le Clerc que ce corps fust veritablement de St. Barnabé, & qu'on lui marque les raisons de cette apparition, sa piece originale pourra bien devenir une simple copie, bien qu'elle fust écrite, à ce que nous en rapporte Suidas Auteur fort exact & presque contemporain, comme on sçait, sur un bois *nommé Thyum.* *Un Livre écrit sur ce bois,* ajoûte nôtre Faiseur d'Entretiens, *pouvoit durer long-temps, en sorte que quand on concederoit que le corps que l'on trouva n'etoit pas celui de St. Barnabé, on ne pourroit pas trouver étrange que l'on soutinst que l'Evangile qui étoit sur la poitrine de ce mort pouvoit bien avoir été écrit du temps des Apôtres.* A ce compte-là il y aura bien plus de veritables Originaux des Livres des Apôtres que Mr. le Clerc ne croit : car il suffira pour cela qu'ils soient écrits sur du bois. Et pour faire mieux connoître qu'il est habile Antiquaire, il cite le Livre de Leon de Modene Rabbin de Venise, qui a remarqué que la coutume des Juifs est *d'ensevelir des Livres avec leurs Docteurs :* d'où il conclut que St. Barnabé qui étoit apparemment selon lui le Rabbin de la Synagogue de Cypre, a aussi été enterré avec son Exemplaire de St. Matthieu. Il a grande raison de s'être entêté de bonne heure contre les Livres des Rabbins : car s'il les avoit lûs, il seroit sujet à nous donner bien de fausses applications de leurs ceremonies aux anciens usages des Chrétiens. Aussi ne nous donne-t-il ici

que

que des entretiens d'une converfation libre, où il lui a été permis
de traveftir des Contes en Hiftoires.

Aprés toutes ces belles Hiftoires il reprend fa qualité de *raifonneur:*
mais il n'eft pas plus heureux en raifonnement qu'en Hiftoire. *Il
n'y a point d'apparence,* dit-il, *que les Chrétiens qui n'ont pas moins eu
de veneration pour les Livres des Apôtres, que les Juifs en avoient pour celui de Moïfe, ayent été fi negligens qu'ils ayent laiffé perdre d'abord les
Ecrits des Apôtres; au-lieu que les Juifs avoient confervé ceux de Moïfe
pendant plufieurs fiecles.* On remarquera que nôtre *raifonneur* avoit
dit peu auparavant dans ce même Chapitre, que la penfée de Mr.
Simon touchant l'Original de Moïfe confervé par les Juifs pendant
un long-temps n'étoit pas fort affûrée. Mais paffons cela. Voyons
la force de fon raifonnement. Il fe trompe, s'il prétend que l'on
doive attribuer à un manquement de refpect & de veneration pour
les Livres Sacrés parmi les Chrétiens, la perte qu'ils ont faite des
Originaux des Apôtres. Cette perte n'a point d'autre origine que
la mifere des premiers Chrétiens, qui ne vivoient pas dans un corps
de République à la maniere des Juifs pour conferver leurs Livres
dans des Archives. Il n'eft pas ici queftion de favoir ce qui eft de
plus raifonnable, mais ce qui eft vrai: car des raifons qui n'ont aucun fondement ne peuvent pas être oppofées à de veritables faits;
& cependant on nous vient dire froidement, qu'il feroit plus raifonnable de croire que les Chrétiens ont auffi-bien confervé les Livres des Apôtres, que les Juifs ceux de Moïfe; & l'on ajoûte de
plus, lors qu'on parle du venerable Manufcrit de l'Evangile de St.
Jean, que l'on confervoit encore au fixiéme fiecle en original dans
l'Eglife d'Ephefe, *Qu'on ne doit pas être furpris qu'on ait pû conferver
fi long-temps cet Original, puis que nous avons aujourd'hui des Manufcrits
qui ont plus de mille ans.* Il eft vrai que les Chrétiens peuvent montrer préfentement des Manufcrits des Apôtres qui ont plus de
mille ans. Il y a deux Exemplaires des Epiftres de St. Paul dans
les Bibliotheques de Paris, aufquels on doit donner cette antiquité. Mais il y a bien de la difference entre les premiers temps du
Chriftianifme, & ces autres temps où les Chrétiens ont eu la liberté d'avoir des Eglifes où ils ont confervé leurs Livres. Pour peu
qu'on faffe de réflexion fur les commencemens de la Religion
Chrétienne, on raifonnera tout autrement que ne fait nôtre Faifeur d'Entretiens, qui raifonne encore plus mal dans la fuite de fa

V 3

Lettre,

Faux raifonne-
ment de
Mr. le
Clerc fur
la confer-
vation
des Li-
vres du
N. Tefta-
ment.

Lettre, où il se jette de nouveau sur les Peres & sur les citations de Monsieur Simon, quand il s'est servi de l'autorité de ces mêmes Peres.

Il l'accuse d'avoir une coutume qui *est commune parmi les Theologiens, de citer trois ou quatre passages de quelques Peres, pour prouver que l'on a reçû generalement de leur temps certaines opinions, quoi que les Peres dans ces passages ne parlent que de leur propre sentiment, sans faire mention de celui des autres.* Quand Monsieur le Clerc nous débite des regles generales & des lieux communs, il croit bien raisonner : mais lors qu'on vient à appliquer ces mêmes regles aux faits dont il s'agit, on trouve qu'il se trompe toûjours ; ce qui me fait croire qu'il a quelque registre de lieux communs qu'il consulte de temps en temps, sur tout quand il veut raisonner. Sans avoir donc égard à un grand nombre de paroles inutiles qu'il ramasse ici peu judicieusement, examinons le fait dont il est question. Il s'agit de la méthode dont Tertullien s'est servi dans son Livre de la Prescription contre les Heretiques. Or bien loin que cette méthode lui soit singuliere, on n'a qu'à parcourir toutes les Eglises du monde & tous les siecles, pour juger que nôtre Faiseur d'Entretiens se trompe fort, quand il nous vient dire, *Qui peut nous assûrer que nous ne nous trompons pas, lors que nous concluons de quelques raisonnemens de Tertullien ou d'un autre, que l'ancienne Eglise s'est servie d'une certaine méthode contre les Heretiques, seulement parce que Tertullien s'en est servi?* Mais cette méthode de prescription n'est pas seulement appuyée dans la Réponse de Mr. Simon à Mr. de Veil sur le témoignage de Tertullien; on y a aussi produit des témoignages de St. Irenée & de St. Augustin : à quoi l'on peut ajoûter qu'elle est fondée sur la raison & sur les loix anciennes. *Illud verum quod primum.*

Mais *ceux qui ont lû avec quelque soin*, ajoûte Mr. le Clerc, *l'Antiquité, savent que l'on ne se piquoit pas alors d'écrire avec autant d'exactitude que l'on fait aujourd'hui, & que l'on trouve plus de Rhetorique dans les Ecrits des Auteurs qui nous restent, que de penetration & de bon sens. Le galimatias étoit plus permis de ce temps-là que du nôtre, comme il paroit assez par les Ouvrages de Tertullien que l'Antiquité a si fort estimés.* Et pour faire voir qu'il a lû les Ouvrages de Tertullien dans la source, il s'appuye sur le jugement que le P. Mallebranche a fait de ce Pere dans son II. Livre de la Recherche de la Verité. Si l'on jugeoit de la maniere d'écrire de nôtre siécle par le Livre de Mr. le Clerc, je suis assûré qu'on accu-

accuſeroit les Ecrivains modernes de tomber bien plus ſouvent dans le galimatias, que ces anciens Auteurs dont il prétend nous faire le portrait. Sans ſortir même du Livre de Tertullien dont il eſt queſtion, le bon ſens & la ſolidité du raiſonnement y paroiſſent bien mieux que dans tout le diſcours de nôtre Faiſeur d'Entretiens. En effet, Tertullien s'étoit appliqué à l'etude des Loix, qui apprend à raiſonner juſte dans les matieres de fait; au lieu que Mr. le Clerc lorſqu'il traite un fait parle en homme évaporé, & qui ne ſait le plus ſouvent où il veut aller, parce qu'il n'a pas de principes arrêtés. A l'égard du jugement que le P. Mallebranche a fait des Ouvrages de Tertullien, je défere beaucoup à ſes ſentimens dans les matieres qui regardent purement la Philoſophie: mais je croi qu'il ne ſera pas fâché que je lui faſſe remarquer, que pour juger de l'eſprit & des Ecrits de ce Pere il ne devoit pas choiſir ſon Livre intitulé *de Pallio*, qui eſt une pure Déclamation & une piece de Rheteur. Tertullien a ſuivi dans cet Ouvrage le ſtile ordinaire des anciens Rheteurs ou Sophiſtes, qui ne cherchoient que des mots & des penſées extraordinaires dans ces ſortes de pieces. Auſſi le P. Mallebranche lui rend-il plus de juſtice, quand il proteſte *qu'il a beaucoup de reſpect pour ſon Apologie contre les Gentils & pour ſon Livre des Preſcriptions contre les Heretiques:* & je croi qu'on pourroit appliquer avec plus de raiſon à Mr. le Clerc qu'à Tertullien, ce qu'il dit au même endroit de ſa Recherche: *Ce feu, ces emportemens ſur de petits ſujets marquent ſenſiblement le déreglement de ſon imagination.*

Tertullien eſt exact dans ſon Livre de la Préſcription.

Le P. Mallebranche.

Rech. de la Verité, Liv. 2. Chap. 3. Edit. 4.

Mr. le Clerc qui ne peut pas abandonner ſi-toſt Tertullien, avouë que Mr. Simon a cité du Livre de la Preſcription contre les Heretiques un paſſage, *qui ſemble en effet avoir quelque force pour prouver la Tradition: mais comme Tertullien écrivoit par enthouſiaſme ſans avoir d'idée nette de ce qu'il diſoit, il fournit dans le même Livre des penſées toute contraires.* Je ne voudrois pas excuſer tout-à-fait les enthouſiaſmes de Tertullien: mais je peux bien aſſûrer que les prétendus enthouſiaſmes du Livre de la Preſcription ſont plus juſtes & mieux reglés que tout le bon ſens de nôtre Faiſeur d'Entretiens, qui ayant l'eſprit fort limité, a raiſon de dire qu'il y a *une infinité de contradictions non ſeulement dans les Ecrits de Tertullien, mais dans ceux de la plus-part des Anciens.* Voici un exemple de ces contradictions que Mr. le Clerc attribuë à Tertullien.

Les enthouſiaſmes de Tertullien ſont plus reglés que la raiſon de Mr. le Clerc.

Mr. Simon a prouvé dans ſa Réponſe à Mr. de Veil, que les pre-

premiers Peres n'ont pas seulement eu recours aux Livres de l'Ecriture dans leurs disputes contre les Heretiques ; mais aussi *à la doctrine enseignée par les Apostres & laissée par eux dans les Eglises.* Il a produit pour cela le passage de Tertullien, où ce Pere attaque quelques Heretiques qui se vantoient que leur doctrine venoit des Apôtres. *Si quæ audent,* dit Tertullien, *interserere se ætati Apostolicæ, ut ideo videantur ab Apostolis traditæ, quia sub Apostolis fuerunt, possumus dicere, Edant ergo origines Ecclesiarum suarum, evolvant ordinem Episcoporum suorum.* Ce raisonnement est tout-à-fait solide dans une matiere de fait. Mais Mr. le Clerc tâche à son ordinaire de l'éluder par des voyes indirectes. Il prétend que Tertullien qui n'avoit pas d'idées nettes de ce qu'il disoit, se contredit un peu aprés dans ce même Livre, *où il crie contre ceux qui avoient falsifié les Livres des Apôtres. Quibus fuit propositum aliter docendi, eos necessitas coegit aliter disponendi instrumenta doctrinæ,* &c. D'où nôtre Auteur conclut, *Que selon cet endroit de Tertullien comme on ne peut pas corrompre la doctrine des Apôtres sans corrompre l'Ecriture, on ne peut pas conserver cette même Doctrine dans sa pureté sans falsifier, ou au moins corrompre le sens des Ecrits des Apôtres.* Si Mr. le Clerc avoit des idées nettes de la créance des premiers Peres, & en particulier de Tertullien touchant les Traditions de l'Eglise, il ne seroit pas tombé dans un Paralogisme si évident. Il s'agit dans cet endroit de Tertullien aussi-bien que dans celui que nous venons d'alleguer, de faire voir à ces Heretiques qui prétendoient n'avoir point autre doctrine que celle des Apôtres, qu'ils se trompoient manifestement ; & aprés les avoir convaincus par le dénombrement des Eglises veritablement Apostoliques qui avoient conservé sans interruption la doctrine des Apôtres, il remonte jusqu'à la source, savoir jusqu'aux Apôtres mêmes. *Adhibeo super hæc ipsarum doctrinarum recognitionem quæ tunc sub Apostolis fuerunt ab iisdem Apostolis & demonstratæ & dejeratæ.* Il oppose plusieurs passages de Saint Paul à ces Heretiques, afin de les convaincre qu'ils avoient corrompu la doctrine de ce Saint Apôtre. Ce qu'il prouve par l'exemple même de quelques anciens Heretiques, qui ne peuvent pas être les veritables heritiers des Apôtres, puis qu'ils n'ont jamais été en possession de leur doctrine, qu'ils ont corrompuë par leurs expositions, étant même tous dans des sentimens opposés. *Illic igitur & Scripturarum & expositionum adulteratio deputanda est, ubi diversitas doctrinæ invenitur.* Puis il ajoûte ces

paro-

paroles que Mr. le Clerc objecte comme si elles étoient manifestement contraires a ce qu'il a dit auparavant. *Quibus fuit propositum
aliter docendi, eos necessitas coegit aliter disponendi instrumenta doctrinæ.*
Bien loin qu'il y ait de la contradiction, on ne peut pas raisonner a-
vec plus de liaison & de justesse que Tertullien fait en cet endroit,
où il oppose à ces Heretiques non seulement la diversité de leurs
sentimens, mais aussi d'avoir corrompu & tronqué une partie des E-
critures, & cela afin de corrompre en même temps la doctrine des
Apôtres; au lieu que les Catholiques qui ont toûjours conservé
dans leur entier ces Livres, ont aussi toûjours conservé leur doctrine entiere. *Sicut illis non potuisset succedere corruptela doctrinæ sine corruptela instrumentorum ejus: ita & nobis & à nobis integritas doctrinæ non
competisset sine integritate eorum per quæ doctrina tractatur.* Comment ces
paroles de Tertullien détruisent-elles ce qu'il a avancé auparavant
touchant la Tradition des Apôtres, puis que les Ecrits de ces mêmes Apôtres font le fondement de ces Traditions? Nôtre Faiseur
d'Entretiens qui ne regarde jamais les choses que d'un côté, n'a
pas pris garde que ces Ecrits font la principale partie des Traditions
que les Disciples de Jesus Christ ont laissées aux Eglises qu'ils ont
fondées. Tertullien prouve donc efficacement à ces Heretiques
qui avoient corrompu & le sens & les paroles de l'Ecriture, que leur
doctrine n'étoit point Apostolique, puis qu'ils n'avoient point en
leur entier les Ecrits des Apôtres, dont les Catholiques étoient en
possession avant qu'elles fussent corrompuës. *Quod sumus*, dit ce
Pere au même endroit que Mr. le Clerc a cité, *hoc sunt Scripturæ ab
initio suo: ex illis sumus antequam aliter fuit, antequam à vobis interpo-
larentur.* On ne peut rien voir de mieux lié ni de mieux raisonné
que tout le discours de Tertullien dans son Livre de la Prescription. Il y fait paroître un grand sens, ne parlant pas en Métaphysicien, mais en savant Jurisconsulte dans tout ce qui regarde la méthode qu'il suit.

Il faut encore éclaircir un autre passage de Tertullien que Mr.
le Clerc prétend aussi avoir été mal entendu par Mr. Simon. *Le
P. Simon*, dit-il, *a cité au même endroit un autre passage de Tertullien
sans l'entendre, en faveur de l'autorité de l'Eglise.* Mais j'aurois plus
de raison de dire que nôtre Faiseur d'Entretiens n'a pas entendu
lui-même le raisonnement de Mr. Simon, ni ce que c'est que l'autorité de l'Eglise. S'il s'étoit un tant soit peu appliqué à l'explica-

Eclaircis-
sement
d'un au-
tre passa-
ge du
même
Tertul-
lien.

X tion

tion qu'on donne à ce paſſage dans la Réponſe à Mr. de Veil, il n'auroit pas trouvé le ſentiment de Mr. Simon different du ſien. On y a prouvé que Tertullien voulant montrer la fauſſeté de l'Evangile que Marcion produiſoit, n'a pas eu recours à ſon eſprit interieur & particulier, comme font les Calviniſtes; mais à l'autorité de ceux qui les avoient précedés. *Non ſufficit ad fidem ſingularitas inſtrumenti deſtituta patrociniis anteceſſorum.* D'où Mr. Simon conclut qu'on ignoroit dans ces temps-là les viſions des nouveaux Freres illuminés & cette Egliſe inviſible.   Mr. le Clerc qui ne s'accorde pas ſur ce chapitre avec ſes Freres illuminés, nous aſſûre que Tertullien a voulu ſeulement marquer par là, *que lors qu'il s'agit de ſavoir ſi un Livre eſt veritablement d'un Auteur ou non, il faut avoir recours à ceux qui ont vécu depuis le temps de l'Auteur juſqu'au nôtre.* Tout cela eſt vrai: & ainſi il ſeroit inutile de rapporter la ſuite de ſon raiſonnement pour prouver une choſe qu'on ne conteſte point.   Au contraire on s'en eſt ſervi contre Mr. de Veil, pour lui montrer qu'il étoit rempli de l'eſprit de Fanatiſme des Calviniſtes de France.

Mais il ne s'agit point dans tout le paſſage de Tertullien, ajoûte Mr. le Clerc, *d'une queſtion qui ne peut eſtre décidée que par une autorité infaillible. Toute ſorte de témoins, pourveu qu'ils puiſſent ſavoir la verité & qu'ils ne nous vueillent pas tromper, ſont auſſi bons les uns que les autres.* Mais je demande à nôtre Auteur, en quel endroit de l'Hiſtoire Critique il a lû que pour décider les faits qui appartiennent à la Religion l'on ne ſe ſervoit que d'une autorité qu'on prétendoit être infaillible.   Ce qui trompe la plus-part des Proteſtans, c'eſt qu'ils s'imaginent que l'Egliſe dans ſes déciſions n'employe que ſon autorité; au lieu qu'elle ne juge de quoi que ce ſoit que ſur de bons témoignages, qui ſont les veritables preuves en matiere de fait; & c'eſt ce qu'elle nomme Tradition.   Je ſai qu'il y a des Theologiens du ſecond ordre qui ont toûjours dans la bouche les mots de Tradition & d'infaillibilité de l'Egliſe: mais ceux qui ont fait réflexion ſur ce qu'on appelle Tradition & infaillibilité de l'Egliſe, ne ſe contentent pas d'oppoſer aux Proteſtans ces noms ſpecieux; ils produiſent de plus les témoignages ſur leſquels cette Tradition eſt fondée.   Ce ſont les témoins qui ſont en quelque maniere juges des faits.   L'Egliſe examine les témoignages, & prononce là-deſſus, comme on peut voir par ce qui s'eſt toûjours pratiqué dans les Conciles. *Lors que les Evêques, ſelon Mr. Simon, ſe ſont aſſem-*

blés

blés dans les Conciles pour déclarer la créance de l'Eglise, ils y ont chacun ap-
porté une déclaration de ce qu'on croyoit dans leurs Eglises. Voilà en quoi
consiste cette autorité infaillible, que Mr. le Clerc n'a pas entenduë
quand il a fait cette objection à Mr. Simon. *Tertullien par exemple*
parle de l'autorité des Eglises Apostoliques ; il presse l'antiquité contre la
nouveauté : donc, conclut le P. Simon, Tertullien a été dans les mêmes senti-
mens que l'Eglise Romaine d'aujourd'hui. Mais par malheur il se trouve des
gens qui peuvent entendre Tertullien aussi-bien que lui, qui lui soutien-
nent qu'il conclut mal, & qu'il n'a pas entendu le sens de cet Auteur. Tout
ce raisonnement n'est appuyé que sur une fausse idée que nôtre Faiseur d'Entretiens a de l'autorité de l'Eglise, qu'il a crû n'avoir autre fondement de ses décisions que parce qu'elle l'a ainsi voulu,
sans être appuyée sur de bons Actes ou preuves de fait.   Il confond
les sentimens de quelques Canonistes à l'égard de la Cour de Rome
avec la créance que les veritables Theologiens ont de l'autorité de
l'Eglise : & j'ose même dire que tous les Peres conviennent en ce- ^{Methode}
la avec Tertullien dans son Livre de la Prescription.   Quand il ^{de pre-}
s'agit de savoir quelle est la veritable créance de l'Eglise, on a re- ^{scription}
cours à cette méthode de prescription, en montrant qu'on doit ^{commune}
croire ce qu'on y a toûjours crû ; & pour être certain de ce qu'on y ^{à tous}
a toûjours crû, on examine les témoignages de ceux qui ont parlé ^{les Peres.}
de cette créance en differens temps & en differens lieux, & l'on décide enfin sur l'autorité de ces témoins.   Que Mr. le Clerc ne nous
demande pas aprés cela ce que le passage de Tertullien *fait à l'auto-*
rité de l'Eglise ; puis que cette Eglise est entierement conforme pour
ses décisions aux regles de Tertullien.   Et ainsi Mr. Simon a tres-
bien conclu, & a bien entendu le passage de Tertullien dans l'application qu'il en a faite pour autoriser les Traditions de son Eglise, qui ne sont pas fondées sur la simple autorité de ce qu'on appelle ordinairement la Cour de Rome, mais sur le consentement general de toutes les Eglises du monde.   C'est ce qu'on peut voir expliqué plus au long dans le Supplément que le même Mr. Simon a
ajoûté au Livre des ceremonies & coûtumes des Juifs.

CHAPITRE XV.

Critique de la XIV. Lettre.

MR. le Clerc s'acquite ici de la promesse qu'il a faite dans la Lettre précedente, de s'étendre plus au long sur le Canon du Concile de Trente qui a déclaré la Vulgate authentique, & de mettre à couvert en même temps les Proteſtans des reproches que Mr. Simon leur a fait d'avoir mal entendu le Canon du Concile.

Faux rai-
ſonne-
mens de
Mr. le
Clerc ſur
le Decret
du Con-
cile de
Trente en
faveur de
l'ancien
Interpre-
te Latin.
Mais noſtre Auteur raiſonne ſi pitoyablement là-deſſus, qu'il a ſujet de craindre qu'on ne le mette au nombre de ces Proteſtans ignorans & entêtés qui ont ſi mal expliqué la déciſion des Evêques aſſemblés à Trente. *Quand il ſeroit vrai, dit-il, que ces Proteſtans auroient mal entendu ce Canon du Concile de Trente, on ne les pourroit pas accuſer d'ignorance ou de malice à cauſe de cela, puis que la Congregation Generale aſſemblée à Rome en 1576. & établie par Sixte V. pour expliquer les Decrets du Concile, l'a expliqué de la même maniere, comme le P. Simon lui-même le rapporte.* Mais outre qu'on a prouvé que cette déclaration a été ſimplement prononcée ſans faire loi, auſſi-bien que pluſieurs autres déciſions de la même Congregation, il y a une grande difference entre le ſentiment de cette Congregation touchant la Vulgate, & celui des Proteſtans ignorans ou malicieux dont on a parlé dans l'Hiſtoire Critique. Ces Proteſtans ont prétendu que l'Egliſe Romaine avoit uſé de tyrannie dans le Concile de Trente, en impoſant une neceſſité à tous les fidéles de croire que l'ancienne Verſion Latine eſt la ſeule qui ſoit reſtée dans l'Egliſe. Voilà en quoi principalement Mr. Simon a accuſé les Proteſtans de malice & d'ignorance, puis qu'il eſt conſtant qu'on n'a jamais eu cette penſée ni dans le Concile ni à Rome, où l'on reçoit les Grecs & les autres nations du Levant avec leurs Bibles, ſans les obliger de ſe ſou-

Explica-
tion d'une
déciſion
faite par
la Con-
gregation
des Car-
dinaux
prépoſés à
l'explica-
mettre à la Verſion Latine. La déciſion de la Congregation Generale aſſemblée à Rome en 1576. bien qu'elle ſoit exprimée dans des termes un peu forts, ne regarde préciſément que les Egliſes d'Occident qui étoient en poſſeſſion de lire l'ancienne Verſion Latine, ſans toucher ni à l'Ebreu, ni au Grec, ni au Syriaque, ni à l'Ethiopien, ni en un mot aux Verſions du Levant. Au contraire les Proteſtans accuſent le Decret du Concile de Trente comme tyrannique,

rannique, en ne propofant pour feule Ecriture que la Verfion Latine qu'on appelle Vulgate.

On réfoudra facilement felon ce même principe la queftion que Mr. le Clerc propofe au même endroit à Mr. Simon, comment on doit entendre le Canon du Concile de Trente. *Le P. Simon veut que nous en croyons plûtoft lui & quelques Docteurs, que plufieurs autres qui font dans le fentiment contraire, & que la Congregation même établie exprés pour l'explication des Decrets du Concile.* La queftion eft facile à décider: car il n'y a qu'à examiner felon les regles de la Critique les raifons de part & d'autre fans s'en rapporter à la fimple autorité des uns & des autres; & alors on trouvera qu'il y a eu plus de zele que de veritable capacité dans l'efprit de ceux qui ont crû que la Vulgate ne pouvoit être authentique qu'elle ne fuft en même temps exempte des moindres fautes. Pour ce qui eft du Decret de la Congregation des Cardinaux fur lequel nòtre Faifeur d'Entretiens s'appuye, il n'en peut tirer aucune preuve en fa faveur, puis que ce Decret ne regarde, comme on l'a dêja remarqué, que les Eglifes d'Occident, qui ne font pas moins obligées de lire la Vulgate, que les peuples d'Orient font obligés de lire chacun la Verfion qui eft en ufage dans leur Eglife. Le Grec eft authentique aux Grecs, le Syriaque aux Syriens, & l'Ethiopien aux Ethiopiens, de la même maniere que la Verfion Latine eft authentique aux Eglifes qui fe fervent du Latin. Il ne s'enfuit pas pour cela que toutes ces Verfions foient exemptes de fautes. La Congregation des Cardinaux s'eft expliquée à la verité en des termes un peu rigides, quand elle déclare qu'on ne peut avoir aucun fentiment qui foit oppofé même dans les moindres chofes à l'Edition Vulgate; parce qu'il eft conftant que les plus favans Interpretes de l'Ecriture, même dans Rome, s'éloignent affez fouvent de la Vulgate dans leurs Commentaires fur l'Ecriture. Auffi pourroit-on donner un fens plus moderé aux paroles de ce Decret; favoir qu'on y a feulement voulu marquer que dans les Editions qu'on feroit à l'avenir de la Vulgate, qui devoit feule fervir de regle à toutes les Eglifes d'Occident, on ne s'éloigneroit en quoi que ce foit de l'Edition autorifée par le Concile avec les corrections neceffaires.

Il n'y a pas plus de folidité dans l'objection que Mr. le Clerc fait en-fuite à Mr. Simon fur le pouvoir de la Congregation dont il s'agit. *Ne fait-il pas*, dit-il, *qu'il eft défendu à quelque particulier que ce*

X 3   *foit*

rien des Canons du Concile de Trente.

La vraye maniere d'expliquer le Canon du Concile du Trente touchant l'autorité de l'Edition Vulgate.

Explication du Decret de la Congregation des Cardinaux.

soit de faire aucun Commentaire *sur ces Decrets, & que le pouvoir de les expliquer a été réservé à cette seule Congregation, que l'on doit croire par conséquent plûtost que le R. P. Simon & que tous les Docteurs qu'il pourroit citer?* Mr. Simon savoit sans doute cela; mais il savoit de plus que cette Congregation a fait plusieurs Decrets sur ce même Chapitre qui n'ont jamais été publiés, & quelques-uns mêmes qui ont été publiés sous son nom, ausquels elle a en-suite dérogé par des Decrets posterieurs, prétendant qu'on n'ajoûtast point foi à ces premiers Decrets, s'ils ne sont de nouveau autorisés par elle-même & dans ses dernieres décisions. C'est ce que nôtre Professeur en Ebreu ne sait pas, & on ne le traitera pas pour cela d'ignorant & d'entêté, parce qu'un homme de sa profession n'est pas obligé de savoir les usages de Rome, qu'on n'apprend pas à Amsterdam en montrant à lire l'Ebreu. Mais aussi ne devoit-il pas décider si hardiment sur des faits qu'il n'a pas étudiés. Cette réflexion servira de réponse à ce qu'il ajoûte au même lieu contre ce qu'on a dit, qu'il ne paroit pas que la déclaration de la Congregation des Cardinaux ait jamais fait loi à Rome. *Il ne s'agit pas*, dit-il, *de savoir si cette déclaration a été observée ou non. Il suffit que la Congregation ait été de ce sentiment, pour croire que c'est le veritable sens du Concile de Trente.* Cela seul ne suffit pas, puis que cette même Congregation a déclaré dans ses dernieres décisions, que plusieurs des premieres qui paroissoient sous son nom ne feroient point loi, selon la maxime generale du Droit, *Posteriora derogant prioribus.*

Nôtre Faiseur d'Entretiens pousse encore plus loin ses idées. Il attaque les Peres du Concile, *qui ont fait un Decret peu raisonnable, ne prenant pas garde à ce qu'ils faisoient.* C'est la réponse qu'il fait à la remarque de Mr. Simon, qui avoit dit que le Concile n'a pas regardé la Vulgate comme infaillible & exempte de fautes, puis qu'il a ordonné qu'on la corrigeroit; & de plus il n'a pas prétendu que les Critiques qui prendroient le soin de cette correction fussent infaillibles. *Il y a bien d'autres irrégularités dans ce Concile,* continuë Mr. le Clerc, *& de plus grande importance que celle-là. Le P. Simon croit-il lui-même . . . que ce soit le St. Esprit qui ait appris aux Peres du Concile que la Vulgate étoit authentique. . . . La verité est que les Peres du Concile, dont la plus-part n'entendoient point les matieres qui s'y traitoient, ont commis des fautes tres-grossieres, & qu'ils prétendirent en effet déclarer la Vulgate parfaitement conforme à l'Original: mais qu'en-*

suite

fuite plufieurs Theologiens Catholiques **ont eu honte de cette bévûë.** Je crains fort que toutes ces irregularités du Concile de Trente ne foient que dans la cervelle de nôtre Auteur, laquelle paroît un peu foible pour s'appliquer à des faits qui font d'une grande étenduë. Mr. Simon n'a pas eu recours à l'infpiration pour expliquer le Decret du Concile touchant l'authenticité de la Vulgate dans l'Eglife d'Occident; mais aux regles du bon fens & aux maximes du Droit. Si les Proteftans Calviniftes avoient confulté ces regles & ces maximes, ils ne feroient pas tombés dans le Fanatifme comme ils ont fait, quand ils ont parlé de l'autorité des Livres Sacrés. C'eft une maxime appuyée fur le bon fens & fur les Loix Canoniques, que lors qu'il s'eleve quelque difpute dans l'Eglife, on fuive pour regle ce qui eft le plus ancien & le plus autorifé. Or il s'agiffoit alors de donner à l'Eglife d'Occident une Verfion de l'Ecriture, qu'elle puft fuivre dans les actions publiques. On ne pouvoit pas prendre le Grec, ni le Syriaque, ni l'Arabe, ni l'Ethiopien, ni l'Armenién, puis qu'il étoit queftion des Eglifes d'Occident. Les Proteftans qui favoient un peu d'Ebreu vouloient introduire dans l'Eglife leurs nouvelles Verfions faites à ce qu'ils difoient fur cet Ebreu. Cette propofition qui n'étoit pas raifonnable ne put être goûtée des Peres du Concile, & fur tout à Rome, où l'on fe regloit plûtôt fur le bon fens & fur les Loix Canoniques, que fur le caprice de quelques Grammairiens qui ne paroiffoient pas avoir un grand fonds de jugemént. Il étoit donc neceffaire pour aller au devant de toutes les difputes, de déclarer qu'on ne fe ferviroit point dans l'Eglife Latine d'autre Bible que de celle qui étoit en ufage dans cette Eglife avant la naiffance des difputes. On ne peut rien voir de plus fage ni de plus moderé que ce Decret, où l'on ne touche ni à l'Ebreu, ni au Grec, ni aux autres Verfions Orientales, parce qu'il ne s'agiffoit point de cela, mais feulement d'empêcher le cours des nouvelles Verfions qui pouvoient nuire à la paix de l'Eglife. Voilà en peu de mots le deffein qu'ont eu les Evêques du Concile de Trente, qui n'ont jamais penfé en déclarant la Vulgate authentique, la déclarer en même temps conforme à l'Original; puis qu'il n'a point été queftion dans ce Concile de favoir fi elle étoit conforme à l'Original, mais d'arrêter l'efprit de quelques brouillons qui troubloient le repos de l'Eglife. S'il s'élevoit aujourd'hui de femblables difputes dans les Eglifes du Levant, chacune

Décifion du Concile de Trente fondée fur la raifon & fur le bon fens.

Les Proteftans peu judicieux dans leurs prétentions contre le Concile de Trente.

cune déclareroit fans doute authentique la Verfion qui feroit en ufage dans fon Eglife, fans s'informer trop curieufement fi elle feroit conforme à l'Original ou non. C'est une affaire de Critique qui n'eft point du reffort des Affemblées Ecclefiaftiques.

Les paroles mêmes du Concile que Mr. le Clerc rapporte ici ne lui font nullement favorables, parce qu'elles font connoître manifeftement que les Peres de Trente n'ont eu autre deffein que de maintenir l'Eglife d'Occident dans fon ancienne poffeffion des Ecritures dans toutes les actions publiques, & de s'oppofer à de certains efprits mal-faits qui vouloient innover. *S. Synodus . . . ut hæc ipfa Vetus & Vulgata Editio, quæ longo tot feculorum ufu in ipfa Ecclefia probata est, in publicis lectionibus, difputationibus, prædicationibus & expofitionibus pro authentica habeatur, & ut nemo cam rejicere quovis prætextu audeat vel præfumat.* Il n'eft point parlé dans ce Canon, ni d'Ebreu ni de Grec. Il n'eft point de plus défendu aux particuliers de confulter les nouvelles Verfions faites fur l'Ebreu & fur le Grec, mais feulement de s'en fervir dans les actions publiques, afin qu'on gardaft une uniformité d'Ecriture dans l'Eglife d'Occident, comme on la garde dans les Eglifes d'Orient. En verité les réflexions que nôtre Faifeur d'Entretiens ajoûte fur les paroles de ce Decret font pitoyables. *On appelle,* dit-il, *Acte authentique non feulement un Original ou une Copie fidelle, mais un Acte qui peut faire foi en juftice.* Cela eft vrai: mais qu'en peut-on conclure contre les Peres du Concile qui ont déclaré la Vulgate authentique en ce même fens-là? Mais ces mots, dit-on, *en-forte que perfonne n'ait la préfomption de la rejetter fous quelque prétexte que ce foit, fignifient que tout ce qu'on voudra prouver par les termes de la Vulgate fera bien prouvé, & que perfonne n'aura la liberté de la rejetter comme peu fidelle.* Je l'avoüe dans le fens qui eft marqué dans le Canon même, favoir dans l'ufage public pour ne pas rompre la paix de l'Eglife. Ce qui n'a jamais empêché les particuliers ni à Rome ni en Efpagne où regne l'Inquifition, d'examiner dans leurs Commentaires ou Remarques fur l'Ecriture fi cette Verfion étoit toûjours exacte. Je demande à nôtre Profeffeur en Ebreu, fi les Proteftans ne fe fervent pas de leurs Verfions fur l'Ebreu, de la même maniere que les Catholiques; & cependant il tombera d'accord, qu'on ne peut pas dire qu'elles reprefentent parfaitement l'Original, étant tres-défectueufes. S'il n'y a pas une Verfion de la Bible qui n'ait fes défauts,

fauts, le Concile a fait tres-fagement d'approuver pour l'ufage *Sageffe des Peres du Concile de Trente.* public celle qui étoit autorifée depuis tant de fiecles, fans empê- cher pour cela qu'on n'euft recours dans les difficultés qui fe préfen- teroient, à l'Ebreu & au Grec, & même aux autres Verfions. Il a feulement condamné ceux qui dans l'ufage public voudroient mettre leurs nouvelles Traductions en la place de la Vulgate.

Nôtre Auteur n'a pas pénetré le fens des Peres du Concile, quand il objecte *que les Proteftans trouvent ce Concile ridicule, que* *Les Proteftans qui traitent de ridicule la decifion du Concile de Trente font en cela ridicules.* *n'ayant aucun Prophete ou perfonne infpirée pour lui faire une Verfion par-* *faitement conforme à l'Original, il ait déclaré que cette Verfion corrigée par* *des gens fujets à errer feroit foi en toutes chofes, en-forte qu'il ne feroit pas* *permis de la rejetter fous quelque prétexte que ce fuft.* Mais Mr. le Clerc & fes amis les Proteftans paroiffent en cela bien plus ridicules, d'at- tribuer aux Evéques de ce Concile des chofes aufquelles ils n'ont jamais penfé, & d'appuyer en-fuite leurs raifonnemens fur ces fauf- fes fuppofitions. On n'a point eu befoin de Prophetes ni de per- fonnes infpirées dans le Concile de Trente, puis qu'on n'y a rien décidé à l'égard de l'authenticité de la Verfion Latine, où la Pro- phetie fuft neceffaire, comme on l'a déja prouvé. On n'y a point prétendu donner une Verfion parfaitement conforme à l'Original; mais on y a feulement préferé l'ancienne Latine à toutes les autres Latines, ne s'agiffant que de cela feulement dans le Concile, & non pas de faire une Verfion qui reprefentaft l'Original en toutes chofes. Ceux qui donnent ce fens aux paroles du Concile n'en détournent point le fens, comme l'affûre nôtre Faifeur d'Entretiens. Bien loin qu'il y ait de la mauvaife foi dans leur conduite, les plus fages Proteftans qui fe font appliqués avec foin à rechercher les rai- fons que les Peres de Trente avoient euës de faire ce Decret, ne l'ont point expliqué d'une autre maniere que ces Theologiens que Mr. le Clerc accufe de mauvaife foi. Il n'eft pas vrai auffi que *ceux* *qui expliquent les paroles du Concile comme le P. Simon, foient fcandalifés* *lors que l'on parle de la Verfion Vulgate comme d'une Copie qui ne reprefente* *pas parfaitement fon Original.* Il n'y a qu'à lire les Ouvrages de ces favans Ecrivains qui font en tres-grand nombre, pour juger que nôtre Auteur leur impofe.

Au-refte je ne voi pas ce qu'il prétend conclure du fentiment de *Interpre- tation de la penfée du Cardinal Ca- jetan.* Cajetan qu'il produit ici, fans qu'il paroiffe que cela ait aucune liaifon avec tout fon raifonnement. Lors qu'on fit le Decret à

Y

Trente

Trente touchant l'authenticité de la Vulgate , on ne prétendit
point toucher ni au Grec ni à l'Ebreu : & Cajetan auroit foufcrit volontiers à ce Decret nonobftant fon opinion , que pour entendre
l'Ecriture *il falloit entendre le Texte Ebreu pour le Vieux Teftament , &*
le Texte Grec pour le Nouveau. Mr. Simon qui a juftifié dans fa Critique le Canon du Concile , eft auffi de ce même fentiment ; puis
que pour recevoir l'ancien Interprete Latin comme authentique
dans les actions publiques , on ne rejette pas pour cela les Originaux d'où cette Verfion a été prife. Perfonne n'a jamais appuyé
plus fortement les Septante & l'ancienne Vulgate que St. Auguftin. N'a-t-il pas crû outre cela, que pour bien entendre les Livres
Sacrés il falloit avoir recours aux Originaux ? Il eft vrai que le
Cardinal Palavicin a trouvé le fentiment de Cajetan un peu libre
pour les expreffions : mais dans le fonds il a été facile de le juftifier,
& il le défend même contre quelques Auteurs qui avoient condamné fon opinion comme heretique. En quoi donc confifte cette
mauvaife foi dont on accufe le Cardinal Palavicin ? Nôtre Faifeur
d'Entretiens n'a eu autre deffein en cela que de nous débiter fes
lieux communs , & de nous dire froidement que *c'eft la coûtume de*
ces Meffieurs de parler tout autrement lors qu'il s'agit de réfuter les penfées
de ceux qu'ils appellent Heretiques , & lors qu'ils ont à faire à ceux de leur
Communion. Il n'y a cependant rien dans les paroles de Palavicin à
l'égard de Cajetan , d'où on le puiffe foupçonner de n'avoir pas agi
de bonne foi. Il condamne librement ce qu'il juge être trop libre, fans neanmoins fuivre les excés de quelques Theologiens.
Pour ce qui eft de Mr. Simon , il a crû qu'il pouvoit juftifier entierement le Cardinal Cajetan. S'il a eu tort en cela , c'étoit à Mr. le
Clerc à le faire voir par de bonnes raifons. Croit-il qu'on foit fort
fatisfait de cette réponfe ? *Je ne fai pourquoi le P. Simon a cité cet en-*
droit du Cardinal , qui fait voir que fon explication du mot Authentique
n'eft pas tout-à-fait de bonne foi. Mais Mr. Simon a prouvé évidemment dans ce même endroit de fa Critique , que le fentiment de
Cajetan touchant les Traductions n'étoit point contraire au Decret de Trente qui a déclaré l'ancienne Verfion Latine authentique ; & on s'eft même dêja affez expliqué là-deffus. Ce qui
trompe nôtre Profeffeur en Ebreu , c'eft qu'il croit qu'une Verfion
ne peut pas être authentique , fi elle ne reprefente parfaitement fon
Original.

Juftifica-
tion du
Cardinal
Palavi-
cin.

II

Il fait encore mieux paroître dans la suite de son discours la foiblesse de son esprit & son peu d'application à la matiere qu'il traite.
On ne se seroit pas mieux fié, dit-il, *à cet Historien du Concile de Trente,*
quand on n'auroit pas eu cette nouvelle preuve de sa mauvaise foi. Celui
qui nous a donné le cinquième Evangile du Cardinal Palavicin nous avoit
déja assez prévenu contre l'autorité d'un homme qui foule aux pieds tout
ce qu'il y a de plus saint dans l'Evangile de Jesus Christ. S'il avoit lù
l'Histoire de ce Cardinal, il y auroit reconnu facilement, que l'Auteur du Livre intitulé *l'Evangile Nouveau du Cardinal Palavicin*, est un
faiseur de Libelles, & un bouffon qui n'a eu autre dessein que de
détourner les pensées de ce Cardinal pour le tourner en ridicule.
Je ne prétens pas pour cela autoriser toutes les digressions & les
concetti qui sont répandus dans son Histoire. Mais il n'y a rien de
plus impertinent que de juger du Livre de Palavicin par un Libelle
composé par un bouffon, sans vouloir se donner la peine de lire
l'Ouvrage en lui-même, comme nòtre Faiseur d'Entretiens l'a-
voüe ingenuëment. *Je n'ai pas*, dit-il, *presentement l'Histoire de ce*
Cardinal; & quand je l'aurois, ajoûte-t-il, je ne sai si je me don-
nerois la peine de la lire.   En effet un Docteur fait comme Mr. le
Clerc n'a pas besoin de lire les Livres pour en juger. C'est assez qu'il
ait veu dans *des Observations sur la Version de Mons*, qu'un Auteur
donna au public l'année passée, *que Mr. Arnauld qui est du sentiment du P. Simon, a mal entendu le sentiment du Cardinal.*   Mais peut-
on opposer l'opinion d'un particulier, dont on n'apporte pas mê-
me les raisons, aux paroles formelles & expresses de ce Cardinal,
qui appuye son sentiment sur le témoignage de Vega qui avoit assisté au Concile en qualité de Theologien, & d'un grand nombre
d'autres savans hommes? L'Histoire du Cardinal Palavicin n'est
pas si rare qu'on ne la puisse consulter: car outre les Editions Ita-
liennes il y en a deux Latines qui se trouvent facilement chez les
Libraires de Hollande.   Mais *il suffit*, dit nòtre Auteur sans s'informer du sentiment de Palavicin, *que des Docteurs Catholiques Ro-*
mains le disent, pour décharger les Protestans des accusations que le P. Si-
mon fait contre eux de malice & d'ignorance.   Je doute fort que le Jesuite qui a écrit contre Mr. Arnauld, & qui est apparemment l'A-
teur de Mr. le Clerc, donne une décharge en forme aux Protestans, des accusations que Mr. Simon a faites contre eux.
Enfin pour conclusion de tout ce long discours touchant l'auto-

rité de la Vulgate, il ajoûte que Mr. Simon dans sa Réponse à Mr. Spanheim publiée sous le nom d'un Theologien de la Faculté de Paris, nous assûre que la maniere dont il explique en quel sens la Vulgate a été déclarée authentique, est un des meilleurs endroits de son Ouvrage. En effet ceux qui se sont le plus opposés à la Critique en ont fait ce jugement. *Vous venez de voir*, dit Mr. le Clerc, *que c'est un endroit pitoyable*. Mais je ne doute pas que ceux qui examincront son discours sur cette matiere ne soient au contraire convaincus qu'il y raisonne par tout pitoyablement, & qu'ils ne disent de lui ce que les Italiens disent ordinairement de quelques Ultramontains, qu'il a plûtost l'esprit * *nella schiena che in capo*. En effet, si son esprit étoit placé où il doit être, se serviroit-il, comme il fait ici, de la remarque d'un Auteur qui a fait un Commentaire sur les Pseaumes, pour conclure de cette remarque que Mr. Simon ne s'accorde pas avec lui-même? Il faudroit afin que son raisonnement fust juste, qu'il prouvast auparavant que Mr. Simon a été métamorphosé en Mr. Ferrant Auteur du Commentaire dont on a fait mention dans la remarque. Mais nôtre Faiseur d'Entretiens libres vouloit mettre encore une fois sur le tapis les opinions de son cher ami Mr. N. touchant l'inspiration des Livres Sacrés. La remarque ajoûtée à la derniere Édition de la Critique porte contre le sentiment de Mr. Simon, que les titres des Pseaumes ne sont d'aucun Ecrivain inspiré. *Cela fait voir en passant*, dit Mr. le Clerc, *que Mr. N. n'est pas le premier qui a crû contre le sentiment ordinaire des Juifs, que tout fust inspiré dans le Vieux Testament jusqu'à un Jota.* Mais il y a bien de l'apparence que Mr. Ferrant lui répondra, que ces titres ne sont pas plus du Vieux Testament, que le titre de l'Evangile de St. Matthieu est du corps de cet Evangile.

Mr. le Clerc vient aprés cela aux Paraphrases Caldaïques; & pour faire connoître à tout le monde sa rare & profonde érudition en ce genre de Literature, il nous assûre que Mr. Simon n'est pas le premier qui ait remarqué que quelques Savans ont réformé mal-à-propos la ponctuation de ces Livres sur Daniel. *Ludovicus de Dieu, dit-il, l'un des plus habiles Grammairiens que nôtre siecle ait eu dans les Langues Orientales, l'avoit faite il y a long-temps dans la Préface de sa Grammaire Ebraïque, Caldaïque & Syriaque.* Mais je puis l'assûrer que quand Mr. Simon a composé sa Critique, il n'avoit jamais veu la Grammaire de cet habile Grammairien: & si on s'arrêtoit aux

minuties

minuties auſſi-bien que nôtre Faiſeur d'Entretiens, on lui marque-
roit des Docteurs Catholiques qui avoient fait cette même obſervation avant Louïs de Dieu. Quoi qu'il en ſoit, il n'y a qu'à conferer
les remarques de ce Grammairien avec ce que Mr. Simon a obſervé
dans ſa Critique touchant la ponctuation des Paraphraſes Caldaïques, & on jugera aiſément qu'il ne ſongeoit gueres à Louïs de
Dieu quand il a fait ſes remarques, ayant pris une route bien differente. Mr. Simon ne nous parle pas comme fait Louïs de Dieu,
de la reſſemblance des Langues Caldaïque & Syriaque & de leur
ponctuation: mais il s'arrête aux differens Exemplaires ſoit MSS.
ou imprimés de ces Paraphraſes. Il nous dit que les diverſes Editions ne conviennent pas entre elles dans les lettres Vau & Jod,
dont Buxtorfe a ôté un grand nombre dans ſon Edition: & il auroit encore pû en ôter davantage, s'il avoit conſulté les Livres
MSS. Il ajoûte neanmoins qu'il ne s'en faut pas tout-à-fait rapporter pour le retranchement de ces lettres à Buxtorf, ni même à la ponctuation des Juifs qui paroit dans les Manuſcrits. Je ne
voi rien de ſemblable dans la Préface de Louïs de Dieu, qui n'avoit
lû aucun Exemplaire MS. de ces Paraphraſes. Auſſi Mr. Simon a-
t-il conſulté de meilleurs Originaux ſur le Caldée & le Syriaque,
que Louïs de Dieu. Son Auteur pour les Paraphraſes Caldaïques
a été le judicieux Rabbin Elias Levita, & pour la Langue Syriaque il a préferé à tous les autres George Amira ſavant Maronite,
ayant peu d'eſtime des Ouvrages des Proteſtans ſur ces deux Langues. Je doute même que ce que Mr. le Clerc nous rapporte ici
aprés cet Auteur touchant la ponctuation du Caldée qu'on doit réformer ſur le Syriaque, ſoit tout-à-fait exact. Ce qui merite bien plus
d'être remarqué, & que ni Louïs de Dieu ni aucun autre Proteſtant
n'a point obſervé, c'eſt qu'il y a des Livres entiers dans l'Ecriture que
l'on nous a donnés pour des Paraphraſes Caldaïques faites par les
Juifs, leſquels ſont des Verſions purement Syriaques dont les Syriens ſont les Auteurs. Cela a donné occaſion à l'Auteur de l'Aruc,
à Elias Levita & à Buxtorf dans ſon grand Dictionnaire, de s'é-
garer quelquefois tant pour la maniere d'écrire & ponctuer les mots
Syriaques, que pour leur explication. Les Juifs qui ſe ſont ſervis
de ces Paraphraſes comme purement Caldaïques, les ont alterées
en pluſieurs endroits. Nôtre Profeſſeur en Ebreu qui n'a apparemment rien veu de cela dans les Préfaces des Grammaires qu'il a

Y 3

lûës,

lûës, le prendra pour un paradoxe : mais c'eſt aſſez d'avoir fait ici cette réflexion, en attendant qu'on ait occaſion de s'étendre plus au long ſur cette matiere.

Enfin nôtre Faiſeur d'Entretiens avant que de finir ſes ſavantes réflexions ſur les Paraphraſes Caldaïques, ajoûte que Mr. Simon qui *ne copie perſonne* n'a rien dit des défauts qui ſe trouvent dans la ponctuation du Caldaïque de Daniel & d'Eſdras ; que Louïs de Dieu a ſoutenu qu'ils avoient été quelquefois mal ponctués par les Maſſoretes. La remarque eſt judicieuſe. On veut que Mr. Simon en parlant des Paraphraſes Caldaïques ait en même temps parlé d'Eſdras, de Daniel & des Maſſoretes. Il ſuffiſoit ce me ſemble, qu'en traitant des Points que les Maſſoretes ont ajoûtés au Texte de la Bible, il euſt dit qu'ils avoient ponctué ce Texte dans lequel Daniel & Eſdras ſont compris, ſur la lecture qui étoit alors en uſage chez eux, & que cet uſage n'étoit pas ſi certain qu'il ne fuſt ſujet quelquefois à l'erreur.

La profonde érudition de nôtre Profeſſeur en Ebreu paroit encore davantage dans les plaiſantes réflexions qu'il fait dans la ſuite de ſon diſcours ſur la Verſion des Juifs écrite en Grec vulgaire. Mr. Simon aprés nous avoir marqué aſſez exactement ce que c'eſt que cette Verſion, a trouvé à propos de dire quelque choſe de la Langue qu'on appelle Grec vulgaire, *afin que ceux qui liront cette Verſion la puiſſent lire & entendre plus aiſément.* Mr. le Clerc n'a pû ſouffrir ces dernieres paroles dans un homme qui reproche, dit-il, à tous momens aux nouveaux Interpretes de l'Ecriture, d'avoir fait paroître trop d'érudition, & qui devoit penſer qu'on lui reprocheroit la même choſe en liſant cet endroit de ſon Livre. *Les Exemplaires de cette Verſion,* ajoûte-t-il, *ſont rares en Europe, tres-peu de gens s'attacheront à la lire, & elle n'eſt pas même d'une grande utilité.* Je veux que les Exemplaires de cette Verſion ſoient rares en Europe : cela empêche-t-il qu'ils n'y puiſſent devenir communs par le commerce qu'on a dans le Levant ? Mr. Simon avoit même deſſein en ce temps-là de la faire imprimer en caracteres Grecs ordinaires pour la rendre plus commune. Mais ſuppoſons que peu de gens la puiſſent lire préſentement ; n'eſtoit-il pas neceſſaire de faire connoître à ce peu de perſonnes toutes les qualités de cette Traduction qui ſe trouve dans quelques Bibliotheques, & qui a même été citée par des Proteſtans avant que Mr. Simon en parlaſt. Pour ce qui

eſt

eſt de ſon utilité, comment nôtre Profeſſeur Ebraïzant en peut-il
juger, puis qu'il ne l'a jamais lüe? Il n'en demeure pas cependant
là. *Il y a*, dit-il, *peu de gens qui entendent ce nouveau Grec, ſi on excepte quelques curieux qui ont voyagé dans le Levant.* Je crains fort que bien
des gens au contraire qui entendent ce Grec ne diſent que Mr. le
Clerc eſt un homme fort ignorant dans la Langue Grecque : car
ſans qu'il ſoit beſoin de voyager dans le Levant pour entendre ce
Grec qu'il appelle barbare, une perſonne qui ſait le Grec ordinaire
s'y rendra ſavant en quinze jours.

Mr. le Clerc ſe rend ridicule quand il parle du Grec vul-gaire.

Il joint à ces rares reflexions ſur le Grec vulgaire un peu de ce galimatias dont il tient regiſtre. *Il a voulu faire voir*, dit-il en parlant
de Mr. Simon, *qu'il entendoit cette Langue barbare. Mais c'eſt là une
foibleſſe qui ne lui eſt pas particuliere. Une infinité de ſavans qui liſent
beaucoup & qui ne penſent gueres, ne conſiderent point l'utilité des connoiſſances, mais ſeulement leur rareté.* La remarque eſt fort à propos. Il
me ſemble qu'en parlant d'une Verſion écrite en Grec vulgaire il
étoit autant neceſſaire de dire quelque choſe de ce Grec, que de
parler des Langues Caldaïque & Syriaque lors qu'on a traité des
Verſions Caldaïques & Syriaques. Il y avoit même encore plus
de raiſon de le faire, puis que nôtre Auteur ſuppoſe que cette Langue eſt ſi peu connuë. Mr. Simon n'a pas eu deſſein *de faire voir
qu'il entendoit cette Langue barbare*, l'ayant déja aſſez fait connoître
à quelques Proteſtans qui n'en ſavoient gueres davantage que nôtre
Profeſſeur en Ebreu, qui ajoûte encore ici, que *c'eſt une affectation
inutile d'érudition dans un Ouvrage comme eſt celui du P. Simon, de raiſonner comme il fait en-ſuite ſur la prononciation de la Langue Grecque.* Mais
bien loin que ce qu'on a dit dans la Critique touchant la prononciation de la Langue Grecque ſoit *une affectation inutile*, il étoit abſolument neceſſaire de faire cette remarque ſur la maniere dont eſt é-
crit l'Exemplaire des Juifs en Grec vulgaire. Comme l'on a introduit dans pluſieurs Ecoles une certaine prononciation de la Langue
Grecque, ſous prétexte que cette prononciation étoit la plus ancienne, on a été obligé d'avertir, *qu'il n'y a rien qui empêche davantage d'entendre la Verſion Juive du Pentateuque écrite en caracteres Ebreux
ſelon la nouvelle prononciation des Grecs, que cette ancienne prononciation.*
L'on a de plus ajoûté au même endroit de l'Hiſtoire Critique, que
lors qu'il s'agit de la prononciation d'une Langue, il ne faut pas a-
voir recours à la prononciation qu'on prétend être la plus ancienne,
mais

Galimatias de Mr. le Clerc.

Mr. Simon a eu raiſon de parler de la prononciation du Grec en parlant de la Verſion des Juifs écrite en Grec vulgaire.

Hiſt. Crit. Liv. 2. Ch. 19. pag. 310.

mais à celle qui eſt en uſage ; que c'eſt à cet uſage qu'on doit s'atta-cher, ſi l'on veut lire & entendre le Grec vulgaire du Pentateuque écrit en caracteres Juifs. *Si l'on ne ſait parfaitement cet uſage,* ajoûte Mr. Simon dans ſa Critique, *il ſera difficile d'entendre d'abord la Ver-ſion des Juifs de Conſtantinople écrite en Grec vulgaire, parce qu'ils ont ac-commodé les lettres Ebraïques à la prononciation qui étoit en uſage de leur temps, & qui ſe conſerve encore aujourd'hui parmi les Grecs.*

Il n'y a rien dans ces remarques qui ſoit hors de propos. Mais Mr. le Clerc qui hait tout ce qu'on appelle érudition parce qu'il n'en a aucune, vient nous dire que d'autres ont examiné avec ſoin cette matiere, principalement Mr. Wetſtein Profeſſeur à Baſle qui en a traité à fonds. Quand Mr. Simon auroit été Prophete pour deviner que Mr. Wetſtein devoit faire imprimer quatre ans aprés l'Edition de la Critique, ſes Harangues *de vera Linguæ Græcæ pronun-ciatione,* il ſe ſeroit bien donné de garde d'examiner quelle étoit la veritable & ancienne prononciation de la Langue Grecque. C'é-toit aſſez pour ſon deſſein de dire qu'en fait de Langues il falloit s'arrêter à la prononciation que l'uſage autoriſoit.

Nôtre Profeſſeur Ebraïzant qui apparemment entend mieux l'Allemand, le Flaman & l'Anglois, que l'Ebreu & le Grec, accu-ſe Mr. Simon d'avoir parlé des Verſions écrites en ces Langues ſur la foi de ceux qui lui ont fourni des Mémoires. *Il y a,* dit-il, *de l'affec-tation à parler de toutes ces Verſions ſeulement pour les blâmer toûjours.* Mais ſi elles ſont blâmables, comme il en demeure d'accord lui-même, pourquoi ne veut-il pas qu'on les blâme? Mr. Simon qui ne ſait ni Alleman, ni Anglois, ni Flaman, a pris le ſoin d'examiner ces Verſions avec des perſonnes qui entendoient ces Langues, & qui n'ignoroient pas même la Critique. S'il s'eſt trompé, il falloit le re-dreſſer, & ne pas ſe jetter ſur des lieux communs qui ne prouvent rien. Les perſonnes judicieuſes ne ſeront pas fort édifiées de la con-duite de nôtre Profeſſeur en Ebreu, qui conſulte encore ici ſon re-giſtre de galimatias. *Toutes les ſciences,* dit-il, *qui dépendent de la mémoire, dit un Auteur judicieux, ſont proprement de ces ſciences qui en-flent à cauſe qu'elles ont de l'éclat, & qu'elles en donnent beaucoup à ceux qui les poſſedent. Ainſi ceux qui ſont ſavans en cette maniere étant d'ordinai-re remplis de vanité & de préſomption, ils prétendent avoir droit de juger de toutes choſes,* &c. Cette réflexion d'un Auteur judicieux a été pro-duite en cet endroit peu judicieuſement, où l'on ſuppoſe que Mr.

Si-

Simon ne sachant ni Alleman, ni Flaman, ni Anglois, a été obligé de s'en rapporter aux Mémoires qu'on lui a fournis. Il n'a pas pû consulter sa mémoire dans des Langues qu'il ne sait point. Mais passons là-dessus. Il ne paroit pas plus de mémoire que de jugement dans tout le Livre de nôtre Professeur en Ebreu.

Comme il n'aime pas à s'attacher aux minuties, il reprend Mr. Simon, *d'avoir dit beaucoup de choses que l'on dit communément parmi les Réformés, qu'il a apparemment apprises de quelque Reformé; comme lors qu'il dit qu'on estime les Argumens des Chapitres dans la Version de Diodati.* La remarque est fort importante. En effet, quand on a dit dans la Critique *on estime,* il y a de l'apparence qu'on a voulu parler des prétendus Réformés, qui ont quelquefois de bons momens aussi-bien que Mr. le Clerc. Je croi même que Mr. Simon avoit lû dans ce temps-là le projet des Ministres de Geneve qu'on a produit ci-dessus, où ils disent qu'ils employeront dans leur nouvelle Bible *les Argumens generaux de Mr. Diodati, qui sont sans contredit les plus exacts pour penetrer dans l'intention des Auteurs Sacrés.* Son érudition se fait encore mieux connoître quand il ajoûte au même endroit, qu'on a même quelquefois mal informé Mr. Simon; comme quand on lui a dit qu'il y avoit plusieurs Editions de la Version de Diodati tant en Italien qu'en François. *Elle n'a jamais été,* dit-il, *imprimée qu'une fois en Italien & une fois en François, & l'Auteur qui l'avoit fait imprimer à ses dépens, s'y est ruïné & n'a jamais pû payer ses dettes.* On n'a pas mal informé Mr. Simon sur les Editions de la Bible de Diodati : mais il s'en est rapporté à ce qu'il voyoit. Outre l'Edition Françoise il en avoit une Italienne qui portoit le titre de *Seconda Editione migliorata & accresciuta.* La chose n'étant pas d'une fort grande importance, on n'étoit pas obligé de s'informer si Diodati s'étoit ruïné, & s'il n'avoit pû satisfaire à ses créanciers. Mais je croi que l'Imprimeur de Mr. le Clerc profitera de l'exemple de Diodati, pour ne pas courir risque d'être ruïné en imprimant de méchans Livres.

Ses recherches sont encore plus exactes sur la Version de Robert Olivetan : car on a dit mal-à-propos à Mr. Simon, *Qu'avant la Version d'Olivetan on lisoit à Geneve la Version Françoise d'un Chanoine d'Aire, puis que l'Auteur de la Version dont Olivetan dit qu'on se servoit avant la sienne, étoit inconnu aussi-bien que le temps auquel elle avoit été faite.* Il est vrai qu'Olivetan a remarqué dans sa Préface, qu'avant la préten-duë Réformation on se servoit à Geneve *d'une Version écrite à la main*

Minutiæ de Mr. le Clerc.

Project. Artic. 2.

Z

depuis

*De la
Version
Françoise
dont on se
servoit à
Geneve
avant la
Traduc-
tion
d'Olive-
tan.*

depuis *si long-temps*, *qu'on n'en avoit point de souvenance :* & c'est ce que Mr. Simon n'a pas manqué de rapporter dans sa Critique. Ce qui n'empêche pas que cette Version ne fût en effet du Chanoine d'Aire, dont Olivetan n'a pas pû marquer le nom, parce que l'Exemplaire qui est présentement dans la Bibliotheque de Geneve, & où l'on voit le nom de ce Chanoine, n'y étoit pas encore du temps d'Olivetan, qui a seulement veu quelques vieux fragmens de cette ancienne Version de Geneve.   Mr. Simon voulant s'instruire de cette Traduction, donna à un de ses amis qui connoissoit les Ministres de Geneve un Mémoire pour s'informer de la Version Françoise qu'on lisoit en ce lieu-là avant la Bible d'Olivetan.   On fit réponse qu'il y avoit dans la Bibliotheque des morceaux de cette ancienne Version, & outre cela une Version entiere d'un Chanoine.   Comme il avoit trouvé chez Mr. Justel la Version Françoise de ce Chanoine, il souhaita seulement avoir quelque extrait des fragmens dont on a parlé, qu'il confera en-suite avec la Bible du Chanoine d'Aire, & les trouva conformes.

*Mr. Ju-
stel.*

Voici une autre remarque de nôtre Professeur en Ebreu sur la Version de Junius & de Tremellius ; & comme elle regarde entierement sa profession de Grammairien, il semble qu'il devoit y être plus exact que dans les autres endroits. *Mais il ne sait pas plus d'Ebreu que de Grec, comme on verra par la suite de ce discours.   Monsieur Simon a repris la Bible Latine de Tremellius à cause des Pronoms rélatifs qu'on y voit en plusieurs endroits, bien qu'ils ne soient point dans l'Ebreu.   Il en a donné en même temps deux exemples tirés du commencement de la Genese. Nôtre Maître en Grammaire reprend premierement Monsieur Simon, de ce qu'il a dit *des Pronoms rélatifs* au lieu de *démonstratifs*, & en-suite d'avoir accusé mal-à-propos Tremellius d'avoir mis des Pronoms dans le Latin où il n'y en avoit point dans l'Ebreu, puis que dans les deux exemples qu'on a produits il y a un *He* dans l'Ebreu ; *& il y a,* dit-il, *beaucoup d'apparence que le* He *est emphatique dans les mots* Harakiangh *&* Hammajim, *qu'il faut traduire,* cette étenduë *&* cette eau.   *Les Septante ont aussi mis l'*Article *par tout.*

*Mr. le
Clerc ne
savoit pas
plus sa-
vant en
Ebreu
qu'en
Grec.*

La maniere dont Mr. le Clerc prononce & écrit le mot Ebreu הרקיע *Harakiangh,* est digne d'un *Hazan* de Synagogue, & on a eu grand tort de l'accuser de ne savoir point l'Ebreu : mais ce n'est pas de quoi il s'agit présentement.   Le premier exemple où l'on a prétendu

tendu que Tremellius avoit mis mal-à-propos un Pronom rélatif, est tiré du Chap. I. de la Genese, où il traduit, *Viditque Deus lucem hanc esse bonam; & distinctionem fecit inter hanc lucem*, &c. Il n'y a personne qui ne traduise ces mots Latins, *Et Dieu vit que cette lumiere étoit bonne; & fit separation entre cette lumiere*, &c. & par consequent le Pronom *hanc* ou *cette* peut être aussi bien rélatif que démonstratif en cet endroit, & il se rapporte au mot *lux* qui précede dans la Version de Tremellius, *Dixit Deus, Esto lux; & fuit lux. Mais* il y a, dit-on, *dans l'Ebreu* haor, *c'est-à-dire*, τὸ φῶς, *& peut-être même que le* He *est emphatique.* Ce prétendu *He emphatique* ne peut pas être la marque d'un Pronom, qui doit être exprimé en Ebreu par *hazze* ou *zeth*; & dans le Grec par ἴδε. Et si c'étoit une simple marque d'emphase, on ne traduiroit pas en François *cette lumiere*, mais simplement *la lumiere.* Le second exemple est tiré du verset 7. du même Chapitre, où Tremellius a traduit, *Fecit ergo Deus hoc expansum quod distinxit inter has aquas quæ sunt ab inferiore expansi istius.* On ne peut aussi nier que le Pronom, dans ces mots, *hoc expansum, cette étenduë, has aquas, ces eaux*, ne soit aussi bien rélatif que démonstratif, & qu'il ne se rapporte au verset 6. où on lit, *Esto expansum inter aquas.* Mr. le Clerc avouë lui-même qu'il faut traduire *cette étenduë* & *cette eau.* Mais il se trompe, quand il dit que *les Septante ont aussi mis l'Article par tout*, pour prouver qu'on doit traduire *cette étenduë* & *cette eau:* car il y a bien de la difference entre l'Article des Grecs & le Pronom François. Pour exprimer l'Article Grec on doit traduire *l'étenduë* & *les eaux*, & non pas *cette étenduë* & *ces eaux.*

Cependant après une Critique si rare & si digne d'un Professeur en Ebreu à Amsterdam pour le parti Arminien, il témoigne la joye qu'il a d'être demeuré le maître du champ de bataille. *Aprés cela*, dit-il, *croyez-vous qu'on se puisse fier au R. P. Simon? Il y a de l'apparence que devant parler de la Version de Junius & Tremellius, il s'est contenté d'en lire quelque chose à la haste au commencement; aprés quoi il en a formé le jugement qu'il nous en donne, sans prendre la peine de la conferer avec l'Hebreu.* Mais nôtre Professeur ne voit-il pas que Mr. Simon fait en ce même endroit la Critique de cette Version dans un passage tiré du Chap. VIII. de Nehemie, & qu'ainsi il ne s'est pas contenté de lire le commencement de la Version de Tremellius. Si Mr. le Clerc ne trouve pas qu'on l'ait conferé avec l'Ebreu; il le doit attribuer à son incapacité; puis que cette Version ne se trouve pas

                                                en

en effet conforme à l'Ebreu , comme on vient de le prouver : & il se rend encore plus ridicule quand il ajoûte parlant de Mr. Simon , *S'il en a usé de même dans l'examen des autres Versions , que tout le monde ne peut pas ou n'a pas la commodité d'examiner , que deviendra cette Critique si vantée ? Il la faudra lire avec la même précaution que l'on lit les Ecrits de quelque voyageur , où l'on a découvert plusieurs mensonges. On soupçonne tout ce qu'on n'a pas le loisir ou le moyen d'examiner.* Il y a bien de l'apparence que ceux qui auront lu les raisons foibles de Mr. le Clerc contre cette Critique , la rechercheront encore plus qu'auparavant. Je ne doute pas même que ceux de son parti ne conçoivent contre lui une juste indignation , pour s'être si fort emporté contre un Livre qu'il n'entend point , & pour avoir eu la temerité de raisonner sur des faits dont il n'a presque aucune connoissance. Au reste si l'on a critiqué la Traduction de Tremellius dés les premiers mots de la Genese , c'étoit pour faire voir que cette Bible est peu exacte depuis le commencement jusqu'à la fin ; & l'on a gardé même cette méthode dans l'examen de quelques autres Versions , afin qu'on voye qu'un Interprete qui tombe dans des fautes remarquables dés l'entrée de sa Version , ne peut pas être exact dans la suite.

On a aussi repris dans l'Histoire Critique Junius & Tremellius d'avoir mal traduit le verset 9. du Chap. VIII. de Nehemie , *Exponendo sensum dabant intelligentiam per Scripturam ipsam* ; parce qu'en effet il n'y a rien dans le Texte qui doive être traduit *per Scripturam ipsam* , & qu'aucun Interprete de l'Ecriture n'y a rien veu de semblable. Mr. le Clerc avoüe qu'ils ont mal traduit : mais pour montrer qu'il entend l'Ebreu , & même l'Ebreu de Rabbin , il nous dit que Mr. Simon *pouvoit en même temps avertir le Lecteur , que ce qui a trompé ces Interpretes , c'est qu'ils ont pris le mot* Mikra *dans le même sens où il se trouve dans les Rabbins , qui appellent ainsi l'Ecriture.* Nôtre Professeur en Ebreu auroit beaucoup mieux fait de se taire que de parler ici des Rabbins si mal-à-propos : car *Mikra* signifie aussi bien *Ecriture* dans l'Ebreu de la Bible que dans les Rabbins , qui ne s'en servent en ce sens-là que parce qu'ils l'ont trouvé dans la Bible. De plus il ne voit pas que voulant excuser la faute de Tremellius , il le fait tomber dans une plus grande, ou plûtost dans deux fautes à-la-fois ; puis qu'il ne péchera pas seulement pour avoir mal traduit son Texte, mais de plus pour avoir donné une fausse signification au mot Ebreu *Mikra.* La veritable raison de cette traduction de Tremel-

mel-

*Raison-
nement
puerile de
Mr. le
Clerc.*

*Nehem.
8: 9.*

*Mr. le
Clerc en-
tend éga-
lement
l'Ebreu
de la Bi-
ble &
l'Ebreu
des Rab-
bins.*

mellius vient des préjugés où sont ceux de Geneve, qui croyent que l'Ecriture est claire d'elle-même, & que s'il y a de l'obscurité dans quelque passage, on en trouve l'explication dans un autre endroit: ce qui a fait qu'au lieu de traduire *intelligebant Scripturam*, il a traduit *intelligere faciebant per Scripturam ipsam.*

Enfin nôtre Docteur en Grammaire conclut nonobstant toutes ses belles remarques, qu'on ne peut pas se plaindre du jugement que Mr. Simon a fait des Versions des Protestans; mais qu'il a tort *de parler quelquefois plûtost en Controversiste qu'en Critique; comme lors qu'il dit en parlant des Notes qu'on a mises à la marge des Bibles de Geneve, que le principal dessein qu'on a eu a été de préoccuper les Lecteurs, & de leur ôter en quelque façon la liberté de trouver d'autre sens.* Il faut avoir bien de la délicatesse pour juger que cette remarque est plûtôt d'un Controversiste que d'un Critique. La Critique demandoit qu'on fist connoître les bonnes & les mauvaises qualités de ces Notes; & entre les mauvaises qualités on a marqué que l'esprit de parti y regnoit, & qu'il sembloit qu'on eust pris à tâche de limiter la parole de Dieu par de fausses gloses. Les plus savans Arminiens ont remarqué la même chose dans les Notes que les Calvinistes qui suivent le Synode de Dordrecht ont ajoûtées à la Version Flamande, & ils souhaitent même qu'on imprime les Bibles sans Notes, ou que si on y en joint, l'on imite celles que nous avons sous le nom de Vatable, qui sont purement literales. Ces sortes de réflexions me paroissent plus d'un Critique que d'un Controversiste, & elles étoient absolument necessaires dans un Ouvrage, dont le principal but étoit de nous faire connoître les Livres que nous avons sur l'Ecriture.

Il y a une Contro-verse de Critique qu'on ne peut pas appeller simplement Contro-verse.

On a remarqué dans la Critique, que le dessein des Docteurs de Geneve a été de retenir par cet artifice le peuple dans sa Religion, & de le rendre obstiné, parce qu'il croit que les gloses de ses Docteurs sont la pure parole de Dieu. *Il est inutile*, dit Mr. le Clerc, *de faire ces sortes de remarques quand elles seroient veritables, parce que ceux contre qui on les fait nient premierement que cela soit vrai, & qu'on ne le peut prouver sans descendre dans un détail long & ennuyeux où l'on ne doit pas s'engager.* Ce raisonnement est solide, & prouve que Mr. Simon en faisant la Critique des Auteurs qui avoient fait des Notes sur la Bible, n'en devoit rien dire du tout. Les Arminiens ont aussi eu grand tort de reprocher aux Calvinistes la fausseté de leurs

Faux raisonne-ment de Mr. le Clerc.

Z 3

Notes

Notes sur la Version Flamande ; parce que ces Calvinistes qui sont entêtés de leurs opinions nient que cela soit vrai. Mais il se trouve qu'on leur peut prouver facilement ce qu'ils nient.

Les Réformés, continuë Mr. le Clerc, *répondront avec justice, que l'Eglise Romaine prend pour le moins autant de soin qu'eux de préoccuper le peuple en sa faveur ; puis qu'elle ne permet pas indifferemment à tout le monde de lire l'Ecriture en Langue Vulgaire.* Mais quand il seroit vrai qu'on ne permist pas dans l'Eglise Romaine indifferemment à tout le monde de lire l'Ecriture Sainte, on ne peut pas dire que cette défense contienne de fausses glosses semblables à celles qu'on suppose être dans les Bibles des Calvinistes ; & c'est de quoi il s'agit. De plus, en quel Concile General a-t-il trouvé que l'Eglise Romaine ne permette pas la lecture des Livres Sacrés indifferemment à toutes sortes de personnes ? S'il y a eu là-dessus quelques défenses des Evêques & des Academies, elles n'ont été données que par provision, & non pas pour toûjours ; & cela dans les temps de désordre, où des Fanatiques sous prétexte de réformer la Religion sur la pure parole de Dieu, troubloient le repos de l'Eglise. Il étoit alors à propos de ne permettre pas indifferemment à tout le monde de lire l'Ecriture ; & il fut même necessaire de faire de nouvelles Traductions de la Bible en Langue Vulgaire, pour détourner le peuple de lire celles des Fanatiques avec leurs glosses. Cette conduite est loüable & digne de la sagesse des Prelats & des Docteurs de l'Eglise Romaine, sans qu'on les puisse accuser d'avoir défendu absolument au peuple la lecture des Livres Sacrés : puis que même avant les prétenduës Réformations de nos Freres illuminés la Bible avoit été traduite par plusieurs Docteurs Catholiques en Langue Vulgaire.

Comme l'on a déja dit plusieurs fois que Mr. Simon n'est point l'Auteur des Notes qu'on a ajoûtées à la derniere Edition de sa Critique en Hollande, il est inutile de satisfaire aux objections que Mr. le Clerc lui fait là-dessus : on ne laissera pas cependant d'en montrer la foiblesse. Il ne peut souffrir que dans une Note qui est à la page 339. où il est parlé du Synode de Dordrecht, on ait remarqué que *c'est ce fameux Synode où les Arminiens furent condamnés, & l'ancienne Doctrine de Calvin autorisée contre les Novateurs, qui favorisoient les opinions des Jesuïtes au grand scandale de nos Eglises, qui font profession de suivre la pureté de l'Evangile, & non pas des raisonnemens humains.*

humains. Nôtre Arminien juge premierement que cette remar- *damnation des Arminiens n'est point inutile.*
que est inutile, parce qu'on sait assez que les Arminiens ont
été condamnés dans le Synode de Dordrecht. Mais il y a de
l'apparence que le Protestant qui a ajoûté des Notes à la Critique, a fait ses remarques également pour les Catholiques & les
Protestans. Or il est certain que bien des Catholiques ne connoissent pas même le nom d'Arminius : & ainsi cette Note ne paroit pas tout-à-fait inutile. On fait de plus, dit Mr. le Clerc, parler dans cette Note un Protestant en Catholique-Romain, quand
on donne à la doctrine de Calvin la même épithete que les Catholiques donnent à la leur avec tant d'affectation. *Les Réformés,* ajoûte-t-il, *qui entendent leur Religion ne se servent jamais de termes odieux
qui ne prouvent rien, comme ont accoûtumé de faire bien des Docteurs Catholiques, qui croyent avoir confondu leurs Adversaires, lors qu'ils les ont
traités à chaque page de Novateurs, & qu'ils ont bien déclamé en faveur
de l'Antiquité.* Mais nôtre Professeur Arminien a-t-il raison de *Les Calvinistes traitent de Novateurs les Armi-niens.*
dire qu'on a fait parler dans la Note le Protestant en Catholique-
Romain, puis qu'il parle à la maniere des autres Calvinistes dans
leurs disputes contre les Arminiens ? Il nous dira apparemment,
que les Calvinistes sont du nombre de ces Réformés qui n'entendent point leur Religion ; que cela est réservé aux seuls Arminiens,
d'entendre bien la Religion des Protestans. Mais il faut aussi qu'il
dise en même temps, que ces Calvinistes qui n'entendent point leur
Religion sont Catholiques-Romains, s'il veut que le Protestant
ait parlé en Catholique-Romain dans sa Note sur la Critique. Il
a lui-même remarqué dans sa XX. Lettre, que les Theologiens de *Préface des Canons faits par les Theologiens de Suisse & de Geneve.*
Suisse & de Geneve ont fait des Canons où ils se vantent de *suivre la
Doctrine de leurs Peres :* & ce qui est à observer, c'est que ces Canons
ont été composés exprés contre les Arminiens ou Remonstrans,
qui y sont condamnés comme des Novateurs ausquels les Suisses
& ceux de Geneve opposent la doctrine qu'ils ont reçûë de leurs
Ancêtres, *quod acceperunt à Majoribus.* Ils apportent pour exemple
de ces innovations *le déplorable Schisme des Remonstrans, Remonstra-
tismi triste exemplum.* Le terme de *Novateur* dont les Catholiques
se servent quand ils parlent des Heretiques, n'est pas un terme qui
ne signifie rien ; & c'est de tout temps qu'on a reproché dans l'E-
glise aux Heretiques la nouveauté de leur doctrine, comme il paroit manifestement par les Ecrits des plus anciens Peres. En effet

en

en matiere de Religion l'antiquité & la poſſeſſion ſont des preuves ſuffiſantes.

CHAPITRE XVI.

Critique de la XV. Lettre.

<table><tr><td>

Mr. le Clerc raiſonne toûjours mal dans les ma-tieres qui regardent ſa Pro-feſſion.

</td><td>

IL eſt ſurprenant que Mr. le Clerc qui ſe dit *Maître en Iſraël* & Profeſſeur en la Langue Ebraïque, raiſonne toûjours en écolier ſur les faits qui regardent ſa Profeſſion, comme il le fait paroître manifeſtement des le commencement de cette Lettre, où il examine le III. Livre de l'Hiſtoire Critique. Il prétend que Mr. Simon *n'a pas une idée tout-à-fait diſtincte de ce qu'il dit, ou au moins qu'il ne dit pas aſſez nettement à ſon Lecteur ce qu'il penſe, puis qu'on y trouve des choſes manifeſtement fauſſes & contradictoires.* Mais ces prétenduës fauſſe-tés & contradictions ne ſe trouvent que dans l'eſprit de nôtre Au-teur, qui n'a qu'une connoiſſance tres-mediocre de la matiere qu'il

</td></tr></table>

traite. On a remarqué dans la Critique, qu'on ne doit pas beau-coup eſtimer les Traditions des Juifs, parce qu'elles ſont la plus-part fabuleuſes; mais que la Maſſore n'eſt point du nombre de ces Traditions ridicules & inventées à plaiſir. *On ne peut pas*, dit Mr. le Clerc, *parler ſi generalement ſans faire une eſpece d'illuſion au Lecteur, qui s'imagine en liſant cela, qu'il n'y a rien dans cette Tradition de la Maſſore qui ne ſoit bien fondé; au-lieu qu'il eſt certain ſelon le P. Simon lui-même, qu'il y a pluſieurs choſes dans la Maſſore qui ſont purement ridicules.* J'ad-mire l'illuſion ou plûtoſt la mauvaiſe foi de nôtre Ebraïzant, qui ne rapporte que la moitié des paroles de Mr. Simon, qui bien loin de parler en cet endroit de la Maſſore priſe dans toute ſon étenduë, ſe reſtreint à la Maſſore qui regarde ſimplement la maniere d'écrire le Texte Ebreu par le moyen des Points-Voyelles que les Juifs Maſſoretes ont ajoûté à ce même Texte. Ainſi on n'a pas fait une eſpece d'illuſion au Lecteur, puis qu'on a limité exprés la Maſſore dont on parloit: car voici ce qu'on y dit des Maſſoretes dans le lieu même que Mr. le Clerc a cité. *Ces hommes qui étoient exercés dans la Critique de l'Ecriture, n'ont fait autre choſe par l'invention des Points, que limiter la lecture ou maniere de prononcer l'Ebreu ſelon l'uſage reçû. C'eſt même pour cette raiſon qu'ils ont nommé leur Ouvrage Maſſore, par-ce qu'ils ont prétendu publier ſimplement ce qui étoit venu juſqu'à eux par*
Tradition.

Tradition. Mr. Simon s'explique encore plus nettement un peu plus bas dans ce même Chapitre touchant la Maſſore dont il y traite, quand il conclut en ces termes : *Que la Maſſore ou Tradition des Juifs touchant la maniere de lire l'Ebreu de la Bible n'a pas été conſtante dans tous les ſiecles.* Ces mots, *la Maſſore ou Tradition des Juifs touchant la maniere de lire l'Ebreu,* montrent évidemment que Mr. Simon s'eſt expliqué là-deſſus avec toute la netteté poſſible, & qu'il a eu égard en cela aux Lecteurs qui n'étoient pas tout-à-fait inſtruits de la Maſſore, au nombre deſquels on mettra Mr. le Clerc: car pour ce qui eſt de ceux qui ont quelque connoiſſance des Livres Juifs, ils ſavent que quand les Rabbins parlent, même generalement de la Maſſore, ils entendent ordinairement cette partie de la Maſſore qui appartient à la maniere de lire le Texte Ebreu de la Bible.

Nôtre Profeſſeur en Ebreu ſe rend donc ici ridicule, quand il veut redreſſer les expreſſions de Mr. Simon dans ce qui regarde la Maſſore. Il feroit beaucoup mieux de ſe taire, que de parler en l'air d'une matiere qu'il n'entend point. Voici une autre contradiction qu'il trouve dans la Critique de Mr. Simon touchant la Maſſore ou Tradition des Juifs. Lors qu'on a parlé au Chap. IV. du même Livre de la ſignification propre de quelques animaux défendus, on y a remarqué que les Juifs ignorent une partie de ces animaux, & que cela eſt une preuve manifeſte qu'ils n'ont preſque rien retenu de la Tradition à l'égard de leur Langue. S'ils ont perdu, dit-on, cette connoiſſance, *qui pourroit ſe perſuader qu'ils ayent fort exactement retenu la maniere d'écrire & de lire la Bible que leurs Peres avoient obſervée?* Mais il y a bien de la difference entre la lecture d'un Livre, & la ſignification propre des mots qui ſont dans ce même Livre. L'on a parlé dans le premier Chapitre, d'une Tradition de lecture ; & ici dans le Chap. IV. on parle d'une Tradition de la ſignification de certains mots. Comme les Docteurs & même le peuple ont toûjours lû dans leurs Synagogues une partie de l'Ecriture, ils ont ſans doute conſervé un certain uſage de lecture, ſans retenir pour cela la ſignification propre de certains noms d'animaux défendus dans la Loi ; parce que dés-lors qu'ils n'ont plus offert de ſacrifices dans Jeruſalem, & qu'ils ont été diſperſés dans tout le monde, ils ont perdu la connoiſſance de ces choſes-là. On peut même remonter juſqu'au temps de leur Captivité à Babylone,

Hiſtoire
Critique,
Liv. 3.
Ch. 4.
p. 366.
Mr. Simon ne s'eſt point contredit en parlant de la Maſſore.

A a

où

où la connoiſſance de la Langue Ebraïque demeura ſeulement parmi quelques Savans.   Il n'en eſt pas de même de la lecture de la Bible, qu'on ſuppoſe avoir été toûjours lûë dans les Synagogues & dans les Ecoles.   En un mot la Maſſore ou Tradition qui regarde la maniere dont on doit lire le Texte Ebreu de la Bible ne conſiſte que dans un uſage de lecture.   La Maſſore n'a fait qu'arrêter cet uſage, qui n'a jamais été perdu chez les Ebreux, bien qu'il ait un peu varié, comme on l'a prouvé dans la Critique, ſelon les differens temps & les differens lieux.

Faux raiſonnemens de Mr. le Clerc touchant les Juifs Caraïtes.

Si nôtre Profeſſeur en Ebreu étoit judicieux, il ſe feroit bien donné de garde de parler de certains faits qui appartiennent à ſa Profeſſion, en ayant ſi peu de connoiſſance: comme il fait ici, lors qu'il veut corriger le raiſonnement de Mr. Simon touchant les Caraïtes, qui ayant rejetté toutes les Traditions des Juifs qui leur paroiſſoient mal-fondées, ont neanmoins reçû la Maſſore des Juifs Rabbaniſtes, ou l'uſage autoriſé parmi eux touchant la maniere de lire la Bible.   On a prétendu par là prouver dans la Critique, que cette Maſſore ou Tradition étoit bien fondée, puis que les Caraïtes qui n'ont point apporté d'autre raiſon de leur Schiſme que la fauſſeté des Traditions Juives, ont approuvé celle-là, parce qu'elle étoit appuyée ſur un long & ancien uſage.   Mais nôtre Auteur qui juge ſelon ſes idées des Caraïtes & de la Maſſore, ſans avoir jamais lû aucun Livre des Caraïtes ni la Maſſore en elle-même, aſſûre que les Caraïtes peuvent avoir bien fait en quelque rencontre, & s'être mal conduits en d'autres; & qu'ainſi leur autorité ne peut pas ſervir de preuve, non plus que celle du P. Simon, qui ne voudroit pas exiger de nous que nous imitaſſions les Diſciples de Pythagore, & que nous diſſions, Cela eſt vrai, car le P. Simon l'a dit.   Mais à quoi tendent ces réponſes vagues & generales de nôtre Ebraïzant, qui ne fait preſque aucun pas ſans galimatias? Mr. Simon s'eſt-il appuyé dans ſa Critique ſur la ſimple autorité des Caraïtes ſans produire en même temps leurs raiſons?   Un uſage de lecture eſt une Tradition bien differente des autres Traditions que les Juifs ont embraſſées ſur la ſeule autorité de leurs Peres.   On pourroit ſur la même ſuppoſition, ajoûte Mr. le Clerc, conclure que ce nombre infini d'Accens dont la plus-part ſont inutiles, viennent en effet de l'ancienne Tradition, parce que les Caraïtes les ont reçûs auſſi-bien que les Points.   Il eſt vrai que Mr. Simon dit des Caraïtes, qu'ils reçoivent la ponctuation des Maſſoretes & les Ac-

cens.

cens: mais il parle feulement des Accens qui fervent à diftinguer les
parties du difcours, de la même maniere que les points & les virgules dans le Grec & dans le Latin. Comme ces Mafforetes ont été de
bons Critiques, les Caraïtes ont quelque confideration pour les dif-
tinctions que ces Critiques ont ajoûtées aux Exemplaires de la Bible, fans les fuivre neanmoins aveuglément, prenant toûjours la liberté de les changer lors qu'ils voyent un fens plus commode en les
changeant. A l'égard des autres Accens qui font inutiles, ou au
moins qui font de nul ufage pour entendre le Texte de la Bible, ils
s'en mettent fort peu en peine; & ce n'eft pas auffi de ceux-là dont
il eft ici queftion. Cependant Mr. le Clerc aprés avoir raifonné fi pitoyablement fur la Maffore & fur les Caraïtes, ajoûte en pariant de
Mr. Simon, *Qu'on ne faura comment fe fier à un Auteur qui apporte de fi
méchantes preuves comme des démonftrations, & qui raifonne d'une maniere
fi extraordinaire.* Si ces preuves font méchantes, il faut le démonftrer
par de bonnes raifons, & ne pas fe contenter d'une fimple déclamation. Cet homme croit-il bien raifonner parce qu'il fait ici venir les
Difciples de Pythagore, qui n'ont jamais eu rien à démêler avec les
Juifs Caraïtes? S'il a de la peine à croire que Mr. Simon *ait lû avec
tant de foin la Maffore & les Rabbins*, il doit montrer par de bonnes raifons que Mr. Simon s'eft trompé dans ce qu'il a rapporté de la Maffore & des Rabbins. Si nôtre Ebraïzant n'eft pas tout-à-fait ignorant dans fa Profeffion, il doit donner des preuves de ce qu'il a avancé: car de dire fimplement qu'on a raifonné en differens endroits de
la Critique d'une maniere oppofée lors qu'on y a parlé de la Maffore & des Rabbins, on ne l'en croira pas aifément; fur tout aprés
qu'on a prouvé que ces contradictions n'ont aucun fondement fi ce
n'eft dans l'efprit de Mr. le Clerc, qui faute de capacité n'a pû
pénetrer les raifons qu'on a euës de parler de diverfes manieres des
Traditions Juives, qu'on ne doit pas regler toutes fur un même pied.

Il fe pourra faire que nôtre Profeffeur en Ebreu répondra, qu'il
n'eft pas obligé pour s'acquiter de fon emploi de lire ni les Rabbins ni la Maffore; que c'eft affez d'entendre l'Ebreu de l'Ecriture;
au moins d'en favoir affez pour chercher les mots Ebreux dans les
Dictionnaires & dans les Concordances. En effet, je ne voi pas
qu'il faffe paroître dans tout fon Ouvrage une connoiffance plus
étenduë de la Langue Ebraïque que celle qu'on vient de marquer;
& cependant voici ce qu'il ajoûte ici pour montrer qu'il entend par-

A a 2   faite-

faitement l'Ebreu. *Voici une autre remarque qui peut faire douter si le P. Simon entend si bien la Langue Hebraïque qu'il le voudroit persuader à ses Lecteurs.* Il reprend dans cette remarque Mr. Simon, d'avoir dit que la plus-part des mots Ebreux sont équivoques & leur signification incertaine; qu'on ne peut pas dire absolument que les Traducteurs expriment au vrai ce qui est contenu dans l'Original: deforte *qu'il y a toûjours lieu de douter si le sens qu'on donne aux mots Ebreux est le veritable, puis qu'il y en a d'autres qui ont autant de probabilité.*

De l'équivoque des mots Ebreux. Mr. le Clerc avouë que la plus-part des mots ont diverses significations; mais il soutient en même temps, *qu'un mot qui est équivoque lors qu'il est seul, est souvent déterminé si clairement par la suite du discours à une certaine signification, qu'on n'en peut pas douter.* Mais cette réponse ne peut pas satisfaire à l'objection de Mr. Simon, qui ne parle pas des differentes significations des mots Ebreux considerés seuls & hors du discours. Les exemples qu'il produit dans cet endroit de sa Critique montrent assez qu'il a voulu marquer l'incertitude de la Langue Ebraïque dans le Texte Ebreu de la Bible & dans un discours continué. Pour en juger mieux on n'a qu'à examiner ces exemples, qu'il n'a pas tirés des Propheties & d'autres Livres semblables que tout le monde reconnoit être obscurs; mais de l'Histoire, & même des premiers mots de la Genese que les Interpretes traduisent fort differemment. Ils prétendent neanmoins tous traduire à la lettre & selon le sens Grammatical. L'autorité de Mr.

Ludov. Capp. de Punctor. Hebr. antiq. lib. 2. cap. 22. Cappel, dont Mr. le Clerc se sert pour faire voir qu'un mot qui est équivoque lors qu'il est seul, est souvent déterminé à une certaine signification par la suite du discours, ne vient pas fort à propos en cet endroit; puis que Mr. Cappel ne parle en ce lieu-là que de la differente maniere dont on peut ponctuer un même mot. Quoi que cette diversité de ponctuation cause quelquefois de l'obscurité dans le Texte, comme on le peut prouver en comparant les anciennes Versions avec les nouvelles, Mr. Simon accordera volontiers qu'on peut souvent arrêter par la suite du discours la veritable ponctuation, & par consequent la veritable signification des mots. Il y a bien d'autres obscurités dans le Texte Ebreu de la Bible, que celle-là; & il ne faut que jetter les yeux sur les differentes manieres dont on peut traduire le commencement de la Genese, pour en être convaincu.

Mais il est faux, ajoûte Mr. le Clerc, *qu'il y ait toûjours lieu de douter*

ter si le sens que l'on donne aux mots Ebreux est le veritable; parce que malgré toutes les équivoques de la Langue Hebraïque, tous les Interpretes de l'Ecriture anciens & modernes conviennent du gros de l'Histoire & de la Religion Judaïque. De quelque maniere que le P. Simon traduise les deux premiers Chapitres de la Genese, il ne sauroit empêcher qu'on n'en tire clairement ces verités, que l'on trouve dans toutes les Versions de l'Ecriture; que l'Univers n'a pas été de toute éternité dans l'état où il est; que c'est Dieu qui lui a donné la forme qu'il a presentement, &c. Mr. Simon n'a jamais douté qu'on n'eust assez de connoissance de la Langue Ebraïque, pour savoir en gros & en general les Histoires de la Bible. Mais cette connoissance generale & confuse ne suffit pas pour arrêter l'esprit dans ce qui regarde les points de nôtre créance; & sans qu'il soit besoin d'en chercher des exemples bien loin, on ne peut être assûré par les seules paroles de la Genese, que le monde ait été creé de rien & sans une matiere préexistente, comme les Juifs & les Chrétiens le croyent d'un commun consentement. Quelques Interpretes traduisent le commencement de la Genese d'une maniere qui pourroit faire croire le contraire, si l'on n'étoit fondé sur la Tradition de la Synagogue & de l'Eglise, qui limite le sens vague de ces premiers mots de la Genese. C'est pourquoi Mr. Simon a eu raison de dire ici dans sa Critique, que si l'on separe du Texte de l'Ecriture cette ancienne Tradition, on ne peut rien conclure efficacement en faveur de la Création du monde, de la maniere que nous la croyons. C'est à quoi Mr. le Clerc devoit s'attacher, s'il vouloit réfuter directement les principes établis dans l'Histoire Critique, où l'on ne nie pas qu'on n'ait une connoissance generale & en gros des faits qui sont rapportés dans la Bible.

J'admire la subtilité de nôtre Professeur en Ebreu, qui pointille ici sur les expressions Françoises de Mr. Simon, qu'il reprend de ne s'être pas expliqué avec assez de netteté, quand il a dit *qu'il y a toûjours lieu de douter,* &c. parce que *quelqu'un dira peut-être qu'il ne faut pas presser à la rigueur ces termes.* Mais de quelque maniere que nôtre Ebraïzant les entende, l'expression est nette & facile à entendre. Si l'on vouloit s'arrêter à ces sortes de minuties, on montreroit que Mr. le Clerc parle souvent François en Latin, comme il fait dés l'entrée de son Ouvrage, quand il nous vient dire, *On lui concede d'ailleurs.* Il a trouvé cette expression si belle, qu'il la repete souvent. Mais ce n'est pas de quoi il s'agit présentement. Il ne

peut

Sans la Tradition on ne peut pas prouver par le Texte de l'Ecriture la creance que les Juifs & les Chretiens ont de la Création du monde.

Chicanerie de Mr. le Clerc sur de purs mots.

peut accuser de mauvaise foi Mr. Simon dans les exemples qu'il a
produits pour prouver la signification incertaine des mots Ebreux,
à moins qu'il ne fasse voir en particulier qu'il y a de la fausseté dans
ces exemples.   Il a aussi tort de dire que Mr. Simon n'a pas une connoissance fort nette de la Langue Ebraique, puis que dans ces mêmes exemples on a mis au jour toutes les differentes manieres dont
on pouvoit traduire les premiers Chapitres de la Genese.   Si l'on
s'est trompé, c'étoit à nôtre Ebraïzant à redresser les endroits où
l'on s'est trompé. Mais on peut dire de lui, si j'ose me servir de cette expression, qu'il est Professeur *en gros*, n'ayant que des idées
fort confuses de la Langue Ebraïque.   Aussi se jette-t-il ici sur les
expressions Françoises de Mr. Simon qu'il tâche de corriger, & il
lui donne en même temps la méthode de raisonner avec plus de
justesse.   Il fait un argument dans toutes les formes, distinguant
la majeure de la mineure, & niant absolument la mineure comme
fausse.   On a eu grand tort de ne pas réduire toute l'Histoire Critique en Syllogismes : car on auroit épargné à nôtre Professeur la
peine qu'il a euë d'amasser tant de mots & de raisonnemens pour ne
rien prouver.   Il en eust été quitte tout-d'un-coup pour dire, la
majeure est fausse, la mineure est fausse, on nie la consequence de
la majeure ; & par consequent *tout l'effort que le P. Simon fait ici & ailleurs contre les Protestans est tout-à-fait vain & inutile.*   Mais laissons là
nôtre plaisant *raisonneur.*   Tant qu'il demeurera dans sa qualité de
Professeur *en gros*, sans examiner en détail les exemples qu'on a produits pour servir de preuves de l'incertitude de la signification des
mots Ebreux, on aura toûjours droit de croire qu'il n'est pas *un
grand Clerc* en Ebreu.

Il continuë toûjours ses mêmes raisonnemens en réformant les
expressions de Mr. Simon, qui n'a pas dû dire que les Protestans

*reçoivent comme la pure parole de Dieu des Traductions de la Bible qui ne
contiennent rien que d'humain.* M. Simon selon lui *a voulu dire, qui ne
contiennent que des conjectures qui ne sont tout au plus que probables.*   Cette réformation, comme l'on voit, étoit fort necessaire, & sans
cette glosse on n'auroit pas entendu ce que signifient ces mots, *qui
ne contiennent rien que d'humain.*   Il prétend de plus que ces termes
d'humain & de *foi humaine* ne signifient rien dans cette occasion, parce qu'on appelle ici foi humaine, *toute sorte de créance que l'on ne
fonde pas immediatement sur l'autorité de Dieu, sur quelques preuves qu'elle*
soit

foit appuyée ; l'on pretend qu'elle est toûjours incertaine, & l'on se sert du mot humain *pour dire incertain.*   Apres avoir supposé que les termes *humain* & *foi humaine* sont pris en ce sens-là dans l'Histoire Critique, voici ce qu'il ajoûte pour achever son raisonnement. *Mais je soutiens qu'un raisonnement clair & convaincant quoi qu'humain, est aussi certain que toute la révelation, & que la révelation n'est fondée que sur des raisonnemens humains.*   Ce qu'il prouve par plusieurs exemples ; comme *quand on dit qu'il est jour, parce que le soleil luit, on dit une chose aussi constante & aussi certaine, que lors qu'on dit qu'il faut croire que Jesus Christ est résuscité.*   Il produit d'autres exemples pour prouver la même chose : mais comme il s'attache à montrer une chose qui n'est point en question & dont on ne doute point, il seroit inutile de s'y arrêter.

En effet, quand on a remarqué dans la Critique, que les Versions des Protestans *ne contiennent dans la plus-part des endroits rien que d'humain,* on a limité le sens de ce mot *humain* ; & si Mr. le Clerc avoit suivi cette restriction, il n'auroit pas eu besoin de s'étendre ici si au long sur des choses qu'on ne conteste point.   On né nie pas qu'il y ait des choses humaines aussi certaines que la révelation : mais le raisonnement de Mr. Simon dans sa Critique montre évidemment qu'il ne parle pas de celles-là ; car voici comme il s'y explique dans l'endroit même que nôtre Auteur a cité. *Les Protestans n'ont pas pris garde, que quand ils refusent de recevoir les Traditions des Catholiques parce qu'ils prétendent qu'elles sont humaines, ils tombent dans le même défaut qu'ils reprochent aux Catholiques, parce qu'ils reçoivent comme la pure parole de Dieu des Traductions qui ne contiennent dans la plus-part des endroits rien que d'humain.*   C'est un argument *ad hominem,* où l'on doit prendre le mot *humain* dans le même sens que les Protestans le prennent quand ils objectent aux Catholiques, que leur foi étant appuyée sur la parole des hommes n'est pas divine, mais humaine.   Si nôtre Auteur vouloit satisfaire à l'objection de Mr. Simon, il devoit montrer la nullité de la comparaison : mais au lieu de cela il nous vient dire qu'on ne peut pas douter qu'il ne soit jour quand le soleil luit ; qu'il n'y ait un païs à l'extremité de l'Asie, que l'on nomme la Chine ; qu'il n'y ait eu autrefois un Empereur Romain nommé Jules Cesar.

Comme il ne s'agit ici ni du soleil, ni de la Chine, ni de Jules Cesar, mais des Versions de l'Ecriture faites par des Protestans, &

sur

En quel sens on a dit dans la Criti-que, que les Ver-sions des Protes-tans ne contien-nent pres-que rien que d'hu-main.

sur lesquelles on prétend qu'on ne peut pas toûjours s'assûrer, venons enfin au fait qui est en question.   Mr. le Clerc nous assûre que les Protestans croyent en general que ces Versions sont fidelles dans le gros de l'Histoire & de la Religion ; parce qu'ils voyent qu'elles s'accordent toutes en cela , & que malgré les divisions qui sont entre l'Eglise Romaine & la leur , l'Eglise Romaine en tombe d'accord , & reconnoit que tous leurs dogmes positifs en quoi consiste leur Religion , sont vrais.   Mais à moins de faire consister le gros de la Religion avec nôtre Auteur dans son Symbole de deux mots dont on a parlé ci-dessus, il n'est pas vrai que les Versions des Protestans conviennent en cela parfaitement entre elles, puis que les Arminiens reprochent dans leurs Ecrits aux Calvinistes la fausseté de leurs Traductions dans ce qui appartient à la doctrine ; les Sociniens font aussi la même chose à l'égard des Protestans ; & enfin les Protestans font de semblables objections aux Sociniens dans la traduction de certains passages qui sont importans à la Religion.   Pour ce qui est de ces dogmes positifs en quoi Monsieur le Clerc fait consister le gros de la Religion de tous ces Sectaires, ce sont de purs étres de raison, comme on le montrera dans la suite de ce discours, lors qu'on parlera des principes des Sociniens.

Les Protestans, ajoûte Mr. le Clerc, ont raison de recevoir l'Ecriture Sainte comme la pure parole de Dieu , quoi qu'elle ait été écrite dans les Originaux par les mains des hommes qui y ont glissé quelques fautes , & quoi qu'ils n'en puissent lire que des Traductions composées par des hommes qui ont choisi par tout le sens qui a paru le meilleur à leur raison humaine ; parce que malgré tout cela ils sont convaincus que l'essence de la Religion consiste dans ces Versions.   Mais il n'est pas ici question de la persuasion où sont les Protestans ; parce qu'ils peuvent être dans l'erreur.   Je demande à nôtre Auteur, si l'on peut juger d'un fait d'importance, selon même les loix humaines , sur un Acte dont les Exemplaires seroient tous differens dans le point dont il s'agiroit. Les Juges du fait ne pourroient pas prononcer sûrement, n'ayant point d'autres pieces que cet Acte. Il en est de même des Traductions des Protestans qui disputent entre eux sur des points importans de la Religion, & ils s'appuyent pour cela sur le même Acte, dont chacun explique les paroles à sa maniere, & souvent selon ses préjugés. Dans les endroits même où ils s'accordent entre eux , ils ne sont pas toûjours assûrés du veritable sens des mots Ebreux qui sont dans l'Original. L'exemple

emple que Mr. Cappel apporte pour prouver que quand même il ne nous resteroit que des Traductions des Originaux de la Bible, on pourroit toûjours établir la Religion sur ces Traductions au defaut des Originaux, ne peut pas être concluante à l'egard des Protestans, mais seulement à l'egard des Catholiques qui ont associé la Tradition à l'Ecriture. Il est vrai que l'Eglise tant Orientale qu'Occidentale s'est servie long-temps de Versions de la Bible sans consulter l'Ebreu, & je voi même qu'on ne se met pas fort en peine aujourd'hui dans toutes les Eglises du monde de consulter l'Original Ebreu : mais d'autre part ces mêmes Eglises reglent aussi leur foi par la Tradition. C'est pourquoi quelque defectueuses que soient leurs Versions de l'Ecriture, elles ne peuvent jamais tomber dans l'erreur. Il n'en est pas de même des Protestans & des Sociniens, qui n'ont point d'autre regle de leur foi que la Bible, qui étant fort obscure ne peut pas seule faire une regle certaine de la créance. Je veux bien que la Version d'un Acte qu'on croit avoir été traduit par une personne fidelle, peut suppléer au defaut de l'Original : mais on ne peut pas raisonner de l'Ecriture de la même maniere ; parce qu'elle est composée dans une Langue qu'on n'entend pas assez pour en faire des Traductions qui soient tout-à-fait fidelles. Ce qui paroit manifestement par ce grand nombre de Versions que nous avons, & qui sont si differentes : outre que tous les Sectaires s'accusent les uns les autres d'avoir corrompu le veritable sens de la parole de Dieu par de fausses traductions.

Il n'est pas vrai *que la révelation ne soit fondée que sur des raisonnemens humains*, ni que les Catholiques ne puissent être assûrés de la verité de leur Religion que par la même voye, de-sorte que leur créance soit purement humaine. La raison nous sert à la verité de motif pour établir nôtre créance : mais il ne s'ensuit pas qu'il faille dire pour cela avec Mr. le Clerc, *que la creance des hommes, quelle qu'elle puisse être, n'est qu'une créance humaine fondée sur des raisonnemens humains.* Nôtre créance n'a point d'autre fondement que la parole de Dieu ; & pour être certain de cette parole de Dieu, je me sers de ma raison comme d'un moyen qui me fait connoître que ce que je croi est appuyé sur cette divine parole. C'est par cette voye que je remonte jusqu'au temps des Apôtres, & que je parcours les premieres Eglises Apostoliques, pour savoir quelle etoit leur crean-

Les Protestans ne peuvent raisonner sur cette matiere comme les Catholiques, n'ayant pas les mêmes principes.

La foi n'est pas une créance purement humaine.

B b

ce,

ce, qui étoit affûrément fondée fur la parole de Jefus Chrift, & non pas fur la raifon des hommes.

Le peu d'étendue de l'efprit de Mr. le Clerc lui fait trouver des contradictions où il n'y en a point. Hift. Crit. Liv. 3. Chap. 2. Hift. Crit. Liv. 3. Chap. 6.

Mr. le Clerc donne aprés cela une nouvelle preuve du peu d'étenduë de fon efprit, ne pouvant concilier dans l'Hiftoire Critique deux expreffions qui lui paroiffent tout-à-fait contradictoires; & il remarque qu'il faut que Mr. Simon ait des lumieres plus qu'humaines pour les concilier. Cette prétenduë contradiction confifte en ce qu'on a dit, *Qu'il ne faut point faire parler un Auteur autrement qu'il ne parle, fous prétexte d'y trouver de l'ordre & un fens qui nous paroit plus jufte.* Cette remarque eft approuvée de nôtre Auteur: mais il ne peut pas comprendre comment elle peut s'accorder avec ce qu'on dit ailleurs, *Que pour favoir la veritable fignification des mots Ebreux il faut auparavant connoître les propriétés du fujet dont il eft parlé; ce qui dépend beaucoup des idées que nous avons des chofes par la Theologie: & partant il eft impoffible d'expliquer l'Ecriture que par rapport aux notions que la Tradition nous a données de la Religion.* Il ne faut cependant pas avoir une grande pénetration d'efprit pour concilier ces deux chofes qui

Conciliation des prétendues contradictions.

font expliquées avec netteté dans l'Hiftoire Critique. Mr. Simon reprend dans fa premiere obfervation les Traducteurs de l'Ecriture qui mettent de certaines liaifons dans leurs Verfions pour faire parler leur Auteur avec plus d'ordre; bien qu'il n'y ait rien dans l'Original qui réponde à ces fortes de liaifons. Il condamne ces Interpretes *qui ajoûtent des particules, des conjonctions, & d'autres liaifons femblables;* fans prendre garde qu'ils changent le Texte qu'ils traduifent. Cette remarque qui eft tres-vraye & judicieufe peut-elle détruire la réflexion qu'on a faite en-fuite fur quelques regles que propofe R. Moïfe pour bien interpreter l'Ecriture? Ce Rab-

R. Moïfe.

bin examinant les mots Ebreux *tfelem* & *demuth* qui fignifient *image & reffemblance,* explique en même temps ces paroles de la Genefe,

Genef. 1:26.

Faifons l'homme à nôtre image felon nôtre reffemblance. Il condamne ceux qui ont conclu de ce paffage, que Dieu étoit veritablement corps. Sur quoi Mr. Simon fait cette réflexion, que fans qu'il foit befoin de tant raffiner fur ces mots avec R. Moïfe, on peut dire qu'ils fignifient en general la même chofe, & qu'ils s'appliquent auffi bien aux formes fenfibles & exterieures, qu'aux effentielles & infenfibles, & qu'il n'y a que la matiere qui puiffe limiter le fens; qu'il en eft de même de plufieurs autres mots Ebreux, de-forte que pour favoir leur veritable fignification, il faut auparavant connoître

tre les proprietés du sujet dont il eſt parlé, &c. Y a-t-il en tout cela quelque choſe qui combate la premiere obſervation? Ne garde-t-on pas avec tous les Interpretes les mots *d'image* & de *reſſemblance?* La ſeule difficulté eſt de ſavoir, ſi par ces mots on doit entendre en ce lieu-là quelque choſe de corporel, comme quelques-uns l'ont pré-tendu. Mr. Simon remarque qu'il faut avoir égard aux proprie-tés du ſujet dont il eſt parlé, & aux notions que nous avons des choſes par la Theologie & par la Tradition : d'où il conclut qu'il eſt quelquefois impoſſible *d'expliquer l'Ecriture que par rapport aux notions que la Tradition nous a données de la Religion.* En effet il eſt impoſſible ſans ces notions d'expliquer le Verbe Ebreu ברא *bara*, qui eſt au commencement de la Geneſe. Change-t-on pour cela rien dans la traduction de ce Verbe, qu'on traduit *créa* avec les autres Interpre-tes de l'Ecriture? Mais la difficulté reſte toûjours de ſavoir ce que ſignifie proprement en ce lieu-là le mot *créer.*

Il n'y a donc pas dans ces deux paſſages de l'Hiſtoire Critique la moindre apparence de contradiction, & de plus on peut réſoudre facilement par ce qu'on vient d'obſerver, tout ce que nôtre Auteur objecte dans la ſuite ſans aucun fondement. *Selon cette derniere re-marque,* (de Mr. Simon) dit-il, *lors qu'un mot aura diverſes ſignifica-tions, il faudra choiſir celle qui fait un ſens plus conforme à la Tradition; c'eſt-à-dire, qu'il faudra faire parler l'Auteur Sacré ſelon le ſens qui nous paroit le plus juſte.* Ce raiſonnement ſe détruit de lui-même, ſi on prend garde que Mr. Simon ne traduit pas les mots *tſelem, de-muth, bara,* autrement que tous les autres Interpretes : mais il re-marque ſeulement qu'il faut limiter le ſens de ces mots ſelon le ſujet dont il eſt parlé, & ſelon les veritables notions de la Theologie & de la Tradition. Par exemple, la veritable Theologie nous ap-prend qu'il ne faut entendre rien de corporel en ce lieu-là par *tſelem* & *demuth,* parce qu'il y eſt parlé de Dieu. De plus la Tradition nous enſeignant que le monde a été fait de rien & ſans aucune matiere préexiſtente, le Verbe *bara* ou *créa* doit être expliqué en ce ſens-là au commencement de la Geneſe. Peut-on dire pour cela qu'on *faſ-ſe parler l'Auteur Sacré ſelon le ſens qui nous paroit le plus juſte?* On ne change rien dans la traduction des mots : mais comme ces mots ſont équivoques, & qu'ils peuvent être appliqués à diverſes ſignifica-tions, on remarque celle qui eſt la plus propre ſelon les differens endroits où ils ſe trouvent.

Faux raiſonne-ment de Mr. le Clerc.

B b 2   Ce

Ce que nôtre Faiseur d'Entretiens ajoûte au même endroit touchant la Tradition qui est souvent contestée, n'a pas plus de fondement. Car Mr. Simon dans l'idée qu'il nous a donnée d'une veritable Traduction de la Bible, recommande sur toutes choses qu'on
traduise les mots à la lettre, sans les specifier ni les limiter selon nos
idées.   A quel propos donc fait-on venir ici la doctrine de la Grace, dont on prétend que la Tradition est contestée? Si l'on a traduit dans le Nouveau Testament de Mons la particule Grecque
εἰ μή au Chap. XVII. de St. Jean vers. 12. par *mais*, au lieu de *sinon*,
c'est une faute du Traducteur, qui devoit conserver dans son Texte *sinon*, & remarquer à la marge, s'il le jugeoit à propos, que la
particule εἰ μή signifie aussi quelquefois ἀλλά ou *mais*: ce qu'il auroit
pû même appuyer sur l'autorité des Langues Orientales.   Voylà
ce que Mr. Simon auroit fait selon l'idée qu'il nous a donnée de la
maniere dont on doit traduire les Livres Sacrés.   Au reste je passe
sous silence tout ce long discours de Mr. le Clerc touchant la Tradition de l'Eglise sur la matiere de la Grace: car on a déja montré
ci-dessus, qu'il n'entendoit pas cette matiere.   On doit aussi traiter de galimatias ce qu'il dit en-suite de la Version que Mr. Simon
a promis de donner dans sa nouvelle Polyglotte: car outre que Mr.
Simon n'a jamais promis cette nouvelle Traduction de la Bible, il
est aisé de voir que nôtre Professeur Ebraïzant est touché de l'injure qu'il croit avoir reçûë à l'occasion du projet qu'on a publié d'u-
ne nouvelle Polyglotte.   On se met fort peu en peine de ses me-
naces & de celles de·son cher ami de Paris, qui lui a envoyé la
meilleure partie des observations qui sont contenuës dans cette
Lettre.

L'ami de Mr. le Clerc objecte ici à Mr. Simon, que dans le projet qu'il a donné d'une nouvelle Version, *il a omis deux questions qui*
sont de la derniere importance lors qu'il s'agit de traduire l'Ecriture. Il a
voulu dire regles: car on ne traite aucune question dans ce projet.
La premiere, ajoûte-t-il, *est si l'on doit traduire mot pour mot tous les*
Hebraïsmes, ou si l'on doit rendre ces Hebraïsmes par d'autres phrases qui
fassent le même effet dans les Langues dont on se sert. Il étoit pourtant
difficile que Mr. Simon oubliâst de donner dans son projet une regle qu'il avoit déja donnée auparavant par écrit à un honnête Protestant qui vouloit s'appliquer à la traduction de quelques Livres
de la Bible. On lui marqua entre autres choses, qu'il étoit necessaire

faire qu'il fît deux Traductions de ces Livres qui étoient fort obscurs, dont l'une seroit mot à mot & sur le pied de la Version Es-
pagnole de Ferrare; & l'autre seroit plus selon le sens, sans neanmoins s'éloigner de la lettre. La raison qu'on lui apporta de cette
double version d'un même Texte, fut qu'il étoit impossible de
rendre parfaitement les Ebraïsmes dans des Ouvrages si difficiles à
entendre, & que si on les exprimoit par d'autres phrases, on ne
s'expliqueroit pas assez, & il arriveroit même quelquefois qu'on se
tromperoit. Je sai que les Lettres que Mr. Simon a ecrites là-dessus
ont été communiquées à l'ami de Mr. le Clerc; & si nôtre Faiseur
d'Entretiens avoit lû avec soin l'Histoire Critique, il y auroit trouvé qu'on n'y a pas oublié cette remarque, bien qu'on ne se soit pas
servi des mêmes termes, parce qu'on l'a comprise sous une regle
plus generale. On a dit dans le projet d'une nouvelle Version de la
Bible, qu'on employera dans le corps de la Traduction l'interpretation qu'on croira être la meilleure, & qu'on mettra aux marges
les autres interpretations dans les endroits obscurs & où les mots paroissent équivoques: ce qu'on ne peut observer exactement sans
marquer les Ebraïsmes. On veut même dans la Critique, qu'on
ait recours aux Traductions Juives écrites dans un langage rude &
barbare; parce qu'elles rendent mot pour mot les mots Ebreux.
En un mot, si l'on suit fidélement l'idée qu'on a proposée pour
avoir une Traduction de la Bible, on n'y oubliera point les Ebraïsmes. Si l'on ne s'est pas servi du terme *d'Ebraïsme*, c'est qu'il n'é-
toit point necessaire, puis qu'il étoit renfermé dans les regles qu'on
proposoit.

On produit ici pour exemple de ces Ebraïsmes le verset 26. du
Chapitre IV. de la Genese, où l'on prétend qu'il y a un Ebraïsme
qui a donné occasion aux differentes interpretations de ce passage.
L'ami de Mr. le Clerc nous montre de quelle maniere on peut dis-
poser le Texte pour exprimer l'Ebraïsme: mais s'il suit cette méthode dans la Version Françoise qu'il doit publier bientoft, je ne
croi pas que le petit Troupeau soit fort satisfait de son Ouvrage,
parce qu'il n'y comprendra rien. Mr. Simon auroit traduit ce même
passage selon le projet qu'il nous a donné, *Alors on commença d'in-*
voquer le nom du Seigneur; parce que c'est le sens le plus naturel des
mots Ebreux. Neanmoins pour ne pas limiter entierement le sens
de ces paroles par une explication de l'Ebraïsme quelque naturelle

                              qu'elle

qu'elle puisse être, il auroit mis à la marge la Version d'Aquila, qui exprime l'Ebreu à la lettre en ces termes, Τότε ἤρχθη ἃ καλεῖϑϑ ἐν ὀνόματι Κυρίɤ. De plus il auroit rapporté les traductions des Paraphrastes Caldeens & de l'Interprete Arabe publié par Erpenius, qui donnent à ces paroles un sens tout opposé à celui des anciens Interpretes. Enfin, afin qu'il ne manquast rien à sa version, il auroit mis à la marge les diverses leçons de ce même passage selon les Septante & le Samaritain. Une Version de cette façon explique non seulement les Ebraïsmes, mais elle fait aussi connoître tout-d'un-coup tous les sens qu'on peut donner à un passage, marquant en même temps celui qui est le plus naturel ; & cela sans aucune confusion. Je ne m'arrêterai pas davantage aux autres remarques que l'ami de Mr. le Clerc ajoûte ici sur le même sujet, parce qu'elles ne sont pas fort rares, & que Mr. Simon résout toutes ces difficultés dans son projet d'une nouvelle Version, bien qu'il ne s'y soit pas servi du mot d'Ebraïsme.

La seconde question qu'on prétend que Mr. Simon a omise dans son projet d'une nouvelle Version, est *si l'on doit se servir dans une Version Latine de certains mots qui dans leur ancienne signification répondent bien à ceux de l'Original, mais que l'usage de l'Ecole a déterminés à un sens plus particulier.* Quoi que Mr. Simon n'ait fait aucune question dans son projet, où il ne s'agissoit que de donner des regles, il n'a cependant rien omis de ce qu'on propose ici ; & je ne voi pas même pourquoi on se restreint ici aux seules Versions Latines, puis que cette regle regarde toutes les Traductions en general, où l'on ne doit point mettre de mots qui nous puissent donner de fausses idées. C'est pourquoi on a remarqué dans le projet, que pour traduire la Bible de l'Ebreu en une autre Langue, ce n'est pas assez de savoir la Langue Ebraïque, mais qu'il faut de plus savoir la Langue dans laquelle on traduit, afin de ne pas employer des mots hors de leur veritable signification. *On se servira*, dit Mr. Simon dans sa Critique, *d'expressions qui approcheront de l'Original le plus qu'il sera possible ; & c'est assez que les termes qu'on employe ne soient point hors d'usage.* Voyons maintenant l'application que l'ami de Mr. le Clerc fait de sa question.

Il remarque que le mot Ebreu *scaha* qui signifie simplement *se courber*, a été traduit par les Septante προσκυνεῖν, & dans la Vulgate *adorare, qui sont tout-à-fait synonymes au Verbe Ebreu.* Mais *il est arrivé,*

arrivé, dit-il, *dans la suite, que* προσκυνεῖν *&* adorare *parmi les Chrétiens Grecs & Latins n'ont presque plus signifié que l'humiliation où l'on se met en rendant à Dieu le culte qui lui est dû, & ont marqué non seulement la posture du corps, mais encore la disposition de l'ame où l'on est lors que l'on prie Dieu.* D'où il conclut que les Interpretes François du Nouveau Testament qui se sont toûjours servis du mot *adorer*, quand ils ont trouvé dans le Grec προσκυνεῖν, & dans le Latin *adorare*, y ont apporté de grandes équivoques, *parce que le mot adorer ne se prend en François que pour s'humilier.* Mais si cet ami de Mr. le Clerc suit dans la Version Françoise qu'il doit publier, les fausses idées qu'il a de plusieurs mots Ebreux, Latins & François, comme il le fait paroître dans tout ce discours, il augmentera les fautes des autres Traducteurs de la Bible, sous prétexte de les réformer. Car sans qu'il soit besoin de s'étendre fort au long sur ses remarques qui sont peu justes, on gardera selon la regle de Mr. Simon, dans le François le mot *adorer* où il y aura dans l'Ebreu *scaha*, dans le Grec προσκυνεῖν, & dans le Latin *adorare*, parce que ces mots signifient en general *saluer avec un profond respect:* & le sens particulier n'est déterminé que selon le lieu où il est appliqué. Comme la maniere de saluer a été differente chez differens peuples, cela a fait que ces mots ont aussi eu differentes notions, bien qu'en general elles conviennent toutes; & lors qu'il est parlé de Dieu, alors on doit entendre une veritable adoration qui convient à Dieu seul, & non pas un simple respect. De plus, il est faux que parmi les Chrétiens Grecs & Latins on ne se serve presque plus des mots προσκυνεῖν *& adorare, que pour signifier l'humiliation où l'on se met en rendant à Dieu le culte qui lui est dû.* Car les Grecs distinguent au contraire le Verbe προσκυνεῖν du Verbe λατρεύειν, parce que le premier convient aux créatures, & le second à Dieu seulement. Les Latins, & méme les François, employent aussi les mots *adorare* & *adorer*, comme les Grecs celui de προσκυνεῖν, dans le culte qu'ils rendent aux Images. Cependant ils ne prétendent pas rendre à ces Images le méme culte qu'ils rendent à Dieu. Cela étant supposé, Mr. Simon croit qu'on doit conserver toûjours le mot *d'adorer* dans les Versions Françoises comme un terme consacré dans l'Eglise & autorisé par le long usage. On remediera facilement à l'équivoque de ce mot par une petite Note; & il est impossible de retrancher entierement toutes les équivoques, parce que dans toutes les Langues il n'y a pas tant de

mots

mots que des chofes: *Res infinitæ, voces finitæ.* A quoi l'on peut ajoûter, qu'en gardant le mot *adorer* dans le François, on exprime parfaitement l'Ebreu, le Grec & le Latin, qui font auffi équivoques que le François *adorer*.

La réflexion qu'on ajoûte en-fuite fur le Verbe Ebreu *kara* qui fignifie *appeller & invoquer*, ne me paroit pas digne d'un Critique. *Il eft arrivé*, dit-on, *que St. Jerôme s'étant fervi du mot* invocàre, *Genefe* 48: 16. *on en a conclu l'Invocation des Saints; au lieu qu'il eft manifefte qu'il ne fignifie là autre chofe qu'appeller. Sixtinus Amama fur cet endroit de la Genefe remarque judicieufement cette bevüë de quelques Controverfiftes de l'Eglife Romaine.* Il eft vrai que la remarque eft tout-à-fait judicieufe & digne d'un *Prêcheur* de Controverfes à Charenton, où l'on débite bien d'autres explications de l'Ecriture plus forcées que celle-là. On ne doit pas fe regler fur les Controverfiftes dans ces fortes d'affaires; mais fur les Interpretes & fur ceux qui font des Commentaires à la lettre. Car fi l'on rendoit juftice à la plus-part de ceux qui ont écrit fur les matieres de Controverfe, on défendroit la lecture de leurs Livres, où il ne paroit prefque aucune fincerité; fur tout parmi les Proteftans. On diroit qu'ils auroient renoncé entierement à la bonne foi, & qu'ils feroient payés pour écrire des fauffetés. Mais ce n'eft pas ici le lieu de faire cette remarque.

Enfin on pourroit donner des idées plus diftinctes des mots *fceol, ᾅδης, infernus, & enfer,* que celles qui font ici dans le Livre de Mr. le Clerc: mais on fe réferve de le faire dans une autre occafion, où l'on parlera de la fignification de plufieurs mots qui fe trouvent dans le Vieux & dans le Nouveau Teftament; & l'on montrera en même temps la veritable raifon pourquoi ces mots ont une fignification plus étenduë dans le Nouveau Teftament que dans l'Ancien. Et pour ne pas auffi confondre ce qui appartient à l'Hiftoire Critique du Vieux Teftament avec la Critique du Nouveau, je paffe fous filence quelques autres réflexions de l'ami de Mr. le Clerc fur le mot Ebreu *olam,* & le Grec *αἰών,* où il ne fe trouve rien que de fort commun. C'eft affez que j'aye fait voir que Mr. Simon n'a point omis dans le projet d'une nouvelle Verfion de la Bible ce qu'on prétend qu'il y a omis.

CHAPITRE XVII.
Critique de la XVI. Lettre.

SI nôtre Professeur Ebraïzant avoit quelque connoissance des Livres Juifs, c'étoit ici le lieu de la faire paroître, puis qu'il s'agit du jugement que Mr. Simon a fait des Livres des principaux Rabbins. Mais toute son érudition consiste à nous dire froide-ment : *Il faudroit vous dire plusieurs choses que l'on remarqua sur le juge-ment que le P. Simon fait des principaux Rabbins & sur les Rabbins en ge-neral : mais comme on ne dit rien qu'on ne puisse trouver aisément dans di-vers Ouvrages des Savans qui se sont appliqués à la lecture de cette sorte de Livres, je croi qu'il n'est pas necessaire que je vous en entretienne.* Mr. le Clerc auroit bien fait d'en demeurer là : mais pour faire connoi-tre qu'il a aussi étudié les Rabbins, il se jette sur un passage de R. Moïse fils de Maimon, où Mr. Simon *fait parler ce Rabbin d'une maniere ridicule sans y prendre garde.* Voici les paroles de Mr. Si-mon, comme elles sont dans sa Critique. *R. Moïse montre que l'hom-me avoit été creé avec un entendement tres-parfait, & qu'ainsi lors qu'il est dit que les yeux du premier homme furent ouverts, cela se doit enten-dre des yeux de l'esprit, & non pas de ceux du corps.* Nôtre Ebraïzant reprend Mr. Simon d'avoir fait tirer à Maimonides une consequen-ce impertinente du principe qu'il pose. *Il n'y a personne,* dit-il, *qui ne voye que cet* & *qu'ainsi est ridicule. . . . Car de la seule supposition que son entendement etoit tres-parfait, on voit bien qu'on n'en peut pas conclu-re, que lors que l'Ecriture dit que ses yeux furent ouverts, elle entend les yeux de l'esprit.* Tout cela est vrai. Mr. le Clerc a raison ; & cepen-dant Mr. Simon n'a pas tort. Si nôtre Auteur avoit pris garde qu'il ne s'agissoit point dans ce passage de faire raisonner R. Moïse, mais de rapporter simplement ses paroles en abregé, il auroit pû dé-couvrir que l'Imprimeur a mis *& qu'ainsi*, au lieu de *& qu'aussi*, comme il y a dans le MS. de Mr. Simon. Alors il n'y aura rien de ridicule dans la maniere qu'on a rapporté la pensée de R. Moïse ; & cette longue citation qu'on produit ici des paroles de R. Moïse selon la Version Latine de Buxtorf ne viendra pas fort à propos. Cependant sans cela nôtre Professeur n'auroit pas eu occasion de donner au public des preuves de son érudition Rabbinesque, ni

d'inferer

C c

Mr. le Clerc ne sçait rien en Ebreu de Rab-bin.

R. Moï-se.

Histoire Critique, Liv. 3. Ch. 6. P. 376.

d'inferer dans fon Ouvrage ce petit galimatias qu'il ajoûte au même endroit pour rendre fon Livre plus parfait.   *Si le P. Simon qui aime fi fort les abregés, & qui a promis depuis peu de nous abreger la Polyglotte d'Angleterre, garde la même conduite, ce fameux Ouvrage ne fe
vendra pas moins bien, & le fien ne fera pas d'un grand ufage, puis qu'on
aura toujours fujet de craindre qu'il n'ait omis des varietés confiderables.*
La réflexion eft judicieufe, & viendroit fort à propos du paffage
de Maimonides; fi ce n'eft qu'on dira que Mr. le Clerc eft un peu
.trop fenfible à l'affront qu'il croit avoir reçû à l'occafion de cette
nouvelle Polyglotte.   Si j'avois quelque avis à donner à l'Auteur
de cet Abregé, je lui confeillerois de l'abreger encore plus qu'il ne
s'eft propofé, fur tout dans ce qui regarde les Paraphrafes Caldaïques & les Verfions Arabes, dont on peut omettre la meilleure partie qui ne contribuë rien à l'éclairciffement des Livres Sacrés.

Mr. le Clerc aprés avoir étalé fon érudition Rabbinefque fans
avoir lû aucun Rabbin, s'érige en Cenfeur des Ouvrages des Peres, qu'il n'a auffi jamais lûs.   Le plûtoft fait eft de diré, *qu'il trouve que le P. Simon en juge affez bien; mais qu'il lui femble auffi que l'eftime
qu'il veut faire paroître pour leurs Ecrits ne s'accorde guere avec le jugement qu'il en fait.*   Le refpect que Mr. Simon témoigne avoir pour
les Peres & pour leur doctrine ne l'a pas empêché de juger de leurs
Ecrits felon les loix de la Critique: & il fait affez connoître qu'il a
lû leurs Ouvrages avec application; au-lieu que nôtre Faifeur
d'Entretiens ne produit ici fur les Peres que les réflexions de Mr.
Simon, qu'il tourne à fa maniere pour en tirer de fauffes confequences.

Mr. Simon a remarqué dans fa Critique, que St. Auguftin n'a
pas eu à la verité autant d'érudition qu'Origéne & St. Jerôme; *mais
qu'il a en quelque façon fuppleé à ce défaut par la force de fon efprit & par la
folidité de fon jugement.*   Il ajoûte de plus, que ce Pere a tres-bien remarqué dans fes Ouvrages les qualités neceffaires pour bien interpreter l'Ecriture; & que comme il étoit modefte, il a reconnu librement qu'une partie de ces qualités lui manquoit.   *Mais il eft
furprenant,* dit Mr. le Clerc, *que ce grand genie ait pû fe conduire fi
imprudemment, que d'entreprendre ce qu'il reconnoiffoit lui-même être au
deffus de fes forces, & qu'il ait ofé tant parler fur l'Ecriture, dont il n'a-
voit qu'une tres-mediocre connoiffance.   Où eft cette force d'efprit & cette*

folidité

folidité de jugement que le P. Simon lui attribuë? Que répondroit nôtre
Profeffeur Ebraïzant à Mr. Simon, s'il lui objectoit qu'il n'a fait
gueres paroiftre d'efprit ni de jugement en écrivant fur des matieres de Critique dont il n'a qu'une tres-mediocre connoiffance? Il
répondroit fans doute, qu'on lui fait tort; bien qu'il fût facile de
le convaincre du contraire par fon Livre. Mais pour ne pas nous
éloigner de Saint Auguftin dont il s'agit, ce favant Pere a eu raifon
d'avoüer de bonne foi, qu'il n'avoit pas toutes les qualités neceffaires pour bien interpreter l'Ecriture, parce qu'il ne favoit pas la
Langue Ebraïque, qu'il jugeoit cependant abfolument neceffaire.
Ses occupations continuelles ne lui permettoient pas auffi d'appro-
fondir les queftions difficiles de la Bible. Dira-t-on pour cela qu'il
a été un imprudent, d'entreprendre ce qu'il reconnoiffoit être au
deffus de fes forces? L'experience a bien fait voir le contraire, fes
Ouvrages contre les Heretiques ayant été tres-utiles à l'Eglife. On
doit plus eftimer un Theologien qui a une grande pénétration d'efprit & un jugement folide avec une connoiffance mediocre des
Langues de l'Ecriture, qu'un homme favant dans ces Langues
qui auroit un efprit & un jugement mediocres. Il n'eft pas poffible de trouver un homme entierement parfait: & ainfi bien qu'il
manquaft quelque chofe à Saint Auguftin du côté de l'érudition,
comme il l'avouë lui-même, il n'a pas laiffé d'être le plus habile
Theologien de fon fiecle, & le plus propre à foutenir avec vigueur
la caufe de l'Eglife contre les Heretiques. Je n'en excepte pas même St. Jerôme, qui avoit fans doute beaucoup plus d'érudition que
lui.

 Nôtre Faifeur d'Entretiens n'en demeure pas là: car ayant publié depuis peu un Livre où il tâche de faire revivre les fentimens de
Pélage, il dit ici *qu'on aura encore plus de peine à comprendre comment il
a été poffible que St. Auguftin triomphaft des Pélagiens, comme il a fait, étant
fi peu capable d'expliquer heureufement l'Ecriture Sainte. Il ne pouvoit pas
difputer contre eux par la Tradition, qui étoit contraire à fes fentimens, comme le reconnoiffent même fes Difciples, & comme l'ont reconnu les plus habiles gens de nôtre fiecle, en-forte qu'il étoit obligé de recourir à l'Ecriture, qu'il
n'entendoit qu'à demi.* On fait cependant que ces Pélagiens dont St.
Auguftin a triomphé, n'étoient pas de mal-habiles gens, & qu'il falloit fans doute qu'il leur oppofaft autre chofe que des raifonnemens
Platoniciens pour appuyer les anciens fentimens de l'Eglife. Auffi

Cc 2   voyons-

sement
d'impru-
dence.

St. Au-
guftin le
plus habi-
le Theo-
logien de
fon temps.

Entre-
tiens fur
diverfes
matieres
de Theo-
logie. A
Amfter-
dam
1685.
Les Péla-
giens dont
St. Au-
guftin a
triomphé
n'étoient
pas de
mal-ha-
biles gens.

voyons-nous qu'il a recours dans ſes Ouvrages à la Tradition &
à l'Ecriture.   Il oppoſe ſouvent aux Pélagiens les témoignages des
Peres qui avoient vécu avant lui, ſur leſquels il fonde la Tradition; & il les accable même d'un grand nombre de paſſages de l'E-
criture qui détruiſent manifeſtement la doctrine de Pélage. Je veux
que l'on puiſſe donner quelquefois un autre ſens literal, & même
plus naturel à une partie des paſſages dont il ſe ſert contre ces Heretiques; ce ſens-là même ſera toûjours oppoſé à leur hereſie. Et ce
qui trompe nôtre Auteur, c'eſt que n'ayant aucune lecture des Peres, il ne ſait pas qu'outre le ſens literal & propre de l'Ecriture, il
y a un autre ſens qu'on peut appeller Theologique, qu'ils employent le plus ſouvent dans leurs Ecrits, expliquant les Livres Sacrés par rapport à la Theologie de l'Egliſe & ſelon l'analogie de la
foi.   C'eſt ce ſens-là principalement qui paroît dans les Ouvrages
de St. Auguſtin & des autres Peres.   Au reſte il n'eſt pas vrai, comme on l'a fait voir ci-deſſus, que les ſentimens de St. Auguſtin pris
en general & comme étant oppoſés à ceux de Pélage, ayent été contraires à la Tradition de l'Egliſe.   On peut ſeulement dire qu'il a
eu ſur cette matiere des opinions particulieres, tirant de ſes principes de certaines conſequences qui ne ſe trouvent pas dans la plus-
part des Peres qui l'ont précedé.   Mais cela ne touche point la
créance commune & generale de toutes les Egliſes du monde, avec
leſquelles St. Auguſtin étoit d'accord.

Un homme qui aura lû les Peres avec un peu d'application di-
ſtinguera facilement leurs ſentimens particuliers d'avec ceux qui
ſont reçûs generalement dans l'Egliſe.   Il a toûjours été permis
aux Theologiens d'avoir des opinions particulieres ſur de certains
faits qui ne regardent point le fonds de la créance.   St. Auguſtin a
pû ne pas convenir ſur ces ſortes de faits avec les autres Peres ſans
s'éloigner pour cela de la Tradition de l'Egliſe.   Il n'y a rien qui
ſoit plus hors de propos que les réflexions que nôtre Auteur ajoûte
ici, pour montrer que St. Auguſtin n'a pas bien entendu le titre du
premier Pſeaume, & que ce Pere s'eſt ſouvent jetté dans des allegories ſans expliquer le ſens literal.   Quand M. Simon accordera
tout cela à nôtre Faiſeur d'Entretiens, qu'en pourra-t-on conclure
autre choſe, ſinon qu'il ne faut pas chercher dans les diſcours de
St. Auguſtin ſur les Pſeaumes le ſens propre & literal de ces Pſeaumes? parce qu'en effet il ne s'eſt pas propoſé de les expliquer à la
let-

lettre, mais seulement d'instruire ses auditeurs des mysteres de nôtre Religion, & de les rendre gens-de-bien. Quelle comparaison peut-on faire des Sermons de St. Augustin sur les Pseaumes, avec les Notes de Desmarets sur la Bible? Mr. le Clerc avouë que Mr. Simon ne se trompe point, quand il a dit que les Notes de Desmarets sont un galimatias perpetuel. *Mais*, ajoûte-t-il, *les Commentaires de St. Augustin sur les Pseaumes sont pour le moins aussi dignes de cette censure que les Notes de Desmarets.* Comme s'il ne falloit pas mettre une grande difference entre des Sermons qu'on prononce devant le peuple, où l'on s'étend le plus souvent sur la Morale & sur les allegories, & entre des Remarques qu'on fait exprés sur la Bible. Il a été permis à St. Augustin de s'égarer quelquefois, & de faire paroître la subtilité de son esprit dans des Sermons qu'il prononçoit souvent sur le champ & sans avoir médité. Mais Desmarets n'a pas dû prendre cette liberté dans des Notes étudiées & qui ne tendent qu'à éclaircir les difficultés de l'Ecriture.

Il n'y a donc rien d'exact dans tout le raisonnement de Mr. le Clerc, qui paroit encore moins juste dans les consequences qu'il en tire. *Si St. Augustin*, dit-il, *étoit moins subtil, & s'il ne faisoit que dire ce qu'il avoit appris avec le commun dès Chrétiens, on pourroit assurément beaucoup mieux s'y fier, & se persuader qu'il ne nous debite que les sentimens communs de tout le Christianisme: mais il est si sujet à suivre ses propres pensées, & à pousser jusqu'au bout des idées Platoniciennes, qu'on doit toûjours se tenir sur ses gardes en le lisant.* Je ne voi pas bien ce que nôtre Auteur veut conclure de tout ce long discours. La créance de l'Eglise, comme on l'a dèja remarqué, n'est pas fondée sur quelques sentimens particuliers de St. Augustin, ni sur quelques allegories qui se trouvent dans ses Ouvrages, mais sur les preuves qu'il tire de l'Ecriture & de la Tradition. S'il pousse quelquefois trop loin ses principes, & s'il fait même paroître trop de subtilité dans ses raisonnemens, cela ne nuit en rien au fonds de la doctrine, qui n'est pas appuyée sur les subtilités d'un Auteur particulier, mais sur une certaine uniformité de créance qu'on trouve dans les anciens Peres, quoi que chacun ait sa maniere de raisonner particuliere.

Mais nôtre Faiseur d'Entretiens & son cher ami de Charenton ont bien d'autres veües. Dans le temps même qu'ils ont publié leurs sentimens sur l'Histoire Critique de Mr. Simon, ils ont fait impri-

Continuation de ces moines reflexions inutiles sur St. Augustin.

C c 3

mer

mer à Amsterdam plusieurs Entretiens sur les matieres *de la Grace*, *du Franc-Arbitre*, *du Peché Originel*, *de la Prédestination*, &c. où Philalethe qui est un des Auteurs de la piece, represente parfaitement le personnage de Pelage. Mr. le Clerc marchant ici sur les pas de Philalethe, se declare ouvertement contre St. Augustin en faveur de Pelage. *Ne sait-on pas*, dit-il en parlant de St. Augustin, *que c'est lui qui a formé le premier Systéme de la Grace, qu'il soutient neanmoins comme la doctrine de l'Eglise universelle, pendant que dans les lieux où l'on parloit Grec on prechoit une doctrine toute opposée.* Philalethe se trompe fort, quand il confond les sentimens particuliers de St. Augustin avec ceux qui lui étoient communs touchant la Grace avec

les autres Peres. L'Eglise qui est Catholique & universelle n'a jamais adopté les opinions d'aucun Auteur particulier. Si elle a approuvé la doctrine de St. Augustin sur le sujet de la Grace, ce n'a été que par rapport à l'heresie de Pelage. En quoi on ne peut pas dire que St. Augustin est le premier qui ait formé le Systéme de la Grace, puis que ce Systéme de la Grace étoit établi au temps de St. Augu-

stin dans toute l'Eglise. St. Jerôme qui n'étoit pas moins savant dans les Traditions de l'Eglise Grecque que dans celles de l'Eglise Latine, s'opposa dans ce même temps-là à Pélage avec vigueur, & l'Orient condamna l'heresie de Pélage, aussi-bien que l'Occident.

Si nôtre Faiseur d'Entretiens avoit lû avec application les Ouvrages des Peres Grecs, il ne diroit pas avec tant de liberté ce que son

cher Philalethe lui a suggeré. *Pourquoi voudroit-on que nous cherchassions dans les Commentaires de St. Augustin la Doctrine de l'ancienne Eglise plûtost que dans ceux de St. Chrysostome? Duquel des deux apprendrons-nous la verité du Franc-Arbitre & sur les autres points qui appartiennent à la Doctrine de la Grace, puis que l'un parle comme Pélage, que l'autre condamne comme un abominable Heretique?* L'Eglise ne soumet personne plûtost aux Commentaires de St. Augustin qu'à ceux de Saint Jean Chrysostome; mais à l'uniformité de créance qu'on doit chercher dans les Commentaires des Peres, qui ont tous une doctrine oppo-

sée à celle de Pélage. Si St. Chrysostome & la plus-part des Peres Grecs ne parlent pas tout-à-fait comme St. Augustin, ils l'ont pû faire dans ce qui ne regarde pas précisément le fonds de la créance, mais seulement quelques circonstances particulieres. Cette même Eglise a approuvé la doctrine de St. Augustin, non dans toute l'é-

ten-

tenduë de ſes principes & des conſequences qu'on en peut tirer, mais en cela ſeulement qu'elle étoit oppoſée à l'hereſie des Pelagiens ; de la même maniere qu'elle a approuvé & les Ouvrages & la doctrine de St. Jerôme dans ſes diſputes contre les Heretiques de ſon temps, ſans que cette approbation s'étende à toute la doctrine de ce Pere. Car l'Egliſe dans ſes approbations n'autoriſe que la doctrine generale qui eſt oppoſée aux hereſies, ſans examiner en particulier pluſieurs circonſtances qui accompagnent cette doctrine, ni les conſequences que les Auteurs tirent de leurs principes.

St. Jerôme.

Mr. le Clerc vient aprés cela à St. Jerôme, dont il prétend auſſi faire la Critique ſans l'avoir jamais lû. Il ſe contente ſeulement de joindre ſes réflexions à celles de Mr. Simon, qu'il détourne à ſon ordinaire pour en tirer des conſequences telles qu'il lui plaîſt. On a remarqué dans l'Hiſtoire Critique, que ce ſaint homme ne méditoit pas aſſez, parce qu'il ſe contentoit quelquefois de dicter à ſes Copiſtes ce qu'il avoit lû dans d'autres Auteurs. Nôtre Auteur infere de là, *qu'il lui a pû échapper bien des choſes peu conformes à la verité.* On en demeure d'accord : mais la plus-part de ces choſes ne regardant pas le fonds de la Religion, on n'en peut tirer aucune conſequence fâcheuſe. De plus, St. Jerôme obſerve lui-même que c'eſt la maniere dont on doit faire des Commentaires, en recùeillant ſimplement ce que les autres ont dit ; & afin qu'on puſt mieux diſtinguer ſes ſentimens d'avec ceux des autres, il met d'ordinaire à la tête de ſes Commentaires les noms des Ecrivains qu'il a compilés, ſans ſe rendre pour cela garant de leurs ſentimens. Y a-t-il de la juſtice à accuſer un homme de mauvaiſe foi, quand il déclare lui-même qu'il ne fait que recueillir les penſées des autres ?

Mr. le Clerc ſe mêle de parler de St. Jerôme ſans l'avoir lû.

La réflexion que nôtre Auteur ajoûte ici en parlant des Ouvrages des anciens Peres, ne vient pas fort à propos pour lui. *Il ne faut pas*, dit-il, *s'étonner ſi nous voyons aujourd'hui de grands Volumes in folio pleins de pauvretés & de faux raiſonnemens.* Il n'eſt pas ſurprenant qu'on trouve bien des choſes inutiles dans de grands Volumes in folio : mais il y a bien plus de lieu de s'étonner qu'on trouve tant de pauvretés, de faux raiſonnemens & de galimatias dans un petit Livre de Critique. S'il ne falloit il y a mille ans *qu'être grand parleur pour paſſer pour habile homme,* il y a de l'apparence que nôtre Faiſeur d'Entretiens qui a ſi bien imité dans ſon Ouvrage le ſtile de ces Peres.

Mr. le Clerc découvre ſon faible, quand il prétend nous marquer les défauts des Peres.

ces grands parleurs du temps paſſé, veut auſſi qu'on le croye habile homme, & il a raiſon de dire *que nôtre ſiecle n'eſt pas tout-à-fait gue-*
ri de cette maladie: mais il ne prend pas garde qu'en débitant à ſon
ordinaire les lieux communs de ſon regiſtre, il fait ſon portrait au
naturel.

Le ſecond défaut que Mr. le Clerc trouve dans St. Jerôme, *c'eſt*
une inconſtance extraordinaire; parce que ſelon la remarque de Mr.
Simon, *ce qu'il a approuvé dans un endroit il le rejette dans un autre. Il*
loüe & blâme la même perſonne ſelon les differentes raiſons qu'il a d'en parler.
Tantôt il prefere la Verſion des Septante à toutes les autres, & il les conſide-
re comme des Prophetes; tantôt il leur reproche leur ignorance, & méprise
leur Traduction. Ce ſont en effet les paroles de Mr. Simon dont nôtre Auteur eſt le fidéle Copiſte. Mais ce n'eſt pas une choſe fort
extraordinaire de parler des mêmes perſonnes differemment ſelon
les differentes occaſions qu'on a d'en parler. C'eſt ſur ce pied-là
qu'il a parlé differemment en diverſes rencontres d'Aquila, d'O-
rigéne & d'Euſebe. Il a pû les loüer & les blâmer en même temps,
parce qu'en effet il y a en eux des choſes qui ſont loüiables & d'autres qui ſont blâmables. C'eſt pourquoi Mr. Simon veut qu'on
pénetre les raiſons que St. Jerôme a eües de parler differemment des
mêmes perſonnes, avant que de l'accuſer d'inconſtance. C'eſt à
quoi nôtre Faiſeur d'Entretiens devoit s'appliquer, avant que de
paſſer ſa condamnation ſi legerement. Mais ce n'eſt pas de quoi il
ſe met en peine. C'eſt aſſez qu'il nous diſe d'un ton de déclamateur,
que *ſi c'étoit Luther ou Calvin qui euſſent ſuivi cette méthode, on diroit*
ſans détour que ce ſont des gens de mauvaiſe foi, qui parlent diverſement
ſelon que leurs intereſts ſont divers. La comparaiſon eſt fort juſte,
comme ſi St. Jerôme avoit parlé differemment & contre ſa con-
ſcience ſur les points qui regardent la créance de l'Egliſe. Il s'eſt
expliqué differemment en parlant des Septante, d'Aquila, d'O-
rigéne & de quelques autres points qui appartiennent à la Critique;
& encore a-t-il eu de bonnes raiſons pour le faire. Plût à Dieu que
Luther & Calvin euſſent eu des ſentimens auſſi droits ſur la Religion que ce Saint Docteur, & qu'ils euſſent eu la même ſoumiſſion
pour les déciſions de l'Egliſe & les Traditions de leurs Peres! Mais
il eſt inutile de m'arrêter plus long-temps ſur des faits qu'on trouvera éclaircis dans la Critique, où l'on a marqué les raiſons qui ont
porté St. Jerôme à s'expliquer quelquefois differemment ſur les
mêmes choſes.   Si

Hiſtoire Critique, Liv. 3. Ch. 9.

Juſtifi-
cation de
St. Je-
rôme
dans ſa
maniere
d'écrire.

Decla-
mations
vaines de
Mr. le
Clerc.

Luther.
Calvin.

Si nôtre Déclamateur avoit pénetré ces raisons, & qu'il euſt lû a-
vec ſoin les Ouvrages de ce ſavant Pere, il ne ſe ſeroit pas jetté
comme il fait ſur la déclamation : car ſi l'on trouve quelquefois des
ſentimens peu orthodoxes dans ſes Commentaires ſur l'Ecriture,
on ne doit pas les lui attribuer, puis qu'il fait profeſſion ouverte de
recueillir également les explications des Orthodoxes & des Hereti-
ques. On le pourroit accuſer par la même raiſon d'avoir autoriſé *Méthode de Saint Jerôme.*
les ſuperſtitions & les Traditions ridicules des Juifs, parce qu'il les
rapporte auſſi ſans en marquer les Auteurs. C'eſt aſſez qu'il nous
ait expliqué quelle étoit ſa méthode, pour ne pas le condamner legerement : & on lui rendra encore plus de juſtice, quand on ſaura
qu'il n'eſt pas le ſeul des Anciens qui ont ſuivi cette méthode. Si
je trouve par exemple des fables, & même des choſes qui ſentent la
Cabbale des Juifs, dans ſes Queſtions ou Traditions Ebraïques ſur
la Geneſe, je ne les lui attribuerai pas, comme s'il appuyoit en effet les penſées extravagantes des Rabbins : mais j'en jugerai par le
titre de ſon Livre, qui promet de nous donner les Traditions des
Juifs.

Mais nôtre Auteur n'eſt pas fort curieux de ſavoir quels ſont les
veritables ſentimens de St. Jerôme. Il en eſt quitte pour dire que
c'eſt *un homme peu exact & peu ſincere. Je connois,* ajoûte-t-il, *des
gens qui n'ont pas plus de curioſité de ſavoir ce qu'a crû un tel ou un tel Pere,
que de ſavoir ce que croyent les Chinois, & qui ne liſent les Ouvrages des
Anciens que comme on doit lire tous les Livres où il n'y a rien que d'humain.*
Il n'eſt pas difficile de deviner que Mr. le Clerc eſt de ces gens-là. *Faux raiſonnement de Mr. le Clerc ſur la lecture des Peres.*
En effet les principes de ſa Theologie conviennent auſſi-bien à la
Religion des Chinois qu'à celle des Chrêtiens : & ainſi il a raiſon
de regler les Livres des uns & des autres ſur le même pied. Les veritables Theologiens ne liſent pas les Peres comme s'il s'y trouvoit quelque choſe de plus qu'humain. Ce ſont des hommes
qui parlent ; mais pour n'avoir rien que d'humain, ils ne laiſſent
pas d'être de fidéles témoins de la créance de leur temps, ſur leſ-
quels les Traditions de l'Egliſe ſont appuyées. Cet *excellent Ou-* *Daillé de Usu Patrum eſt un méchant Livre.*
vrage de Uſu Patrum de Mr. Daillé, que Mr le Clerc propoſe ici com-
me la regle qu'on doit ſuivre pour bien juger des Peres, eſt le plus
méchant Livre que Mr. Daillé ait donné au public. L'éloge qu'il
en fait ici eſt une preuve évidente de ſon peu de capacité en ce qui
regarde les Ecrits des Peres.

Dd

CHA-

CHAPITRE XVIII.
Critique de la XVII. Lettre.

MR. le Clerc donne dés le commencement de cette Lettre des preuves de son grand jugement & de sa rare érudition en fait de Critique.   Il prétend que Mr. Simon a eu grand tort de s'ériger en juge universel, *faisant la Critique d'une infinité d'Interpretes anciens, modernes, Juifs, Chrétiens, Catholiques-Romains, Lutheriens, Calvinistes, Arminiens, Sociniens.*   La raison qu'il en apporte, c'est qu'il devoit profiter de l'exemple du P. Bouhours Jesuite, qui fut fort mal-traité il y a quelques années, *pour s'être avisé de donner son jugement de quelques Auteurs François avec une autorité qu'on ne reconnoit point dans le païs des belles Lettres.*   Mais comme il est ici question de l'Histoire Critique du P. Simon, & non pas des Livres du P. Bouhours, non plus que de Cleanthe, d'Ariste & d'Eugene, que nôtre Faiseur d'Entretiens fait aussi venir sur les rangs, nous pouvons passer tout ce galimatias sans lui faire tort.   Aussi commence-t-il aprés cela à raisonner; mais d'une maniere pitoyable : car pour montrer que Mr. Simon n'a pas dû *juger de la forte des Auteurs,* il demande s'il *a prétendu que tout le monde s'en tiendroit à son jugement.   Il y auroit eu,* dit-il, *de la folie à esperer qu'on recevroit ses sentimens comme des oracles sans oser les examiner ; & s'il faut lire les Auteurs avant que de l'en croire, on n'avoit que faire de son jugement, puis qu'aussi bien faut-il avoir la même peine.*

Mais je trouve qu'il y a encore plus de folie à raisonner de la forte.   Il ne voit pas qu'il condamne tout ce qu'il y a eu de Critiques jusqu'à présent qui nous ont donné leur jugement sur une infinité de Livres.   Photius à ce compte-là n'a pas dû faire ce beau Recueil que nous lisons encore aujourd'hui sous le nom de Bibliotheque. Ne peut-on pas aussi dire à Mr. le Clerc sans s'éloigner des termes de son raisonnement, qu'il y a de la folie, s'il croit que dans le jugement qu'il fait de la Critique de Mr. Simon, il espere qu'on reçoive son sentiment comme un oracle sans oser l'examiner ; & s'il faut lire la Critique avant que de l'en croire, on n'a que faire de son jugement, puis qu'aussi bien faut-il avoir la même peine.   Pitoyable raisonnement & digne d'un Professeur d'Amsterdam *che ha ingegno*

gno nella schiena! Il continuë cependant toûjours sur le même ton. *Ajoutez*, dit-il, *qu'en matiere de Livres de Religion chacun a son goust qui souvent n'est pas le goust des autres. On ne peut pas montrer qu'un Livre est bon ou mauvais par une démonstration geometrique qui force l'esprit malgré lui à s'y rendre.* Aussi Mr. Simon n'a-t-il pas pretendu forcer l'esprit de personne. Il a fait tout son possible pour raisonner selon les loix de la Critique sur des matieres de Critique. S'il s'est quelquefois trompé, on lui fera plaisir de le redresser. Il a même témoigné dans sa Preface, *qu'il étoit bien raisonnable qu'après avoir fait la Critique d'un si grand nombre d'Auteurs, il se soumist lui-même à la censure des autres.* A ce qu'il oppose, que pour juger parfaitement si un Livre est bon ou mauvais, *il faudroit en faire de si longs extraits, ou un abregé si circonstancié, que cela iroit à plusieurs Volumes, si l'on entreprenoit de juger de plusieurs Ouvrages, comme a fait le P. Simon:* je répons par l'exemple même de son Livre, que cela n'est point necessaire : car un homme qui sera exercé dans la Critique jugera d'abord après en avoir lû fort peu de feuilles, que Mr. le Clerc est un tresméchant Critique. Il demeure lui-même d'accord que Mr. Simon juge bien des Versions des Protestans, bien qu'il n'en ait donné que de petits extraits.

Il objecte de plus, que Mr. Simon a reconnu lui-même dans sa Réponse à Mr. Spanheim, qu'il faut apporter des raisons de la bonne ou de la mauvaise opinion qu'on a d'un Auteur. Aussi en a-t-on toûjours apporté dans l'Histoire Critique. Et quand Mr. Simon a répondu à Mr. Spanheim, que pour détruire la bonne opinion qu'il a de Drusius il n'étoit pas juste qu'il s'en rapportast au simple témoignage de Scaliger, il n'a pas prétendu que son autorité dust prévaloir à celle de Scaliger, puis que dans l'endroit même que nôtre Faiseur d'Entretiens produit, on a apporté les raisons qu'on avoit d'estimer la capacité de Drusius dans l'étude des Livres Sacrés. On y a remarqué qu'il ne s'étoit pas appliqué seulement à la lecture des Livres Juifs, mais qu'il avoit aussi lû avec soin les anciens Interpretes, sur lesquels il avoit formé une meilleure idée de la Langue Sainte que la plus-part des autres Critiques Protestans.

Aprés que nôtre judicieux Auteur a fait le procés à Mr. Simon pour avoir eu la temerité de s'être érigé en Censeur d'un si grand nombre d'Ecrivains, il se plaint de ce qu'il en a omis plusieurs dans

Pourquoi on a estimé dans l'Histoire Critique la capacité de Drusius.

Réponse à la Lettre de M. Spanheim, p. 658.

D d 2

sa·

fa Critique. Il lui demande *pourquoi il n'a rien dit de plusieurs Critiques Anglois & Allemans.* Il s'arrête principalement fur quelques Commentaires de l'Ecriture compofés en Anglois, afin de faire voir qu'il fait cette Langue. *Ces Auteurs,* dit-il, *ont écrit en Anglois, & c'eft apparemment pour cela qu'ils ne lui font pas fi connus.* Mais je puis l'affûrer qu'il fe trompe fort: car bien que Mr. Simon ne faffe pas profeffion de favoir l'Anglois, comme Mr. le Clerc, je croi qu'il a une connoiffance plus étenduë que lui des Critiques qui ont écrit en Anglois. Il a vécu fort long-temps avec un favant Anglois qui ne faifoit point d'autre étude que celle de l'Ecriture, & qui avoit tous les bons Commentaires écrits en Anglois, qu'il lifoit fouvent avec Mr. Simon, qui pourroit marquer de tres-bons Livres Anglois fur la Bible qui ont été ici omis par Mr. le Clerc, mais cela iroit trop loin. On n'a point parlé dans la Critique des Commentaires écrits en Anglois, parce qu'on s'y eft propofé de ne rien dire des Commentaires écrits en langage vulgaire. C'eft pourquoi on n'a pas plus parlé des François, des Efpagnols & des Italiens, que des Anglois. On l'a feulement fait à l'égard des Verfions & des Notes jointes aux Verfions, parce qu'on ne pouvoit pas s'en difpenfer, au lieu qu'il y a un affez grand nombre de bons Commentaires écrits en Latin pour achever le plan qu'on s'étoit propofé dans l'Hiftoire Critique.

Cela feul devroit contenter Mr. le Clerc: mais pour lui montrer qu'il n'eft pas tout-à-fait jufte dans fes demandes, je veux bien les examiner plus en particulier. *Qu'a fait au P. Simon,* dit-il, *le fameux Lightfoot qui a travaillé fort heureufement fur le Vieux Teftament auffi-bien que fur le Nouveau, pour ne pas dire un mot de lui?* Son Harmonie du V. Teftament, fes Remarques fur la Genefe & fur l'Exode, *& plufieurs autres Traités utiles pour l'intelligence de la Bible meritoient bien qu'on en dift quelque chofe.* Il eft vrai que Lightfoot a travaillé fur le Vieux & fur le Nouveau Teftament: mais il y a une difference notable entre ce qu'il a écrit fur le Nouveau en Latin, & ce qui eft fur le Vieux en Anglois. Il n'y a qu'à comparer fon Harmonie du Vieux Teftament & fes Remarques fur la Genefe & fur l'Exode, avec fon Livre intitulé *Horæ Hebraicæ & Talmudicæ in Matthæum,* qu'il a compofé en Latin, & on jugera que Mr. Simon n'auroit pas eu tort de ne rien dire de cette Harmonie, quand même il auroit parlé des Auteurs qui ont écrit fur la Bible en langage vulgaire. En effet cette Harmonie eft

une

une Analyse assez seche des Livres du Vieux Testament, qu'il met dans un certain ordre de Chronologie dans lequel il prétend qu'on les doit lire. Pour ce qui est de ces prétenduës Remarques sur la Genese, Mr. le Clerc a raison de faire ressouvenir qu'on ne les doit pas omettre, parce qu'elles ne contiennent tout au plus que deux fueilles de papier; & je ne voi pas même que l'Auteur s'applique beaucoup à expliquer le Texte à la lettre, se jettant sur toute autre chose à l'occasion de son Texte. Il suit la même méthode sur l'Exode.

Le fameux Lightfoot est si fort du goust de nôtre Professeur Ebraïzant, qu'il le trouve juste en toutes choses, même quand il cite les Rabbins. *Il semble*, dit-il, *que si quelqu'un en devoit parler, c'étoit le P. Simon, puis que cet Auteur a cela de commun avec lui, qu'il cite une infinité de Rabbins; mais dont il se sert un peu plus heureusement que lui.* Comme nôtre Faiseur d'Entretiens n'a autre dessein que de parler sans faire aucune réflexion sur ce qu'il dit, il n'est pas surprenant qu'il parle souvent contre lui-même. On ne peut nier qu'il n'y ait un grand fonds d'érudition Juive dans les Livres de Lightfoot, principalement dans ce qu'il a composé sur le Nouveau Testament: & je croi même que Mr. Simon lui cedera volontiers en cela, n'estimant pas fort cette sorte d'érudition, quand elle n'est pas accompagnée d'autre chose. Mais pour ce qu'on ajoûte, que Lightfoot se sert plus heureusement que lui de l'autorité des Rabbins, je ne voi pas comment Mr. le Clerc accordera cette pensée avec les sentimens qu'il a sur les Points-Voyelles des Juifs, sur les lettres suspenduës, renversées, & sur plusieurs autres minuties des Rabbins que cet Auteur appuye dans ses Livres, sans autre autorité que celle de ces mêmes Rabbins. Au contraire Mr. Simon nous découvre l'origine des manieres superstitieuses des Juifs. Mr. le Clerc de plus s'emporte fort dans sa XX. Lettre contre les Theologiens de Suisse & de Geneve, pour avoir fait de certains Canons où ils autorisent l'antiquité des Points; & ici il canonise le judicieux Lightfoot qui n'est pas éloigné de leur opinion.

Enfin ces autres Traités de Lightfoot sur le Vieux Testament, que nôtre Auteur juge si *utiles pour l'intelligence de la Bible*, se réduisent, ce me semble, à un seul petit Traité intitulé *Erubhim* ou *Mélanges*, qui contient plusieurs questions lesquelles n'ont pas toûjours rapport au Vieux Testament. Il est vrai qu'il y cite fort heureusement

Mr. le Clerc parle sans jugement & contre ses propres sentimens.

Lightfoot savant dans les Rabbins: mais il n'est pas toujours heureux dans le choix de leurs sentimens.

Erubhim; ou Mélanges de Lightfoot, Ch. 12.

reusement

reuſement les Rabbins ; comme lors qu'il remarque ſur le Chapitre
X. des Nombres, verſ. 35. la lettre נ *Nun* du mot Ebreu נפול ren-
verſée & tournée d'une certaine maniere, *pour montrer*, diſent les
Rabbins, *que Dieu étoit tourné favorablement du côté de ſon peuple.* Au
contraire cette même lettre נ *Nun* ſe trouve tournée d'une autre façon dans le mot מתאננים au Chapitre XI. des Nombres, verſ. 1.
parce que ſelon les mêmes Rabbins, *cette figure de la lettre Nun mar-*
que que le peuple Juif s'eſt détourné malheureuſement de Dieu. Voilà ce
qu'a ſervi à Mr. le Clerc de ſavoir la Langue Angloiſe pour pouvoir
lire ſon Lightfoot, où il a fait d'heureuſes découvertes dans le païs
des Rabbins ; au lieu que Mr. Simon qui n'a pas cité les Rabbins
ſi heureuſement que cet Auteur, s'eſt contenté d'obſerver l'origine
de ces ſortes de renverſemens de lettres, & de dire en general qu'il
n'y avoit que de la ſuperſtition dans les réflexions des Juifs qui
cherchent des myſteres par tout.   Nôtre Profeſſeur Ebraïzant en
Anglois peut faire encore une plus heureuſe découverte avec les
Rabbins de Lightfoot, en liſant ſa remarque touchant les Maſore-
tes dans le même Livre, où il dit fort judicieuſement, *Que leur tra-*
vail eſt admirable pour prouver l'integrité du Texte Ebreu contre les Papiſ-
tes, parce qu'ils ont compté avec une grande exactitude toutes les lettres de
la Bible ; d'où il eſt manifeſte qu'il ne s'eſt pas perdu un poil de cette ſacrée
tête.   Au reſte je ſuis bien-aiſe de voir que Mr. le Clerc qui a témoigné tant de chagrin contre les Rabbins dés le commencement
de ſon Ouvrage, ſe ſoit réconcilié avec eux depuis qu'il a trouvé
le ſecret de les lire en Anglois dans Lightfoot.

   Mr. le Clerc ne ſe contente pas de cela, il pouſſe encore plus
loin ſes recherches curieuſes.   Il demande à Mr. Simon, *D'où vient*
qu'il n'a pas marqué les Ouvrages du fameux Seldenus, qui a écrit en La-
tin auſſi-bien qu'en Anglois, & qui nous a donné tant de lumieres ſur une
infinité de paſſages du Vieux Teſtament dans ſes Livres de Diis Syris, de
Decimis, Uxor Hebraïca, de Jure Naturæ & Gentium, de Sy-
nedriis Judæorum. On ne peut nier que Selden n'ait été un des
plus ſavans hommes de nôtre ſiecle, & qu'il n'ait excellé dans la
Critique : mais comme il y a une érudition trop vaſte & trop étenduë dans ſes Ouvrages, on n'a pas jugé à propos d'en parler dans
l'Hiſtoire Critique ; parce qu'il faut trop lire de choſes dans ſes
Livres, avant qu'on y trouve des paſſages de l'Ecriture expliqués ;
outre qu'il ne le fait ſouvent qu'en paſſant & par occaſion.   C'eſt
pourquoi

Lightf.
dans le
même
Livre,
Ch. 13.

Juge-
ment des
Livres
de Sel-
den.

pourquoi Mr. le Clerc n'a pas raison de dire, que si l'on n'a pas parlé de Selden, on ne devoit pas aussi parler de Cappel & de Bochart.
Les Ouvrages des deux derniers ont bien plus de liaison avec la Bible que ceux du premier. Il est même absolument necessaire de
lire la Critique de Cappel, si l'on veut savoir à fonds l'Ecriture : & *De la Critique de Louis Cappel.*
quoi que ce Livre soit assez connu des Savans, principalement en
France & en Angleterre, il n'est pas cependant fort commun en
Allemagne ni dans les Païs-Bas, où on ne le lit presque point ; la
plus-part des Theologiens de ces païs-là étant prévenus des opinions des deux Buxtorfs qui ont décredité la Critique de Cappel.
C'est donc fort mal-à-propos que Mr. le Clerc objecte ici à Mr. Simon, qu'on n'avoit que faire de savoir le jugement qu'il faisoit de
ce Livre, & qu'il n'en devoit pas grossir sa Critique. Il ne pouvoit au
contraire rendre un plus grand service au public, qu'en faisant l'éloge d'un excellent Auteur, contre lequel les Ebraïzans du Nord sont
si fort entêtés. En effet nous voyons tous les jours qu'ils font reimprimer d'assez méchants Livres, & qu'ils negligent la Critique de Cappel, dont il reste encore des Exemplaires chez le Libraire de Paris.

Il est moins pardonnable à Mr. Simon, *d'avoir supprimé les loüan-*
ges qui étoient dües à un autre Anglois nommé Christophle Cartwright, qui *Juge-*
a fait un excellent Commentaire sur la Genese, ou il a observé presque tou- *ment des*
tes les regles que le P. Simon prescrit à un Interprete de l'Ecriture. Outre *Livres de Christ.*
son Commentaire sur la Genese il y en a un autre semblable du mê- *Cart-*
me Auteur sur l'Exode, que nôtre Ebraïzant ne paroît pas avoir *wright.*
lû, & qu'il est bon de lui indiquer, afin qu'il puisse quelquefois *Electa*
parler Rabbin. J'avoüe que cet Auteur a échappé à Mr. Simon, *Targu-*
non pas qu'il ait eu dessein de supprimer les loüanges qui lui sont *mico-*
dües, mais parce qu'il réservoit un grand nombre de bons Auteurs *Rabbini-*
pour l'Edition Latine de sa Critique, qu'il devoit publier en mê- *ca, sive*
me temps avec tous les Actes dans leur Langue. *Annota-*
tiones in
Exodum.
Londini
ann.
1653.

Afin qu'il ne manque rien à l'inventaire que nôtre Professeur E-
braïzant fait ici des Livres omis par Mr. Simon dans sa Critique,
il nous dit que *le Lecteur cherche en vain parmi les Critiques dont le P.*
Simon fait mention, deux celebres Allemans, Salomon Glassius & Theodo-
ric Hackspan. Le premier qui étoit *Superintendant* dans le Duché de
Saxe-Gotha a publié un Ouvrage *sous le titre de* Philologia Sacra, *où*
il traite à fonds de la Critique de l'Ecriture Sainte. Le second, ajoûte nôtre Auteur, *a été Professeur en Theologie dans l'Academie d'Altorf. Il a fait*

des

des Notes Critiques fur toute l'Ecriture, où l'on trouve souvent des maximes generales touchant le stile des Ecrivains Sacrés, qui sont fort utiles pour l'intelligence de l'Ecriture Sainte. Ces deux Auteurs & plusieurs autres Critiques Allemans n'étoient pas inconnus à Mr. Simon, à qui même un honnéte Alleman offrit dans ce temps-là de lui envoyer d'Allemagne tout ce qu'on avoit composé de meilleur sur la Critique de la Bible: mais il l'en remercia, ne lui rendant point d'autre raison, sinon que les Allemans faisoient de si gros Livres, & où il y avoit cependant si peu de choses à remarquer, que le seul port de deux ou trois seroit capable de le ruiner; & encore ne pourroit-il jamais avoir assez de temps pour les lire.

En effet, le celebre Professeur Hackspan fait assez voir qu'il est du nombre de ces Theologiens du Nord *che hanno*, comme on a déja remarqué, *ingegno nella schiena, non in capo.* On ne peut pas voir un Livre plus mal digeré, que ses Remarques *Philologico-Theologiques*, & qui soit plus rempli d'inutilités. Il a si grande peur qu'il ne lui échappe quelque chose, qu'il joint ensemble le bon & le mauvais sans aucun discernement. La premiere remarque judicieuse qu'il fait dés l'entrée de son Livre, c'est que le *Philologus* ne doit être ni * *boufon ni perroquet:* mais *il doit s'appliquer d'abord avec un grand soin aux veritables distinctions qui sont marquées dans le Vieux Testament par des Accens, principalement par les Royaux. Diligenter autem Philologus attendere debet initio genuinam distinctionem in Veteri Testamento quidem accentus, maximè Regios.* Puis il ajoûte, qu'il faut aussi observer exactement les points & les virgules dans le Nouveau Testament; qu'autrement on se trouvera fort embarrassé dans l'interpretation des Livres Sacrés. Il en donne un exemple considerable tiré † du Chapitre XXIII. de St. Luc, vers. 43. où les bons amis de Mr. le Clerc lisent, *Amen dico tibi hodie, mecum eris in Paradiso,* mettant contre la verité des Exemplaires la virgule après le mot *hodie*, au-lieu qu'il la faut mettre devant. *Photiniani* hodie *priori sententiæ parti agglutinant, commate posthabito contra Codicum fidem.*

Il est encore plus exact dans ses Notes, où il n'oublie rien de ce qui regarde la Philosophie, la Theologie, la Controverse & le Rabbinisme. Pour expliquer ce que signifie ce premier mot de la Genese בראשית, il commence par dire, que Manassé Ben Israël l'a interpreté par *le Siruph, le Notarikon, & la Gematrie,* sous divers mysteres & fictions. Et afin qu'on sache mieux en quoi consiste

ces

Pourquoi on a omis dans la Critique quelques Auteurs Allemans.

Jugement des Ouvrages de Hackspan.
Theod. Hackspanii SS. Theol. & Linguæ Hebraic. Profess. public. Notæ Philologico-Theologicæ. Altdorfi ann. 1664.
* Ne fit momus, ne fit psittacus.
† Amen dico tibi, hodie mecum eris in Paradiso, Luc. 23: 43.

In Conciliatore.

ces myſteres, il nous renvoye à ſon Livre de la Cabbale des Juifs, duquel Mr. le Clerc parle auſſi en cet endroit. Mais il n'eſt pas neceſſaire que je m'étende plus au long ſur le Livre de Hackſpan, quand même nôtre Faiſeur d'Entretiens devroit objecter encore une fois à Mr. Simon, qu'il ne fait que lire le commencement d'un Ouvrage pour en juger. J'ajoûterai ſeulement, qu'une des queſtions qu'il y traite avec le plus d'érudition eſt celle qui regarde la création d'Adam; s'il a été créé Hermaphrodite, comme quelques Juifs & quelques Chrétiens l'ont aſſüré. Il appuye la negative par de puiſſantes raiſons.

Mr. le Clerc nous apprend de plus, que le celebre Hackſpan *a donné encore au public quatre diſputes* de Locutionibus Sacris & des Miſcellanea Sacra, *où il fait voir une grande connoiſſance du ſtile de l'Ecriture, & où il donne quantité de regles tres-utiles pour l'intelligence des Livres Sacrés.* Il faut avoüer que le Docteur Hackſpan dans ſon Livre intitulé *Melanges*, eſt fort ſavant dans la Controverſe. Le premier Chapitre de ce Livre traite *de Synecdoche partis pro parte*, & il n'y oublie rien pour éclaircir cette queſtion, rapportant les ſentimens d'un grand nombre d'Auteurs Juifs & Chrétiens ſoit Catholiques ou Proteſtans. Son Heros eſt Luther, qui n'a point eu ſon ſemblable, *Lutherus, ſi quiſquam in Scripturis exponendis earumque phraſi explicandâ exercitatiſſimus.* Je doute que Mr. le Clerc accorde ce privilege à Luther. Il examine encore plus à fond dans ce même Livre ces paroles du Pſeaume XCIX. verſ. 6. *Moyſes & Aaron in Sacerdotibus ejus:* où il prouve dans toutes les formes contre quelques Jeſuïtes, que le Pape n'eſt pas infaillible, parce que * Moiſe qui étoit le Pape du V. Teſtament n'a pas été infaillible. Mr. Simon s'étoit aſſez déclaré ſur ces ſortes de Livres dans ſa Critique, où il dit qu'on peut negliger les Auteurs qui traitent la Controverſe, parce qu'ils donnent beaucoup à leurs préjugés, & qu'ils n'expliquent le plus ſouvent l'Ecriture que par rapport à leurs Controverſes. Les quatre diſputes de ce même Auteur *de Locutionibus Sacris*, ſont auſſi écrites de la même maniere, comme on en peut juger † par la remarque qu'il fait ſur le verſet 3. du Chapitre LXIII. d'Iſaïe, où il s'étend fort au long contre quelques Catholiques qui ont accommodé à la Vierge les paroles de ce paſſage. En un mot, le peu de Critique qui eſt dans les Ouvrages de Hackſpan ſe trouve bien mieux dans d'autres Livres que Mr. Simon.

E e

Continuation du jugement qu'on fait des Livres de Hackſpan.

Theod. Hackp. Miſcellaneorum libri duo. Altdorf. ann. 1660. lib. 1. cap. 1.

* Moſes V. Teſt. Summus Pontifex fuit fallibilis: ergo etiam Pontifex Romanus eſt fallibilis. Hackp. ibid. cap. 5.

† D. Locutionib. Sacr. diſput. I. num. 10.

mon a marqués dans son Histoire Critique ; & l'on ne voit pas dans ces Livres une infinité de Controverses inutiles, & même quelquefois ridicules. C'est là la raison pourquoi on n'a point parlé de ce celebre Hackspan, ni de plusieurs autres Docteurs Allemans.

Ce qui contribuë encore beaucoup à la veneration qu'on doit avoir pour le Docteur Hackspan, c'est, dit nôtre Ebraïzant, qu'il *n'ignoroit pas les Langues Orientales, comme on le peut voir par sa Grammaire de la Langue Arabique & par quelques autres petits Ouvrages qui nous restent de lui.* Mais sans aller plus loin que les Païs-Bas, ne voyons-nous pas des Professeurs qui nous donnent des Grammaires dans toutes les Langues Orientales aussi-tôt qu'ils les savent lire? Il y a de l'apparence que par les autres petits Ouvrages de Hackspan on a voulu entendre * un petit Livre intitulé *Observationes Arabico-Syriacæ.* La premiere de ces Observations Arabe-Syriaques traite de certains noms de la Vierge, *de quibusdam B. Virginis nominibus*; & il réfute au long Suarez & Henriquez, qui ont mal expliqué le nom de Marie par le Syriaque. Voilà un des grands Auteurs de Mr. le Clerc pour la Critique de la Bible, & on fait le procés à Mr. Simon pour l'avoir omis.

Au reste, si l'on juge de la capacité des Protestans dans les Langues Orientales par les citations qu'on en trouve dans leurs Livres, on aura une tres-méchante opinion de leur prétenduë capacité. Je n'en veux point d'autre témoin que Mr. Jurieu Ministre de Roterdam dans son Livre intitulé *Préjugés Legitimes contre le Papisme*, qui a été imprimé cette année 1685. à Amsterdam. Je ne sai de quoi s'est avisé ce fameux Avocat des causes perduës, d'inserer dans son Ouvrage un Commentaire sur une partie de l'Apocalypse, & de vouloir nous prouver par l'Ebreu, le Grec, le Syriaque & l'Arabe, sans avoir aucune connoissance de ces Langues, que l'Evêque de Rome est l'Antechrist & la Bête de l'Apocalypse. On ne vit jamais tant d'impertinences traitées plus serieusement que dans ce petit Commentaire sur l'Apocalypse. Car sur ces mots, *Puis je vis une autre Bête montant de la terre, laquelle avoit deux cornes,* &c. il nous dit d'un ton grave & fort décisif à son ordinaire, *Je soutiendrois qu'il faut avoir sur le cœur un voile plus épais que celui qui repose sur le cœur des Juifs dans la lecture de Moïse, pour ne pas voir ici le Pape & la Cour Romaine,* &c. Mais que répondra le Ministre de Roterdam, si on lui prouve par ses mêmes raisons, qu'il est lui-même cette *Bête*

te

Les Protestans se mêlent souvent d'écrire sur ce qu'ils entendent le moins.
* Imprimé à Altdorf en 1648.

Ignorance de Mr. Jurieu dans les Langues Orientales dont il a voulu parler.

Apocal. 13: 11.
Préjugés Legitim. Part. 1. Ch. 6.
Impertinences de Mr. Jurieu.

te à deux cornes de l'Apocalypse. Je croi qu'on me pardonnera facilement cette petite digreſſion qui n'eſt pas entierement hors d'œuvre, puis qu'elle ſert à faire voir qu'on ne doit pas juger de la capacité des Proteſtans dans les Langues Orientales par leurs citations.

Monſieur Jurieu, pour faire voir clairement que l'Evêque de Rome eſt l'Antechriſt & la Bête marquée dans l'Apocalypſe, inſiſte fortement ſur le nombre du nom de la Bête qui eſt renfermé dans le nombre de ſix cens ſoixante-&-ſix. Il admire cet *accord merveilleux des Propheties avec le caractere du Pape. Les Propheties,* ajoûte-t-il, *ſont obſcures pour le temps & pour les nombres. Ici ce n'eſt point cela. C'eſt un nombre pur & ſimple dans la ſignification où les hommes ont accoutumé de l'emploïer. Ce nombre eſt renfermé dans le nom de la Bête.* Enfin voici le dénouëment de la piece. *Le nombre de ſix cens ſoixante-&-ſix ſe trouve préciſément dans le nom Grec* Λατεῖνⓞ, *le Latin. . . . Ce n'eſt pas non plus ſans une providence de Dieu admirable, que le mot* רומײת *Romiith, qui en Hebreu ſignifie* Romaine, *contient auſſi ce même nombre ſelon la vertu numerale que les Hebreux attachent à leurs lettres, Dieu a voulu que dans l'une & l'autre des Langues Saintes il parût par le nombre du nom, que la Bête de l'Apocalypſe eſt la Bête Romaine & Latine . . . . . de-ſorte que la Prophetie a été accomplie dans les deux noms donnés au Papiſme par les deux Langues Saintes, l'Hebraïque & la Grecque.* Je ne m'arrêterai pas ici à relever toutes les impertinentes réflexions de cet Auteur ſur les noms de *Latin* & de *Romain.* Je lui demanderai ſeulement, où il a trouvé que le mot רומײת *Romiith* fuſt un mot Ebreu & de la Langue Sainte. On trouve bien dans les Rabbins רומאי *Romai* pour dire *Romain,* de la même maniere qu'on y trouvera רוהרדמי *Roterdami,* s'ils veulent marquer un homme *de Roterdam.* Mais voyons à qui convient mieux, ou à l'Evêque de Rome, ou au Miniſtre de Roterdam, le nombre de ſix cens ſoixante-&-ſix qui eſt le nombre du nom de la Bête; & cela ſans ſe ſervir d'autres preuves que de celles de Mr. Jurieu, qui eſt ſurpris de la clarté de cette Prophetie.

Je dis donc premierement, que le mot רוהורדמי qui ſignifie *de Roterdam,* n'eſt pas moins Ebreu que celui de רומײת. De plus, ce même mot contient dans le nombre de ces lettres ſix cens ſoixante-&-ſix, comme on le peut voir à la

marge,

Bête de l'Apocalypse.

ר - 200
ו --- 6
ת - 400
ו ---- 6
ד --- 4
ם -- 40
י -- 10
666.

marge, où on les a marquées avec leurs nombres. Ce qui est une preuve évidente que le Ministre de Roterdam est la Bête à cornes de l'Apocalypse. Cela même ne peut convenir qu'à lui seul : car en parlant de l'Evêque de Rome, il nous donne רומיית *Romiith*, qui est un nom feminin qu'on ne pourroit appliquer qu'à la chimerique Papesse Jeanne : & ainsi voilà sa Bête bien écornée, parce qu'il en faut ôter la lettre ת *Tau* qui fait le nombre de 400. Je sai qu'il pourra répondre, que le mot de *Bête* étant aussi-bien feminin dans l'Ebreu que dans le François, on a pû dire *Romiith* en feminin. Mais afin que cette raison soit bonne, il faudroit auparavant prouver que l'Evêque de Rome est la Bête dont il s'agit : autrement on supposera ce qui est en question ; au lieu que dans le mot Ebreu *Rotodami* on a observé toutes les regles de l'exactitude. Premierement on a retranché la lettre *r* du mot *Roterdam*, parce qu'il a fallu faire parler le Prophete selon l'ancien langage. Or il est constant que le vieux mot est *Rotedam*, qui a été pris de la riviere *Rote*, & de *dam* qui signifie en Flaman *digue* : car *Rotedam* est la même chose que *Digue de la Rote* : & on a ajoûté une *r* dans la suite, pour prononcer ce mot avec plus d'emphase. En second lieu, on a gardé les regles de la Grammaire, en énonçant ce mot au masculin. Et enfin on auroit de la peine à trouver dans le Pape, comme dans le Ministre, les cornes de la Bête, & ces vilaines injures ou blasphémes dont cette Bête de l'Apocalypse est remplie. Il n'est pas besoin d'en dire davantage, pour faire voir que le Ministre de Roterdam selon les propres raisons de son Livre est la Bête à deux cornes. Nous lui sommes fort redevables de nous avoir donné sur cette Bête un si bon Commentaire qui ne souffre pas la moindre difficulté.

Il n'est pas plus heureux dans les citations qu'il fait du Syriaque & de l'Arabe dans ce même Commentaire sur l'Apocalypse, où il *Mr. Jurieu accusé faussement les Traducteurs de Port-Royal. Apocal. 17: 12.* accuse *les Traducteurs de Port-Royal d'avoir fait dans leur Version une insigne falsification*, en traduisant le 12. verset du Chapitre XVII. de l'Apocalypse. Cette insigne falsification consiste en ce qu'ils ont traduit, *Ils recevront comme Rois la puissance pour une heure, ou pour peu de temps.* Mr. Jurieu qui a *le rayon celeste* pour expliquer l'Apocalypse, oppose à ces *Traducteurs infidéles*, qu'il n'y a que la seule Version Arabe qui les puisse mettre à couvert de leur insigne falsification. *Mais*, ajoûte-t-il, *outre que cette Version n'est d'aucune autorité,*

torité, il eſt certain qu'elle s'eſt éloignée du vrai ſens. Son rayon de plus lui a fait voir que cette même Verſion Arabe eſt contraire à la Vulgate & à la Verſion Syriaque, où on lit רדא שרא au même ſens que dans la Vulgate *una hora.* Comme j'avoüe de bonne foi que quelque effort que j'aye pû faire je n'ai encore pû parvenir à ce *divin rayon,* je ſuis obligé d'avoir recours aux connoiſſances naturelles, & de prendre tout de mon fonds. Or je trouve en liſant la Verſion Arabe & la conferant avec la Syriaque, qu'il n'y a aucune différence entre ces deux Verſions, qui ont même employé les mêmes mots. Je trouve auſſi que Meſſieurs de Port-Royal ne peuvent paſſer en cet endroit pour d'inſignes fauſſaires, ayant fort bien traduit leur Texte en y ajoûtant en même temps l'explication qu'ils ont apparemment priſe des Notes de Grotius ſur ce paſſage, où leur traduction eſt juſtifiée par de tres-bonnes raiſons priſes d'autres paſſages de l'Ecriture. Auſſi ce Critique n'étoit-il pas ſujet au *rayon,* comme le Miniſtre de Roterdam.

Mr. Jurieu cite de l'Arabe & du Syriaque qu'il ne peut lire.

Il y auroit bien d'autres remarques à faire ſur ce petit Commentaire d'une partie de l'Apocalypſe : mais je laiſſe ce ſoin-là à l'infatigable Mr. Arnauld, qui doit mettre bientoſt ſous la preſſe une grande Réponſe aux Préjugés de Mr. Jurieu. Je l'avertirai ſeulement en paſſant, qu'il prenne bien garde à mettre dans tout ſon jour l'affaire *du rayon :* car on dit que ſon adverſaire a auſſi ſous la preſſe un gros volume pour ſervir de Réponſe au dernier Livre de Mr. Nicole, & qu'il y traite de ce *divin rayon* avec une merveilleuſe pénetration d'eſprit. Il eſt temps que nous revenions à Mr. le Clerc, qui ne pourra pas dire aprés cela que les Proteſtans ſont ſavans dans les Langues Orientales, pour citer du Syriaque & de l'Arabe dans leurs Livres. On pourroit lui marquer encore pluſieurs autres Auteurs ; mais je croi que ce ſeul exemple lui doit ſuffire : car Monſieur Jurieu n'eſt pas de ces Auteurs à la douzaine qui ne nous donnent que de méchans Livres, parce qu'ils ne méditent pas aſſez.

Mr. Arnauld.

Mr. Nicole.

Je dirai ſeulement ici deux mots de Salomon Glaſſius, qui a publié pluſieurs petits Ouvrages ſous le titre de *Philologia Sacra.* Le premier eſt intitulé *de la ſincerité du Texte Ebreu du Vieux Teſtament,* où il fait à la verité paroître quelque connoiſſance de la Critique ; mais il n'y a rien dans cet Ouvrage que de mediocre, & qu'on ne puiſſe bien mieux apprendre dans d'autres Livres qu'on a marqués dans l'Hi-

De Textus Hebræi in V. T. puritate.

Jugement des Livres de Glaſſius.

E e 3

l’Hiſtoire Critique , principalement dans la Critique de Cappel & l’Anticritique de Buxtorf ; outre que cet Auteur ſuit la métho-de des Controverſiſtes : mais il eſt beaucoup plus exaɛt que Hack-ſpan , s’éloignant rarement de ſon ſujet. Comme il commença à écrire dans un temps où Buxtorf le Pere avoit établi dans l’Alle-magne ſon Syſtéme touchant l’antiquité des Points , & que cette diſpute faiſoit grand bruit dans tout le Nord , il ſuit les préjugés de Buxtorf. Il y a pluſieurs autres Traités de *Philologie* dans ce même Livre qui appartiennent entierement à la Grammaire , & où il ex-plique avec beaucoup de netteté le ſtile des Ecrivains Sacrés. Auſ-ſi Mr. Simon parloit-il aſſez au long de cet Auteur dans ſa Critique en Latin , & de pluſieurs autres dont il ſeroit inutile de donner ici le catalogue.

Je ne m’arrêterai pas à pluſieurs minuties que nôtre Faiſeur d’En-tretiens débite en ce même endroit , afin de n’être pas obligé de le ſuivre dans des redites ſuperfluës. Il a neanmoins raiſon de con-clure de tout ſon diſcours , qu’on a fait le même uſage du Livre du P. Simon , *que des Journaux des Savans , que bien des gens liſent ſeule-ment afin de pouvoir parler de toutes ſortes de Livres. Une infinité d’igno-rans* , ajoûte-t-il , *& de demi-ſavans ont appris par là à diſcourir d’Au-teurs qu’ils n’ont jamais veus & qu’ils n’entendent pas.* On l’en doit croi-re aſſûrément ſur ſa parole ; & comme il eſt tout-à-fait modeſte , il s’eſt mis au nombre de ces ignorans dans ſa Lettre , dont nous n’a-vons rapporté qu’une petite partie au commencement de cet Ou-vrage. Il en donne même des preuves dans tout ſon Livre , où l’on voit manifeſtement que depuis qu’il a lû le Journal de Mr. Simon , il a appris à parler de pluſieurs Auteurs qu’il n’avoit jamais veus , & qu’il n’entend point. C’eſt de cette maniere qu’il a diſcouru du ſti-le de St. Auguſtin & de St. Jerôme avec beaucoup d’érudition , ſans les avoir neanmoins jamais lûs autre part que dans l’Hiſtoire Criti-que. Auſſi ſouhaite-t-il avec paſſion dans cette même Lettre la pu-blication du Journal ſur le Nouveau Teſtament , afin de parler en-core une fois d’une infinité d’Auteurs dont il n’a aucune connoiſſan-ce. On tâchera de ſatisfaire dans peu de temps à la curioſité , ou plûtoſt à l’ignorance de Mr. le Clerc , afin qu’il puiſſe faire un nou-veau Livre d’Entretiens qui lui donne quelque réputation dans ſon parti.

Enfin , il vient aprés cela aux *Interpretes de la Bible* , & laiſſant là à
part

part tous les autres, il fait l'éloge de Grotius, pour le reconnoître de l'obligation qu'il lui a de tant de lumieres qu'il a reçûës de lui. En effet, Mr. N. & Mr. le Clerc font obligés à Grotius de cet excellent Mémoire qu'on a produit dans les Lettres XI. & XII. Ils ont seulement un peu outre par leurs nouvelles réflexions les sentimens de ce savant homme sur cette matiere. Mr. Simon a dit en parlant des Notes de Grotius, qu'elles sont estimées de tout le monde, & qu'ainsi il n'etoit pas besoin qu'il en fist un éloge particulier. Sur quoi nôtre Auteur fait cette réflexion judicieuse: *Puis que tout le monde les estime & les lit, tout le monde en peut juger par soi-meme sans le secours du P. Simon.* Cette Critique est fort subtile; & neanmoins il ne laisse pas aprés cela de faire une longue Apologie du même Grotius, dont les Commentaires ont pû être estimés de tout le monde, sans être neanmoins approuvés dans toutes leurs parties. Tout le monde estimoit & lisoit autrefois les Commentaires d'Origéne, bien qu'on y trouvast beaucoup de choses à redire. Quand Mr. Simon n'a pû approuver dans les Notes de Grotius qui sont fort courtes, des citations de Poëtes & d'autres Auteurs profanes lesquelles ne faisoient rien au sujet, il me semble qu'il a remarqué un défaut qui est évident : car il n'a point prétendu parler de celles qui contribuënt à l'éclaircissement du Texte. Saint Jerôme a eu grande raison de dire dans la Préface de ses Commentaires sur Daniel, que pour entendre ce Prophete il falloit avoir une grande connoissance des anciens Historiens; parce qu'en effet la Prophetie de Daniel ne peut estre entenduë qu'on ne sache parfaitement l'Histoire. Mais je ne voi pas qu'il soit necessaire pour cela de rapporter plusieurs Vers ou bouts de Vers Grecs sur le mot de *canif* qui se trouve au verset 23. du Chapitre XXXVI. de Jeremie, comme a fait Grotius, sans en avoir d'autre raison que pour marquer comment quelques faiseurs d'Epigrammes Grecques avoient nommé un canif en Grec. Je sai que l'érudition de Grotius étoit assez connuë d'ailleurs sans la faire paroître dans ses Notes sur l'Ecriture : mais quoi qu'il en soit, cette affectation paroit vitieuse dans un Critique, quand les mots qu'il explique n'ont point besoin de ces sortes d'éclaircissemens. Le Grec n'y fait pas alors plus que le Bas-Breton & les Langues modernes. Si Drusius tombe quelquefois dans le même défaut, Grotius n'en est pas pour cela plus excusable,

Je

On a tiré de Grotius le principal du Mémoire qui est dans les Lettres 11. & 12. de Mr. le Clerc. Hist. Crit. Liv. 3. Chap. 15.

Faux raisonnement de Mr. le Clerc.

Origéne.

Saint Jerôme.

Affectation vitieuse de Grotius dans ses Commentaires sur l'Ecriture.

Je souhaiterois de tout mon cœur qu'il n'y eust rien dans les Ouvrages de Grotius & dans ses Lettres qui pust le faire soupçonner d'avoir eu de l'inclination pour les sentimens des Sociniens. Je sai bon gré à Mr. le Clerc de le défendre avec chaleur contre le Ministre de Roterdam, qui croit avoir été appellé de Dieu dans la Hollande pour abbatre le parti Arminien. Je croi même être obligé de dire à la loüange de ce grand homme ce que j'ai appris d'un de ses meilleurs amis qui le connoissoit parfaitement. Il m'a témoigné plusieurs fois que Grotius haïssoit furieusement le parti Protestant, sur tout ceux qu'on nomme Calvinistes; & que parlant des Ministres il disoit souvent que la plus-part étoient ignorans & sans aucune connoissance de l'Antiquité & de la veritable Religion; que n'ayant point de quoi vivre, ils entretenoient par de méchans Livres qu'ils publioient, les querelles de Religion, afin que se rendant par là necessaires à leur parti, ils trouvassent toûjours de quoi subsister. Il a pû dire tout cela sans être Prophete, parce qu'il connoissoit à fonds le parti des Protestans. Mais laissons faire à Mr. le Clerc l'éloge de Grotius. Il s'en tirera plus facilement que d'un point de Critique.

Au reste, quand Mr. Simon a dit dans sa Critique, qu'on devoit principalement estimer Grotius à cause qu'il a conferé les anciens Interpretes avec le Texte, & qu'il n'a point été entêté de la Massore; cela se doit entendre par rapport aux Protestans. Et ainsi Mr. le Clerc n'a pas raison de dire que ce n'est pas ce qu'on doit principalement estimer dans cet Auteur : car il s'agit de faire l'éloge d'un Protestant par rapport aux autres Protestans de son temps, qui étoient presque tous préoccupés en faveur de la Massore. Il appuya fortement la Critique de Cappel qu'on vouloit alors condamner dans son parti comme un Novateur. Pour ce qui est de la connoissance des façons de parler de l'Ecriture, on est demeuré d'accord dans l'Histoire Critique qu'il l'a eüe: mais si on examinoit à fonds tous ses Ouvrages, on pourroit découvrir aisément qu'il n'a presque mis que dans un plus grand jour ce qu'il avoit lû dans les autres, sur tout dans les Livres des Catholiques. Dans les faits même qui regardent la Critique, il ne paroit pas qu'il ait consulté toûjours les Originaux, comme on le peut prouver par plusieurs exemples. Je ne dirai rien de cette pénetration extraordinaire que nôtre Auteur lui attribuë *à découvrir le sens des Propheties :* car bien des gens
croyent

croyent au contraire, qu'il en a quelquefois affoibli le sens en approchant trop des Juifs modernes; & peut-être ne se trompent-ils pas tout-à-fait. Je ne demeure pas aussi d'accord avec Mr. le Clerc, que Grotius ait montré le premier distinctement que les prédictions du Vieux Testament ont eu la plus-part un double accomplissement. On ne peut lire les anciens Peres, qu'on n'y trouve des exemples de ce double accomplissement sur lequel est appuyée toute l'économie du Vieux & du Nouveau Testament. Mais c'est assez parlé de Grotius. Venons maintenant aux bons amis de nôtre Auteur.

CHAPITRE XIX.
Critique de la XVIII. Lettre.

VOici un endroit où Mr. le Clerc triomphe; & la victoire qu'il prétend y remporter seroit entiere, s'il n'avoit pas commencé sa Lettre par ces lieux communs qui lui sont si ordinaires, & qui ne prouvent rien. *Ceux*, dit-il, *qui se piquent d'une grande lecture se font honneur de parler de toutes sortes d'Auteurs; & s'il arrive qu'ils n'ayent pas lû une certaine sorte de Livres, ils ne laissent pas d'en parler lors que l'occasion s'en presente*, &c. Mais sans qu'il soit besoin de suivre nôtre Faiseur d'Entretiens dans tous ses égaremens, venons au fait dont il est question. Il s'agit de savoir si Mr. Simon a entrepris de parler des Sociniens sans avoir lû leurs Livres, ou au moins sans les avoir examinés avec soin. C'est ce que Mr. le Clerc prétend, & il nous dit d'abord qu'on n'a pas parlé dans l'Histoire Critique avec une grande exactitude de l'origine du Socinianisme, sans nous marquer en quoi consiste ce défaut d'exactitude. Il se contente de nous renvoyer pour s'instruire de cette Histoire, aux Préfaces *de la Bibliotheque des Freres de Pologne*, au Livre intitulé *Bibliotheca Antitrinitariorum*, & à un autre qui a pour titre *Historia Reformationis Polonicæ, Autore Stanislao Lubieniecio*. Comme ces deux derniers Livres sont tout-à-fait nouveaux, Mr. Simon ne pouvoit pas les consulter: & il ne seroit pas même seur de s'en rapporter entierement à l'Histoire du Chevalier Lubieniski, à laquelle on nous renvoye, parce que cette Histoire ne paroit pas fort exacte. Je donnerai seulement un exemple du peu d'exactitude de cet Auteur dans un fait qui regarde

*Vir erat
in literis
huma-
nioribus
& facris
optimè
verfatus,
*Hiſt. Po-
lon. lib.
2. cap.
5.
*Michel
Servet eſt
barbare
dans ſon
ſtile.
Servet.
Præf.
Dialo-
gor. de
Trinit.
Edit.
ann.
1532.
* Micha-
elis Ser-
veti de
vera Dei
& Filii
ejus co-
gnitione
Sermo
ante-
quàm
Genevæ
combu-
reretur,
H.ſt. Re-
form.
Polon.
lib. 2.
cap. 5.
Sandius
ne paroit
pas exact
en ce
qu'il dit
de Servet
dans la
Bibliothe-
que des
Antitri-
nitaires.

garde Michel Servet Patriarche des Antitrinitaires de ces derniers temps.

On aſſûre dans cette Hiſtoire *de la Réformation de Pologne*, * que Servet étoit tres-ſavant dans les Lettres humaines, & qu'il avoit une tres-grande connoiſſance de l'Ecriture. Cependant il paroit manifeſtement par les Livres de cet Auteur, qu'il avoit bien de la peine à écrire en Latin; & ce qu'il y cite de Grec & d'Ebreu eſt ſi peu de choſe, qu'on n'en peut pas conclure qu'il ait été habile dans ces deux Langues. Auſſi eut-il honte lui-même d'avoir fait de ſi pitoyables Livres ſur la Trinité. Il les retracte dans la Préface qui eſt à la tête de ſes Dialogues touchant la Trinité, où il avouë librement la barbarie de ſon ſtile. *Quod autem*, dit-il, *ita barbarus, confuſus & incorrectius prior Liber prodierit, imperitiæ meæ & Typographi incuriæ adſcribendum eſt.* Il parle des ſept Livres qu'il avoit publiés en 1531. ſous ce titre, *De Trinitatis erroribus Libri ſeptem per Michaëlem Serveto.* Le Chevalier Polonois eſt ſi peu exact dans ſon Hiſtoire de la Réformation, qu'il met Juſtin à la tête des Peres Latins; & il nous donne de plus pour une preuve de ſa grande exactitude * un Diſcours que Servet prononça avant qu'on le brûlât à Geneve, ſur la veritable connoiſſance de Dieu & de ſon Fils. Mais ſi l'on compare ce Diſcours prétendu de Servet avec les Livres qu'il a fait imprimer, on les trouvera ſi differens pour le ſtile, qu'il n'y a aucune apparence que Servet l'ait jamais prononcé. De plus, je voudrois bien ſavoir qui a pû recueillir cet excellent *Sermon* qu'on ſuppoſe que Servet a prononcé peu avant ſa mort; étant certain que Calvin n'oublia rien pour faire brûler les Livres de cet Hereſiarque non ſeulement à Geneve, mais dans les autres lieux, comme Grotius l'a remarqué,† qui témoigne n'en avoir veu qu'un Exemplaire en Latin dans toute ſa vie.

Sandius ne paroit pas auſſi être plus exact dans le Catalogue qu'il a compoſé des Ecrivains Antitrinitaires, quand il y parle du même Servet, à qui il attribuë d'avoir eu preſque les mêmes ſentimens que Paul de Samoſate. * *Fuit Servetus ejuſdem ferè opinionis quàm olim Paulus Samoſatenus.* Servet au contraire témoigne dans ſes Livres de la Trinité être fort éloigné des ſentimens de Paul de Samoſate, qu'il accuſe d'avoir été fort ignorant des myſteres de la

Re-

† Serveti Libri non Genevæ tantùm, ſed & aliis in locis per Calvini diligentiam exuſti ſunt. Fateor tamen unum me dum vixi exemplum Libri Servetiani vidiſſe Latinè, *Grot. in voto pro pace Eccleſ. pag.* 655.
* Biblioth. Antitrinit. pag. 9.

Religion, parce qu'il n'avoit aucune connoissance de la Langue E-
braïque. *Paulus de Samosata ante Arianos Philosophos & Trinitarios Chri-
sti mysteriorum quæ in Hebraïcis latent penitùs ignarus, simplicem hominem,
non Deum, qui tunc primùm & non antea fuerit, Christum asserendo, Philosophos Græcos Hebraïcè etiam ignaros & Aristotelicà contagione infectos
scandalizavit, eosque in cœlum sine alis ascendere coëgit, ubi Divinitates
venari quilibet suo sensu cœpit.* C'est pourquoi Servet ajoûte au méme endroit de nouvelles preuves de la Divinité de Jesus Christ, de
laquelle il avoit déja parlé auparavant. *Aliqua,* dit-il, *Divinitatis ejus præconia recolam, quorum radix est, ut cum fuisse Elohim memo-
riâ teneas, ex quo profunditatem arcani quomodo ab initio erat apud Patrem
in oraculo comtemplabis, & qualiter ipse nunc est in Patre realiter, sicut
antea erat in ipso personaliter.* Et un peu plus bas dans la méme page
de son Livre. *Aliud Divinitatis præconium quod hæc omnia superat, est
Pater in eo manens, qui per ipsum solum videtur; ipse est paterna facies,
nec est alia Dei persona nisi Christus.* Je ne me serois pas tant étendu
sur cette matiere, si je ne savois qu'il est tres-difficile de trouver les
Livres de Servet: & cela montre en méme temps que les deux Livres ausquels Mr. le Clerc nous renvoye pour avoir une connoissance exacte de l'origine du Socinianisme, ne paroissent pas fort
exacts, puis qu'il y a des fautes manifestes sur le fait qui regarde
Servet. Si cet Espagnol avoit veu le nouveau Systéme de Fauste
Socin sur la Trinité, je ne doute pas qu'il ne l'eust aussi mal-traité
qu'il a fait Paul de Samosate, & qu'il ne lui eust reproché son ignorance & la temerité qu'il avoit d'entreprendre d'écrire sur une matiere qu'il n'avoit pas assez étudiée, ne consultant que la subtilité
de son esprit, qui lui a fait produire plusieurs *concetti* à l'Italienne
qui n'ont aucune solidité. Mais revenons à nôtre Faiseur d'Entretiens.

Il témoigne qu'on ne peut pas s'appercevoir en lisant ce que Mr.
Simon a dit des Sociniens, qu'il ait lù autre chose que les Préfaces
qui sont au commencement des Notes de Brenius sur l'Ecriture, un
certain Ouvrage de Cuperus, & quelque chose des Theses de De la
Place contre les Sociniens. Mais pour n'avoir cité que ces Livres,
est-ce une suite necessaire qu'on n'en ait pas lù d'autres? On cite
seulement ceux qui peuvent servir au sujet dont on traite. Mr. Simon s'explique méme assez là-dessus, quand il nous dit dans sa
Critique, *Qu'il n'a point trouvé d'autre Auteur parmi eux qui eust écrit sur*

 tout

Mich.
Serv. de
Trinit.
lib. 7.
fol. 111.

Serv.
ibid.
fol. 112.

Frag-
ment de
l'esprit de
Fausse
Socin.

Pourquoi
on a choi-
si Brenius
en parlant
des Soci-
niens
dans la
Critique.
Hist.
Crit.
Liv. 3.
Ch. 16.
pag. 445.

tout le *Vieux Testament*, *que Brenius qui a fait des Remarques fort abregées sur la Bible*. Ce qui prouve manifestement qu'il avoit lû leurs Livres, & que n'ayant trouvé que le seul Brenius qui eust écrit sur le Vieux Testament, il a laissé les autres, dont il promet de parler à fonds dans son Histoire Critique sur le Nouveau Testament.

Mais ce Brenius, dit Mr. le Clerc, *n'a jamais fait profession publique du Socinianisme. . . Il étoit au commencement Remonstrant ; il tomba en-suite dans le sentiment des Mennonites touchant le Magistrat.* Il n'est pas question de savoir si Brenius a fait profession publique ou non du Socinianisme ; mais s'il suit les sentimens des Unitaires dans ses Commentaires sur l'Ecriture : & c'est ce qu'on a prétendu. On ne voit pas qu'il y ait jamais eu une grande societé entre les Freres Unitaires, qui ont été fort partagés entre eux, comme il paroit manifestement des Lettres & des autres Ouvrages de Socin, qui ne s'accordoit pas trop bien lui-même avec ses Confreres. Ainsi Brenius a pû avoir des opinions particulieres, & convenir neanmoins avec Socin & les autres Freres Unitaires dans le principal de la doctrine. Il a pû aussi être Remonstrant ou Arminien de profession, & être en effet Socinien, comme sont aujourd'hui la plus-part des Ministres Arminiens, qui sous le nom d'Arminiens ont des emplois dans la Hollande ; parce que l'Arminianisme y est une Religion permise, & non pas le Socinianisme. Il a pû aussi avoir des sentimens particuliers sur le Magistrat, puis que tous les Unitaires ne conviennent pas entre eux sur ce sujet. Enfin l'Auteur de la Bibliotheque des Antitrinitaires range au nombre des Unitaires Daniel Brenius, & nous donne le Catalogue de tous ses Livres.

On diroit à entendre parler Mr. le Clerc, que Brenius n'auroit presque fait autre chose dans ses Notes sur l'Ecriture, qu'abreger celles de Grotius. *Il ne fait*, dit-il, *tres-souvent que copier ou abreger les Annotations de Grotius.* Je veux que cela se rencontre souvent ; & en effet il a eu raison de préferer Grotius à plusieurs autres : mais il n'a pas abregé Grotius dans les endroits les plus importans, où il s'agit des sentimens de Socin, comme on peut voir dans l'un & dans l'autre sur le commencement de l'Evangile de St. Jean, où Brenius suit la nouvelle interpretation de Socin, laquelle contient plus de subtilité que de veritable solidité.

Mr. Simon ne paroit pas judicieux, si nous nous en rapportons à Mr. le Clerc, en ce qu'il a remarqué que Brenius semble n'avoir

eu

eu autre deſſein en compoſant ſes Notes, que de favoriſer les entê- *Brenius parle quelque-fois dans ſes Notes en homme entêté des opinions des Unitaires.*
temens de ceux de ſa Secte. *Comme s'il y avoit jamais eu*, dit nôtre
Auteur, *aucun Docteur Catholique-Romain qui ſe fuſt propoſé autre choſe
dans ſes Commentaires, que de ſoutenir les ſentimens de ſon Egliſe.* Ce
n'eſt pas dans des petites Notes literales où l'on doit ſe propoſer de
ſoutenir les intereſts de ſon Egliſe; mais dans des Commentaires où
l'on mêle quelquefois de la Controverſe. Les Sociniens prétendent
être des gens épurés qui n'agiſſent point par préjuges, conſiderans
ſeulement la verité en elle-même. C'eſt l'idée que Brenius a en-
viſagée en expliquant l'Ecriture; & cependant il ne laiſſe pas de
ſuivre ſouvent les autres: au lieu que ſelon ſon idée il devoit marquer ſimplement le ſens qu'il croyoit le plus literal, & l'appuyer
ſur de bonnes preuves tirées du Texte ou des Verſions anciennes &
de quelque autre choſe ſemblable. Un homme qui ne cherche que
la verité en elle-même n'a pas beſoin d'appuyer ſa penſée ſur le témoignage des autres qui n'en ont pas ſceu plus que lui. C'eſt en
ce ſens-là qu'on a obſervé dans l'Hiſtoire Critique, qu'il étoit inutile de s'appuyer ſur l'autorité de pluſieurs Proteſtans, pour prouver que le mot *Elohim* qui eſt au pluriel eſt la même choſe que le *Geneſ. 1: 1.*
ſingulier. Car on voit manifeſtement qu'on a voulu prévenir par
là les Lecteurs contre ceux qui prouvent la Trinité par ce paſſage.
Auſſi Mr. le Clerc en demeure-t-il d'accord lui-même, quand il
objecte à Mr. Simon, *qu'il devoit bien penſer que Brenius peut citer des
Proteſtans, non pour s'appuyer ſimplement ſur leur autorité, mais pour
faire voir à ceux qui reſpectent ces Auteurs, que ſelon eux quelques paſſages dont on ſe ſert contre les Sociniens ne prouvent rien.* Mr. Simon n'a-
voit garde de penſer cela de Brenius, qui ne s'eſt propoſé que d'expliquer l'Ecriture en elle-même ſans appeller à ſon ſecours les témoignages des autres, & ſans y mêler rien qui approche de la Controverſe. Je veux bien croire qu'on ne peut pas prouver par ce paſſage la Trinité. Cependant il y a des Proteſtans, auſſi-bien que
des Catholiques, qui ſont dans un ſentiment contraire: & quand
on les oppoſera à Brenius ou à un autre Socinien, il les rejettera;
comme auſſi on eſt en droit de rejetter les Auteurs Proteſtans dont
il ſe ſert. En un mot, Brenius devoit bannir de ſes Notes ces ſortes de citations pour ſuivre exactement ſa méthode. Bien loin que
Mr. Simon ait fait paroître dans ce qu'il objecte à Brenius, qu'il
connoiſſoit peu la méthode des Sociniens, il a montré au contraire

 qu'il

qu'il la comprenoit parfaitement, lui opposant qu'il agissoit contre sa méthode en citant Calvin, Bucer, Beumler & quelques autres; n'étant pas question en ces endroits-là de se servir de preuves qu'on appelle *ad hominem*, mais d'expliquer simplement les mots de son Texte independemment des préjugés de toutes les Sectes.

De Cuperus.

On a, dit-on, *encore fait un plus mauvais choix, lors qu'on a joint à Brenius celui qui a donné au public les Oeuvres de cet Auteur. Cuperus ne peut pas passer pour un Ecrivain dont les Sociniens se fassent honneur. . . . Jamais ni Socin, ni Crellius, ni aucun autre habile Socinien n'a dit que la Langue Hebraïque fût inutile pour une parfaite intelligence du N. Testament.* Mais quoi que Cuperus ne soit pas membre de la Societé des Sociniens, il ne laisse pas d'avoir été dans les sentimens de son oncle Brenius, ayant été comme lui dans le parti des Arminiens; & il s'est enfin rangé à l'exemple de son oncle parmi ceux qui vont de divers endroits de la Hollande communier ensemble à Reinsburg village prés de Leyden. Comme on y reçoit toutes sortes de personnes qui font profession de croire en Jesus Christ, quelques opinions qu'ils puissent avoir sur le reste de la Religion, je ne voi pas que cela soit opposé au Socinianisme, & que Cuperus n'ait pû être dans les mêmes sentimens que les Freres Unitaires pour le fonds de la créance, bien qu'il ait pû avoir des sentimens particuliers sur quelques articles. Aussi suit-il leur méthode pour l'explication de l'Ecriture; & l'on dit même que c'est lui qui a pris le soin de l'Edition de la Bibliotheque des Freres Polonois. Quand il a dit que la Langue Ebraïque n'étoit plus necessaire présentement, parce que le N. Testament qui est la regle de nôtre Religion est écrit en Grec, il ne s'est pas fort éloigné en cela des autres Sociniens, qui ne s'attachent guere à l'étude du Vieux Testament; & comme ils ne sont pas habiles dans la Langue Ebraïque, je trouve que Cuperus a eu raison selon ses principes, de chercher le chemin le plus court.

C'est inutilement que Mr. le Clerc oppose à Mr. Simon, que les Protestans & les Sociniens suivent la même méthode dans l'explication de l'Ecriture; puis qu'on en est demeuré d'accord dans l'Histoire Critique, & qu'on l'a même supposé comme un principe. Mais comme cette méthode prise en general peut être consideré selon differens regards quand on l'examine dans le particulier, c'est selon ces differens regards ou parties que Mr. Simon en a parlé

diffe-

differemment, sans qu'il soit tombé dans la moindre contradiction. Mais nôtre Auteur qui n'envisage jamais les choses que d'un côté, n'a pû comprendre comment on a pû dire dans la Critique, que les Sociniens se servent *d'une Critique raffinée* pour éluder les passages qu'on leur objecte, & qu'on y ait remarqué en même temps qu'ils expliquent le Vieux Testament par rapport au Nouveau, & qu'ils negligent l'étude de la Langue Ebraïque. Tout cela peut être vrai, parce qu'il s'agit d'une méthode qui est, pour ainsi parler, *complexe*, & qui par consequent a differens regards. Les exemples qu'on a produits, où Socin a recours à de pures subtilités pour montrer qu'il n'y a rien de plus embarrassé dans l'Ecriture que de distinguer à quoi se rapportent les Pronoms rélatifs, prouvent évidemment qu'il se sert d'une Critique raffinée pour éluder les passages qu'on lui objecte. De plus, il est certain que le même Socin prétend qu'on ne peut expliquer plusieurs passages du V. Testament que par rapport au Nouveau. Et enfin on a pû dire en même temps, que les Sociniens negligent l'étude de la Langue Ebraïque, parce qu'on ne voit pas qu'ils se soient appliqués à interpreter l'Ancien Testament qui est écrit en Ebreu; outre que leur érudition dans la Langue Ebraïque ne vient pas de leur propre fonds, mais ils s'en rapportent simplement à Vatable, à Castalio & à quelques autres Interpretes, suivans la Traduction qui s'accommode le mieux à leurs préjugés.

Mais il est tout-à-fait faux, dit Mr. le Clerc, que les Sociniens prétendent qu'il faut interpreter le Vieux Testament par rapport aux verités de l'Evangile, *si ce n'est qu'on l'entende des Propheties qui ont été accomplies par Jesus Christ & ses Apôtres, qui doivent être entenduës, selon tous les Interpretes Chrétiens, par rapport à l'evenement.* Au moins y a-t-il de la verité dans la proposition de Mr. Simon à l'égard de la méthode des Sociniens: & ainsi on ne peut pas dire qu'il se soit contredit. Il suffit maintenant de montrer que Socin veut qu'on explique des passages du Vieux Testament par ceux du Nouveau, en des endroits où quelques-uns même de ceux de sa Secte ne conviennent pas avec lui. Et c'est principalement de ces endroits-là dont on a voulu parler dans la Critique, quand on y a remarqué qu'il étoit surprenant qu'un homme qui approchoit si fort des Juifs, prétendoit qu'on devoit expliquer le Vieux Testament par le Nouveau, & de plus par l'Analogie de la foi. La Lettre

Socini Epist. ad Synod. Chmel-nicien-sem ann. 1589.

tre qu'il adreſſe à un Synode de Freres Unitaires contre ceux qui établiſſoient un Royaume charnel de Jeſus Chriſt, & qui le prou-voient par des paſſages du Vieux & du Nouveau Teſtament qui leur paroiſſoient clairs & formels, eſt une preuve évidente de ce qu'on a avancé dans la Critique touchant ſa méthode. Car Socin ne pouvant pas ſe défaire des témoignages qu'ils tiroient des Pro-phetes, répond qu'il faut expliquer ces paſſages myſtiquement ou allegoriquement ,. *myſticè ſeu allegoricè*; & cela par rapport à la doc-trine du veritable Royaume de Jeſus Chriſt établi dans le N. Teſta-ment. Mais ce veritable Royaume de Jeſus Chriſt n'eſt pas ſi clair dans les Livres du N. Teſtament, que pluſieurs Unitaires n'en dou-taſſent, & qu'ils ne cruſſent au contraire y trouver des paſſages pour appuyer leur Royaume charnel. Ils produiſoient principa-lement † l'endroit de l'Apocalypſe, où l'opinion des Millenaires ſemble être autoriſée manifeſtement. Socin aſſûre * qu'il eſt abſolu-ment neceſſaire d'expliquer allegoriquement le paſſage de l'Apoca-lypſe: ce qui ne s'accorde pas trop bien avec ſa méthode, parce qu'on ne peut rien conclure d'un ſens allegorique, & qu'il n'y a aucune raiſon en ſuivant les principes des Sociniens, qui con-vainque qu'on doive expliquer allegoriquement ce paſſage, ni même pluſieurs témoignages des Prophetes. Auſſi Socin a-t-il beſoin de faire de longs circuits pour prouver ſon ſentiment. Il a recours au Symbole des Apôtres, pour montrer que ſa créance eſt fondée ſur l'Antiquité la plus pure. *Nec ſanè aliter ſenſiſſe puriorem an-tiquitatem vel ex Symbolo quod Apoſtolorum appellatur coſtare poteſt.* Il aſſûre ¶ que tout ce qui eſt dans le Nouveau Teſtament & toute l'Analogie de la Religion Chrétienne tendent à nous faire croire qu'il faut rejetter ce Royaume charnel & terreſtre, & n'aſpirer qu'aux choſes éternelles. Je veux que cela ſoit vrai: cependant il ne pourra jamais perſuader à un Unitaire qui ſuivra ſa méthode pour l'explication de l'Ecriture, qu'il faille changer le ſens literal des Propheties & de l'Apocalypſe, ſous pretexte d'une certaine Analogie de foi dont on ne convient point.

Ce ſeroit ici le lieu de faire voir que la méthode de Socin n'eſt pas uniforme, & que ſi on la prend à la rigueur indépendante de la Tradition, elle va droit à rétablir le Judaïſme: & neanmoins dans

ſa

Socin a recours au ſens allegori-que pour répondre aux ob-jections qu'on lui faiſoit ſur le Royaume charnel de J. ſus Chriſt.

† Apocal. 20

* *Neceſſe eſſe ut totus ille locus allegori-câ aliquâ ratione accipia-tur & ex-plicetur.* Socin. ibid.

La mé-thode de Socin n'eſt pas uniforme.

¶ Univerſæ Novi Teſtamenti literæ totaque fidei noſtræ analogia id potiſſimùm quærunt ac poſtulant, ut iſtis terrenis rebus omnibus neglectis atque pro nihilo habitis, quæ finem ſunt habituræ . . . ad res il-las cœleſtes perpetuò adſpiremus quæ ſunt æternæ, *Socin. ibid.*

fa difpute contre les nouveaux Millenaires il femble détruire cette premiere & principale methode dont il fe fert fi fouvent contre les Orthodoxes.   Je ne m'arrêterai pas là-deffus, parce que Mr. Simon en doit parler fort au long dans fon Hiftoire Critique du Nouveau Teftament, où il nous a promis d'examiner plus en particulier le Socinianifme.   Je dirai feulement que nôtre Auteur n'a pas raifon de corriger la remarque qu'on a faite touchant Luther, qui a auffi prétendu qu'il faut fouvent interpreter le Vieux Teftament par rapport aux verités du Nouveau.   *Luther*, dit-on, *n'a pas non plus interpreté le Vieux Teftament par rapport aux verités de l'Evangile, autrement que les Interpretes Catholiques-Romains le font.*   Mais cette remarque generale de la méthode de Luther en ce qu'il convient avec les Catholiques-Romains dans l'explication de quelques endroits de l'Ecriture, empéche-t-elle qu'il n'ait quelque chofe de particulier dans cette même méthode, comme on l'a fait voir dans l'Hiftoire Critique ?   A quel propos nôtre Faifeur d'Entretiens ajoute-t-il fur cela, que Mr. Simon *doit avoir un Dictionnaire François auffi particulier que le font plufieurs de fes fentimens?* Peut-on s'expliquer plus nettement qu'on l'a fait dans la Critique à l'égard de Luther, où on a remarqué que cet Herefiarque ayant entrepris de faire une nouvelle Traduction de la Bible fur l'Ebreu dont il n'avoit qu'une connoiffance fort mediocre, fut attaqué fortement par les Ebraïzans de ce temps-là, qui mépriferent fa Verfion : ce qui l'obligea pour répondre à ces Ebraïzans, d'établir ce principe, qu'il étoit plus à propos de traduire les paffages obfcurs de l'Ecriture par rapport aux myfteres de la Religion Chrêtienne, que de confulter les Grammairiens.   Cette méthode qui étoit bonne prife en general, étoit fujette à l'illufion en la perfonne de Luther : & en effet on voit manifeftement qu'il s'eft quelquefois trompé en la fuivant contre le fentiment commun des autres Interpretes.

A ce que Mr. le Clerc objecte, qu'on pouvoit aifément recueillir de plufieurs paffages des Prophetes que Socin & Crellius ont expliqués dans leurs Ouvrages, quelle eft la méthode des Sociniens ; je répons que ces paffages étant fort difperfés, on a crû le pouvoir faire mieux en produifant cette même méthode tirée de quelques endroits de Socin de la maniere qu'ils font rapportés par Jofué De la Place : car outre qu'ils ont été produits fidélement, on pénetre beaucoup mieux les principes de Socin par la comparaifon qu'on en

Gg

Luther a prétendu expliquer plufieurs paffages du Vieux Teftament par le Nouveau.

Hiftoire Critique, Liv. 2. Ch. 23.

Pourquoi on a mis les paffages de Socin dans le Livre de Jofué De la Place.

a faite avec les réponses de De la Place : & on a montré en même temps, que la méthode des Sociniens & des Protestans, qui est la même pour l'interpretation de l'Ecriture, est défectueuse. C'est la principale raison qu'on a euë dans la Critique, de choisir le Livre de De la Place pour expliquer la méthode des Sociniens, parce que cette voye servoit à la mettre mieux dans son jour ; & qu'au reste on ne produisoit rien qui ne fust en effet de Socin.

Mr. le Clerc ne doit pas être surpris, si l'on n'a pas si bonne opinion que lui de cet incomparable *Heros des Unitaires* qui s'est ingeré d'écrire sur les matieres les plus difficiles de la Religion avant qu'il les eust étudiées avec application. Si on s'en rapporte aux Préfaces de la Bibliotheque des Freres Polonois, où nôtre Auteur nous renvoye pour y apprendre l'origine du Socinianisme, on y verra que cet Heros ne s'étoit jamais appliqué à l'étude de la Philosophie & de la Theologie ; qu'il avoit seulement appris quelque chose de la Dialectique, mais fort tard ; qu'il avoit passé à la Cour du Duc de Florence la principale partie de sa vie, & celle où il pouvoit faire le plus de profit pour ses études. Il commença à étudier la Theologie à l'âge de 35. ans rempli des préjugés de son oncle Lelius, dont il avoit les Ecrits, & sur lesquels il a formé son Systéme. Il ne laissa pas ayant si peu de connoissance de la Theologie, de s'ériger en Prophete, & de vouloir réformer tout le genre-humain. Aussi ses chers Freres les Unitaires & ses meilleurs amis ne pûrent-ils s'empêcher de le traiter de brouillon, d'emporté & de médisant. Ils lui reprocherent qu'il écrivoit avec trop de précipitation, & qu'il avoit trop de confiance en lui-même. *Maledisentia certè in tuo Volumine contra atque in Epistola promisisti cunctis apparet. . . Unum in te desideramus, ut minùs tibi blandiare, magis aliis credas.* Je ne voi pas que ce *grand Heros* satisfasse entierement aux reproches que ses amis lui avoient faits. Il avouë qu'il n'a point eu d'autre maître que lui-même, à la réserve de quelques Ecrits de son oncle. *In iis quæ in responsione illa mihi tractare necesse fuit, ne unum quidem hactenus novi ejusmodi magistrum.* Il est vrai qu'il objecte à Squarcialupus, de n'avoir lû peut-être que la Préface de son Livre : mais quoi qu'il fist, il ne pût pas se purger entierement des défauts manifestes dont on l'accusoit. Quelques-uns même de ces Freres Unitaires s'opposerent avec vigueur à ses nouveaux paradoxes, qu'ils regardoient comme des opinions horribles & contraires à la parole de Dieu.

L'esprit de Socin & ses études. Vita Socini conscripta ab Equite Polono.

Squarcialupi Epistola ad Socin. ann. 1581.

Socin. Epist. ad Squarcial. ann. 1581.

Socin accusé par ses Confreres de tenir

Dieu. *Non sine mœrore, ne quid gravius addam, incidi inter legendum in quoddam paradoxon Scripturæ Sacræ contrarium ac planè horrendum, dum Christum in morte sive in cruce sacrificium obtulisse pernegas.* Comme il n'avoit pas assez médité sur les matieres de la Theologie, & qu'il voulut s'ériger en Maître dans un temps qu'il n'étoit encore qu'un écolier, il étoit obligé d'appuyer ses paradoxes par de pures subtilités.

On accuse Mr. Simon de n'avoir pas examiné avec soin la méthode des Sociniens, quand il a dit que les regles de la Grammaire & de la Dialectique appliquées au Texte de l'Ecriture font leur Theologie. En effet, on ne trouve presque rien autre chose dans leurs Livres. Mais Mr. le Clerc qui entend parfaitement les sentimens des Unitaires, & qui aspire à être un jour au nombre des Heros de ce parti, soutient avec eux, que *ce qu'il y a de positif dans leur créance se trouve en termes formels dans l'Ecriture, sans qu'il soit besoin d'avoir recours à aucune subtilité de Grammaire ou de Logique pour l'en tirer; qu'il ne faut avoir que le sens commun pour l'y voir; & qu'aussi tous les Chrêtiens en tombent d'accord.* Mais je trouve au contraire que Mr. Simon s'est appliqué avec soin à examiner les fondemens de la doctrine des Sociniens; & que ces dogmes positifs dans lesquels on fait consister le gros de la Religion, font des idées abstraites & de pures chimeres qui n'ont rien de positif que dans l'imagination des Unitaires. Quand ils nous viennent dire avec nôtre Auteur, *que tout ce qu'ils reconnoissent pour fondamental est si clair, que toutes les autres Sectes du Christianisme le croyent aussi-bien qu'eux,* ils se trompent manifestement. Car la créance que les Sociniens ont d'un Dieu & d'un Jesus tel qu'ils se le representent, n'est qu'une pure abstraction métaphysique, parce qu'ils ne croyent pas ce Dieu & ce Jesus Christ tels qu'ils sont positivement, c'est-à-dire, un Dieu & un Jesus Christ de la maniere que les Orthodoxes les reconnoissent étant appuyés sur l'Ecriture & sur la Tradition.

Ce qui a trompé, continuë nôtre Auteur, le P. Simon & plusieurs autres, *c'est qu'on ne distingue pas la Religion de la Controverse.* Cette distinction est ici inutile, puis que de la maniere que les Unitaires établissent les articles fondamentaux de leur créance, ils renferment necessairement la Controverse; parce qu'on leur fait voir que ce qu'ils croyent de Dieu & de Jesus Christ ne consiste qu'en des abstractions métaphysiques qu'ils ont mal tirées de l'Ecriture,

Gg 2

&

& qui reſſemblent fort à *l'Univerſel à parte rei* que les Scotiſtes croyent trouver dans les Ecrits d'Ariſtote. C'eſt une erreur qui eſt commune à tous les Proteſtans ſoit Lutheriens, Calviniſtes, Arminiens, & aux Sociniens : car ils s'appliquent tous à eux-mêmes ce que Mr. le Clerc dit ici des Sociniens, *qui prétendent que les autres Chrétiens ont ajoûté aux doctrines fondamentales diverſes doctrines purement humaines qui n'ont aucun fondement dans l'Ecriture Sainte.* Mr. Spon ſe ſert à peu prés de cet argument dans ſa Lettre au R. Pere la Chaiſe ; & comme il eſt Medecin, il juge que *les maladies invéterées* de l'Egliſe Romaine *tendent à la mort.* Il avoit apparemment profité de la lecture qu'il avoit faite de quelque Livre Socinien : car on voit les mêmes principes dans la Préface d'Eniedinus que dans ſa Lettre. Ce ſubtil Unitaire vante fort l'antiquité de ſa créance, qu'aucun Papiſte, ni aucun Proteſtant ne peut révoquer en doute. *Quæ negare quis, quæſo, audebit? Num Papiſta, num Lutheranus aut Calvinianus? Non opinor. Omnes itaque Pontificii & Calviniani noſtram vituperando doctrinam, ſuam execrantur confeſſionem Chriſtianam.* Servet qui convient avec les Unitaires dans le fonds de la doctrine touchant l'unité d'un Dieu Souverain & d'un Jeſus Chriſt, a cependant une idée de ce même Dieu & de ce même Jeſus Chriſt fort differente de la leur, qu'il prétend trouver clairement & diſtinctement dans l'Ecriture ; & il ſe ſert des mêmes raiſons dont les Sociniens ſe ſervent. Si je ne craignois d'être trop long, je montrerois ici avec évidence, que ce principe des Sociniens qui plaiſt tant à nôtre Auteur, tend droit à établir le Judaïſme, & même le Saduceïſme dans la Religion.

Comme j'ai fait profeſſion dés l'entrée de mon Livre de ne pas ſuivre nôtre Faiſeur d'Entretiens dans tous ſes égaremens, je ne m'arrêterai point aux lieux communs qu'il débite ici à ſon ordinaire. Il nous dit *que pour parler de tout il faut ſouvent parler de ce qu'on ne ſait pas ;* que les Sociniens ayant trop fait de bruit en Europe, il en falloit parler à quelque prix que ce fuſt ; & que Mr. Simon n'ayant pas le loiſir de lire leurs Livres, s'eſt hazardé d'en dire ce qu'il en avoit ouï dire à d'autres. Enfin pour comble de ſes impertinentes réflexions, il ajoûte que ſi Mr. Simon *a jugé avec la même précipitation des Rabbins MSS. qu'il cite quelquefois, & que tout le monde ne peut pas conſulter ; nous pouvons nous aſſûrer d'en avoir des idées fort veritables.* Où eſt le jugement de cet homme ? Si Mr. Simon a eu le loiſir

de

de lire plusieurs Manuscrits, & d'en donner des extraits, il me semble qu'il aura à plus forte raison pris tout le temps qui lui étoit necessaire pour examiner des Livres imprimés & écrits en Latin. Mais laissons-là ces minuties. Nôtre Professeur Ebraizant ne devroit jamais parler ni de MSS. ni de Rabbins : car il donne en cela des preuves évidentes de son ignorance dans cette Literature. Je laisse aussi à part le galimatias qu'il fait, quand il conclut que la méthode du P. Simon pour expliquer l'Ecriture, est la même que celle des Sociniens. Il vaut mieux examiner la suite de son discours, où il fait paroître un tant soit peu plus de solidité.

Mr. Simon parlant de la méthode des Sociniens dans sa Critique, a fait cette remarque, *Qu'il est étonnant que tous les Patriarches des nouvelles Sectes conviennent entre eux de principe, & qu'ils soient cependant si éloignés les uns des autres dans les consequences qu'ils prétendent tirer de ce même principe.* D'où il conclut que ce principe ne peut pas être suffisant de lui-même pour terminer les differens de la Religion, & qu'il faut necessairement recourir à quelque autre chose avec les Catholiques. Mr. le Clerc qui fait profession de n'être Chrétien que dans le gros de la Religion, répond *premierement, qu'il y a en Hollande de tres-habiles Theologiens, qui soutiennent qu'il n'y a pas si grande difference entre ceux qui reconnoissent l'Ecriture pour la seule regle de leur foi, qu'on le dit communément, & que tous conviennent dans les articles fondamentaux.* Ces Theologiens de Hollande sont apparemment ceux qu'on a mis à la tête des Entretiens de Mr. le Clerc. En effet tout ce qu'on peut dire d'eux, c'est qu'ils sont Theologiens *en gros*, n'ayant pas une connoissance exacte de la Theologie. Aussi nôtre Auteur ajoûte-t-il, que sans prendre leur parti qui ruineroit tout le raisonnement de Mr. Simon, il veut bien lui répondre, *en supposant même l'opinion commune.* Et pour préambule il nous dit, que l'esprit de dispute aveugle ceux qui en sont possedés ; qu'il y a des gens de mauvaise foi, *& qu'on en voit tous les jours des exemples dans les disputes des Theologiens, des Philosophes & des Critiques.* Mais ces disputes ne sont pas sur des faits qu'on suppose clairs & évidens ; outre qu'on ne peut pas dire selon les Protestans, que leurs Patriarches ayent été des gens de mauvaise foi. Si cela est, la chose sera bientôt décidée : car ou ils ont été des visionnaires, ou des gens de mauvaise foi, en nous assûrant qu'ils voyoient clairement & distinctement des faits dont ils n'avoient qu'une con-

Histoire Critique Liv. 3. ch. 16. p. 448.

On ne peut terminer les disputes de Religion par le principe des Protestans & des Sociniens.

G g 3

noiss-

noiſſance fort obſcure.   Venons enfin aux exemples de nôtre Auteur.

Les Saducéens, dit-il, nioient autrefois qu'il y eût des Anges, bien qu'ils reçûſſent les Livres de Moïſe qui nous apprennent qu'il y en a. *Cela paroit ſi extraordinaire, que quelques Savans n'ont pû concevoir comment on pouvoit avoir l'impudence de nier une choſe ſi manifeſte.... On ſeroit encore plus ſurpris, s'il ſe trouvoit quelqu'un aujourd'hui qui fût aſſez extravagant pour en conclure que Moïſe n'a rien dit qui prouve évidemment qu'il y a des Anges.* Voilà de beaux mots; mais ils ne ſont ſoutenus d'aucunes preuves.   C'eſt pourquoi j'oſe dire que ſelon la méthode des Sociniens, qui eſt la même que celle des Saducéens qui rejettoient les Traditions des Phariſiens, il n'y a aucune extravagance à nier qu'il y ait des Anges, en recevant même le Pentateuque de Moïſe.   Les Saducéens diront que ſi on examine à la rigueur les endroits où il eſt parlé des Anges, on y reconnoîtra facilement que ce ſont des expreſſions figurées & des imitations de ce qui ſe fait dans le monde, où les grands Seigneurs qui ne peuvent pas être préſents par tout, ſont obligés de ſe ſervir de pluſieurs Miniſtres; qu'il n'en eſt pas de même de Dieu, qui n'a nullement beſoin de ces ſortes de Miniſtres.   Mais l'Ecriture qui s'accommode à la foibleſſe des hommes, a imité ces nourrices qui bégayent avec les enfans.   C'eſt ſur ce pied-là, diront les Saducéens, qu'on donne à Dieu des bras, des mains, des pieds, une langue & pluſieurs autres choſes qui ne lui peuvent convenir. Ils produiront les premiers Chapitres de la Geneſe, pour montrer qu'il ne faut pas prendre à la lettre tout ce qui eſt énoncé dans les Livres de Moïſe.   En effet, ſi nous n'étions aſſûrés autant par la Tradition que par les paroles de l'Ecriture, qu'il y a des Anges, le ſentiment des Saducéens ne contiendroit rien de ridicule.

Le ſecond exemple qu'on produit pour prouver qu'il y a des choſes tres-claires & dont on ne peut douter ſans extravagance, eſt pris de l'opinion de quelques Docteurs Catholiques, qui ſe ſont imaginés que St. Jerôme devoit plûtoſt être conſideré comme un Prophete dans ſa nouvelle Traduction, que comme un Interprete. Il y a à la verité pluſieurs Theologiens qui ſont de ce ſentiment, & ils ne manquent pas de raiſons apparentes pour l'appuyer. Il faut être Critique pour en découvrir la fauſſeté. Ainſi ils peuvent avoir cette opinion ſans paſſer pour extravagans. Il en eſt de même du

troi-

Si les Saducéens qui recevoient le Pentateuque ont pû ſans extravagance nier qu'il y euſt des Anges.

Il n'y a point d'extravagance à croire que St. Jerôme ait été Prophete; mais un defaut d'application à la Critique.

troifiéme exemple tiré de l'antiquité des Points-Voyelles de la Langue Ebraïque. Les Livres que les deux Buxtorfs & Louïs Cappel ont fait fur cette matiere montrent affez qu'on peut détendre l'antiquité des Points fans étre extravagant, puis qu'il faut de l'étude de Critique & de l'application avant qu'on puiffe décider cette queftion. On peut auffi défendre l'antiquite des Points-Voyelles fans étre extravagant.

A l'égard des difputes qui font préfentement parmi les Chrêtiens fur plufieurs faits de la Religion, elles viennent la plus-part du principe des Proteftans, qui expliquent chacun l'Ecriture à leur maniere, fans confulter la Tradition : au lieu que les autres Societés Chrêtiennes different tres-peu entre elles, parce qu'outre l'Ecriture elles ont recours aux Traditions de leurs Peres. Les Catholiques ont raifon de condamner les Proteftans, & ils font fondés en cela fur des preuves évidentes qui appuyent leur conduite ; au lieu que les Proteftans n'ayant aucun principe fixe de leur créance, fe détruifent les uns les autres, & ne peuvent rien oppofer de folide aux Catholiques-Romains, qui conviennent dans le fonds de la créance avec toutes les autres Societés Chrêtiennes, fi on en excepte les feuls Proteftans & les Sociniens, qui ont abandonné le veritable principe de la Religion. Il ne faut qu'un tant foit peu de bon fens pour voir que les preuves claires & évidentes font du côté des Catholiques, & non pas du côté des Proteftans & des Unitaires. Origine des difputes fur la Religion.

Je dis la même chofe des Juifs & des Mahommetans, que nôtre Auteur fait auffi venir ici fur les rangs, pour prouver que felon le principe de Mr. Simon on ne leur doit pas parler d'embraffer la Religion Chrêtienne, puis qu'ils ne peuvent pas favoir où elle fe trouve. Il eft vrai que tant qu'on ne les attaquera que par le feul principe des Proteftans & des Sociniens, ils formeront de grandes difficultés qu'on ne pourra pas réfoudre facilement. Mais il ne fera pas mal-aifé de les convaincre par les principes des Catholiques, je veux dire par l'Ecriture & par la Tradition de l'Eglife. Ce fut cette Tradition de l'Eglife qui fit le plus d'impreffion fur l'efprit de St. Auguftin, lors qu'il abandonna la Secte des Manichéens. Il eft difficile de convaincre les Juifs & les Mahommetans par le principe des Proteftans & des Sociniens.

Enfin l'exemple qu'on apporte des Pyrroniens eft tout-à-fait hors de propos, puis qu'il ne s'agit point de gens qui faffent profeffion à leur imitation de douter de tout. Au contraire les Sectaires prétendent qu'ils voyent clairement & diftinctement dans l'Ecriture Les Proteftans font ou vifion

*naires,
ou gens
de mau-
vaise foi.*

criture les articles fondamentaux de leur Religion. En quoi on les convaint manifestement d'être visionnaires, ou gens de mauvaise foi; puis que d'autres personnes qui sont aussi éclairées qu'eux & qui ne sont point Pyrroniens, n'y voyent rien de semblable; quelque application qu'ils fassent. D'où on a eu raison de conclure dans l'Histoire Critique, que le principe des Protestans & des Unitaires n'est pas un principe suffisant pour terminer sans le secours de la Tradition les points de la Religion.

CHAPITRE XX.

Critique de la XIX. Lettre.

ON a déja remarqué ci-dessus, que les Sommaires qui sont à la tête de chaque Chapitre du Livre de Mr. le Clerc ne répondent pas toûjours à ce qui est contenu dans le même Livre. En effet on voit pour premier Sommaire au commencement de cette Lettre, ces mots, *Passage scandaleux du P. Simon contre l'Ecriture Sainte:* & quand on vient à examiner dans le Livre en quoi consiste ce prétendu scandale contre l'Ecriture, c'est qu'on y a dit, *que l'Ecriture soit qu'elle ait été corrompuë, ou qu'elle ne l'ait point été, peut être citée comme un Acte authentique lors qu'elle se trouve conforme à la doctrine de l'Eglise; que c'est en ce sens-là que les Peres ont dit que la seule & veritable Ecriture ne se trouve que dans l'Eglise.* Voilà en effet un horrible scandale, parce qu'il s'ensuivroit, selon Mr. le Clerc, *que l'Eglise pourroit réformer comme il lui plairoit les Exemplaires de l'Ecriture, & que ces Exemplaires ainsi réformés ne laisseroient pas de faire foi de la doctrine des Apôtres.* Il est aisé de juger que le scandale n'est que dans la consequence que nôtre Auteur tire de la proposition de Mr. Simon: mais comme cette consequence n'a aucune liaison avec la proposition, tout ce scandale sera imaginaire. Mr. Simon parle d'une Ecriture qu'on suppose corrompuë, & il dit que quand on supposera même l'Ecriture corrompuë en quelques endroits, l'Eglise ne laissera pas de s'en servir; parce qu'outre l'Ecriture elle a ses Traditions qui lui servent de regle pour sa créance. Peut-on inferer de là que l'Eglise a la liberté de réformer comme il lui plaira les Exemplaires de la Bible, & juger en-suite de la foi des Apôtres par ces Exemplaires corrigés? Le raisonnement

*Mr. le
Clerc se
scandali-
se sans
sujet.*

ment

ment de Mr. Simon en ce lieu-là prouve le contraire: car il remarque en même temps, *qu'on ne doit point raisonner de l'Ecriture comme de la plus-part des autres Actes, ausquels on n'est point obligé de croire, s'ils ne sont tout-à-fait conformes à l'Original.* En effet, lors qu'il s'agit de juger quelque affaire que ce soit, on examine à la rigueur si les pieces qu'on produit sont originales, ou au moins de bonnes Copies collationnées sur les Originaux. Mais en fait de Religion cela n'est point necessaire, parce que quand même on n'auroit point d'Ecriture, la seule Tradition uniforme de toutes les Eglises du monde est un Acte suffisant pour établir la Religion, & à plus forte raison si on y joint l'Ecriture, quand on la supposeroit même alterée en quelques endroits. L'Eglise ne réformera pas pour cela comme il lui plaira ces endroits de l'Ecriture; mais elle consultera les meilleurs Exemplaires: & si l'on ne peut pas même assûrer que ces meilleurs Exemplaires n'ayent reçû aucune alteration, elle n'y apportera aucun changement; mais elle reglera sa créance selon la Tradition. Et c'est en ce sens-là que l'Eglise seule possede les veritables Ecritures.

On veut cependant que Mr. Simon ait établi en un autre endroit de sa Critique un principe tout-à-fait contraire à celui-là, quand il dit en parlant des Samaritains Schismatiques, que les Heretiques & Schismatiques ont aussi-bien l'Ecriture que les Orthodoxes, parce que la Bible a d'elle-même une autorité divine & canonique. Mais si nôtre Faiseur d'Entretiens avoit compris le raisonnement de Mr. Simon en cet endroit, il n'y auroit pas trouvé la moindre contradiction. On a prétendu que l'Exemplaire Ebreu des Samaritains n'étoit pas moins authentique que celui des Juifs, parce que ce sont deux Copies d'un même Original: & comme quelques Protestans ont prétendu que les Samaritains ne pouvoient pas avoir de Bible authentique, parce qu'ils étoient Schismatiques, Mr. Simon a répondu que *si les Samaritains n'ont point de veritable Ecriture pour cette seule raison, parce qu'ils sont Schismatiques, on pourra aussi dire que les Heretiques & les Schismatiques n'ont point de Bible authentique:* ce qu'on ne peut pas dire, parce qu'il est certain que les Protestans ont aussi-bien que les Catholiques le Vieux & le Nouveau Testament en Ebreu & en Grec, & de la même maniere. La seule raison du Schisme n'empêche pas qu'on n'ait une veritable Ecriture: & ainsi Mr. Simon a tres-bien conclu contre quelques Protestans, que le Pentateuque Samaritain n'étoit pas moins au-

H h

then-

Histoire
Critique
Liv. 3.
Ch. 22.
p. 494.
Difference
de l'E-
criture
& des
autres
actes sur
lesquels
on doit
prononcer
un juge-
ment.

Mr. le
Clerc
trouve
des con-
tradic-
tions où il
n'y en a
point.

Histoire
Critique,
Liv. 3.
Ch. 14.
p. 506.

Le Schis-
me & l'Heresie
ne prou-
vent pas

thentique que celui des Juifs. Pour faire voir qu'il n'étoit pas veritablement authentique, il falloit prouver que les Samaritains avoient corrompu malicieusement leur Exemplaire : & c'est principalement de cette corruption dont on a parlé, quand on a dit avec les Peres, que la veritable Ecriture ne se trouve que dans l'Eglise ; car alors il seroit dangereux de s'en rapporter entierement à l'Ecriture pour la créance, si on n'avoit la Tradition. De plus, dans les endroits même qui n'ont point été corrompus à dessein, mais par les injures des temps & par la negligence des Copistes, on peut

assûrer que l'Eglise seule a la veritable Ecriture, parce qu'elle seule possede l'explication de cette Ecriture dans ce qui appartient à la créance. Je veux bien que les Heretiques & les Schismatiques ayent aussi-bien que l'Eglise une Ecriture divine & authentique, puis qu'on suppose que c'est la même : mais outre ce corps d'Ecriture qui est muët & qui est commun aux Catholiques & aux Heretiques, il y a une autre Ecriture vivante que la seule Eglise possede & conserve par le moyen de ses Traditions. Ce qui a fait dire à

Tertullien, comme on l'a remarqué dans la Critique, *Ubi apparuerit esse veritatem disciplinæ & fidéi Christianæ, illic erit veritas Scripturarum.*

Il n'est pas besoin que je m'arrête sur les réflexions que Mr. le Clerc fait ici sur les paroles de Tertullien contre l'Heretique Marcion, parce qu'on a déja expliqué ailleurs la pensée de Tertullien. J'ajoûterai seulement que ce que nôtre Auteur ajoûte à l'occasion de ce Pere touchant la maniere dont on pouvoit rétablir les endroits de l'Ecriture corrompus par les Heretiques, souffre de

tres-grandes difficultés. *Il n'étoit pas*, dit-il, *impossible de reconnoître dans ces temps-là les endroits que les Heretiques avoient falsifiés, & de les rétablir parfaitement sans le secours des premiers Originaux, parce qu'on pouvoit avoir une infinité d'Exemplaires anciens ausquels les Heretiques n'avoient point touché.* Mais comment pourra-t-on distinguer ces corruptions sans le secours des premiers Originaux, lors qu'elles ne consistent qu'en de certains mots ? Je demande à nôtre Critique, par quelle regle il pourra rétablir la veritable leçon du verset 14. du Chap. V. de l'Epître aux Romains, soit que cette corruption vienne des Heretiques ou non. Toute l'Eglise d'Occident lit, que *depuis Adam jusqu'à Moïse la mort a regné sur ceux qui n'avoient point peché.* Il y avoit au contraire plusieurs Exemplaires

Latins

Latins du temps de St. Jérôme & de St. Augustin, où on lisoit
sans la particule negative *sur ceux qui avoient peché.* Cette diversité
de leçon est d'importance. Les anciens Peres sont partagés là dessus.
Le Diacre Hilaire, qu'on croit Auteur des Commentaires sur St.
Paul que plusieurs ont attribués à St. Ambroise, appuye de toute
sa force cette derniere leçon. Il a recours aux regles de la Critique:
il pretend même qu'on doit preferer d'anciens Exemplaires Latins
aux Exemplaires Grecs de son temps, & il cite pour cela plusieurs
Peres Latins : & enfin il assure que la raison, l'Histoire & l'autorité sont de son côté. *Hoc verum arbitror, quando & ratio & historia*
& autoritas observatur. Nonobstant toutes ces belles & judicieuses
réflexions, il se trouve aujourd'hui que la leçon qui est opposée à
la sienne est la seule autorisée. On ne peut pas dire la même chose
des corruptions de Marcion à l'égard de l'Evangile de St. Luc:
car il avoit fait un nouvel Evangile à sa maniere. Ainsi il étoit facile de le convaincre de fausseté par les Exemplaires qui se trouvoient dans toutes les grandes Eglises fondées par les Apôtres.

Ambro-
siast.
Comm.
in cap. 5.
Epist. ad
Rom.

Quoi que nôtre Faiseur d'Entretiens fasse profession de n'être
Chrétien qu'en gros, il ne laisse pas d'être furieusement scan-
dalisé du discours de Mr. Simon touchant la premiere origine
des Langues. *Lors que j'ai lû,* dit-il, *cet endroit, je vous avoue qu'il*
me sembloit de lire une Histoire Payenne du commencement du monde, où
l'on voit les hommes habiter les antres, courir dans les forests comme des
bêtes sauvages, &c. Si nous suivons neanmoins à la rigueur les
principes de nôtre Auteur touchant l'explication de l'Ecriture,
je ne voi pas qu'il puisse rien conclure des paroles de la Genese contre Mr. Simon: car si l'on separe la Tradition commune selon
laquelle on entend à la lettre l'Histoire de la Creation, nôtre Faiseur d'Entretiens se trouvera fort embarrassé à prouver ce qu'il a
avancé. Toute la difficulté est de savoir si la Tradition touchant
l'infusion de la premiere Langue est si constante qu'on ne la puisse nier. S'il y a quelque chose d'arrêté là-dessus dans l'Eglise, Mr.
Simon s'y soumettra volontiers, & non pas aux raisons de Mr. le
Clerc, dont il ne peut rien conclure selon ses principes. Ainsi
tout ce long discours qu'il produit ici me paroit fort inutile, aussi-
bien que ce qu'il ajoûte un peu aprés touchant la confusion des
Langues. Il n'est pas surprenant que lors qu'on entreprit de bâtir
la Tour de Babel, il manqua plusieurs mots à l'ancienne Langue

H h 2

de

de nos premiers Peres, parce qu'il eſt conſtant qu'on n'a inventé les mots qu'à meſure qu'on en a eu beſoin pour s'exprimer dans de certaines choſes.   Mais il n'y a pas d'apparence, dit nôtre Auteur , *que ceux qui entreprirent de bâtir cette Tour ne ſuſſent pas les noms des materiaux ou des inſtrumens dont ils ſe ſervoient , ou que l'Ar-chitecture en fût ſi nouvelle, que l'on ne pût convenir du nom qu'on lui don-neroit.* Comme cette Tour n'étoit pas une ſimple tour , mais ap-paremment une ville entiere en forme de tour , je ne doute point qu'il n'y eût bien des choſes extraordinaires & auſquelles il fut neceſſaire de donner de nouveaux noms. Et à ce que Mr. le Clerc oppoſe , que la Langue d'Adam auroit été une pauvre Langue , puis qu'elle n'auroit pû fournir les mots neceſſaires pour expri-mer les materiaux & l'Architecture ; je répons qu'Adam pour de-meurer dans le Paradis terreſtre n'avoit pas beſoin d'être ſavant dans l'Architecture ; & que ſa poſterité a inventé les mots de la plus-part des arts à meſure qu'ils ont été inventés & perfectionnés. C'eſt ce qui eſt arrivé dans toutes les Langues du monde. Les Grecs , par exemple , qui ont excellé dans l'Architecture & dans les autres arts , ont fourni des mots aux Romains , & ceux-ci aux autres nations de l'Europe. La Langue Latine manquoit du temps de Ciceron de ces ſortes de mots , qu'il fallut emprunter des Grecs.   C'eſt de la même maniere que les Perſes & les Turcs ont tiré des Arabes les termes propres aux arts. En un mot, je ne voi pas pourquoi l'on veut qu'Adam pour demeurer dans le Pa-radis terreſtre ait eu beſoin de ſavoir tous les termes propres à l'Ar-chitecture & aux autres arts.

Si l'on étoit auſſi ſuſceptible de ſcandale que nôtre Faiſeur d'En-tretiens , il y auroit bien plus de ſujet d'être ſcandaliſé de la ma-niere dont il explique ici la confuſion des Langues contre le ſens propre & naturel du Texte de l'Ecriture.   Il prétend que lors que Dieu dit dans la Geneſe , *Confondons leur langage , en-ſorte que l'un n'entende pas le langage de l'autre,* c'eſt la même choſe que s'il di-ſoit, *Mettons la diviſion entre eux.*   Je veux que ces expreſſions, *parler un même langage, parler different langage,* ſignifient quelque-fois dans l'Ecriture, *être d'un même ſentiment, être partagé en ſenti-mens :* mais toute la ſuite du diſcours dans cet endroit de la Geneſe marque aſſez qu'il y eſt parlé d'une veritable confuſion de langage. Au reſte, ſi Mr. Simon n'a rien décidé touchant la premiere Langue

gue du monde, c'est qu'il n'a pas crû qu'on eust aucune démonstration là-dessus. Il a rapporté en qualité d'Historien & de Critique les opinions differentes qu'on a sur cette matiere, en y joignant ses réflexions. Pour ce qui est des manieres de parler Payennes que nôtre Professeur Ebraïzant remarque aprés quelques autres Auteurs dans la Langue Ebraïque, les exemples qu'il en produit ne sont pas évidens. *La coutume*, dit-il, *de donner à Dieu un
nom pluriel ne peut venir que de l'opinion de ceux qui croyoient la pluralité
des Dieux.* Mais on peut dire que les Ebreux se sont servis du nom
Elohim au pluriel pour signifier quelquefois le veritable Dieu au
singulier, comme ils disent *Behemoth* au pluriel pour exprimer une
grande bête, comme qui diroit la Bête des bêtes. Ainsi ils disent
Elohim au pluriel, pour marquer le Dieu des Dieux; non pas
qu'ils ayent crû qu'il y eust en effet plusieurs Dieux. Et les Payens
même ont pû se servir de cette même façon de parler quand ils ont
voulu nommer quelque Divinité dominante. Il y a bien de la difference entre des expressions purement Payennes, & celles dont on
se sert par rapport à ces expressions Payennes. Moïse appelle le
Dieu des Ebreux le Dieu d'Abraham, d'Isaac & de Jacob, sans
croire pour cela qu'il y eust d'autres Dieux veritables que celui de
ses Peres. Comme chaque nation avoit ses Dieux particuliers,
il étoit difficile que Moïse pour se faire entendre s'expliquast d'une
autre maniere.

Mr. le Clerc ajoûte ici, *Que lors que Dieu s'appelle le Dieu d'Abraham, d'Isaac & de Jacob, il veut dire qu'il favorise d'une façon toute particuliere ces Patriarches; & qu'on en peut fort bien conclure, qu'il resus-
citera un jour leurs corps.* Je sai que Jesus Christ a employé cette expression contre les Saducéens, pour leur prouver par la Loi de
Moïse la verité de la resurrection. Mais de quelque maniere que
nôtre Auteur tourne aprés Grotius le raisonnement de Nôtre Seigneur, il n'en pourra jamais rien prouver, à moins qu'il ne reconnoisse, comme on l'a déja remarqué ci-dessus, qu'il y avoit du
temps de Jesus Christ une certaine maniere d'expliquer plusieurs
passages de l'Ecriture selon la Tradition autorisée par l'usage. Nôtre Seigneur & ses Apôtres ont souvent suivi ce préjugé dans leurs
disputes contre les Juifs.

Il n'y a pas plus de vrai-semblance à ce que nôtre Auteur dit au
même endroit, que *les Payens de la Palestine croyoient que les ames des-*

 cendoient

cendoient aprés la mort dans un certain lieu souterrain où elles souffroient ou étoient récompensées . . . & que c'est d'eux dont les Grecs & les Latins ont pris toute leur Theologie. De là vient que dans l'Ecriture on trouve descendre dans le lieu des morts, pour mourir simplement. D'où enfin il conclut, qu'il faut traduire le mot Ebreu *sceola, au lieu des morts,* & non pas simplement *au sepulcre.* Mais cela méritoit bien d'être appuyé sur des preuves plus claires que celles qu'on tire ici de quelques expressions figurées & Poëtiques. Car si on examine avec application toutes les façons de parler du Vieux Testament, on n'y trouvera pas ce lieu des morts tel que Mr. le Clerc nous le représente ici. Bien loin que les Juifs ayent imité en cela les Payens de la Palestine, on ne voit pas clairement dans l'Ecriture qu'ils ayent parlé de l'état d'une autre vie que depuis la Domination des Grecs. C'est dans ce temps-là qu'ils ont commencé à en parler avec netteté, comme il paroit par les Maccabées. La seule Tradition conservoit auparavant chez eux la verité de ce dogme.

A l'égard du passage de la Genese que nôtre Ebraïzant prétend devoir être traduit, *Je descendrai au lieu des morts vers mon fils,* il suit en cela ses préjugés: car selon les regles d'une Critique exacte on doit traduire, *Je descendrai au sepulcre à cause de mon fils:* c'est-à-dire, la mort de mon fils me fera mourir. La raison que Mr. le Clerc apporte pour justifier sa version, est que le mot Ebreu *sceola* ne peut signifier en cet endroit le sepulcre, puis que Joseph dans la pensée de Jacob n'avoit point été enseveli. Ce raisonnement ne peut être fait que par un homme qui n'a aucune connoissance de la Critique: car il ne faut pas traduire ici בני אל‎ *vers mon fils,* mais *à cause de mon fils,* parce que אל‎ dans le Texte Ebreu de la Massore est en cet endroit pour עלי‎, comme on lit dans le Texte Ebreu des Samaritains confirmé par la Version Samaritaine, où il y a על'בני'‎ *à cause de mon fils.* L'Interprete Arabe-Samaritain a aussi rendu אל‎ par علي‎ parce qu'il a lû dans l'Ebreu עלי‎. De plus il y a dans le Syriaque & dans le Caldéen de la même maniere que dans la Version Samaritaine, על כב‎, & même la Version de Geneve a *pour mon fils,* & non pas *vers mon fils.* Enfin quelques Rabbins ne traduisent point aussi autrement; & il est constant qu'en d'autres lieux du Texte Ebreu Juif il y a אל‎ pour על‎; ce que les Massoretes mêmes ont observé Si Mr. Simon donnoit une Version de la Bible, il auroit traduit ce passage comme nous venons de le marquer,

en

en y joignant toutes ces réflexions pour appuyer sa traduction.   Il
se seroit bien donné de garde de suivre les préjugés de Mr. le Clerc,
qui consulte plûtôt ses opinions que le Texte de l'Ecriture.   Et il
ne raisonne pas mieux, quand il ajoûte au même lieu, que les Pharisiens qui croyoient la même chose que les Payens, s'étoient trompés en prenant à la lettre des expressions qu'ils devoient expliquer
métaphoriquement, & non pas à la lettre, comme les prenoient
ceux de la Palestine & les autres Payens.   Mais on peut dire avec
plus d'apparence de verité, que les Juifs Pharisiens avoient imité
en cela les Grecs, & qu'ils avoient seulement expliqué une créance qui n'étoit point exprimée dans leurs anciennes Ecritures, mais
seulement dans leurs Traditions, qu'ils peuvent neanmoins avoir
alterées par quelques glosses de leur façon.

Les Juifs depuis la Domina-tion des Grecs ont adopté plusieurs de leurs expres-sions.

Enfin voici encore un endroit où nôtre Professeur Ebraïzant
veut donner des preuves de sa rare érudition dans la Langue Ebraïque. Mr. Simon parlant de l'origine du nom *Ebreu*, avoit remarqué
que les sentimens sont partagés là-dessus ; que quelques uns le font
venir d'un mot Ebreu qui signifie *passer*, comme si ce nom marquoit simplement ceux qui avoient passé l'Euphrate ; que d'autres
prétendoient que les Ebreux avoient été ainsi appellés de *Eber*. Il
préfere cette derniere opinion, parce qu'il la croit plus conforme
à l'analogie de la Grammaire ; & que de *Eber* on a tres-bien formé
Ibri, comme de *Israël* & d'*Ismaël* on a fait *Israëli* & *Ismaëli* ; au lieu
que selon la premiere opinion il auroit fallu dire *Ober* ou *Oberi*. Il n'y
a rien en tout cela qui puisse choquer un homme qui sait la Langue
Ebraïque : mais nôtre Ebraïzant accuse Mr. Simon d'avoir confondu deux sentimens touchant l'origine du mot *Ibri*, & *d'avoir
appliqué à l'un ce qu'on ne peut appliquer qu'à l'autre.   Il est visible*, dit-
il, *que de* Heber *on ne peut pas former en Hebreu* Heberi, *mais Hi-*
bri.   *Il ne faut que savoir un peu de Grammaire Hebraïque pour en tom-*
ber d'accord . . . *& c'est aussi ce que reconnoit Buxtorf.*   Mais j'ose dire
que si nôtre Ebraïzant avoit un peu de sens commun avec sa Grammaire, il ne lui seroit pas tombé dans l'imagination que Mr. Simon eust pû dériver *Ober* qui est un participe, du nom *Eber*.   Les
paroles mêmes de sa Critique font voir évidemment qu'il l'a tiré
du Verbe Ebreu *abar*, puis qu'il y dit que ce nom marque selon
ce sentiment ce que les Septante ont traduit περάτης, qui est la même chose que ce que nous appellons en François *un passant*, & que

Origine du mot Ebreu.

Mr. Si-mon n'a rien commun en marquant l'origine de ce mot.

St.

St. Jérôme a interpreté *transitorem*. Mais nôtre Professeur pour ajuster les paroles de Mr. Simon à ses idées, les a produites en y ajoûtant cette glosse, *(c'est Heber)* comme si l'on avoit formé *Hober* du nom *Heber*; au lieu que Mr. Simon expliquant ce qu'on doit entendre par ce mot *de delà*, ajoûte qu'il signifie un homme qui avoit passé l'Euphrate. Et pour ôter même toute ambiguité, on a ajoûté dans la Critique, qu'on entendoit par *de delà* ce que les LXX. avoient exprimé par περάτης. On appella selon cette opinion Abraham *un passant*, parce qu'il n'étoit pas du païs. Mais il est inutile de s'arrêter sur ces sortes de minuties. A l'égard même de Buxtorf, il appuye avec plusieurs Rabbins le sentiment de Mr. Simon touchant l'origine du mot *Ibri*, Ebreu. *Probabilissimum sanè est*, dit Buxtorf, *ab authore & progenitore aliquo sic dictos Hebræos, qui nullus alius quàm iste* Eber *seu* Heber *esse potest.*

Buxtorf.
Dissert.
3. de
Lingua
Hebr.
confer.
p. 148.

CHAPITRE XXI.

Critique de la XX. Lettre.

QUoi que nôtre Faiseur d'Entretiens soit fort méthodique dans son discours, & qu'il sache parfaitement l'art de placer chaque chose en son propre lieu, il ne laisse pas de retoucher de temps en temps de certains sujets qui meritent bien qu'on les examine avec plus d'attention. C'est sur ce pied-là qu'il quitte ici l'Histoire Critique pour se jetter sur les Theologiens de Suisse & de Geneve, qui ont fait en 1678. de certains Canons qui *obligent tous ceux qui veulent être reçûs au St. Ministere*, de signer que le Texte Ebreu tel qu'il est aujourd'hui dans les Exemplaires des Massoretes est authentique & divin, même en ce qui regarde les Points-Voyelles, *tum quoad consonas, tum quoad vocalia sive puncta ipsa.* Ce qui chagrine le plus nôtre Professeur Ebraïzant, c'est *qu'on ne peut pas être reçû Ministre à Geneve ni en Suisse, si l'on ne signe cet article.* Il l'auroit pourtant signé lui-même comme les autres, si ceux de Geneve l'avoient reçû dans leur Synagogue en qualité de Rabbin. Aussi son chagrin ne vient-il pas tant de ce côté-là, que de ce que tous ces Canons, à la réserve de deux qui parlent du Texte de la Bible, ont été dressés exprés pour défendre le pur Calvinisme contre les innovations des Remonstrans ou Arminiens, qui y sont condamnés

comme

Mr. le Clerc quitte l'Histoire Critique pour attaquer les Theologiens de Suisse & de Geneve. Can. 2.

Canons contre les Remonstrans.

comme des Novateurs qui ont abandonné la Religion de leurs Ancètres. Mr. le Clerc a raison de blàmer cette conduite des Theologiens de Geneve & de Suisse, que les Catholiques condamnent
aussi comme Novateurs pour avoir abandonné la Religion de leurs
Ancètres. Il ne leur est pas permis, ajoûte-t-il en parlant de ces
Theologiens, *d'egaler à l'Ecriture de miserables Formulaires composés la
plus-part avec si peu de jugement . . . puis que l'on sait que le peuple en-
tété de son Catechisme, regarde avec horreur ceux qui ne l'approuvent pas,
& sert d'instrument aux Theologiens pour persecuter cruellement ceux qui
ne veulent pas recevoir leurs décisions.*

Je ne sai pas si nôtre Auteur dans le temps qu'il étoit à Geneve a
reçû quelque mauvais traitement des Theologiens de ce lieu-là :
mais il me semble qu'étant présentement dans une ville où ces
Theologiens qui égalent l'Ecriture à leurs *miserables Formulaires
composés sans jugement*, lui donnent toute la liberté d'écrire ce qu'il
lui plaît, il ne devoit pas s'emporter si fort contre eux, qu'il fait
dans toute cette Lettre. Je ne doute point que Mr. Spanheim *Ar-
chi-Theologien de l'Academie de Leyden* ne soit offensé du mépris
qu'on fait de la Confession de Foi & du Catechisme de Heidel-
berg, où l'on voit, dit Mr. le Clerc, *des marques sensibles de la foiblesse humaine.* Il a neanmoins raison de blàmer ces Theologiens de
deux jours, de ce qu'ils recourent à un je-ne-sai-quoi qu'ils appellent *Analogie de la Foi.* Je suis même entierement de son sentiment
en ce qu'il ajoûte au même endroit contre ces Theologiens, dont
toute la Theologie consiste à savoir leur *Catechisme.* *Ce qu'il y a de
singulier en ceci, c'est que l'Analogie de la Foi n'est pas la même parmi ceux
qui ont suivi les sentimens de Luther, & ceux qui ont embrassé la doctrine
de Calvin ; en-sorte que l'on soûtient chez les uns, que divers dogmes sont
conformes à l'Analogie de la Foi, pendant que les autres condamnent ces
dogmes comme contraires à cette prétenduë Analogie.* Je sai bon gré à
Mr. le Clerc de s'être defait de cette prétenduë Analogie, de ces
Catechismes & de ces Formulaires où il ne paroit aucun jugement. Le parti qu'il a pris de s'ériger à Amsterdam en Faiseur
d'Entretiens & de Conversations libres est sans doute le meilleur :
car c'est le moyen de faire en peu de temps le tour de toutes les
Religions, sans avoir besoin ni de Catechismes, ni de Formulaires. Il n'est pas possible avec ces Catechismes d'établir dans la
Religion une parfaite liberté de conscience, & telle que les Pro-

I i

testans

Catechif-
mes ni de
Formu-
laires.

teftans l'ont demandée au commencement de leur prétenduë Ré-formation.

C'eft pourquoi dans le même temps qu'il débitoit ces belles ma-ximes fous prétexte d'écrire contre Mr. Simon, il a publié à Amfter-dam quelques Entretiens, dont les cinq premiers font de fon cher ami de Paris, qui fe plaint hautement de certains importuns qui lui avoient voulu faire fon procés dans le Confiftoire de Charenton, pour ne vouloir pas fe foumettre à la doctrine de fes venerables An-cêtres. Voici comment le Miniftre de Charenton fe plaint de ces importuns fous le nom de Philalethe. *L'entêtement où ils font fur cer-taines matieres & fur quelques opinions, qu'ils regardent comme fonda-mentales dans la doctrine de nos Réformateurs, les porte à opprimer leurs Freres. La complaifance qu'ils ont pour leurs fentimens les poffede fi fort, qu'ils vont à grand pas depuis quelques années à établir par une fauffe Politi-que une efpéce de tyrannie fur ce qu'il y a de gens parmi eux qui paroiffent n'a-dorer pas toutes leurs conceptions. En un mot ils veulent être Souverains.* Il n'eft pas mal-aifé de juger que Mr. Claude eft ce Souverain, qui *par une fauffe Politique* a fait tout fon poffible pour exclure du Mi-niftere un de fes Confreres, qui a trouvé le fecret de fe faire payer une penfion de deux mille livres pour enfeigner une doctrine dont il fe mocque publiquement : & afin de convaincre l'Empereur Claude de la tyrannie qu'il exerce fur les confciences, il ajoûte que leurs premiers Réformateurs n'ont pas été infaillibles. *Comme je ne croi pas, dit-il, qu'ils ayent été infaillibles, & que je ne fuis point de ma Religion par un principe de cabbale, mais par un pur amour de la verité, je fuis bien-aife de conferver toûjours la liberté d'examiner les fentimens qu'on me propofe.* C'eft là apparemment la raifon qui a obligé Mr. le Clerc & le Miniftre de Charenton à rendre publiques leurs Con-verfations libres & ces petits Entretiens imprimés à Amfterdam, dans lefquels on s'explique avec toute la liberté poffible. Philale-the demande feulement à fon ami, de ne pas fe découvrir là-def-fus à Monfieur de Meaux, parce que ce *Prelat ne manqueroit pas d'en tirer un terrible avantage.* En effet cela confirmera ce favant Evê-que dans la penfée où il a toûjours été, que les Proteftans font de grands brouillons qui n'ont aucuns principes arrêtés de leur créance.

Je ne m'étonne pas que nôtre Faifeur d'Entretiens fe foit fi fort emporté contre Mr. Simon, puis qu'il n'a pas épargné fes chers

Freres

Plaintes d'un Mi-niftre de Charen-ton grand ennemi des Cal-vuiniftes. Entre-tiens fur diverfes matieres de Theo-logie, Entr. 1. *pag.* 2.

Mr. Claude.

En 1685. chez Wet-ftein.

Mr. de Meaux.

Freres de Geneve. Il paroit neanmoins moderé en ce qu'il ne leur reproche pas lui-même leur ignorance & leur entêtement, mais sous le nom de Mr. Simon. *Si le P. Simon*, dit-il, *avoit sçû cela, il auroit eu la plus belle occasion du monde de traiter les Docteurs de Geneve d'ignorans & d'entêtés*. . . *Il leur auroit reproché leur inconstance ou leur malice, en ce qu'ils ont souvent tâché de rendre odieuse la doctrine de quelques-uns d'entre leurs Theologiens, seulement parce qu'elle n'étoit pas conforme à celle des Reformateurs.* Mr. le Clerc a raison ayant autant de capacité qu'il en a dans la Theologie, de vouloir reformer les Réformateurs, qui sont des *ignorans* & des *entêtés*. Au contraire ceux de Geneve & de Suisse ont tort de faire des Canons qui ôtent à Mr. le Clerc & à ses amis cette liberté de conscience qu'on ne sauroit trop estimer, & dont on fait un bien meilleur usage en Hollande qu'en Suisse & à Geneve. Il est vrai que ces rares Canons n'étoient pas venus à la connoissance de Mr. Simon quand il publia sa Critique, parce qu'ils n'étoient pas encore faits. Ce que j'y ai trouvé de plus remarquable c'est la Préface, qui est un tissu de pensées extravagantes. Comme elle est un peu trop longue pour la produire entiere, j'en rapporterai seulement une periode, d'où l'on pourra juger de toute la piece. Voici la maniere dont ils expriment dans cette Préface la pureté & l'antiquité de leur créance qui n'a jamais reçû le moindre changement. *Nos quod attinet, meritò divinæ, quâ præ aliis multis gentibus cælestis Pater indignos nos prosecutus est, gratiæ & bonitati gratâ mente acceptum ferimus, quod προγόνους hactenus nostros, amplissimos imprimis proceres, Patriæ Patres, Ecclesiæ nutritios verissimos spiritu pietatis, sapientiæ & fortitudinis dotavit, ut quod acceperunt à Majoribus ex Dei verbo veritatis κειμήλιον religiosè custodirent, pressisque quod ajunt manibus tenerent, nec paterentur omnino, ut doctrinæ corruptio accessum ad Ecclesias nostras haberet ullum.*

Je croi qu'on sera aussi bien-aise de voir la maniere dont ces Theologiens de Suisse & de Geneve ferment leurs Canons, qui sont au nombre de XXVI. *Denique & nobis*, disent-ils, *quibus impræsentiarum in Ecclesia quæ domus Dei est dispensatio credita est, & universis Naziræis nostris, iisque qui Deo volente & moderante in curas quandoque nostras succedent, ad prævertendas tristium dissidiorum, quibus Ecclesia Dei passim diris modis infestatur, faces, hanc serio legem dictam esse volumus, & in hac mundi face fideli monitore Gentium Apostolo depositum scilicet custodiamus, omnes βεβήλους κενοφωνίας, profanas vocum*

Marginal notes:

Les Docteurs de Geneve, selon Mr. le Clerc, sont des ignorans & des entêtés.

Les Theologiens de Suisse & de Geneve qui osés à la liberté de conscience.

Formula consensus Ecclesiarum Helveticarum Reformatarum circa doctrinam de Gratia universali & connexa, aliaque nonnulla capita, Præfatio. Ex ed. MS. Canon 26. 1 Tim. 6: 20.

inanitates devitemus, & cognitionis illius quæ est secundùm pietatem εὐλαβειαν & simplicitatem religiosè custodiamus, charitatem & fidem minimè fucatam καλὴν ξυνοεἰδία, bigam pulcherrimam, retineamus constanter; neve adeò quisquam animum inducat sive publicè sive privatim proponere dubium vel novum aliquod dogma fidei in Ecclesiis nostris hactenus inauditum, verbo Dei, Confessioni nostræ Helveticæ, Libris nostris Symbolicis & Synodi Dordracenæ Canonibus repugnans, & in publica ἐπισυναγωγῇ Fratrum ex Dei verbo non effictum atque sancitum, &c.

J'admire cette troupe de Theologiens Suisses qui veulent que tous les autres se soumettent à leur Confession de Foi & au Synode de Dordrecht; & lors qu'on leur parle des décisions de l'Eglise dans le Concile de Trente, ils refusent de s'y soumettre; parce que, disent-ils, ce sont des hommes qui ont parlé dans ce Concile, & non pas Dieu, auquel seul nous devons obeïr. Mais laissons faire Mr. le Clerc, qui donnera apparemment au public les Canons de ces prétenduës Eglises Suisses avec des Remarques de sa façon. Les Catholiques lui en seront obligés; parce que cela ne peut servir qu'à les confirmer dans les sentimens où ils sont, que le bon sens ne paroit gueres dans tout ce que les Protestans ont fait contre l'Eglise. Il pourra parler plus pertinemment de cette matiere que de celle qui regarde la Critique des Livres Sacrés. Ce qu'il ajoûte ici avant finir sa derniere Lettre est une preuve évidente qu'il est bien peu exercé dans cette sorte d'étude. Et c'est ce que nous allons examiner, afin de le convaincre entierement de son peu de capacité.

On voit, dit nôtre Professeur Ebraïzant parlant de l'Histoire Critique, *bien des choses qui peuvent faire connoître que le P. Simon ce redoutable Critique qui ne fait grace à personne, n'y a pas apporté toute l'attention qu'il auroit pû.* Mais s'il n'a rien de nouveau à produire, l'Ouvrage de Mr. Simon demeurera toûjours en son entier, & l'on pourra assûrer que Mr. le Clerc a fait de grands efforts pour ne rien dire: car le nouvel exemple qu'il ajoûte en cet endroit, pour montrer que Mr. Simon ne s'est pas appliqué à sa Critique avec toute l'attention que demandoit un Ouvrage de cette nature, est une nouvelle preuve de l'ignorance de nôtre Ebraïzant dans ce qui appartient à sa Profession. Mr. Simon a remarqué dans sa Critique, que les Copistes Juifs ne se sont pas beaucoup mis en peine de garder l'exactitude necessaire dans l'Orthographe, & que de là est venu que les mémes noms sont quelquefois écrits differemment dans la

Bible,

Bible; puis il ajoûte, que si l'on ne sait parfaitement les raisons de
tous ces changemens, il est impossible de faire une bonne Traduction de la Bible. Mr. le Clerc dont la veüe est fort bornée fait cette
réflexion sur la remarque de Mr. Simon. *Il a voulu dire qu'il est impossible de faire un bon Commentaire : car quelque changement qu'il soit arrivé dans un nom propre, cela ne fait rien a la Traduction, qui le doit exprimer tel qu'elle le trouve.* Ce qu'il confirme par l'exemple de *Ja-
bets* & *Abetsan*, qui sont un même nom, & qu'on a rapporté dans
la Critique. Quand le Traducteur, dit-il, ne sauroit pas que *Ja-
bets* & *Abetsan* sont un même nom, il n'en traduiroit pas moins
fidelement. De même quand il s'agit d'un mot dont la signification
n'est point changée par la difference de l'Orthographe, cela ne fait
aucune diversité dans la Langue dans laquelle on traduit l'Original
Ebreu : car supposé qu'au lieu de *Barzel* un Copiste écrive *Pharzel*,
un Interprete ne traduira pas autrement ce mot, parce qu'il n'y a
point d'équivoque à craindre. *Les Grammairiens Hebreux ont remarqué de plus, que les lettres qu'ils appellent ejusdem organi se changent
tres-souvent ; & il ne faut que savoir un peu de Grammaire Hebraïque, ou
avoir lu quelque Livre de l'Ecriture en Hebreu, pour n'ignorer pas une chose
si commune. Les Dictionnaires même remarquent ces sortes de choses. Ainsi ces Remarques ne sont pas necessaires pour faire une bonne Traduction,
mais seulement pour faire un bon Commentaire. C'est sans doute ce que
le P. Simon vouloit dire.*

Voilà un long discours pour ne rien prouver. Quand on a remarqué dans la Critique qu'il étoit impossible de bien traduire la
Bible à moins qu'on ne sceust parfaitement les raisons des changemens d'Orthographe dans l'Ebreu, cela suppose manifestement que ce changement d'Orthographe apporte quelquefois du
changement dans les noms Ebreux. Je veux bien que le nom *Ja-
bets* est le meme *qu'Abetsan*, & que soit qu'on écrive *Barzel* ou *Pharzel*, cela n'introduit aucun changement dans la Traduction de l'E-
criture : mais s'ensuit-il de là qu'il n'y ait point d'autres noms où
le changement d'Orthographe change la signification ? Il y en a
un grand nombre dans la Bible qu'il étoit inutile de produire en
cet endroit de la Critique. C'étoit assez apres avoir prouvé évidemment que les anciens Copistes Juifs avoient changé l'Orthographe de quelques mots Ebreux qu'ils n'écrivoient pas toûjours
de la même maniere, d'ajoûter cette réflexion, *Qu'il est impossible de*

faire

faire une bonne Traduction de l'Ecriture, qu'on ne sache les raisons de tous ces changemens. Pour prouver manifestement cette liberté des Copistes dans l'Orthographe, il falloit necessairement apporter pour exemple des noms qui fussent les mêmes, bien qu'ils fussent écrits differemment en divers endroits de l'Ecriture : & de cette remarque qui étoit constante, on a conclu que pour faire une bonne Version de la Bible il faut savoir exactement les raisons de ces changemens. Il n'étoit pas necessaire d'en apporter des exemples, puis que c'étoit assez de donner une regle pour l'appliquer aux endroits où ce changement se trouveroit; & que la regle qu'on donne suppose manifestement que le changement d'Ortographe change aussi quelquefois le sens. J'en produirai seulement ici un exemple, pour convaincre nôtre Ebraïzant qu'il ne s'est jamais beaucoup appliqué à la Critique de la Bible.

La plus-part des nouveaux Interpretes pour n'avoir pas assez fait de réflexion sur cette regle ont traduit le nom Ebreu הימים au Chap. XXXVI. de la Genese, vers. 24. *des mulets.* On n'a qu'à consulter la Version Latine de Tremellius, l'italienne de Diodati, la Françoise de Geneve, les Allemandes, les Angloises, les Flamandes & quelques autres Traductions des Protestans; on trouvera par tout *des mulets.* Les Septante, Aquila, Theodotion & Symmaque ont conservé judicieusement le nom Ebreu Ἰαμείν, ou plutost Ἰαμείμ, parce qu'il n'est pas parlé en ce lieu-là *de mulets,* mais d'un peuple appellé *Emim,* dont il est fait mention au Chapitre II. du Deuteronome. C'est pourquoi le Texte Ebreu des Samaritains ne lit pas en cet endroit de la Genese הימים, mais האימים, & dans la Version Samaritaine ⵝⵣⵞ ⵟⵣⵞⴰ *le peuple Emméen :* & parce qu'il est marqué dans le Deuteronome, *que ces Emim étoient un peuple fort & puissant comme des Géans, Onkelos a traduit dans sa Paraphrase יי גברייא, & l'Interprete Arabe-Samaritain de la même maniere, جبابرا, c'est-à-dire, des Géans ou des hommes puissans. Aaron savant Juif Caraïte a aussi remarqué judicieusement sur ce passage, qu'on lisoit en cet endroit ימים pour אמים. Je laisse maintenant à examiner à nôtre Professeur Ebraïzant, si Mr. Simon en parlant du changement d'Orthographe qui est arrivé même à quelques noms propres dans l'Ecriture, n'a pas eu raison de dire que pour faire une bonne Traduction de la Bible il falloit savoir les raisons de ces changemens. Il ne s'agit point de Commentaire dans

l'exemple

Mr. le Clerc est peu exercé dans la Critique. Fausse traduction des Protestans. Deuter. 2: 10, & 11.

* Emim primi fuerunt habitatores ejus, populus magnus & validus, & tam excelsus, ut de Enacim stirpe quasi Gigantes crederentur, *Deuter.* 2: 10, & 11. Arabe Samar. MS. Aaron Caraïte, MS.

l'exemple qu'on vient de produire, mais de Verſion; & je ne croi pas
que Mr. le Clerc vueille ſe joindre avec les *mulets* des Proteſtans.

Il laiſſe ici la Critique pour ſe jetter du côté de la raiſon. *Voici,
dit-il, encore un autre exemple de la negligence du P. Simon, ſi l'on doit
prendre pour un effet de ſa negligence un faux raiſonnement dans lequel il
eſt tombé pluſieurs fois dans ſa Critique.* Ce faux raiſonnement conſiſte en ce que lors qu'on a parlé de la Secte des Juifs Caraïtes, on a
dit qu'ils reçoivent l'Ecriture & la Tradition, *& qu'ils font de plus toûjours venir au ſecours leur raiſon, qui juge ſi les conſequences que l'on tire
de l'Ecriture ſuivent neceſſairement, & ſi ce qu'on nomme Tradition l'eſt
en effet.* Il n'y a rien, dit Mr. le Clerc, de plus raiſonnable que
cette conduite. Auſſi Mr. Simon n'a-t-il pas rapporté ce ſentiment
des Caraïtes pour le condamner. Juſques là il n'y a rien que de
loüable dans les Caraïtes, dont on a fait même l'éloge dans la Critique, parce qu'ils ne reçoivent pas indifferemment toutes les Traditions des Juifs & ſans les examiner auparavant. Mais nôtre Profeſſeur trouve à redire à ce que Mr. Simon ajoûte un peu après, que
ces mêmes Caraïtes donnent trop à leur raiſon, *& qu'il eſt impoſſible
que des gens qui accordent tant à la raiſon dans les matieres de Religion, ne
ſoient fort partagés entre eux.* En effet il y a un certain milieu à garder quand il s'agit de décider de quelque fait, ſur tout en matiere
de Religion. Il n'eſt pas queſtion de ſavoir ſi cette réflexion de Mr.
Simon *regarde obliquement ceux qui ſe ſont ſeparés de l'Egliſe Romaine,*
qu'on accuſe par là d'accorder trop à leur raiſon: mais il faut faire
voir que la réflexion eſt fauſſe, & ne pas ſe contenter de dire, *qu'il
eſt bien plus juſte de ſupporter quelques diverſités de ſentimens que la foibleſſe naturelle de la raiſon humaine fait naître entre les hommes, que d'en
contraindre une partie à recevoir par force les ſentimens des autres, dans
leſquels ils ne voyent pas des caracteres de verité qui les en puiſſent convaincre.* Si les Proteſtans ne voyent pas ces caracteres de verité dans
les déciſions de l'Egliſe, c'eſt qu'ils raiſonnent en Métaphyſiciens
ſur des matieres de fait. Ils ne conſultent que l'Ecriture, qu'ils
expliquent chacun à leur maniere & ſelon leurs préjugés; au lieu
qu'il eſt neceſſaire outre cela de rechercher avec ſoin dans la Tradition ce qui a toûjours été crû.

Le galimatias eſt ſi ordinaire à nôtre Auteur, qu'il auroit crû
faire une grande faute s'il n'avoit fini ſon Livre par là. Il apporte
le raiſonnement d'un Empereur Payen qui croyoit être au deſſus

des

Mr. le Clerc ne juge pas mieux d'un raiſonnement que d'un point de Critique. Hiſtoire Critique Liv. I. ch. 29. p. 163.

Les Proteſtans raiſonnent ſur des faits en Metaphyſiciens.

Mr. le Clerc finit son Livre par un galimattias.

des hommes & au rang des Dieux, parce qu'il commandoit à tous les hommes du monde, de la même maniere que ceux qui condui- sent des troupeaux de bœufs & de moutons ne sont ni bœufs ni moutons, *mais des hommes d'une nature infiniment plus excellente.* Ce qu'il applique en-suite aux Ecclesiastiques, sur tout à ceux de l'Eglise Romaine, qui *s'imaginent d'être des animaux d'une espéce beaucoup plus ex- cellente que le reste des hommes, puis qu'ils prétendent qu'on dépende aveu- glément de leurs décisions.* En verité ce raisonnement est digne d'un Professeur d'Amsterdam, qui croit être habile homme & au dessus des autres, parce qu'il régente des écoliers. Je ne doute point que ceux qui le connoissent n'avoüent qu'il s'est ici representé lui-même au naturel, quand il dit, *C'est de là qu'est venu cet air de Maître avec lequel ils prononcent tout ce qui leur vient dans l'imagination.* C'est là proprement le caractere de Mr. le Clerc, qui régente, à ce qu'on dit, par tout où il se rencontre, & qui ne croit pas qu'il y ait un plus habile homme que lui dans toute la Hollande.

Mr. Si- mon n'est point l'Auteur d'une Réponse à son Li- vre sous le nom de Pierre Ambrun.

Je n'aurois plus rien à ajoûter à cette Réponse, si ce n'est qu'il est à propos de désabuser nôtre Faiseur d'Entretiens du soupçon où il est que Mr. Simon est l'Auteur *d'une Réponse generale à la Critique sous le nom de Pierre Ambrun.* Il est assez rare qu'un homme se veuil- le réfuter lui-même; & outre qu'on a déja dit ailleurs, que Mr. Simon n'avoit eu aucune part aux Editions de sa Critique qui se font faites en Hollande, les raisons qu'on apporte ici sont si foibles, qu'elles tombent d'elles-mêmes. Il s'appuye principalement *sur diverses particularités touchant la suppression de la Critique, qu'on croit que personne n'a pû savoir que l'Auteur.* Il ne sait pas que dans le temps de cette suppression qui fit grand bruit dans Paris, on débita là- dessus dans plusieurs cabinets où l'on tient des Conferences, & sur tout dans celui qui étoit alors sur le Fossé de Mr. le Prince, bien d'autres particularités qui n'ont pas été inconnuës à son ami de Charenton. Il en croira cependant tout ce qu'il lui plaira, cela ne contribuera pas à rendre son Livre meilleur, qui est un des plus méchans Ouvrages qui ait paru depuis long-temps sur les matieres de Critique. Aussi ne m'a-t-il pas fallu employer beaucoup de temps à le réfuter, ni même quitter la campagne où j'étois quand je le reçûs.

A Bolleville dans le païs de Caux en Normandie le 15. Septembre 1685.

F I N.

www.ingramcontent.com/pod-product-compliance
Lightning Source LLC
LaVergne TN
LVHW010952180726
843502LV00004B/1166